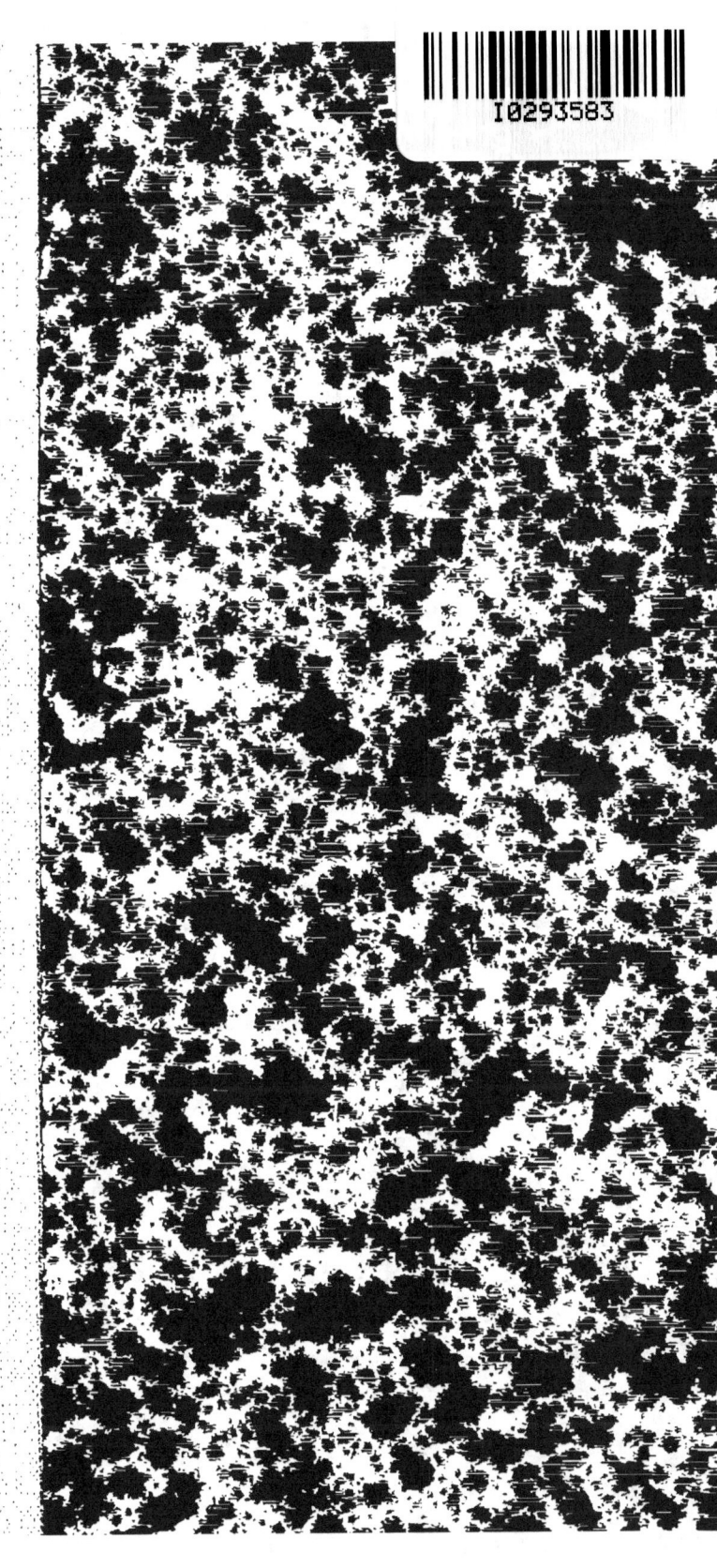

LE PÈRE EUDES

ET

SES INSTITUTS

AUX SAINTS CŒURS

DE JÉSUS ET DE MARIE.

LE PÈRE EUDES

MISSIONNAIRE APOSTOLIQUE

ET

SES INSTITUTS

1601-1869

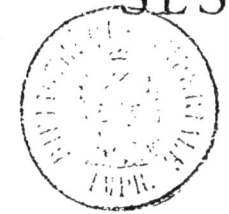

PAR

M. Ch. DE MONTZEY

Ancien officier d'infanterie,
Chevalier de l'ordre de la Légion-d'Honneur, de l'ordre pontifical de Saint-Grégoire le-Grand
officier de l'ordre du Nichani-Iftikhar

OBEDIENS USQUE AD MORTEM.

Servire Christo et Ecclesiæ, in sanctitate et justitiâ coram ipso, omnibus diebus nostris.
(Devise de la Congrégation de Jésus et de Marie.)

PARIS

P. LETHIELLEUX, ÉDITEUR

23, rue Cassette, et rue de Mézières, 11

Tous droits réservés.

1869

ÉVÊCHÉ DU MANS.

APPROBATION.

Sur le rapport qui nous a été fait par l'un de nos vicaires généraux, nous approuvons la *Vie du P. Eudes*. Dans ce livre, écrit par l'un des petits-neveux du vénérable serviteur de Dieu, les lecteurs trouveront, avec un véritable intérêt historique, une source d'édification. Puisse-t-il contribuer à hâter la Béatification du saint personnage, dont il retrace les vertus et les œuvres !

Au Mans, le 23 mars 1869

† CHARLES, Ev. du Mans.

PRÉFACE

Le combat; n'est-ce pas la vie du soldat et du prêtre? Le courage, la patience dans les souffrances, l'abnégation personnelle, la persévérance, ne sont-ce pas là leurs vertus?

Dissemblables par l'éducation et par toutes les habitudes de la vie, ils se rapprochent, ils se touchent dans le sacrifice, et souvent sur le champ de bataille le dernier consolateur est frappé mortellement auprès de son pénitent tombé pour ne plus se relever. Il y a donc des rapports intimes entre ces deux êtres, constamment unis par des sentiments qui éclatent dans toute leur grandeur au milieu des scènes les plus terribles.

Qu'il nous soit donc permis à nous, dont la plume de soldat a été jusqu'à présent uniquement consacrée aux choses militaires, à nous l'arrière-neveu du saint fondateur de la Congrégation de Jésus et de Marie, de l'Ordre de Notre-Dame de Charité du Refuge et du Tiers-Ordre des Filles du Saint-Cœur de Marie, qu'il nous soit permis de raconter à notre manière cette vie du Père Eudes, que ses enfants spirituels prennent traditionnellement pour modèle. Nous les voyons à l'œuvre, toujours dévoués à l'éducation de la jeunesse française, toujours de plus en plus étincelants du feu de la charité et de l'amour de Dieu.

Pour écrire une vie de saint, il faut un ensemble de conditions bien difficiles à rencontrer, nous dit l'éminent évêque d'Orléans, il faut des qualités toutes spéciales pour qu'elle soit faite comme l'âme et la piété le désirent, et pour qu'on n'y rencontre pas les déceptions qui bien souvent ont fait réfléchir le prélat sur ce sujet. Le résumé qu'il fait de ces conditions et de ces qualités serait bien de nature à nous faire trembler, si nous ne savions que celui qui combat avec zèle et courage, reste honoré même

lorsqu'il est vaincu. « Avant tout, dit Mgr Dupan-
« loup (1), avant tout, avec la conception juste et
« le sentiment exquis de ce qui convient en de tels
« sujets, avant tout et par dessus tout *l'amour du*
« *saint*; puis une étude approfondie de son âme et
« de sa vie, dans les sources et dans les documents
« contemporains ; pour cela le temps et le labeur
« nécessaires; puis la peinture de cette âme, de ses
« luttes, de ce que furent en elle la nature et la
« grâce; tout cela tracé avec simplicité, vérité,
« noblesse, pénétration profonde et vivants détails,
« de telle sorte que le saint et son temps soient
« fidèlement représentés, mais que le saint ne dis-
« paraisse jamais sous l'entassement des faits colla-
« téraux de l'histoire, et reste toujours, dans le
« récit, au premier plan ; des faits vrais, authen-
« tiques, précis, nombreux, mais groupés avec art
« et habilement disposés dans un ordre savant, qui
« prépare et éclaire tout; un style, enfin, simple,
« grave, ému, pénétrant. »

Hagiographe pour la première fois, puissions-nous

---

(1) Lettre de Mgr l'evêque d'Orléans à M. l'abbé Bougaud,
auteur de *l'Histoire de Sainte Chantal*; Orléans, 15 mai 1863.

nous entendre dire que nous nous sommes rapproché le plus possible de ce programme tracé d'une main si ferme et si habile !

Nous avons mis notre œuvre sous la protection des SS. Cœurs de Jésus et de Marie. Elle ne nous fera pas faute, nous l'espérons, celle de Mgr l'Archevêque de Rennes, qui nous a honoré d'un accueil si bienveillant et voit avec bonheur prospérer, sous ses yeux, deux des principaux établissements de la Congrégation. Nous osons compter aussi sur l'appui des Prélats dont le P. Eudes a si longtemps évangélisé les diocèses, et en particulier de Mgr l'Évêque de Bayeux, sous la direction duquel se poursuit l'enquête de béatification, et de Mgr l'Évêque de Séez, qui compte au nombre de ses paroisses diocésaines celle où le serviteur de Dieu, Jean Eudes, a reçu la naissance. Enfin nous tenons à ce que Mgr Fillion, notre Évêque, dont la précieuse affection a constamment soutenu notre courage, rencontre ici le témoignage de notre dévouement et de notre profonde vénération.

Le Très-Révérend P. Gaudaire nous a permis de

compulser pendant bien des heures les annales manuscrites des Eudistes remontant à 1643; nous avons pu vivre dans leur intimité et suivre avec toute l'attention que mérite un pareil sujet, la marche toujours ascendante de l'Ordre de Notre-Dame de Charité du Refuge, et de celui de Notre-Dame de Charité du Bon-Pasteur, dont le principal monastère, créé en 1829 à Angers par celui de Tours, a été érigé en généralat six ans après par Grégoire XVI pour la direction des maisons qu'il devait établir dans le Monde entier.

Nous prions le Très-Révérend Père Supérieur général des Eudistes d'agréer l'expression de notre bien sincère reconnaissance, non seulement pour l'accueil si paternel dont il a bien voulu nous honorer dans sa maison de Saint-Sauveur de Redon, mais aussi pour nous avoir mis parfaitement en mesure de célébrer les éminentes vertus de notre ancêtre par le récit des « *faits et des actions* » comme le recommande l'abbé Fleury (1) et de marcher heure par

---

(1) Lettre de M. l'abbé Fleury au P. Costil, annaliste de la Congrégation de Jésus et de Marie sur la manière d'écrire la vie des personnes de piété

« J'ay toujours désaprouvé, monsieur, la méthode des au-

heure au travers de ce XVIIe siècle si fécond en événements, dont le P. Eudes fut *une des merveilles* (1) et qu'on ne peut étudier sans être saisi d'étonnement et d'enthousiasme.

L'entreprise est hardie, nous ne pouvons nous le dissimuler, mais le devoir est là....

SURSUM CORDA !

C. DE MONTZEY.

La Flèche (Sarthe), le 9 janvier 1869.

« teurs modernes, qui après avoir écrit la vie d'un saint ou d'une
« autre personne illustre, mettent à part et comme hors
« d'œuvre le traité de ses vertus. Elles doivent être repré-
« sentées *par les faits et les actions*. Ce n'est pas la peine
« d'écrire une vie pour ne dire que des pensées et des ré-
« flexions. Il faut des faits et les plus circonstanciés que l'on
« peut, comme j'ay fait autant que j'ay pu dans mon histoire
« ecclésiastique en rapportant la substance de la vie des
« Saints. Vous m'avez fait honneur et plaisir, monsieur, en
« me consultant sur cette matière qui me paraît importante
« et je souhaite que vous soyez content de ma réponse. Je
« me recommande à vos saints sacrifices et suis, monsieur,
« etc., etc.

FLEURY, confesseur du Roi.

A Paris, ce 13 février 1722.

1) M. Olier, curé de Saint-Sulpice et fondateur des Sulpiciens, qualifia ainsi le P. Eudes en annonçant à ses paroissiens l'arrivée du Missionnaire et de ses coopérateurs.

Pour obéir au décret d'Urbain VIII, nous déclarons que toutes les fois que nous avons donné dans ce livre au T. R. P. Eudes et à d'autres la qualité de *saint*, de *vénérable* et de *grand serviteur de Dieu*, nous n'avons attaché à ces expressions d'autre valeur que celle qu'elles ont dans le langage théologique.

Nous n'entendons rien préjuger des questions, *quelles qu'elles soient*, réservées par le Saint-Siége, auquel nous nous ferons toujours gloire d'être entièrement soumis.

LIVRE PREMIER

CHAPITRE PREMIER

(1601-1615)

Inauguration des médaillons des trois frères Eudes à Ri, lieu de leur naissance (1853). — Statue d'Eudes de Mézeray, secrétaire perpétuel et membre de l'Académie française, sur la place du Louvre. — Monument élevé à la mémoire des trois frères Eudes sur la place d'Argentan (1866). — Isaac Eudes et sa femme Marthe Corbin. — Naissance de Jean Eudes, de ses frères et de ses sœurs. — Première enfance et première éducation de Jean Eudes. — Il entre au collège des Jésuites de Caen. — Sa conduite et ses succès. — Il retourne à Ri. — Sa vocation. — Opposition de ses parents qui veulent le marier. — Il reçoit la tonsure et les ordres mineurs.

Maxima in minimis.

Le 11 septembre 1853, M. le comte de Vigneral, propriétaire du château de Ri, canton de Putanges, y avait convoqué toutes les notabilités du pays et les membres de la famille des Eudes, pour inaugurer les médaillons des trois frères de ce nom, sur le pignon principal de la maison d'école, auprès de la modeste église où, dans le commencement du XVIIe siècle, ils avaient reçu le titre de chrétien, et à l'ombre de l'ormeau séculaire, planté, dit-on, par Mézeray, le jour de la naissance de Louis XIV (1).

Pourquoi, à plus de deux siècles de distance, cet hommage rendu à la mémoire de trois enfants de la paroisse de Ri? L'aîné, *Jean Eudes*, fut le fondateur de la Congrégation de Jésus et Marie, dite des Eudistes, de l'ordre de Notre-Dame de Charité du Refuge et du Tiers-Ordre des Filles du Saint-Cœur de Marie, et rayonne entre le cardinal de Bérulle et saint Vincent de Paul ; le cadet, si connu sous le nom de *François de Mézeray*, nom auquel, infatigable travailleur, il rendit beaucoup plus qu'il n'en avait reçu, devint, avec le titre d'historiographe du roi, membre et secrétaire perpétuel de l'Académie française; le troisième, *Charles Eudes du d'Houay*, aimant plus particulièrement le goût du terroir et la vue de son clocher, prit simplement, comme son père, l'état de chirurgien et l'exerça avec un tel honneur, « qu'on le
« voit, dit M. G. Levavasseur (2), s'obstinant dans sa
« ville d'Argentan, se mariant à son gré et à son
« avantage, achetant de ses économies maison en

---

(1) Les trois médaillons réunis dans un seul par l'auteur, M. de Montzey, ont été honorés d'une médaille d'argent, le 22 juillet 1851, à l'exposition d'Avranches.

Ce bas-relief, représentant les trois Eudes, a été mis en vente au profit du monument élevé plus tard sur la place d'Argentan.

Il contient en exergue ces mots : *Prædicat : Scribit ; et ego, defendam !*

(2) Discours de M. Gustave Levavasseur, à la séance d'inauguration, sur la place d'Argentan, du monument Mézeray (septembre 1866).

« bourgeoisie, gardant dans son intégrité et dans sa
« simplicité l'héritage paternel, le premier à la peine
« et le premier à l'honneur dans les charges et les di-
« gnités municipales, défendant pied à pied et comme
« choses commises à sa garde, les petits priviléges et
« les petites libertés..... (1). » La reconnaissance publique et traditionnelle n'a jamais voulu séparer le
vieil échevin du *vénérable religieux* et de *l'illustre
écrivain*.

Cette fête de Ri servait de prélude à de plus grands
honneurs.

Maintenant, en effet, quand les descendants des trois
frères traversent la place du Louvre, ils ont à s'incli-
ner devant la statue de celui que, dans la littérature
et dans les arts, on appelle le vieux Mézeray, statue

(1) « Le gouverneur d'Argentan, le comte de Grancey, ma-
« réchal de France, voulait faire abattre une tour surmontée
« d'une horloge, donnée à la ville, par Marie d'Espagne, com-
« tesse d'Alençon; les habitants tenaient à la conservation de
« cette tour et de cette horloge, qui étaient en même temps pour
« eux un objet de défense et d'utilité. Tout le monde murmu-
« rait contre la mesure qui allait être mise à exécution; mais
« personne n'osait prendre l'initiative, ni résister à une auto-
« rité qui était alors toute-puissante. Seul, Charles Eudes eut
« le courage de présenter au gouverneur la requête des ha-
« bitants, et de la soutenir avec la plus grande énergie : *Illi
« robur et œs triplex, circa pectus erat.* »

« Le gouverneur fut outré de colère; mais, frappé d'étonne-
« ment, il lui demanda qui il était pour oser ne pas se confor-
« mer à ses ordres. Et ce fut alors que Charles Eudes lui fit cette
« réponse admirable, digne des plus beaux jours d'Athènes et
« de Rome, et que les grands hommes de l'antiquité n'au-
« raient pas désavouée : Nous sommes trois frères, adorateurs
« de la vérité : L'*aîné la prêche*, le *second l'écrit*, et moi je la
« *défendrai* jusqu'à mon dernier soupir. »

(Discours de M. Berrier-Fontaine, maire d'Argentan.)

qui, le style d'une main, les tablettes de l'autre, semble attendre, du haut de la galerie extérieure où elle est placée, que les événements se déroulent à ses pieds, pour les inscrire et les transmettre de nouveau à la postérité.

Depuis longtemps, on pensait d'ailleurs à élever, sur la place principale d'Argentan, un monument en l'honneur des trois Eudes. Après bien des difficultés vaincues, on put enfin procéder à son inauguration dans le courant du mois de septembre 1866.

On le voit donc, cette histoire devient tout actuelle, surtout pour notre belle province de Normandie, que le P. Eudes sillonna en tous sens de son pas évangélique, et où il usa sa vie en travaux que ne purent entraver ni les distances à parcourir, ni le manque total de ces voies de communication qui rendent maintenant tous les déplacements si prompts et si faciles.

Rappelons-le bien, ces monuments ne sont pas seulement destinés à orner nos places publiques. L'édilité d'Argentan et ses coopérateurs ont voulu donner aussi une grande leçon à cette jeunesse si pressée d'arriver, si impatiente du but, ne calculant jamais la distance qui l'en sépare ; ils semblent constamment lui dire :
« *Faites comme Eudes de Mézeray,* dont le travail a
« été la première loi ; comme le *Père Eudes,* dont les
« enfants spirituels évangélisent encore, pendant que
« les Filles de Charité soutiennent les âmes en danger
« et relèvent les âmes déchues ; comme *Eudes du d'Houay,*
« dont le souvenir évoque les noms d'Eustache de Saint
« Pierre et d'Alain Blanchard, et dont aussi l'image dit
« à tous que nous devons être à chaque instant dispo-
« sés à faire le sacrifice de notre vie au maintien des

« grandes vérités sur lesquelles reposent les destinées
« présentes ou futures du genre humain. »

Et ce sont ces grandes vérités, si cruellement attaquées, que nous allons défendre à notre tour, en racontant la sainte vie du Père Eudes... Il nous semble à cette heure qu'il nous serait plus facile de mourir pour elles.... Plus que jamais nous sentons notre faiblesse.... Mais aujourd'hui même, et du midi de la France, une voix aimée (1) nous crie : « Tu ne faibliras pas. » En avant donc; faiblir ne serait pas français.

« Lorsque le voyageur, dit l'auteur de la *Vie de*
« *sainte Chantal*, part de grand matin, il aperçoit
« quelquefois avant le lever du soleil une douce
« lumière qui blanchit à l'horizon, et cette beauté de
« l'aurore naissante lui fait pressentir la splendeur du
« soleil à son midi. L'historien éprouve la même émo-
« tion au lever de ces grandes lumières qu'on appelle
« les Saints. »

C'est cette même émotion que nous avons éprouvée quand nous avons vu naître et commencer à grandir cette âme si avancée dès ses débuts dans les choses de Dieu.

Dieu voulait sauver le XVIIe siècle, qui n'avait pu rejeter le funeste héritage du XVIe; il voulait venger et glorifier son Eglise; aussi il échelonna ses phalanges, comme nous le faisons pour rendre plus puissant le feu de nos bataillons. Il fit naître successivement les hommes qui devaient les conduire : saint François de Sales était né en 1567; saint Vincent de Paul en 1576: le Père de Condren en 1588 et M. Olier

---

(1) Le baron Gaston de Flotte, poète chrétien et auteur catholique, Marseille, 6 juin 1868.

en 1608. Celui qui fut le disciple et l'ami des trois derniers, le Père Eudes, naquit en 1601.

Cette même année vivait dans un village de la paroisse de Ri, diocèse de Séez, en Basse-Normandie, un honnête chirurgien, qui, destiné d'abord à la prêtrise, avait, à la mort de tous ses frères enlevés par la peste de 1585, pris le parti de se dévouer d'une autre manière dans la pratique de la médecine. Il se maria bientôt après avec une fille nommée Marthe Corbin, douée d'un esprit solide, d'un caractère décidé (1), et, comme lui, pleine de foi et d'ardeur pour les pratiques religieuses. Isaac Eudes, en effet, avait conservé de sa première vocation l'habitude de dire tous les jours son bréviaire.

Mais l'union de ces deux époux si bien assortis demeurait stérile; ils allaient voir s'éteindre un nom, obscur, il est vrai, mais honoré dans toute la contrée (2).

Alors ils élevèrent leurs pensées vers Dieu et promirent de se rendre en pèlerinage à Notre-Dame de

---

(1) Un des parents de Marthe Corbin, ayant été malheureusement tué en duel, la justice se mit tout de suite en mesure de poursuivre cette affaire, conformément aux ordres du Roi. Marthe Corbin fit alors enterrer le corps dans un champ qui lui appartenait et qu'elle fit labourer avec une telle diligence qu'on ne put se décider à y faire les recherches nécessaires, quoique les officiers fussent arrivés à Ri dès le matin suivant. (P. Costil, *Annales de la Congrégation.*)

(2) Nul officier ou gentilhomme n'osait insulter, ni en actes, ni en paroles, une fille accompagnée par ces époux si respectés dans toute la contrée. Isaac Eudes, en considération des services qu'il avait rendus à la cause royale, avait, dit-on, obtenu du Roi l'entrée franche de certaines marchandises dans quelques villes de Normandie (P. Costil.)

Recouvrance, dans la paroisse des Tourailles, si, dans sa toute-puissance, il voulait bien leur accorder une postérité. Quelque temps après, Isaac prenait son bâton de voyageur, et partait pour les Tourailles, accompagné de sa femme, impatiente comme lui d'aller s'agenouiller aux pieds de l'autel de Marie et d'accomplir le vœu qui venait d'être exaucé.

C'était au mois de février 1601, et, le 14 novembre de la même année, il leur naissait un fils, qui fut baptisé sous le nom de Jean (1).

Puis naquirent successivement deux autres frères et trois sœurs, qui toutes se marièrent.

Les entrailles de Marthe Corbin devinrent ainsi fécondes ; à cette heure, sa postérité n'est pas éteinte. Son sang se mêla bientôt à celui des plus nobles familles ; ces mêmes familles recherchent encore avec empressement le relief de cette alliance :

« *Maxima in minimis.* »

« Jean Eudes, dit M. Levavasseur, l'enfant prédes-
« tiné, toujours docile aux pieuses instructions de sa
« mère, ne connut pas les orages de la jeunesse, les
« tracas, les soucis, les envies et les déboires de la
« Cour et de la ville, les tentations de l'ambition. »

Jean, en effet, avait cherché la meilleure part : dans l'exécution de ses pieux desseins, il rencontra certainement bien des contradictions ; mais, avant d'aller rendre compte de tous les actes de sa belle vie,

---

(1) « Si, dit le P. Hérambourg, l'opinion des médecins est
« vraie, que l'âme est infuse dans le corps des enfants mâles
« le quarantième jour après la conception, celle du P. Eudes
« a été créée le 25 mars, jour auquel le Verbe s'est incarné
« pour le salut des hommes en la bienheureuse Vierge élevée
« à la divine maternité. »

il put voir les horizons de la grande mission qu'il s'était donnée s'agrandir d'une manière imprévue.

Comme chez François de Sales et Mme de Chantal, on put entrevoir dans son enfance si pure le germe de ces vertus, qui devaient jeter tant d'éclat, au moins devant le Seigneur. Comme eux, n'eut-il pas cette foi capable de transporter les montagnes ; comme la sainte en particulier, à cette foi ne joignait-il pas cette vigueur d'âme avec laquelle il sut si bien combattre, et si bien se résigner ; cette générosité et cette ardeur divine qui l'unirent aux hommes les plus saints et les plus considérables par leur piété et leurs positions dans le monde ?

Mais si Mme de Chantal n'eut au début aucun pressentiment de sa vocation future, saint François de Sales et Jean Eudes n'eurent qu'un désir d'enfance, qu'une volonté de jeunesse envers et contre tous : *Se consacrer à Dieu, adorer le Cœur de Jésus et honorer sa sainte Mère.* On reste profondément frappé de la similitude qui existe dans les incidents de la première existence de ces deux élus du Seigneur ; l'un, issu d'une des plus grandes familles de Savoie ; l'autre, fils d'un modeste chirurgien de village. Tous deux eurent à vaincre la résistance de leurs parents, mais ils n'obtinrent une victoire si ardemment désirée que par leur soumission et ce respect filial qu'on ne connaît plus dans notre siècle. Qu'on nous permette d'emprunter à plus riche que nous, et disons, comme M. l'abbé Bougault (1) : « Sans doute, il y avait déjà,
« et depuis longtemps, bien des causes de dissolution ;
« ce relâchement de mœurs, si souvent signalé dans

---

(1) *Histoire de sainte Chantal.*

« les conciles; ce cri sauvage de la Réforme qui, en
« proclamant la liberté de la chair, avait allumé toutes
« les passions; ces guerres de religions si longues, si
« violentes; les écrits de cet infâme Rabelais, comme
« l'appelait saint François de Sales, et de tous ses dis-
« ciples; ces causes et tant d'autres avaient porté bien
« du trouble dans les mœurs; cependant, à l'époque
« dont nous écrivons l'histoire, la famille n'est pas
« désorganisée. Elle apparaît encore dans toute sa
« sève, dans toute l'antique et originale beauté que le
« christianisme lui avait communiquée. Ces pères si
« généreux et si forts, ces mères énergiques et fé-
« condes, ce grand nombre d'enfants, ce respect de
« l'autorité paternelle, conservé jusque dans la force
« de l'âge et honorant même la vieillesse, ce culte du
« devoir auquel on sacrifie tout, cette pureté et cette
« joie du foyer domestique, toutes ces choses aimables
« et saintes que le christianisme avait faites, qui ont
« disparu, hélas! et qui nous manquent cruellement
« aujourd'hui..... » Où les retrouverons-nous maintenant? Qu'elles sont rares les familles où les fils s'in-
clinent devant le père, où la volonté de la veuve est
respectée, comme si le chef n'avait pas disparu, où
ce chef, méconnu dans son autorité paternelle, n'a pas
eu à revenir en lui-même sur de pénibles souvenirs,
qui lui sont personnels!

Nous avons progressé sous bien des rapports, sans
nul doute, nous ne serons pas les derniers à le pro-
clamer; mais nous ne manquerons pas une seule fois,
quand l'occasion s'en présentera, de signaler les
grands et nobles enseignements que nous pouvons
tous puiser dans les errements du passé.

Revenons aux premières années de Jean Éudes,

pendant lesquelles on le voit toujours se préparer à sa mission. Donné par Dieu, *fils de prière*, il semble déjà vouloir se donner tout entier; il reste le fidèle gardien de son innocence baptismale, qu'il ne perdit jamais, au dire de ses confesseurs ordinaires. On le voit se distinguer des enfants de son âge par des actes d'une vertu singulière. Il n'avait encore que neuf ans quand un de ses camarades, M. des Diguiers (1), lui donna un soufflet. Jean se mit à genoux et tendit l'autre joue. Le coupable rougit et fit acte de repentir en publiant partout ce trait admirable d'observance des prescriptions évangéliques (2). Un jour, comme Joseph et Marie, ses parents, inquiets de son absence trop prolongée, durent courir à sa recherche. Il s'était oublié dans l'exercice de la prière et était agenouillé derrière un des piliers de l'église.

Cependant, on le destinait à la vie rude et fortifiante du cultivateur, dans l'espoir qu'elle conviendrait mieux que les travaux de l'esprit au développement de sa complexion délicate.

Mais sa vocation l'entraînait. Isaac Eudes finit par céder à ses instances, et bienheureux fut pour son fils le jour où on le confia à un vieil ecclésiastique du

---

(1) La famille des Diguiers existe encore dans l'arrondissement d'Argentan.

(2) Saint François de Sales demandait un jour à son précepteur, M. Déage, de ne pas faire punir un employé de la maison des Jésuites, qui s'était montré fort insolent à son égard. M. Déage, voyant son élève insister vivement malgré son refus, lui donna un soufflet pour toute réponse. Le saint jeune homme, qui s'était mis à genoux, emporté par son esprit de charité, se releva avec le même calme que si sa demande lui eût été accordée.»

(M. Hamon, *Vie de s. F. de S.*)

même canton, nommé Jacques Blavette. Le pieux élève étonna bientôt son maître par ses rapides progrès dans la science des lettres et dans la science d'or, qui est celle des saints.

Pendant ce temps, de graves événements étaient survenus en France. Henri IV était tombé, le 14 mai 1610, sous le poignard d'un assassin. « L'Europe, s'écria « saint François de Sales, ne pouvait voir une mort « plus funeste que celle du grand Henri..., ce prince « si grand en tout, à la vie duquel la grandeur même « paraissait attachée, semblait ne devoir finir que par « une glorieuse mort... Le plus grand bonheur de ce « prince fut celui qui, le rendant enfant de l'Eglise, le « rendit père de la France ; c'est son seul bonheur qui « me fait espérer qu'à son dernier moment la miséri- « corde de Dieu aura mis dans son cœur royal la con- « trition nécessaire. Aussi prié-je la souveraine bonté « de faire miséricorde à celui qui l'a faite à tant d'autres, « de pardonner à celui qui a pardonné à tant d'ennemis « vaincus (1). »

Henri IV était surtout le roi du peuple, qui le pleura amèrement, et Isaac Eudes fut certainement un de ceux que cette mort vint frapper le plus douloureusement.

Cependant, tout restait paisible dans le royaume, quoiqu'il renfermât bien des ferments de révolte et d'agitation, qui devaient nécessairement se maintenir de plus en plus ardents sous le gouvernement d'une reine régente.

A l'âge de douze ans, on le jugea digne de faire sa

(1) Lettre CCIV. *Vie de saint François de Sales*, par M. Hamon.

première communion. On put remarquer l'importance qu'il attacha à cet acte, qui fut son début dans la carrière qu'il suivit sans dévier avec tant de constance et de fermeté. Il fallut l'arrêter dans les engagements prématurés par lesquels il désirait déjà se lier, voulant, comme les juifs, se ceindre les reins pour manger l'Agneau pascal. Tous les mois, on le vit, depuis ce grand jour, s'approcher de la Sainte-Table et donner un exemple bien peu suivi à cette époque de décadence (1).

De jour en jour sa santé se fortifiait. En 1615, il avait quatorze ans : ses parents, ne craignant plus alors que des études trop sérieuses nuisissent à sa constitution, se décidèrent à l'envoyer à Caen au collége des Jésuites.

Le P. Robin, qui fut son premier professeur, eut bientôt à le proposer comme le plus précieux exemple à suivre. Il surpassait, en effet, tous les autres en sagesse et en piété.

Le P. Hérambourg nous dit qu'on le considérait comme le maître de ceux dont il était le compagnon. Les personnes qui le connaissaient, ne le regardaient qu'avec vénération. On admirait sa vertu, quoiqu'on en fût éloigné : elle avait des charmes pour les plus endurcis.

Il ne profitait des vacances que pour mieux se livrer aux actes de piété : c'était là qu'il rencontrait le repos du cœur et de l'esprit. Sa seule présence contenait, dit-on, dans le devoir les plus indociles, et dès qu'on le voyait s'approcher, chacun disait : « Soyons sages,

---

(1) On ne retrouve nulle part la date du jour où le P. Eudes reçut le sacrement de confirmation ni le nom du Prélat qui le lui conféra.

voilà le saint qui vient. » C'était François de Sales au collége d'Annecy.

Le pieux jeune homme était donc généralement désigné sous le nom de *dévot Eudes*. Il atteignit ainsi sa dix-huitième année, et commença dès lors à chercher sa voie. Il ne crut pouvoir mieux faire pour s'éclairer sur sa vocation que de s'engager au service de la Mère de Dieu dans la Congrégation des Ecoliers, qu'il édifia par sa douce piété, son innocence parfaite et une régularité que rien ne pouvait déranger (1).

A partir de ce moment, la tendre dévotion qu'Eudes avait eue pour Marie dès sa plus tendre enfance s'accrut et s'affermit tellement en lui qu'elle occupa son cœur jusqu'à la dernière minute de sa vie. Cette dévotion l'inspira dans tous ses écrits. « Il choisit alors, dit le
« P. Costil (2), la digne Mère de Dieu pour sa mère ou
« plutôt pour son épouse, et, pour ne jamais l'oublier
« et garder jusqu'au dernier jour le souvenir de cette
« alliance spirituelle, il passa une bague au doigt
« d'une des images de la Vierge. » Il assure, dans son journal (3), que de ce jour il reçut des grâces insignes et en même temps la preuve que cette alliance avait été ratifiée par sa divine protectrice.

Devenu excellent rhétoricien, Jean Eudes, en 1620, acheva avec le même succès son cours de philosophie.

« On avait garde alors de traiter à la légère une
« science si importante, laquelle a pour objet de

---

(1) Saint François de Sales se fit admettre dans la Congrégation de la sainte Vierge chez les Jésuites, comme le P. Eudes le fut dans celle des Ecoliers à Caen.

(2) Annales de la Congrégation de Jésus et de Marie.

(3) Le journal du P. Eudes a pour titre : *Le Mémorial des bienfaits de Dieu*.

« poser les premiers fondements de toute croyance, de
« régler la marche de l'esprit dans la recherche du
« vrai, de l'aider à penser juste, à raisonner solide-
« ment, et, parce la même, de le préparer à bien agir
« et à bien penser, enfin de le prémunir contre les so-
« phismes et les jugements faux qui inondent le monde
« et en font tous les malheurs. Aussi y consacrait-on
« quatre années d'étude, et l'on choisissait pour un
« enseignement si fondamental les hommes les plus
« capables (1). »

Ces quatre années si précieuses, pendant lesquelles se complète le développement physique et intellectuel de la jeunesse, ne sont plus actuellement employées, même dans les meilleures institutions, qu'à se pourvoir devant l'exigence de programmes d'examen tellement surchargés qu'ils ne laissent plus rien dans l'esprit du candidat, quand il lui est permis de ne plus y penser et que sa carrière, avec ou sans vocation, se trouve irrévocablement fixée. De là, hélas ! ce profond dégoût pour les lectures sérieuses, delà cette faiblesse vis-à-vis de l'attaque, de là ces tristes défaillances que journellement produisent ces livres où tous les principes de la pure morale sont transformés, où l'histoire n'est plus qu'un déplorable roman.

L'attestation authentique du Père de la Haye, préfet du Collége de Caen, vient nous dire que Jean Eudes a étudié quatre ans dans les humanités avec toute la distinction des meilleurs écoliers, qu'il a fait de même son cours de philosophie, soutenu brillamment des thèses publiques et fait paraître pendant ce temps une

---

(1) *Vie de saint François de Sales.*

conduite, une probité et une modestie pouvant servir de modèle à tous (1).

Malgré toutes les représentations de ses amis, il se refusa à prendre ses degrés : il n'en voyait pas la nécessité, et ne voulait s'avancer que devant Dieu. D'ailleurs, sa famille désirait qu'il vînt auprès d'elle, et cherchait par d'autres motifs à l'éloigner de la direction qui aurait pu le conduire à des honneurs qu'il était loin d'ambitionner. François de Sales, fils d'un grand seigneur, dut suivre de point en point les instructions de son père, qui faisait reposer sur lui de si grandes et si légitimes espérances. Après avoir terminé toutes ses études à l'Université de Padoue, et reçu du célèbre Pancirole, le prince de la jurisprudence, l'anneau et les priviléges de l'Université avec la couronne et le bonnet de docteur, il revint en Savoie et se contenta du titre d'avocat au Sénat de Chambéry, refusant d'en faire partie lui-même (2). Comme Jean Eudes, il avait trouvé sa voie, mais gardait précieusement son secret jusqu'au moment où Dieu lui ordonnerait d'en donner communication à sa famille.

Jean Eudes, assis de nouveau au foyer paternel, se vit bientôt assailli par ces prières auxquelles il est bien difficile de résister. Quand une mère supplie et que le cœur, qui renferme toujours le germe de l'amour permis, peut implicitement affaiblir les résolutions les plus arrêtées, il faut que la vocation soit bien puissante pour faire taire des passions si intéressées à combattre les sentiments qu'elle inspire. Mais Jean, nous le savons, était déjà irrévocablement

---

(1) Père Costil, *Annales de la Congrégation*.
(2) *Histoire de saint François de Sales*.

engagé de cœur et d'âme envers celle qui n'eut et n'aura jamais de rivale en noblesse et en beauté.

En vain, Isaac Eudes et Marthe Corbin cherchèrent à unir leur bien-aimé fils à une jeune personne douée des plus heureuses qualités, et possédant une fortune très-assortie à la sienne (1). Ils ne purent le vaincre, et se rappelant enfin que Jean était un présent du ciel, ils le laissèrent libre de s'abandonner entièrement aux vues que la Providence pouvait avoir sur lui, sans perdre cependant toute espérance de le conserver avec eux.

De son côté, Jean Eudes jugeait avec raison que de nouvelles occasions pourraient se rencontrer. Il se détermina donc à embrasser l'état ecclésiastique, après avoir pris l'avis d'un sage directeur : il allait ainsi mettre à l'abri des tendres obsessions paternelles le vœu de chasteté qu'il avait fait à l'âge de quatorze ans.

Mgr Le Camus (2), son évêque, l'ayant soigneusement examiné, lui conféra la tonsure et les ordres mineurs, avec la certitude d'avoir donné à l'Eglise un brillant serviteur de plus.

---

(1) La même circonstance se rencontre encore dans la vie de saint François de Sales. M. de Boisy, son père, ignorant les projets de son fils, voulut le marier à Mlle de Suchet, fille unique du seigneur de Végy. Il y conduisit François, qui, malgré les amers reproches de son père, conserva, à deux reprises différentes, l'attitude la plus froide vis-à-vis des charmes qui auraient pu le séduire. « Pour moi, écrivait-il à l'un de ses amis, Dieu seul est ma part pour jamais. »

(*Vie de saint François de Sales.* M. Hamon.)

(2) Jacques Camus ou Le Camus, fils de Pierre Camus de Pontcarré. Il etait né en 1584, fut sacré évêque de Séez en 1614 et mourut en 1650. En mars 1636, il fut promu au siége de

L'engagement n'était pas encore irrévocable; cependant, pour cette nature si virile, c'était un premier pas sur lequel il n'y avait pas à revenir. Jean Eudes n'eut plus qu'une seule et unique pensée, *affermir sa vocation.* Cette pensée renfermait tout, *désir de s'instruire, pousser jusqu'à sa dernière limite l'étude de la théologie, s'armer pour le combat,* puis se lancer dans l'arène ainsi qu'il conviendrait à Dieu. Il résolut donc de consacrer trois années à ces préparatifs et de chercher tout de suite à se mettre dans les conditions de vie les plus favorables à l'accomplissement de son projet.

Dans la vie d'un homme qui mérite qu'on en fixe les souvenirs, que doit-on principalement rechercher? Nous l'avons dit : des exemples pour la postérité. Trop souvent nous scrutons l'avenir et trop rarement nous nous retournons vers le passé, pour y puiser de pieux et vigoureux exemples. « Quel siècle en eut
« plus besoin que le nôtre, s'écrie l'historien de sainte
« Chantal? où vit-on plus de défaillance des caractères
« et des cœurs? Quand fut-il plus nécessaire de faire
« respirer aux âmes affaiblies l'air fortifiant de ces
« exemples ? »

Certainement nous rencontrons encore bien des âmes affaiblies, bien des cœurs dégénérés. Toutefois, les instincts généreux et les nobles élans ne font pas complétement défaut à la jeunesse française. Mais souvent notre état social et l'encombrement de toutes

Cahors : « Le Roi, connaissant que l'évêché que vous avez est
« beaucoup au dessous de votre mérite, vous fait monter à
« celui de Cahors. Vous ne sauriez jamais avoir autant de
« contentement que je vous en souhaite. »
(Correspondance du Cardinal de Richelieu.)

les issues, ne permettent pas à tous de suivre leur véritable vocation. Trop souvent aussi l'appât des gains prompts et faciles, fruits d'opérations hasardeuses, dégoûte du travail, qui est la grande loi de l'humanité.

Hier encore, M. Thiers s'écriait à la tribune: « Lorsque des jeunes gens viennent demander conseil à mon expérience, je leur réponds: *travaillez !* si vous êtes ambitieux, vous réussirez dans la mesure de vos forces. *Travaillez !* le travail vous rendra le plaisir plus sensible, et la douleur moins amère. Le travail est le plus grand bienfait que Dieu ait accordé à l'homme. C'est donc le grand but à assigner aux nations comme aux individus. »

Trop rarement, nous rencontrons de ces enfants prédestinés, qui semblent dès l'aurore de leur existence éclairés par une lumière divine reflétant sur tout leur entourage, et viennent prouver à leurs maîtres et à leurs condisciples étonnés que la grâce peut à tous les âges conduire à la perfection.

CHAPITRE II

(1615 - 1625)

Etat de la société française au commencement du XVIIe siècle. — Jean Eudes obtient de ses parents la permission de suivre sa vocation. — M. de Bérulle admet Jean Eudes dans la Congrégation de l'Oratoire (mars 1623). — Congrégation de l'Oratoire, son but. — M. de Bérulle charge le jeune oratorien d'annoncer la parole de Dieu. — Ses succès. — Il est ordonné sous-diacre le 21 décembre 1624, diacre dans le temps du Carême 1625, et au mois de décembre il reçoit la prêtrise. — Sa première messe le jour de Noël. — François Eudes de Mézeray et Charles Eudes du d'Houay.

La décision suprême était donc prise; Jean Eudes portait désormais la marque de Jésus-Christ. L'arène dans laquelle il allait soutenir tant de luttes avait déjà été ensanglantée par les guerres de religion. Elle devait l'être encore pendant une partie du XVIIe siècle. « Trop longtemps séduite par l'attrait de la nouveauté, « préparée d'ailleurs par de mauvaises mœurs à ac- « cepter de mauvaises doctrines; des légèretés de Fran-

« çois Ier descendue aux intrigues de Catherine de
« Médicis; des faiblesses de Charles IX, à la dévotion
« scandaleuse de Henri III, la France avait été au
« moment de glisser dans le protestantisme; heureu-
« sement, elle venait de se réveiller, effrayée à la vue
« de l'abîme ouvert devant elle, et elle se préparait à
« porter dans cette lutte du bien et du mal, l'ardeur
« et l'élan qui la caractérisent. A la lueur de l'orage, on
« apercevait enfin, et la grandeur du péril, et ce qui
« y avait conduit : l'ignorance religieuse, les mœurs
« corrompues, les institutions en ruines, le scandale
« déshonorant l'autel et infectant le cloître, des pon-
« tifes sans zèle ouvrant à des prêtres sans vocation
« les portes du sanctuaire, et les choses saintes mé-
« prisées par les peuples, parce qu'elles étaient pro-
« fanées par d'indignes ministres. Ces plaies, dont on
« ne pouvait plus se dissimuler la profondeur, arra-
« chaient aux uns des gémissements, excitaient dans
« le cœur des autres une sainte jalousie. Partout se
« réunissaient des conciles, des assemblées du clergé,
« pour aviser aux remèdes. A ces prédications de la
« Ligue, si fougueuses, si ardemment écoutées, mais
« toutes chaudes des passions de la terre, succédaient
« d'autres prédications non moins ardentes, ni moins
« populaires, mais tombant des livres des saints et ne
« s'adressant plus qu'à la conscience (1). »

Et c'est alors qu'on vit successivement se lever pour lutter pied à pied, soit contre l'hérésie, soit contre l'ignorance, soit enfin contre la corruption, saint François Régis dans les Cévennes, le P. Eudes en Normandie, Michel Le Nöblez en Bretagne, le bienheureux

---

(1) *Vie de sainte Chantal.*

Pierre Fourrier en Lorraine et l'illustre cardinal Duperron à Paris. Celui-ci, pour ses débuts, avait prononcé, par ordre du roi et l'épée au côté, l'oraison funèbre de Marie Stuart, dans des termes tels qu'on est surpris de le voir se servir par avance d'un style qui ne devait être tout-à-fait en usage que plus de soixante ans après.

César de Bus, en fondant sa Congrégation des Frères de la Doctrine Chrétienne, s'occupait de l'éducation de la jeunesse pauvre. L'admirable institut des Frères du vénérable de la Salle allait bientôt surgir, basé sur la règle la plus parfaite.

Il fallait combattre sur tous les points de la ligne de bataille. On déclarait les œuvres inutiles pour le salut. Le catholicisme les centuplait; des milliers de chrétiens, abandonnant les jouissances du monde, se faisant pauvres quand ils étaient riches, se couvrant de bure, jetant au loin les habits dorés, brisant leurs épées de gentilshommes pour combattre la croix à la main, vinrent se ranger autour du drapeau catholique qu'avaient déjà planté sur la brèche les Dominicains, les Jésuites et autres.

Le monachisme, que la réforme paraissait devoir anéantir à jamais, se relevait de ses ruines : partout et sous toutes les formes, il agit, il enseigna, il soulagea, partout il combattit l'hérésie *verbis et scriptis*, et de toute part se fondèrent des ordres religieux ayant chacun leur destination.

Tel était l'état général de l'Eglise au commencement du XVIIe siècle, destiné à guérir la plaie profonde et en apparence incurable que lui avait léguée son aîné.

Rétrécissons maintenant le cadre, et disons, d'après

les *Annales de la Congrégation*, ce qu'était l'état moral de la plupart des paroisses de Normandie que le P. Eudes devait un jour évangéliser avec tant de constance et de succès.

Nous y retrouverons la cause qui l'a dirigé dans toutes les décisions graves qu'il eut à prendre pour lui-même et la réponse aux attaques dont il a été constamment la victime.

« L'ignorance grossière où se trouvait le peuple, dit
« le P. Costil (1), suite nécessaire de celle du clergé et
« de la désolation générale que l'hérésie calvinienne
« avait causée dans la province 70 ans auparavant,
« entretenait une corruption si universelle dans tou-
« tes sortes de conditions que la postérité aura
« peine à le croire. Le clergé vivait dans une oisiveté
« continuelle, ne gardant aucune règle de bienséance
« dans son extérieur, s'habillant comme les séculiers,
« trafiquant et travaillant indifféremment avec eux
« comme des journaliers, lorsqu'il était pauvre ; et
« quand il était riche et de naissance, consumant en
« jeux, en festins et autres pareilles vanités, le re-
« venu de ses bénéfices. Le peuple ne connaissait
« rien de sa religion, parce qu'on ne faisait que fort
« rarement des instructions. Les personnes avancées
« en âge se souviennent qu'on ne savait alors ce que
« c'était que de prier Dieu soir et matin, s'examiner
« pour aller à confesse, fréquenter les églises hors les
« seuls jours de fêtes, qu'on y entrait pour aller à la
« messe (ce que l'on regardait comme l'essentiel du
« christianisme avec l'abstinence de la viande dans
« les jours prescrits par l'Eglise). On ne communiait,

(1) *Annales de la Congrégation de Jésus et de Marie.*

« qu'une fois l'année à la fête de Pâques, sans que les
« confesseurs crussent pour la plupart qu'on pût dif-
« férer l'absolution aux pécheurs d'habitude... On
« s'attachait aux superstitions les plus ridicules et on
« commettait sans crainte les crimes les plus horribles
« et les excès les plus honteux....., »

Un pareil spectacle avait dû profondément émouvoir l'âme si pure de Jean Eudes, qui jeta un long regard autour de lui. Voyant combien l'état ecclésiastique était déchu de son ancienne splendeur par suite de toutes les causes que nous venons de signaler, il résolut de quitter la maison paternelle et de se rattacher à une institution nouvelle qui lui semblait réunir tous les avantages qu'il pouvait désirer comme prêtre et ne présentait aucun des inconvénients qu'il pouvait redouter dans le monde.

Cette institution était celle de l'Oratoire.

Isaac Eudes et Marthe Corbin, journellement édifiés par la vertu resplendissante de leur enfant, n'avaient pas pu suivre le travail intérieur qui s'opérait dans son âme et quand il leur fit part de son dessein, ils résolurent d'éprouver une vocation qui leur paraissait trop subite, ignorant que Jean puisait sa force de résolution dans ses entretiens continuels avec Dieu, soit au pied de l'autel, soit dans la sainte communion.

Ils lui refusèrent donc leur consentement.

Cette vocation était cependant si vraie qu'elle vint contrebalancer dans son cœur le sentiment d'obéissance filiale auquel il n'avait jamais manqué.

Quelques jours après que lui fut prononcé un refus qu'il croyait probablement irrévocable, il monta à cheval et s'enfuit de la maison paternelle. Mais à quelques lieues de Ri, sa monture conduite plus rapidement et plus loin que d'habitude, s'arrête, et, quels que soient les efforts de son cavalier, il ne peut lui faire faire un pas de plus en avant. Jean, qui avait peut-être réfléchi à la légèreté de sa conduite, rebrousse chemin et retourne auprès de ses parents, qui, enfin convaincus, le laissent libre dans tous ses actes futurs (1).

Le 16 mars 1623, M. de Bérulle, après lui avoir fait subir quelques épreuves, fit prendre à Jean Eudes l'habit ecclésiastique qu'il ne portait pas encore, quoiqu'il fût tonsuré, suivant en cela le fâcheux exemple donné par beaucoup de prêtres négligeant de se revêtir du costume qui pouvait les faire reconnaître; à partir de ce jour, il ne le quitta plus. La soutane

---

(1) Nous retrouvons dans la vie de saint François de Sales un incident qui participe au même ordre de choses sans être parfaitement semblable. Le saint revenait de Chambéry et traversait la forêt de Sonaz pour se rendre à Annecy. Trois fois son cheval s'abattit sous lui, et trois fois son épée sortit du ceinturon, la lame se croisa avec le fourreau de manière à figurer le signe du salut. François de Sales prit de ce fait l'occasion d'examiner si le moment n'était pas venu de suivre l'attrait qui dans son cœur n'avait jamais varié depuis l'enfance. En arrivant, il fit donc part à sa mère de son désir d'entrer dans les ordres. Mme de Boisy accueillit cette confidence comme venant de Dieu lui-même, et lui fit faire d'avance une soutane afin qu'il pût la mettre le jour où son père aurait donné son consentement. Ce consentement fut bien difficilement obtenu. M. de Boisy, voyant son cher fils à ses pieds et les arrosant de ses larmes, ne put tenir à ce spectacle quoiqu'il eut l'âme fortement trempée. « Faites, lui dit-il, ce que le Seigneur vous demande : qui suis-je pour lui résister! » Le 13 mai 1593, François de Sales put revêtir sa soutane.

était pour lui la représentation de la mort de son maître et une image de sa sépulture.

Nous devons faire ici un temps d'arrêt et dire ce qu'était la Congrégation de l'Oratoire.

Nous allons encore retrouver la trace de saint François de Sales, aux actes duquel nous cherchons à assimiler le plus possible ceux du P. Eudes.

La duchesse de Longueville voulut tirer parti de la haute sagesse de Saint François de Sales pour le succès d'une œuvre qu'avait projeté son zèle, l'établissement des Carmélites en France, tel que sainte Thérèse l'avait renouvelé en Espagne. Cette princesse convoqua le saint prêtre, devenu alors coadjuteur de l'évêque de Genève, Claude de Granier, les docteurs Duval et Gallemant, les abbés de Bérulle et de Brétigny.

Les rapports qu'eurent en cette circonstance le coadjuteur de Genève et M. de Bérulle leur donnèrent l'occasion de se connaître et de se vénérer mutuellement : François de Sales admirant dans M. de Bérulle *un des esprits les plus nets et les plus clairs qu'il eût jamais rencontrés*, le pressa (1) d'établir en France une œuvre dont il sentait vivement le besoin. Il plaçait en effet, au premier rang de ses sollicitudes, la formation du clergé ; il avait fait toutes les démarches imaginables pour l'établissement d'un grand séminaire sans pouvoir y parvenir. Malgré ses instantes prières, Rome avait gardé le silence. Il vit donc, par suite de ses rapports avec M. de Bérulle, le moyen de donner naissance à une société vouée *entièrement* à l'éducation du clergé.

Tel fut le but primitif de la Congrégation de l'Ora-

Histoire de saint François de Sales, par M. Hamon.

toire. Si, dans les grands centres, le mouvement civilisateur est dû à des causes diverses, souvent très-hétérogènes entre elles, on ne peut nier que surtout à cette époque, il ne devait être fructueusement imprimé que par le clergé desservant les plus humbles paroisses et par les prêtres exerçant à titres divers sur toute l'étendue du territoire français.

Il fallait donc moraliser le clergé, élever et épurer ses sentiments. C'est ce que comprenait et a toujours si bien compris le P. Eudes ; pendant toute la durée de sa vie, il ne s'est pas proposé d'autre but.

L'abbé de Bérulle, fondateur de la Congrégation de l'Oratoire, naquit en 1575, au château de Sérilly, en Champagne, de Claude de Bérulle, conseiller au Parlement de Paris, et de Louise Séguier, tante du Chancelier de ce nom, et qui, après la mort de son époux, entra d'abord dans le tiers-ordre des Minîmes et quelque temps après dans celui des Carmélites déchaussées (1). Il fit, dit-on, vœu de chasteté dès l'âge de sept ans. Le P. Eudes eut donc la même pensée que son premier chef, pensée qu'on ne lui avait permis de mettre à exécution qu'à 14 ans.

Qu'est-ce donc qu'un vœu de chasteté à l'âge où il n'est pas permis d'en comprendre la portée ? L'enfant de sept ans ne peut, en effet, et ne doit avoir aucune perception prématurée, aucune connaissance des plaisirs de la chair, de ces voluptés permises et auto-

---

(1) Elle était fille de Pierre Séguier, président à mortier du Parlement de Paris. Elle devint la fille spirituelle de son propre fils, le cardinal de Bérulle, qui l'assista à la mort. La Reine Marie de Médicis, suivie de plusieurs princesses et grandes dames de sa cour, assista à ses obsèques.

risées par Dieu lui-même dans les saints liens du mariage.

Aucun vœu raisonnable ne peut le faire renoncer à ce qu'il ignore. Mais dans ces cœurs qui se donnent à Dieu dès leur premier battement, le sentiment de pureté virginale de l'âme et du corps reste intégral. Eudes et de Bérulle se considéraient comme appartenant au Seigneur ; ils ne pensaient pas que l'âme et le corps pussent agir en dehors de son service, sans pouvoir se rendre compte d'une manière absolue du sacrifice qu'exigerait d'eux le vœu par lequel ils désiraient se lier. Au reste, la vie intellectuelle, empressons-nous de le dire, commence toujours de bonne heure pour ces hommes qui, en si peu d'années, ont tant d'actes, tant de travaux à accomplir.

Ne nous étonnons donc pas si, à la première entrevue, M. de Bérulle bénit le ciel de lui avoir adressé un pareil néophyte.

Ce saint fondateur résolut de se vouer à l'établissement d'une congrégation sur le modèle de celle de saint Philippe de Néri, l'Oratoire de Rome. Encouragé par saint François de Sales, saint Vincent de Paul et le vénérable César de Bus, il exécuta son dessein avec l'approbation de Henri de Gondi, évêque de Paris, oncle de Paul de Gondi, depuis si connu sous le nom de cardinal de Retz, dont la sœur, la marquise de Maignelay (1), avait déjà établi pour cet objet un fonds de 56,000 livres.

(1) Marguerite-Claude de Gondi, veuve de Florimond d'Hallwyn, marquis de Maignelet ou Maignelay, coopéra à toutes les bonnes œuvres de cette époque avec saint Vincent de Paul et principalement de celle des pénitentes, établie plus tard au co

En 1611, M. de Bérulle assembla plusieurs ecclésiastiques en communauté dans le faubourg Saint-Jacques (1), à l'hôtel du Petit-Bourbon, remplacé maintenant par le Val-de-Grâce.

Les premiers qui se réunirent à lui furent les Pères J. Bance et Jacques Gastand, docteur en théologie de la Faculté de Paris, François de Bourgoing, qui fut dans la suite général de la Congrégation, Paul Métezeau, bachelier de la même Faculté et le P. Caran, curé de Beauvais.

Ils obtinrent des lettres patentes du Roi Louis XIII pour leur établissement que le Pape Paul V approuva, sous le titre de l'Oratoire de Jésus, en lui donnant l'abbé de Bérulle pour général (2).

---

vent de la Madeleine et dont le premier instigateur fut le sieur de Montry, riche marchand de vins de Paris.

Sa sœur, Françoise de Gondi, avait épousé en 1587 Lancelot de Vassé, vidame du Mans, et leur fille épousa Jacques Hurault, chevalier, marquis de Vibraye.

(Saint Vincent de Paul, et ses institutions dans le Maine.)

(Abbé LOCHET, 1859).

(1) Les n°ˢ 254, 256, 258, situés dans la rue du Faubourg-Saint-Jacques, étaient occupés par quelques Bénédictins de l'Abbaye saint Magloire. Ils y menaient une vie peu régulière : ce qui détermina en 1618, Henri de Gondi, évêque de Paris, à les supprimer et à les remplacer dans leurs maisons par les prêtres de l'Oratoire, qui y établirent leur premier séminaire. Ce séminaire, qui fut le premier du diocèse de Paris, devint considérable et s'est maintenu jusqu'en 1792, époque de sa suppression. Les bâtiments ont été depuis concédés aux sourds et muets. (DULAURE, *Histoire de Paris*).

(2) Bulle d'institution de l'Oratoire, donnée par Paul V en 1613 : « Primum est, ut principale et præcipuum institutum « sit, perfectioni status sacerdotalis totaliter incumbere...
« ... Tertio, sacerdotum et aliorum ad sacros ordines adspi-

Quand M. de Bérulle demanda la bulle d'institution de l'Oratoire, le Pape ne voulut pas consentir à ce qu'il exclût l'instruction *de la jeunesse dans les belles-lettres*. L'intention première du fondateur est donc par le fait clairement établie: il ne voulait *ni fonder des colléges, ni en prendre la direction* (1).

Son dessein fut donc de former une société d'ecclésiastiques qui pratiquassent la pauvreté dans l'usage de leurs biens et qui fissent profession de s'employer aux fonctions de leur état sans chercher à se procurer aucun bénéfice ni aucun emploi auprès des prélats, tout en leur restant parfaitement soumis. Les uns étaient *associés*, les autres *incorporés*. Parmi les premiers, le général de la Congrégation choisissait les directeurs des autres : les seconds ne faisaient partie de la Congrégation que pendant le temps nécessaire pour se former dans la vie et les mœurs des ecclésiastiques. On ne s'y occupa d'abord ni de théologie ni de lettres humaines; on se bornait à ramener les prêtres à une parfaite régularité dans l'exercice de leurs saintes fonctions.

L'Oratoire était un corps purement ecclésiastique : Le Père de Condren, digne successeur du cardinal de Bérulle, le déclara formellement dans la première assemblée générale de sa Congrégation. « Comme la
« Congrégation, dit-il, a été principalement choisie de
« Dieu, et établie en la terre par défunt notre très-
« honoré père, pour honorer le sacerdoce du Fils de

« rantium instructioni, non tam circà scientiam, quam circà
« usum scientiæ, ritua et mores propriè ecclesiasticos si
« addicere. » (*Vie de M. Olier.*)

(1) *Vie de M. Olier.*

« Dieu, l'assemblée détermine que son état est pure-
« ment ecclésiastique et qu'elle doit demeurer dans
« l'institution de la prêtrise, comme Notre-Seigneur
« l'a donnée à son Église, sans addition ni diminu-
« tion ; de sorte qu'en quelque temps ou en quelque
« assemblée que ce soit, *les sujets ne pourront être*
« *obligés à aucun vœu ni solennel ni simple ;* et ceux
« qui voudraient les obliger auxdits vœux simples ou
« se porteraient à embrasser lesdits vœux solennels,
« encore qu'ils fussent en plus grand nombre, seront
« toutefois censés se séparer du corps de la Congréga-
« tion, et obligés de laisser les maisons et tous les biens
« temporels, à ceux qui voudront demeurer dans l'in-
« stitut purement ecclésiastique et sacerdotal, encore
« qu'ils fussent la moindre partie (1). »

Cette déclaration est bien nette et bien positive : elle nous servira plus loin d'argument de défense. D'ailleurs, elle indique clairement quel était l'esprit de l'Oratoire, esprit que le P. Eudes, qui en sortait, donna à sa Congrégation.

Bossuet, dans son oraison funèbre du P. Bourgoin, troisième général de l'Oratoire, dit : « Congrégation à
« laquelle son fondateur n'a voulu donner d'autre esprit
« que l'esprit même de l'Église, d'autres règles que
« les saints canons, d'autres vœux que ceux du bap-
« tême et du sacerdoce, d'autres liens que ceux de la
« charité. »

Les Pères de l'Oratoire dirigèrent plus tard avec succès un assez grand nombre de colléges.

Par suite de difficultés soulevées par le procureur général au Parlement de Normandie, les Pères de l'O-

---

(1) Actes de la première assemblée générale de l'Oratoire, 1631.

ratoire furent obligés d'établir un réglement que jusque-là ils n'avaient pas jugé nécessaire. Ils déclarèrent n'être pas religieux, mais prêtres associés, dépendant d'une manière absolue des évêques dans le diocèse duquel leur Congrégation était établie.

La maison principale fut celle de la rue Saint-Honoré; le fondateur y mourut le 2 octobre 1629, à l'âge de 54 ans, en disant la messe dans l'église de l'Oratoire, et s'affaissa en prononçant les paroles du canon: « Hanc igitur oblationem. » N'ayant pu achever le sacrifice comme *prêtre*, il l'acheva comme *victime*; c'est ce qu'on exprima par ce dystique (1) :

> Capta sub extremis nequeo dum sacra sacerdos
> Perficere, at saltem victima perficiam.

M. de Bérulle (ainsi que le témoignent surabondam-

---

(1) Quant aux calomnies répandues au sujet de la mort du Cardinal de Bérulle, qui accusaient Richelieu de l'avoir fait empoisonner et que Monsieur le duc d'Orléans avait appuyées dans son manifeste, publié à Nancy le 30 mai 1631, l'abbé Tabareau, dernier historien de la Congrégation, en démontre toute l'invraisemblance.

Le Cardinal de Richelieu écrivait au P. Bertin, en date du mois d'octobre 1629: « Il m'est impossible de vous témoigner
« le déplaisir que j'ay de la mort de Mgr le Cardinal de Bé-
« rulle, qui ne pouvait douter de la sincère amitié que je
« luy ay toujours portée. Je suis extrêmement fâché des
« calomnies qu'on a fait courre, et à Rome et en France. Je
« fais tout ce qu'il m'est possible pour les dissiper, faisant
« voir à tout le monde que la grande vertu du défunt, et la
« façon avec laquelle nous avons toujours vécu ensemble,
« oste tout lieu de croire ce que les faux bruits ont répandu
« avec si peu d'apparence. J'honore la mémoire du défunt
« et feray toujours un cas particulier de ceux qui le touchent,
« et notamment de la Compagnie qui a pris naissance sous sa
« conduite... » Le P. Bertin, prêtre de l'Oratoire, était chargé à Rome des intérêts de la Congrégation.

ment les lettres missives de Richelieu), fut souvent employé à des négociations importantes, servit d'intermédiaire en différentes occasions entre Marie de Médicis et Louis XIII son fils, puis fut envoyé à Rome pour obtenir les dispenses nécessaires au mariage du Prince de Galles, depuis Charles Ier, avec Henriette de France, qu'il fut chargé de conduire en Angleterre, où il se concilia l'estime et la vénération de tous.

Supprimée en 1790, la Congrégation de l'Oratoire n'a été rétablie à Paris qu'en 1853 par l'abbé Pététot, sous le titre de l'Oratoire de l'Immaculée-Conception. Elle avait produit beaucoup d'hommes distingués, parmi lesquels Mallebranche, Massillon, Mascaron, Niceron, La Bletterie, Foncemagne, Datteville, etc., etc.; mais elle se laissa gagner par le jansénisme, et sa fin fut certainement moins brillante que ses débuts.

Pour éclaircir la route que nous avons à suivre, il fallait noter tous ces détails. D'ailleurs, nous devions entrer, pour ainsi dire, dans la Congrégation de l'Oratoire en même temps que Jean Eudes, puisqu'il faut, suivant les prescriptions de Fénelon, que nous cherchions à le *peindre au naturel, à le montrer tel qu'il a été à tous les âges, dans toutes les conditions, et dans les principales conjonctures où il a passé.*

Il avait heureusement trouvé sa voie, il possédait au suprême degré la vertu de la *force*, la seule peut-être que nous devrions célébrer en lui, puisqu'elle lui fit traverser la vie sans jamais dévier de cette même voie, qu'elle fut l'inspiration de toutes ses œuvres, le secret de sa mission et même la vraie raison de son apparition au XVIIe siècle. Aussi toutes les pratiques et les exercices spirituels de la vie cléricale lui parurent faciles. **M.** de Bérulle et ses directeurs immédiats furent bientôt étonnés des rares dispositions qu'il montrait pour son état. Ce qui nous prouve qu'à cette vertu de la force, il joignait la sensibilité et la prudence, c'est que l'opinion avantageuse de ses supérieurs devint celle de toute la communauté, et qu'aucun de ses membres ne conçut de jalousie en voyant le plus jeune des Oratoriens devenir l'enfant privilégié de M. de Bérulle. Ce général, rencontrant dans son élève un esprit si solide et un caractère si formé, crut devoir le produire tout de suite, quoiqu'il n'eût que 24 ans, et ne fût pas encore engagé dans les ordres sacrés. Il chargea donc le jeune Oratorien d'annoncer en public la parole de Dieu, et celui-ci, répondant pleinement aux espérances de son maître, s'en acquitta avec un zèle et une dignité qui présageaient ses succès pour l'avenir.

L'aigle avait vu, en effet, son duvet remplacé par les plumes de ses ailes puissantes ; il allait s'élever aux plus sublimes hauteurs, et, avec ses serres vigoureuses, étreindre le mal qui rongeait la société et gagnait de proche en proche, comme une lèpre contagieuse (1).

---

(1) Encore au sujet de ces prédications un point de ressemblance avec saint François de Sales, qui avait reçu les ordres mineurs, le 8 juin 1593, de la main de Mgr Granier. L'évêque désira qu'il prêchât dans la cathédrale le jeudi fête du Saint Sacrement : « Eh ! Monseigneur, reprit François, comme
« sous-diacre, je n'en ai pas le droit ; comme novice dans
« l'état ecclésiastique, j'en suis incapable. » « Je le veux ainsi,
« dit l'Evêque. » « Puisque vous l'ordonnez, répondit le sous-
« diacre, j'obéirai, *in verbo tuo, laxabo rete* : mais, si je m'en
« acquitte mal, on ne pourra s'en prendre qu'à votre com-
« mandement. »

Il fut bientôt prêt, mais il ne prêcha que le jour de l'oc-

A une éloquence naturelle, que l'habitude de la chaire devait rendre plus tard encore plus saisissante, le P. Eudes joignait tous les avantages extérieurs qui sont si propres à faire valoir le talent de l'orateur : il avait le corps bien fait, l'air imposant, tendant avec l'âge à devenir vénérable, le geste aisé et la voix sonore. Mais, plus encore (1), il offrait l'image de toutes les vertus dont il entretenait ses nombreux auditeurs. N'est-ce pas là en tout temps la plus grande condition de succès ?

La même année (1624), il dut se préparer à recevoir les ordres sacrés sans autres intervalles que ceux qui étaient prescrits par les saints canons.

Au mois de décembre, il se rendit donc à Séez, où, le 21, il fut ordonné sous-diacre par Mgr Le Camus, son évêque. Dans le carême de 1625, Mgr d'Angennes, évêque de Bayeux (2), lui conféra le diaconat,

---

tave, ayant cédé celui de la fête à un célèbre prédicateur, qui devait repartir. Au sortir de son sermon sur l'Eucharistie, tout Annecy retentit d'un cri unanime de louanges et d'admiration.

(1) Si l'effet de ce premier sermon fut si merveilleux, il ne faut pas seulement en attribuer la cause à l'éloquence de l'orateur, il faut l'imputer bien davantage à l'excellence de ses vertus et à la haute idée qu'on avait de sa sainteté.

Vie de saint François de Sales.

(2) Jacques d'Angennes, fils du baron de Meslay, remplaça dans le siége épiscopal de Bayeux le célèbre Cardinal d'Ossat, qui s'en était démis en 1604. Jacques fut sacré en 1606 et fit son entrée à Bayeux le 20 juillet 1608. Mgr d'Angennes a créé ou favorisé seize établissements ecclésiastiques ou monastiques dans son diocèse. Ce prélat, après un épiscopat de 41 ans, mourut dans son prieuré de Moutiers, dans le Perche, le 16 mai 1647, et fut enterré dans l'église de Maintenon, dont la terre appartenait à sa famille.

et au mois de décembre suivant, il reçut la prêtrise des mains de Mgr de Boivin, évêque de Tarse, et coadjuteur de Mgr de Péricard, évêque d'Avranches (1). Né le 14 novembre 1601, Jean Eudes avait donc 24 ans accomplis.

Au nombre de plusieurs pièces originales très-précieuses retrouvées dernièrement par le R. P. Le Doré, assistant général de la Congrégation, on remarque la lettre de prêtrise du fondateur.

Pour la première fois, la nuit de Noël, et dans une chapelle dédiée à la sainte Vierge (2), le P. Eudes offrit à Dieu le divin sacrifice. Cette heure bénie laissa dans son cœur une trace ineffaçable. Il conçut, dès lors, une si haute idée de l'excellence de cette auguste fonction, « qu'il eût été à désirer, disait-il, qu'on eût « trois éternités pour s'en acquitter convenablement, « la première *pour s'y préparer*, la seconde *pour la « faire*, la troisième *pour rendre grâces* (3). »

Nous ne devons pas séparer complétement les uns des autres ces trois frères que les populations, recon-

---

(1) Mgr de Boivin assistait huit ans plus tard, le 9 octobre 1622, l'évêque d'Avranches au sacre malheureux de l'évêque de Lisieux, Léonor de Matignon, dans l'église de Notre-Dame d'Alençon, où la rupture d'un échafaudage coûta la vie à huit personnes et en blessa grièvement un grand nombre.

(2) Chaque acte important de la vie du P. Eudes est marqué, comme *date* ou comme *lieu*, du sceau de la Vierge.

(1) Saint François de Sales fut ordonné prêtre à 26 ans. « L'autel ne rend pas impeccable, disait-on à saint François « de Sales, et un prêtre peut faillir comme auparavant. »

« Ceux qui parlent ainsi, reprit-il, ne savent pas ce que « c'est que d'être prêtre, que manier et recevoir tous les « jours le corps de Jésus-Christ ; on ne mérite pas le nom de « prêtre, si on n'est pas aussi pur qu'un ange.

naissantes de leurs bienfaits ou fières de leur gloire, viennent d'unir de nouveau dans les mêmes honneurs.

Pendant que Jean débutait à Paris dans la chaire sacrée, François et Charles grandissaient à l'ombre du toit paternel ; ils n'étaient nés qu'à un an de distance, François en 1610 et Charles en 1611. On ne peut pas douter que Jean, qui, pendant tant d'années devait évangéliser les peuples, n'ait cherché à jeter dans ces jeunes cœurs les semences précieuses qu'il avait déjà recueillies. Il dut passer au moins deux ans avec eux. « Quoi qu'il en soit, dit M. G. Levavasseur « dans sa notice sur les trois frères, bientôt après « François quittait à son tour la maison paternelle et « s'en allait à Caen puiser des leçons qui devaient « plus tard porter leurs fruits et le mener plus avant « que son aîné, par un sentier différent, dans le che- « min de la gloire et de la renommée. »

Nous le savons, Jean Eudes, le vigoureux athlète, le saint prêtre, l'éloquent missionnaire, ne fut jamais glorifié sur la terre : comme Jésus, il fut toujours frappé, toujours calomnié, et c'est là le caractère spécial de cette vie dont nous n'aurons, quant à ce qui le touche personnellement, à raconter et à peindre que les souffrances. C'est là surtout ce qui nous le fait aimer de tout l'amour que l'hagiographe doit porter au saint.

Il est probable que Charles accompagna son frère, suivit les mêmes études, et que, son éducation terminée, il retourna près de son père, qui l'instruisit dans la pratique de la médecine et de la chirurgie, en la basant sur le dévouement et au besoin sur le sacrifice. C'est ce que nous aurons bientôt à prouver, et cela nous sera bien facile. Le P. Costil dit, dans les *Annales de la Congrégation*, que Charles Eudes du d'Houay servit quelque temps aux armées, puis vint exercer la médecine à Argentan. Il est possible qu'il se soit trouvé au nombre des chirurgiens que, par son ordonnance de janvier 1629, le cardinal de Richelieu plaça dans tous les régiments, auxquels il attacha en même temps un hôpital et un aumônier. En tous cas, nous savons qu'il prit à Argentan un établissement définitif et qu'il y laissa une postérité assez nombreuse. (1)

(1) Jean Eudes naquit en 1601, François Eudes de Mézeray en 1610, et Charles Eudes du d'Houay en 1611. Seul des trois frères, celui-ci laissa une postérité, *Jean Eudes*, docteur en médecine, marié à Geneviève de Droulin de Tanques : ils eurent cinq enfants sans postérité; *Sapience Eudes*, morte fille; *Louis Eudes de Mézeray* marié : 1° à Françoise d'Avoust, représentée à cette heure par les familles de Malvoue, Le Cousturier et de Beaulaincourt ; 2° à Mlle Le Prévost, dont il n'eut qu'un fils, mort sans postérité; 3° à Barbe-Elisabeth de Gauthier de Chiffreville, représentée en 1869 par les familles Chappe, d'Achon, de Montzey, de la Porte.

Les trois frères Eudes eurent quatre sœurs : *la première*, mariée à Pierre Herson (postérité éteinte) ; *Madeleine*, mariée à Azor Corbin, représentée par Pierre Adam ; *Jacqueline Eudes*, non mariée; *Marie Eudes*, mariée à Jacques Corbin des Caves, représentée par tous les membres de la famille Lautour.

Nous avons à faire remarquer que le nom de Mézeray, illustré par l'Historien, n'a été *légalement* porté depuis le XVIIe siècle que par les descendants directs de Louis Eudes de Mézeray, second fils de Ch. Eudes du d'Houay, échevin d'Argentan, chef de la milice et conseiller du Roi. Tous les diplômes ou lettres du Roi relatives à Louis Eudes consacrent pour lui son droit de succession au nom que l'historien avait pris pour se frayer plus facilement un chemin dans le monde où il prenait sa place (Mairie d'Argentan). Ce nom de Mézeray ne peut être raisonnablement revendiqué au besoin que par les descendants de Françoise d'Avoust et par ceux de Barbe-Elisabeth de Gauthier, première et troisième femmes de Louis Eudes de Mézeray.

Ce détail généalogique vient prouver, en outre, qu'à la faveur de la renommée de Jean et de François, les deux fils de Charles Eudes du d'Houay s'unirent aux plus nobles familles de la contrée.

CHAPITRE III

(1625 - 1632)

Mouvement politique. — Richelieu. — Le P. Joseph. — Austérités du P. Eudes. — Sa maladie. — Sa retraite au séminaire de Notre-Dame d'Aubervilliers. — Ses études pendant le temps de cette retraite. — La peste en France. — Elle gagne le doyenné d'Écouché. — Dévouement du P. Eudes et du curé de Saint-Christophe, M. Laurens. — La peste à Argentan, le P. Eudes y accourt. — La peste à Caen. — Charité héroïque du P. Eudes — Il s'établit au milieu des pestiférés. — Le pré du Saint. — La peste dans la maison de l'Oratoire de Caen ; le P. Eudes vient y soigner ses confrères tous attaqués. — Maladie du P. Eudes — Lettre des Religieuses Carmélites à ce sujet. — Il commence ses missions. — François Eudes de Mézeray et Charles Eudes du d'Houay.

Cependant Jean Eudes, Jérôme Vignier, Jean François Senault, futur général de l'Oratoire, et autres membres distingués de cette célèbre Congrégation, se préparaient à la lutte non seulement par des études profondes, mais aussi en essayant leurs forces du haut de la chaire, en étudiant leur public et ne négligeant aucun des moyens propres à le convaincre et à le ramener dans la bonne voie.

A la mort de Henri IV, brusquement enlevé de la scène du monde où il jouait un si grand rôle, le pouvoir, tombant entre les mains de la Reine, devait profiter à son parti, naturellement hostile aux protestants.

Le duc de Sully, rappelé avec caresses, consentit à conserver ses emplois. Néanmoins, ses coréligionnaires, pleurant amèrement la mort du Roi, restaient toujours organisés pour la défense des droits que leur octroyait l'édit de Nantes. Philippe de Mornay, le plus ardent défenseur de la réforme, s'écriait alors : « Qu'on ne parle plus entre nous de huguenots ni de « papistes ; ces mots sont défendus par nos édits.... « Il ne faut plus qu'une écharpe entre nous ; qui sera « bon Français, me sera bon citoyen, me sera frère. » Ainsi parlait-il en public (assemblée du 19 mai 1610) ; mais dans les épanchements de la vie intime, il disait en même temps : « Je crains qu'il n'en advienne com- « me des frères après la mort d'un père, qui se sau- « tent au col et s'entre-couvrent de larmes, puis, la « quarantaine passée, retournent à leurs vieilles « querelles, et se prennent au poil pour un double. (1) »

Le vieux compagnon d'Henri IV devinait juste ; cependant, malgré son expérience, il ne pouvait encore reconnaître quel serait le plus rude antagoniste de la Réforme. Tous les ménagements dont on usait alors vis-à-vis d'elle n'étaient pour lui que des signes précurseurs de la tempête. De son côté, le corps religieux, pour la vaincre par tous les moyens de persuasion

---

(1) Bazin.

consacrait alors toutes ses heures aux travaux de la pensée, et Richelieu grandissait en silence. Destiné d'abord aux armes, il reçut cependant les ordres, puis fut sacré évêque de Luçon à 22 ans. Député aux États généraux de 1614, il sut s'y faire remarquer par le maréchal d'Ancre et par la Reine régente, qui le prit pour son aumônier en 1615 et le fit nommer en 1616 Secrétaire d'État pour la Guerre et pour l'Intérieur.

Après avoir, en 1617, suivi la Reine-Mère alors en disgrâce à Blois, probablement avec l'agrément tacite du Roi, il réussit dans la mission si délicate de réunir la mère et le fils ; puis, ayant fait conclure les traités d'Angoulême en 1620 et d'Angers en 1621, il reçut le chapeau de Cardinal en 1622 et entra au conseil en 1623. Après avoir écarté tous les concurrents et entre autres le vieux Villeroi, Richelieu devint premier ministre, et, avec un roi tel que Louis XIII, maître à peu près absolu des destinées de la France.

Ce ministre fut incontestablement un des plus grands qui aient gouverné notre patrie.

Abattre la puissance des grands, écraser l'hérésie, au moins comme parti dans l'État, et abaisser la grandeur de la maison d'Autriche, tel fut le but complexe, qu'il chercha constamment à atteindre, broyant impitoyablement sous son char tout ce qui pouvait lui faire obstacle.

Il nous apparaît de loin comme un brillant météore, comme une de ces grandes figures que l'œil ne peut mesurer ; et nous n'osons ni le condamner ni l'absoudre.

Nous aurons à faire mention d'un de ses agents les plus actifs et les plus fidèles, personnage devenu presque légendaire sous le nom de l'Éminence grise, le P. Joseph (François Le Clerc du Tremblai), devenu célèbre sous le froc, et qui serait très-probablement inconnu à cette heure, s'il avait simplement suivi la carrière où l'appelait sa qualité de gentilhomme. L'imagination s'est plu à en faire une sorte de démon familier ou de génie malfaisant ; on lui a fait commettre toutes sortes de crimes ; le roman historique s'est emparé de cette vie, qu'il a rougie dans le sang. C'est une calomnie.... et s'il y a quelque chose de plus infâme que la calomnie envers les vivants, c'est la calomnie envers les morts, qui ne peuvent répondre. Le Père Joseph fut un homme de conseil et d'exécution, que Richelieu chargea souvent des missions les plus importantes : au reste, il s'était attaché au ministre bien avant qu'il fût arrivé au sommet (1).

(1) Lettre de Richelieu au P. Joseph, fin d'avril 1624 (lettres missives du Cardinal) :

« Comme vous êtes le principal agent dont Dieu s'est servy
« pour me conduire dans tous les honneurs où je me vois élevé,
« je me suis obligé de vous en mander les premières nou-
« velles et de vous apprendre qu'il a pleu au Roy de me
« donner la charge de son premier ministre à la prière de la
« Reyne ; mais, en même temps, je vous prie d'avancer votre
« voyage et de venir au plus tôt partager avec moy le manie-
« ment des affaires ; il y en a de pressantes que je ne veux con-
« fier à personne, ni résoudre sans votre avis. Venez donc
« promptement recevoir les tesmoignages de toute l'estime
« qu'a pour vous,
                        « LE CARDINAL DE RICHELIEU. »

Cette lettre, qui était inconnue à beaucoup, si ce n'est à tous, est du nombre de celles qu'on adresse à l'ami de la première heure et non à l'un de ces serfs que le tyran ou le despote trouve toujours à sa portée pour accomplir toutes ses volontés, quelles qu'elles soient, et avec lequel le P. Eudes n'eût jamais consenti à entrer en communication pour des

Au milieu de ses travaux, le P. Eudes se vit éprouvé par une longue maladie en partie causée par des austérités immodérées. Instruit par l'expérience, il régla sa ferveur non seulement pour lui-même, mais aussi pour ceux qui, plus tard, pourraient être sous sa direction.

Mais dans quelle mesure la régla-t-il ? Nous avons lieu de douter un peu de sa modération à ce sujet, au moins pour ce qui le concerne: car le P. Mannoury, le premier de ses confrères a dit qu'il tourmenta son corps si innocent jusqu'à l'âge de quarante ans par les *haires, les diciplines, les veilles et tous les autres exercices de pénitence* en usage seulement chez ceux auxquels ces moyens extrêmes sont les moins nécessaires (1). On pensa que l'air natal serait pour lui le meilleur remède, mais il n'en éprouva aucun soulagement. On l'envoya alors au séminaire de Notre-Dame des Vertus, à Aubervilliers. C'était aux environs de Paris, un pèlerinage assez célèbre et une des premières maisons qui aient été données à l'Oratoire (2).

œuvres religieuses. Richelieu et le P. Joseph se connaissaient depuis 1611. « …. Le capucin Joseph du Tremblai suggéra, dit « H. Martin, un expédient plus décisif que le Roi adopta mal- « gré Luynes. Ce fut de rappeler Richelieu de son exil et de « l'employer comme médiateur entre le Roi et sa mère…. Il « n'oublia pas plus tard le service que venait de lui rendre « Joseph…. »

(1) P. Costil, *Annales de la Congrégation.*

(2) Le pèlerinage de Notre-Dame des Vertus à Aubervilliers, doit son origine à une image miraculeuse de la sainte Vierge, qui y attira un concours extraordinaire dès l'an 1338. Le Roi Philippe de Valois, la Reine, le duc d'Alençon, le comte

Il consacra aux études les plus sérieuses sur les livres saints les deux années qu'il passa dans cette retraite : sa méthode pour les lire eut cela de particulier qu'elle lui en donna la parfaite intelligence, ainsi qu'il l'affirma à plusieurs de ses disciples.

« Après s'être prosterné aux pieds de son crucifix
« et avoir imploré les lumières de l'Esprit-Saint, dit
« le P. Montigny, il se tenait à genoux autant que sa
« faiblesse le lui permettait. Dans cette humble
« posture, qu'il ne quittait qu'à regret, il lisait de
« suite le texte sacré, sans avoir recours aux *traductions* ni *aux interprètes*. Lorsqu'il rencontrait
« de ces passages faciles dont on peut aisément
« saisir le sens, toute son attention se bornait à
« retenir, autant qu'il lui était possible, les faits, les
« sentences, les preuves, jusqu'aux expressions qu'employaient les écrivains sacrés, et à imaginer les
« diverses occasions dans lesquelles il pourrait se
« servir de ces morceaux détachés, soit pour sa propre perfection, soit pour l'instruction du prochain. »

N'était-ce pas là un véritable trésor qu'il amassait

---

d'Étampes et beaucoup d'autres personnages considérables s'y rendirent et y laissèrent des preuves de leur munificence. Il s'y opéra plusieurs miracles ; ce qui lui fit donner le nom de Notre-Dame des Vertus, c'est-à-dire des miracles ; car c'est ce qu'on entendait au XIVe siècle par le mot de Vertu. Pour avoir, dans le bourg d'Aubervilliers, un clergé nombreux et satisfaire ainsi au concours des pèlerins, on donna la cure de ce bourg aux prêtres de l'Oratoire. Le séminaire de Saint-Sulpice s'y rendait en corps le mardi de la Pentecôte. Cet usage fut supprimé en 1789 : mais néanmoins plusieurs ecclésiastiques de cette maison s'y rendent encore en pèlerinage pendant leurs vacances.

(Vie de M. Olier.)

pour l'avenir ? A ce travail, auquel tout orateur devrait s'astreindre, il dut cette facilité d'élocution, cette force d'argumentation qui ne le laissait jamais au dépourvu et lui permettait de parler si souvent et si longtemps sans que sa matière fût épuisée. Mais il était plus admirable encore, lorsqu'il rencontrait de ces points si obscurs qu'ils paraissent couverts d'un voile impénétrable ; alors, au lieu de mettre sa raison au-dessus de la question, le P. Eudes s'humiliait devant Dieu, et se remettait au travail avec calme et avec la plus grande confiance dans Celui qui dispense si largement sa lumière à ceux que l'orgueil n'aveugle pas.

Nous ne serons peut-être pas compris par tous, par ceux surtout qui se fatiguent à la recherche de cette inconnue qu'ils ne pourront jamais atteindre.

Dans notre simplicité, nous la possédons, cette inconnue, car nous basons notre foi sur les actes de Jésus-Christ, sur les livres des Pères de notre vieille Église, qui, avant de tout comprendre, ont eu aussi leurs doutes et leurs cruelles anxiétés : seulement, c'était le secret de leurs grottes et de leurs cellules ; et quand enfin ils parlaient au monde, c'était en fixant des conclusions, qui se maintiendront dans le temps et dans l'éternité.

Et maintenant des hypothèses..... toujours des hypothèses. Malheur à ceux qui cherchent à ébranler les douces croyances que nos enfants ont puisées au berceau et que peut-être ils ne sauront plus transmettre à leur postérité ! Malheur à eux, car le bras du père de famille est tendu pour les maudire !

Que demande-t-il, d'ailleurs, ce père de famille ? Il demande *la liberté pour tous* ; la liberté pour les uns 'exposer publiquement, dans des chaires d'enseignement supérieur, leur étrange doctrine, de la pousser jusqu'aux dernières limites, limites qui paraîtront toujours les fuir comme ces feux follets conduisant à l'abîme, de laisser une jeunesse affamée de conclusions attendre indéfiniment une règle fondamentale. Il demande la liberté pour les autres d'élever aussi des chaires également favorisées, d'y établir, d'après leurs convictions, cette règle tant et si inutilement cherchée, de parler enfin leur langue à leurs enfants se préparant à se lancer dans la carrière. Notre Église ne peut pas vieillir, elle reste et restera toujours jeune et agissante ; elle veut que les siens marchent de l'avant et explorent les champs de la science ; elle applaudit vivement à toutes leurs conquêtes.

La santé du P. Eudes était revenue. Il ne va plus rester, en apparence, inactif ; il faut qu'il marche, qu'il mérite cet éloge qui vient de lui être décerné. « *Pertransiit benefaciendo.* » Le soldat va apparaître sur le champ de bataille.

« Ce fut surtout pendant cette peste effroyable qui,
« sur la fin de l'année 1628, s'abattit sur la France, la
« Savoie, le Piémont, l'Italie, le monde entier, et fit
« de si terribles ravages pendant les années 1629, 1630
« et 1631, qu'apparurent dans tout leur éclat cet admi-
« rable empire de la grâce et cette merveilleuse trans-
« formation des âmes dont nous venons de tracer une
« insuffisante peinture. »

« Les fléaux qui ont ravagé le XIXe siècle ne
« peuvent pas, ajoute l'abbé Bougault (1), nous donner
« une idée de ce qu'était alors une peste. »

(1) *Histoire de Mme de Chantal.* Les détails que nous allons donner sur la peste de Normandie prouvent que cette nouvelle invasion date de 1627.

« La malpropreté des villes, la nullité des secours
« de l'art, l'absence d'une police régulière capable de
« mettre un peu d'ordre dans une pareille confusion,
« le caractère contagieux du mal, que l'on croyait plus
« contagieux encore, tout contribuait à multiplier la
« mortalité, à augmenter l'effroi et le désespoir. En
« présence d'une maladie qui se communiquait par le
« toucher, que le pestiféré soufflait dans son haleine,
« qu'il laissait imprégnée dans tout ce qui lui avait
« servi, on n'osait plus ni voir personne, ni toucher à
« rien. A la première apparition du fléau, on aban-
« donnait les villes, qui devenaient désertes pendant
« des mois entiers, où l'herbe poussait dans les rues
« et que traversaient de grandes bandes de loups, attirés
« par l'odeur des cadavres laissés sans sépulture... »

Déjà le fléau avait apparu plusieurs fois depuis 1585 et chaque année de peste, qui interrompait ou au moins ralentissait les fondations religieuses, avait ramené plus de fidèles à la vraie foi que cent prédicateurs en un siècle.

Le dévouement héroïque du P. Eudes vient nous dire que déjà, en 1627, la peste avait envahi quelques cantons de cette riche Normandie vers laquelle, pendant les beaux jours de l'année, beaucoup se dirigent pour y retrouver la santé et des forces énervées par l'abus des plaisirs du monde et non des austérités dont le P. Eudes avait failli être victime. Le jeune oratorien apprend que ses compatriotes sont cruellement frappés et que la peste, envahissant le doyenné d'Ecouché, s'approche des lieux qui l'ont vu naître. Il n'a plus qu'une pensée : braver le mal pour donner aux malades le courage de le supporter et en même temps tous les secours dont il pouvait disposer.

M. de Bérulle ne mit d'autre condition à son consentement que celle qu'il ne négligerait aucune des mesures de prudence que lui permettrait un ministère aussi périlleux. Le Père Allard, alors supérieur de la maison de l'Oratoire de Caen, et que M. de Bérulle avait chargé de régler les démarches du P. Eudes, lui remit une lettre pour le vicaire général de l'évêque de Séez, alors absent, afin qu'il pût librement exercer ses fonctions dans le diocèse. Avant son départ de Paris, le P. Eudes s'était muni d'un autel portatif et de tous les objets nécessaires à la célébration du saint sacrifice. Ces pouvoirs promptement obtenus, il s'empressa de s'établir dans les lieux infectés par la contagion.

Dans nos chartriers militaires, nous mettons toujours en première ligne ces ordres écrits que nous appelons des brevets de mort et que l'officier français reçoit toujours le cœur calme et le visage souriant, quoiqu'il ne soit pas toujours sûr de les rapporter.

N'a-t-il pas une égale valeur, celui que le P. Costil nous a conservé et qui est contenu dans la lettre adressée par le P. Allard au vicaire général de Séez (1). L'épouvante était partout, et telle que l'unique soutien des

---

(1) « De mandatis R. Patris nostri generalis, ego subsignatus
« sacerdos Cong. Oratorii, et superior domus Cadomensis, cer-
« tum facio dilectum Joannem Eudes, Sagiensis Episcopatus
« sacerdotem, de nostrâ Congregatione bene meritum, inter
« vos et inter nos super conservatum fuisse in virtute, scien-
« tiâ, modestiâ, morum integritate et exemplo, et charitatis,
« honoris Dei, et salutis animarum nectu et motu ad vos di-
« cessisse. Itaque potest in securo committi cura et instructio
« animarum, Dei dispensatio eorum sacramentorum, *in his locis*
« *maxime, ubi pro temporum calamitate et epidemice morbo*
« *desunt et absunt sacerdotes.* Id a nobis instantissime petiit
« et obtinuit : cum vestra venia indicate. Ordo charitatis pos-

pestiférés fut considéré comme pestiféré lui-même. Ni gentilhomme, ni curé ne voulut lui octroyer le couvert. « Il fut en cela, dit le P. Hérambourg, sembla-
« ble à son maître qui, descendu du trône de sa gloire,
« pour soulager les hommes et les délivrer de leurs
« infirmités, fut honteusement rebuté par eux : *In*
« *propria venit et sui eum non receperunt*. » Un seul, cependant, prêtre de la paroisse de Saint-Christophe, lui offrit de partager avec lui le peu de provisions qui lui restaient. Toutes les transactions étant arrêtées, tous les marchés fermés, la faim venait bientôt torturer ceux que la peste épargnait pour un moment. Nous voyons dans l'histoire de ce temps que les monastères restaient, dans les villes abandonnées, seuls habités, privés de nourriture, de remèdes, de médecins, de confesseurs même....

L'héroïsme du P. Eudes ne put donc être égalé que par celui de son compagnon, M. Laurent, dont heureusement le nom est parvenu jusqu'à nous. Pendant deux mois, ils ne cessèrent de parcourir les paroisses infectées, Vrigny, Avoine et bien d'autres du même canton. Semblable au grand prêtre Aaron qui marchait l'encensoir à la main parmi les morts et les mourants, le P. Eudes allait de misère en misère, sous les auspices du corps de Jésus-Christ voilé dans le Saint-Sa-

---

« tulat ut terræ primum quæ dedit ei vitam et gratiam et or-
« dinem rependat quod habet et scientiæ et virtutis ei pru-
« dentiæ et laboris, insuper et animæ : hunc ego cum bene-
« dictione nostrâ ad ampliorem benedictionem dimittimus,
« nos servi vestri per Jesum, ut per vos vestri, si necessitas
« adsit, et suis maxime invigilet. Quod habet abundanter
« dabit, daturum vos spero quod ei necessarium fuerit: datum
« Cadomi, anno 1627, die 13 Augusti. »

crement, qu'il portait suspendu à son cou, et renfermé dans une boîte de fer-blanc. Ainsi s'avançait, au travers du pays désolé par l'hérésie, le saint de la Savoie, afin de pouvoir administrer le peu de catholiques qui avaient résisté aux fureurs des Bernois.

Comme saint François de Sales, le P. Eudes et M. Laurent puisaient chaque matin dans le saint sacrifice de la messe ce grand courage et cette force toujours nouvelle qui les rendaient insensibles au danger.

De l'autel de la chapelle de Saint-Euroult, qui n'était pas éloignée (1), ils allaient de cabane en cabane, de masure en masure renfermant de pauvres victimes abandonnées, sans secours, auxquelles ils apparaissaient comme des anges venus du ciel.

Dans l'accomplissement de cette œuvre exceptionnelle et volontaire, ils joignaient à tout ce qu'un zèle ardent peut inspirer pour le salut des âmes, les secours temporels que leur industrieuse charité pouvait procurer aux malheureux.

Tous les deux oubliaient leur propre sûreté ; on sait

---

(1) « La juridiction du doyenné d'Écouché, dit M. Leva-
« vasseur, était alors fort étendue. Un arrêt cité par M. Germain
« (*Histoire d'Argentan*, p. 298) nous apprend que le doyenné
« d'Écouché avait dans son enclave la léproserie de Saint-
« Martin-des-Champs (la maladrerie). Quand on sait, d'ailleurs,
« que les habitants de Saint-Christophe avaient droit à l'entrée
« de leurs lépreux à la maladrerie, moyennant une redevance
« d'une gerbe et d'un denier par feu..., quand on songe
« surtout à l'usage qui fut fait dix ans plus tard de la mala-
« drerie de Saint-Roch-des-Tertres dans la peste d'Argentan
« de 1638, il est permis de penser que c'est à la maladrerie
« de Saint-Martin-des Champs que le P. Eudes et son coura-
« geux compagnon disaient leur messe quotidienne. »
Le P. Hérambourg désigne la chapelle Saint-Euroult.

d'ailleurs combien souvent les plus minutieuses précautions sont en pareil cas inutiles.

Cependant Dieu permit qu'ils ne subissent aucune atteinte. Bientôt la peste cessa ; elle avait duré depuis le mois d'août jusqu'à la Toussaint. Nous devons croire que leurs actes et leurs ardentes prières contribuèrent largement à ce résultat.

Nous rencontrons dans les *Annales de la Congrégation de Jésus et de Marie* un détail cité par le P. Costil et resté ignoré de tous jusqu'à présent. « On le vit faire, « dit-il, dans *Argentan*, ce qu'il avait fait dans « les campagnes circonvoisines, et il conseilla aux ha- « bitants de mettre leur ville, par un vœu public, sous « la protection perpétuelle de la sainte Vierge : ils le « firent et ne tardèrent pas à en éprouver les effets. » (1)

Tout danger ayant disparu, le P. Eudes, se considérant comme un serviteur inutile, se sépara de son fidèle compagnon de guerre et retourna à Paris pour prendre les ordres de ses supérieurs.

Il y arriva vers la fête de la Toussaint 1627, et reçut bientôt l'ordre de se rendre à Caen, où, pendant trois années, il n'épargna aucun soin pour rétablir parmi le peuple l'usage des sacrements et l'instruire en lui annonçant journellement la parole de Dieu.

Le principe pestilentiel était resté à l'état latent. Le redoutable fléau éclata tout-à-coup en 1631, avec une véritable fureur, au milieu de la ville de Caen, et Dieu permit qu'il fît en peu de temps de terribles ravages. Dès que le mal se fut déclaré, on chercha à le rendre moins général en isolant complétement ceux qui furent

---

(1) *Annales de la Congrégation de Jésus et de Marie*, 1627.

atteints les premiers. Quel ne fut pas le désespoir de ces infortunés ?

Une charité héroïque, inspirée par le ciel, pouvait seule les sauver à l'heure où la peur paralysait, comme toujours, les plus nobles sentiments.

Bientôt le P. Eudes apparaît ; la plupart l'avaient vu dans la chaire : ils vont le reconnaître à ses actes. Il se place en face de sa vieille ennemie. En vain ses amis cherchent à lui persuader de ne pas affronter de nouveau un danger devant lequel, au reste, n'ont pas reculé de nos jours les plus nobles femmes de France. Mais aucun de leurs arguments n'est assez fort pour vaincre celui qui lui sert de réponse et de défense :

« Qu'ai-je à craindre ? ne suis-je pas le plus fort, « étant tout rempli de corruption et plus méchant que « le mal lui-même » (1). Cet argument était héroïquement spécieux ; car ce qu'il ne craignait pas pour lui-même, il le redoutait pour les chers compagnons de sa vie.

Il se sépara donc d'eux ; ses adieux durent être solennels ; il marchait droit à la mort.

Pour toute retraite, il n'a plus qu'un tonneau (2) qu'il roule dans une prairie voisine de l'abbaye de la Trinité, qu'on appelait naguère encore *le Pré du Saint*.

---

(1) « Ne saviez-vous pas, répondait saint François de Sales à « son père qui le suppliait avec larmes de ne pas aller « s'exposer aux violences des hérétiques, ne saviez-vous pas « qu'il faut que je sois occupé tout entier des intérêts de mon « Père céleste ? »

(2) Le patriarche d'Alexandrie, saint Athanase, se retira pendant quatre mois dans un tombeau pour ne pas exposer aux poursuites de l'empereur ceux chez lesquels il s'était d'abord réfugié.

Toutes ses journées et une partie de ses nuits sont employées à soigner, à soulager et à bénir les pauvres malades, qui voient leurs misérables réduits illuminés par une lumière divine. Il ne rentrait dans son humble et singulière demeure qu'au moment où la nature reprenait définitivement ses droits.

Accablé de sommeil et de faim, il n'aurait pas pu se procurer la nourriture, même la plus grossière, si la Providence n'y avait pourvu. Chaque jour, Mme de Budos (1), abbesse de la Trinité, lui fit porter toutes les provisions dont il pouvait avoir besoin et probablement en assez grande quantité pour qu'il pût les partager avec ses pauvres convalescents. C'était une bien grande charité dans un moment où chacun devait avoir à peine le nécessaire (2).

(1) Laurence de Budos, fille du vicomte de Portes, appartenait par sa naissance aux plus illustres familles du royaume. Pourvue, à l'âge de treize ans, de l'abbaye de la Trinité de Caen, que lui donna Henri IV, à la demande du connétable de Montmorency, son oncle, elle prit à l'âge voulu l'habit religieux des mains de madame d'Aumale et se rendit à son abbaye qu'elle réforma complétement. Elle y mourut en odeur de sainteté, le 13 juin 1650, à l'âge de 66 ans. On ne doit pas confondre madame de Budos avec Marie Félice, fille du marquis de Portes, du nom de Budos, vice-amiral tué au siège de Privas, et frère de la connétable de Montmorency, dont la veuve épousa le duc de Saint-Simon. Elle avait fait un vœu de chasteté à l'âge de 10 ans, vœu que, d'après le conseil de M. Olier, elle renouvela plus tard. Ce saint directeur ne trouvant pas chez elle les marques de la vocation religieuse, l'engagea à rester dans le monde. Elle y garda le célibat et se consacra, dans ses terres des Cévennes, à convertir les hérétiques. Sa sœur cadette épousa en 1644 le père du fameux duc de Saint-Simon.

(2) Nous retrouvons presque toujours un précédent dans la vie de saint François de Sales. Forcé de s'éloigner du théâtre

Le P. Costil tient tous ces détails d'une religieuse de la Trinité de Caen, qui les affirma de nouveau dans une lettre qu'elle écrivit à M. Hérambourg, prêtre Eudiste, après la mort du P. Eudes.

Le P. Eudes apprend bientôt que pendant qu'il conserve ses forces et sa santé au milieu des mourants et des morts, la contagion a pénétré dans la maison de l'Oratoire (1), malgré toutes les précautions dont les Pères s'étaient entourés.

Tous se trouvaient attaqués. Il n'en fallait pas moins pour arracher le saint prêtre à ses pauvres. Il s'enferma donc avec ses confrères, et leur prodigua tous les soins que son expérience bien dangereusement acquise rendait si précieuse. Il les sauva tous, excepté le supérieur, le Père Répichon, et un autre Père qui moururent dans ses bras.

Ces peines, ces fatigues incessantes ne furent pas dénuées de consolations. Un vieillard protestant est atteint de la peste : le P. Eudes est bientôt à son chevet, l'encourage, le soutient malgré l'abîme qui moralement les sépare. Le malade, touché de tant de

---

de ses travaux, le saint apôtre, appelé à Annecy par des affaires indispensables, ne fit, changeant de lieu, que changer le théâtre de son zèle. Ayant trouvé sa chère ville d'Annecy désolée par une maladie contagieuse qui y faisait les plus grands ravages, il se dévoua tout entier au service des pestiférés ; il y travaillait jour et nuit, lorsque le mal l'atteignit lui-même. Il tomba malade le 4 janvier 1599, et fut bientôt à la mort. L'évêque de Genève pria instamment le Ciel de ne pas lui enlever un si digne collaborateur ; saint François de Sales se remit si rapidement que son retour à la santé fut attribué à un miracle. (*Vie de saint François de Sales.*)

(1) La maison de l'Oratoire avait été établie à Caen, rue Guillebert, le 10 juin 1622, par MM. de Répichon père et fils.

grandeur, bien plus vite ramené par cet acte de dévouement qu'il n'aurait pu l'être par les plus éloquentes paroles, abjure ses erreurs, se confesse à son charitable consolateur et meurt dans les sentiments de la foi la plus sincère. On croit que ce fut la première conversion que le P. Eudes eut le bonheur d'opérer.

Échappé miraculeusement à la contagion, il faillit cependant succomber à une maladie que la délicatesse native de sa constitution rendait plus dangereuse, surtout après tant de privations de tout genre. Il crut même toucher à sa dernière heure, mais Dieu avait encore besoin de son serviteur et le rendit aux prières ardentes des Carmélites, des Bénédictines de la Trinité, et peut-être aussi de celles qui émanaient de bien des cœurs reconnaissants.

Au reste, comme saint François de Sales (1), il était plus que résigné ; il souhaitait même avec passion d'aller rejoindre le maître qu'il savait si bien servir. Mais il *craignait* que les pieuses Carmélites, surtout, ne lui enlevassent ce bonheur par la puissance de leurs prières. Elles le surent : et il n'est rien de plus touchant que le début de la lettre qu'elles adressèrent au vénéré Père au plus fort de sa maladie.

(1) Saint François de Sales, tombé dangereusement malade pendant qu'il suivait les cours de l'école de Padoue, fut prévenu par son précepteur, l'abbé Déage, que peut-être il paraîtrait bientôt devant son Dieu. Le saint jeune homme se résignant à mourir s'écria :

Sive me mori, Christe, jubes,
Seu vivere mavis,
Dulce mihi tecum vivere,
Dulce mori.
(*Vie de saint François de Sales*, de 1586 à 1590.)

« Mon très-révérend Père, nous avons appris que
« vous aviez grand peur que nous vous ravissions des
« mains de Dieu : non, non, ne craignez point. Oh!
« que nous n'avons garde. Nous n'avons pas si peu
« de charité pour vous..... Nous ne demandons pas
« *absolument* la continuation de votre vie, mais seu-
« lement ce qui sera à la plus grande gloire de notre
« uniquement très-cher et bien-aimé Jésus..... que
« si Jésus-Christ veut encore se glorifier en vous et
« par vous en cette vallée de larmes, il n'y a remède,
« mon Père, il faut que vous ayez patience; fussiez-
« vous à la porte du Ciel, prêt à y entrer, *nous
« vous en retirerons*....... »

Le P. Eudes avait donc bien raison de craindre ces
saintes filles qui le béatifiaient par avance en le
chargeant, au cas de sa mort, avec une bien simple et
admirable naïveté, « *de leurs salutations pour la
« sainte Vierge, leur mère sainte Thérèse, saint
« Joseph, leur bienheureux père, et tous leurs saints,
« parents et amis de par delà.* »

La conservation du P. Eudes de 1627 à 1631
ne tient-elle pas du miracle?

Avec la santé, lui revient le désir ardent de se consacrer sans réserve au salut du prochain. Il avait
ce zèle dont parle saint Jean Chrysostôme, ce zèle
qui rend capable de tout entreprendre pour la gloire
de Dieu. Il veut donner des missions dans les villes
et dans les campagnes. *Verba et acta*, telle est sa
devise. Ses supérieurs ne purent lui refuser la permission de se donner tout entier à cette œuvre qu'ils
savaient depuis longtemps si bien convenir à son
talent de persuader.

Ils avaient grand besoin de sa parole ardente,

nous l'avons dit, ces pauvres habitants de la campagne que tourmentaient depuis soixante ans les tentations de la réforme, que dirigeaient et édifiaient si mal des pasteurs ignorants et relâchés.

« Croyez-moi, disait saint François de Sales, on
« ne prêchera jamais assez : *Nunquam satis dicitur,*
« *quod nunquam satis discitur,* surtout maintenant
« dans le voisinage de l'hérésie, laquelle ne se
« maintient que par les prêches et ne sera vaincue
« que par la prédication. »

Le Père Eudes est donc devenu missionnaire.

La paroisse de Ri est située non loin d'Ecouché et de tous les lieux que le fils d'Isaac Eudes et de Marthe Corbin avait remplis de son nom et de ses œuvres en 1627. Peut-être le vieux médecin avait-il rencontré son fils sous le toit du pestiféré. En tous cas, si le cœur paternel était dans ce cruel moment saisi par l'inquiétude, il devait être dilaté par la joie d'avoir donné le jour à un enfant si parfait.

En 1631, ils n'avaient pas ignoré quels nouveaux titres il avait acquis à la reconnaissance du peuple de Caen, et ce devait être le sujet continuel des conversations du foyer.

« Cependant, dit M. Levavasseur, comme un des
« effets ordinaires de l'éducation supérieure que les
« parents simples font donner à leurs enfants n'est
« pas de les acclimater à la maison paternelle, l'am-
« bitieux François, à peine adolescent, quitta le
« modeste hameau de la paroisse de Ri (1), et s'en

---

(1) Le château de Ri appartient, comme nous l'avons dit, à M. le comte de Vigneral, descendant direct de Claude de Vigneral, gendre de François de Vauquelin, baron de Sassy, seigneur

« alla chercher fortune à Paris, n'emportant de son
« pays natal que le nom de ce modeste champ de
« Mézeray dont nous avons parlé et qui devait moins
« vilainement sonner aux oreilles des grands et des
« beaux esprits que le simple nom de ses ancêtres. »

Nous avons dit qu'à ce nom, devenu célèbre, il avait rendu beaucoup plus qu'il n'en avait reçu, donnant ainsi une rude et noble leçon à tous ceux qui, dédaigneux de celui de leurs pères, le transfigurent ou l'abandonnent pour rester ensuite, à la mort, *débiteurs* insolvables des honneurs qu'ils ont usurpés. François-Eudes de Mézeray retrouva à Paris l'abbé des Yveteaux (1),

---

de Ri, qui avait vendu le château, seigneurie et fiefs dépendant de Ri, au sieur de la Gondonnière, le 10 janvier 1636. L'acte de vente fut signé par Isaac Eudes. Le 10 janvier 1638, les habitants de Ri entendirent avec bonheur la lecture du retrait lignager, fait par Claude de Vignerat, et qui leur conservait leurs anciens seigneurs.

(*Notice sur les trois Eudes*. G. LEVAVASSEUR.)

Le retrait lignager (*redhibitio gentilitia*) est le droit qu'on avait de retirer des mains d'un tiers acquéreur, un ancien propre de sa famille, vendu par son parent.

Il y avait aussi le retrait féodal, le retrait conventionnel, et même un quatrième, qu'on appelait droit de bienséance.

1) Richelieu écrivait en mai 1624, à l'abbé des Yveteaux :
« Vous êtes si expérimenté aux navigations de ce monde, que
« j'ay reçu ce que vous me mandez comme d'une personne
« qui peut *certainement* juger de *l'avenir par le passé.* »

Ces derniers mots ont cela de remarquable, que le nouveau ministre aurait bien pu avoir l'idée de ce positivisme qu'on veut établir dans les études historiques comme on l'a fait dans les recherches religieuses, nous voulons dire la philosophie positive de l'histoire devenue une science exacte, construite sur des faits observés, analysés, groupés entre eux de manière à ce que l'observateur remonte aisément de l'ef-

frère du seigneur de Ri, François de Vauquelin, baron de Sassy et autres lieux. Naturellement, il dut se mettre sous la protection de ce personnage.

« C'était, dit encore M. Levavasseur, une bonne
« fortune que la protection de l'ancien précepteur du
« Dauphin, mais c'était une douteuse école de mœurs
« que la maison de l'Abbé démissionnaire de la Trappe,
« dont la réputation, malgré l'indulgence de Huet(1),
« a laissé, à travers les siècles, un parfum si mélangé
« de libertinage et d'élégance. »

Cependant, ce mentor d'un nouveau genre chercha à arracher le jeune Normand à la vie facile et énervante

fet à la cause, ou du conséquent à l'antécédent, du phénomène qui suit au phénomène qui le précède, dans tous les temps et dans tous les cas. (*Revue des Deux-Mondes*) « *J'expose, je ne réfute pas*, ajoute l'auteur de ces lignes. » Pour nous, ce serait la faculté possible de connaître l'avenir. Dieu nous l'a refusée et avec raison.

Henri IV avait nommé l'abbé des Yveteaux, précepteur du Dauphin, depuis Louis XIII ; il l'employait dans ses relations avec les gens de lettres parmi lesquels il avait de nombreux amis. Nicolas de Vauquelin était d'une famille distinguée, qui avait occupé des emplois importants. Son père, poète célèbre, avait été lieutenant-général à Caen, et après lui, cette charge était passée à Jean de Vauquelin, frère aîné de l'abbé des Yveteaux, qui mourut en 1649, à l'âge de 90 ans.

(1) Huet (P. D.), savant prélat, né en 1630 à Caen, mort à Paris en 1721, à 91 ans, fit dans sa jeunesse un voyage scientifique en Suède, fonda en 1662 l'Académie de Caen, fut en 1670 adjoint à Bossuet, comme sous-précepteur du Dauphin, commença dès cette époque, sur l'invitation du duc de Montausier, la belle collection des classiques *ad usum Delphinum*, fut reçu en 1674 à l'Académie française, obtint en 1678 l'abbaye d'Aulnay, et devint en 1689 évêque d'Avranches. Il se démit de son évêché en 1699, pour se livrer à son goût pour l'étude, et se retira chez les Jésuites, à Paris, où il mourut.

que l'on menait autour de lui, et lui fit obtenir un emploi de commissaire des guerres (1). Ainsi pourvu, il fit deux campagnes, dont le souvenir ne lui fut pas inutile, lorsqu'il devint historien.

Quant à Charles Eudes du d'Houay, nous le retrouverons bientôt à Argentan, accomplissant, à l'exemple de Jean, des actes dont le souvenir est resté vivant depuis deux siècles.

(1) Les commissaires des guerres (maintenant intendants militaires) sont très-anciens, et leurs fonctions sont d'autant plus honorables qu'elles émanaient des maréchaux de France. Suivant le quatrième des douze articles fondamentaux du Siége général de la connétablie et maréchaussée de France, ils existaient déjà en 1356. En 1567, les commissions en vertu desquelles ils exerçaient furent érigées en titres d'offices formés, pour la possession desquels ils furent tenus de prendre les provisions du Roi. Pour l'entrée dans cette carrière, les preuves de noblesse n'étaient pas exigées.

(*Institutions d'éducation militaire avant et après 1789*, par C. DE MONTZEY.)

CHAPITRE IV

(1632-1641)

Éloquence de la chaire au commencement du XVIIe siècle. — Succès du P. Eudes comme prédicateur. — Mgr de Matignon, évêque de Coutances; missions dans ce diocèse. — Union de prières avec les dames Carmélites de Caen. — Mgr d'Angennes, évêque de Bayeux; missions dans ce diocèse. — Mgr Harlay de Sancy, évêque de Saint-Malo, ancien Oratorien; missions dans ce diocèse. — Nombreuses conversions de protestants. — Mission à Fresnes, diocèse de Bayeux; mission à Ri, lieu de naissance du P. Eudes. — François Eudes de Mézeray et Charles Eudes du d'Houay. — Admirable dévouement de Charles Eudes du d'Houay; peste d'Argentan, 1638. — Mission à Caen dans l'église Saint-Étienne; succès de cette mission. — Mgr Cospéan, évêque de Lisieux, mission dans ce diocèse, 1641 — Le P. Eudes nommé supérieur de la maison de l'Oratoire de Caen. — Missions dans les diocèses de Séez et de Coutances. — Le P. Eudes établit des conférences pour ses missionnaires et les autres prêtres.

Le P. Eudes allait donc agir par la parole, et toutefois ce n'était pas sans de grandes fatigues corporelles. On ne pouvait les éviter à une époque où les moyens de communication étaient aussi rares que les routes principales et les simples chemins étaient impraticables. Les générations qui nous suivent ne sauront jamais quelles difficultés de tout genre étaient inhérentes aux voyages et combien de temps précieux on perdait pour se rendre d'un point à un autre. Mais le P. Eudes ne redoutait ni peines ni labeurs, et restait décidé à se porter résolûment partout où son secours serait reconnu moralement nécessaire.

« Eudes prêchait assez bien pour son temps, où
« l'éloquence de la chaire n'avait pas été portée si
« loin que dans le nôtre; ce talent le fit rechercher et
« sa Congrégation y gagna. » *(Dictionnaire historique,* 1789). Si l'on veut se rendre compte de l'état de l'éloquence de la chaire au commencement du XVIIe siècle, il faut lire les sermons mêlés de concetti et de jeux de mots dont usaient trop fréquemment les prédicateurs (1).

« Le principal mérite du P. Eudes est d'avoir été
« un de ces rudes et impitoyables laboureurs normands
« qui défrichèrent un champ couvert de ronces et paré

---

(1) Mgr Camus, évêque de Belley, prêchait plus volontiers qu'il ne confessait ; mais ses prédications n'étaient pas telles que les voulait saint François de Sales ; en conséquence, il lui recommandait d'user plus sobrement des richesses de son imagination et des fleurs de la rhétorique, de préférer aux grands discours le catéchisme, les sujets de méditation et les retraites. « Je crains, disait-il, que vos
« fleurs ne produisent pas de fruits; il est temps d'émonder
« votre vignoble, et de le dégager de ses ornements étrangers,
« *tempus putationis advenit;* quoiqu'il soit louable d'appli-
« quer les vases d'Égypte à la décoration du tabernacle, il ne
« faut le faire que sobrement. »
(Esprit de saint François de Sales, IIe partie, sect. XXXVI.)

« de fleurs inutiles. — Courageux apôtres, qui pré-
« parèrent, fondèrent et inaugurèrent le XVIIe siè-
« cle. (1) »

Le témoignage de Mgr Camus, ancien évêque de Belley, au sujet de l'éloquence du P. Eudes, ne peut pas être suspect.

Retiré à l'Oratoire de Caen, l'ami de saint François de Sales ayant assisté à l'un des sermons du jeune Père, sentit se réveiller sa verve apostolique et ne douta pas qu'il ne produisît un effet bien plus merveilleux en ornant son discours de ces fleurs que le P. Eudes dédaignait comme inutiles. A sa grande surprise, le public resta froid. Mgr Camus reconnut bien vite que son rival était dans la bonne voie, et le célèbre prédicateur, dont la supériorité de talent était cependant incontestable, s'empressa en toutes occasions de rendre au P. Eudes la justice qui lui était due. « J'ai vu, » disait-il un jour en parlant du serviteur de Dieu qui descendait de la chaire, « j'ai vu assurément dans ma vie bien des prédica-
« teurs ; j'ai même entendu tout ce qu'il y a de plus
« parfait dans ce genre, tant en Italie qu'en France ;
« mais, il faut en convenir, il ne m'est jamais arrivé
« d'en entendre aucun qui entrât plus avant dans le
« cœur de l'homme que ce bon Père. »

Chacun, au reste, pensait comme le vieux Prélat, qui avait été si souvent à même d'assister aux sermons de saint François de Sales ; il ne pouvait avoir oublié ces accents si pénétrants et vainqueurs d'une hérésie qui s'était imposée par les armes ; le témoignage de ce prédicateur ne pouvait être surpassé par aucun

(1) M. Levavasseur, *Discours*.

autre. Le succès d'une bonne œuvre était assuré dès que le P. Eudes voulait bien se charger d'en faire valoir le mérite et l'utilité.

Ainsi, de l'hôpital général de Caen ; l'argent manquait à cette œuvre, dont le promoteur était M. de Gavrus. Pendant huit jours, le P. Eudes prit pour texte de son sermon quotidien les paroles du psaume 40 : « *Heureux l'homme qui a l'intelligence sur* « *le pauvre et l'indigent.* » L'argent arriva avec une telle promptitude qu'on en eut bientôt en plus grande quantité qu'il ne fallait pour achever cet établissement (1).

Telle était la puissance du P. Eudes montant en chaire.

A cette heure, les éloquents successeurs, dans la chaire de Notre-Dame, des Frayssinous, des Lacordaire, des Ravignan voient la foule affluer autour d'eux, foule ardente, instruite et souvent inquiète, appartenant aux classes les plus élevées de la société, aux académies les plus savantes, se recrutant parmi les élèves de toutes les facultés, de toutes les écoles, foule qui vient puiser sa force dans les arguments du prédicateur ou les écouter pour chercher après à les combattre ou à en atténuer l'effet dans des feuilles célèbres, aussi dangereuses que savamment et habilement dirigées. Quelquefois ces dissidents, ces champions de la critique sont de bonne foi ; ils cherchent...

---

(1) Parmi les témoins qui se sont présentés devant les membres de la commission chargée de la première enquête ordonnée par le Saint-Père au sujet de la béatification du P. Eudes, nous avons remarqué Mme de Montpinson, supérieure de ce même hôpital de Saint-Louis que les prédications du P. Eudes ont contribué à fonder.

Combien y en a-t-il de ramenés après les prédications du carême? C'est là le secret des Pères Félix et Hyacinthe, qui se croient largement récompensés quand une seule brebis rentre au bercail. Cette forte et vaillante phalange qui s'avance après la retraite vers l'autel de Notre-Dame pour y recevoir la sainte communion, répond victorieusement, et par le nombre et par la qualité, à cette critique qui ne s'attaque plus à la forme, au culte, aux différentes manières d'adorer Dieu : *C'est Dieu lui-même qu'elle discute.* Le débat est d'autant plus grave que ce n'est plus l'athéisme pur que la critique soutient (car on ne veut plus être athée), mais bien un système qu'elle cherche à établir, uniquement d'après les découvertes de la science, science qui laissera toujours ses étranges arguments aussi incomplets qu'elle restera elle-même incomplète jusqu'à la fin du monde.

En s'adressant à des hommes si avancés, si intelligents, si savants, l'homme de Dieu doit être plus intelligent encore, plus avancé même, si ce n'est plus savant; il doit marcher pas à pas dans les voies nouvelles, pour que tous les défilés, tous les passages, lui soient connus ; il doit tout lire, tout apprendre..... L'œuvre du prédicateur chrétien était plus simple au XVIIeme siècle : il lui fallait du courage bien souvent, de l'énergie toujours ; il devait chercher à maîtriser les masses et à y réveiller la foi plutôt endormie dans les cœurs, que tout-à-fait éteinte, et à les sauver de leur penchant à adopter l'hérésie.

« Sans doute, dit Mgr Dupanloup, Bossuet, bien
« qu'il ait entendu de loin un bruit sourd d'impiété
« menaçante, ne s'est guère douté de ce déluge de
« doctrines athées, matérialistes, positivistes, qui
« attriste et épouvante notre siècle.... »

« Sans doute encore, Bossuet n'a rien soupçonné de
« ces romans impies et détestables, qui ont essayé
« de nos jours, en Allemagne et en France, de ternir
« l'adorable figure de Jésus-Christ. *Le bon sens du
« XVIIe siècle ne l'aurait pas souffert, et, j'ose le dire,
« son admirable langue ne l'aurait pas supporté.....* »

L'éminent prélat résume ainsi en peu de mots ce que nous devions dire sur la prédication chrétienne du XVIIe siècle, et, par comparaison, sur celle du XIXe.

Le diocèse de Coutances fut le premier qui profita des travaux apostoliques du P. Eudes. Il y fut appelé par l'évêque, Mgr de Matignon, qui ne vit pas de meilleur moyen de réveiller le sentiment de la foi et de raffermir la discipline oubliée par les prêtres, dont les désordres et la fatale ignorance favorisaient les succès de l'hérésie répandue depuis 70 ans dans toute la contrée. Il passa successivement à Lessay, à Saint-Sauveur-le-Vicomte, à la Haie-du-Puits, à Montebourg et à Cherbourg. Le succès suivit de près des efforts si opiniâtres et l'on remarqua dans les mœurs un tel changement que lorsqu'il s'éloigna pour aller ailleurs conquérir d'autres âmes, il fut salué du nom d'ange envoyé par le ciel au secours des pécheurs. Par leurs prières et en pensée, les Carmélites de Caen le suivaient dans ses missions diverses. A son intention, elles visitaient tous les jours le Saint-Sacrement.

« Notre Révérende Mère, lui écrivaient-elles, nous
« ayant donné permission d'appliquer et d'offrir à Jésus
« toutes les actions de piété que nous ferions pour le
« succès de *notre mission*, j'use de ce terme, votre
« charité nous y ayant associées.. ..... »

En 1634, Mgr d'Angennes, qui, en 1625, lui avait

conféré le diaconat, exigea du P. Eudes qu'il lui vînt aussi en aide. En entendant publier partout les succès de l'homme de Dieu, qui de fait résidait dans son diocèse, le prélat devait éprouver un vif regret de ce qu'il semblait donner la préférence à ses voisins. Et bientôt on vit se renouveler à Benonville, à Avenay, à Evrecy et à Villers-Bocage, les mêmes faits qui s'étaient produits dans les missions précédentes.

Mgr Halay de Sancy, évêque de Saint-Malo et ancien Oratorien, sollicita aussi les services de son confrère, qui employa l'été de 1636 aux missions de Pleurtuit, de Plouer et de Cancale.

Revenu en Normandie, où son inclination le ramenait, il accomplit des merveilles dans la paroisse de Fresnes. Ce fut là où son talent, pour la conversion des protestants, commença à être particulièrement signalé. Treize d'entre eux abjurèrent entre ses mains. Quelque prévenus qu'ils fussent contre lui, ces hérétiques ne purent pas tenir vis-à-vis de sa douceur, de sa simplicité, de ses manières insinuantes, auxquelles venaient se joindre la conduite la plus édifiante et la plus égale. Toute résistance cessait quand, sans parti pris, on lui permettait d'user de son éloquence pour s'expliquer sur les points les plus difficiles et surtout les moins compris. Vis-à-vis de la réforme, il posait toujours, pour les résoudre victorieusement, ces trois questions :

« *Y a-t-il une Église à laquelle on soit obligé à*
« *croire? Où est cette Église? Que dit cette Église?* »

Ce qui vient prouver, nous disent les *Annales de la Congrégation*, combien restait profonde la trace que laissait le P. Eudes après ses missions, c'est que, quarante années plus tard, ses confrères, visitant les paroisses qu'il avait évangélisées, retrouvèrent les mêmes prières ou usages de piété que les parents tenaient directement de lui et qu'ils avaient transmis à leurs enfants. On y observait les mêmes formes établies dans sa Congrégation. Le P. Eudes cherchait à faire connaissance avec tous, s'asseyait souvent à leur foyer, mais il n'acceptait à manger nulle part.

Il parvint à établir la prière publique à Fresnes. Cette pieuse pratique de réunir les chefs et les membres des maisons chrétiennes avant ou après les travaux de la journée, lui avait paru un excellent moyen de donner de la consistance au bien qu'il avait opéré.

Les missionnaires avaient besoin de repos, surtout après leurs travaux dans la paroisse de Fresnes; ils revinrent donc à Caen. Le P. Eudes les y suivit et chercha son délassement dans l'étude, la prière et la direction des consciences.

Il y consacra la plus grande partie de l'année 1637. La mission de Ri, lieu de sa naissance, fut la seule qu'il entreprit dans ces temps.

C'était l'enfant du pays; et ce pays natal, il ne l'avait revu qu'un instant et seulement pour le rétablissement de sa santé avant sa retraite à Aubervilliers.

Quelle joie durent éprouver son père, sa mère, toute la famille, quand le saint prêtre vint s'asseoir au foyer paternel, qu'il présida à la prière, qu'il bénit cette chère-assistance après avoir respectueusement courbé le front devant les vénérables auteurs de ses jours ! Quelles furent leurs intimes confidences ; comme Saint-François de Sales dans la chapelle du château de ses ancêtres (1), n'eut-il pas à converser au tribunal de la

---

(1) En toutes occasions, M. de Boisy donnait à son fils des témoignages de sa vénération, il aimait à entendre sa messe,

pénitence avec Isaac et Marthe, à devenir le *Père* tout en restant le *Fils*? Il leur présenta le pain de vie à ce même autel de Ri, devant lequel nous n'avons pas pu nous agenouiller sans une vive émotion (1).

François de Mézeray, qui travaillait avec ardeur à sa future renommée, put-il, à cette occasion, quitter la capitale pour se réunir à tous les siens ? Nous ne pouvons l'affirmer. Cependant, une tradition de Ri, toujours vivante, veut que le gros ormeau qu'on voit encore dans le chemin près du chevet de l'église, ait été planté par Mézeray, le jour de la naissance de Louis XIV. Comme ce prince naquit le 5 septembre 1638, on peut naturellement penser que Mézeray, alors malade ou convalescent, a profité de la présence du P. Eudes à Ri pour demander de nouvelles forces à son air natal. « Quand la tradition n'est qu'une « chronique scandaleuse d'outre-tombe, dit M. Levavas- « seur que nous aimons à citer, c'est presque toujours « une calomnie, et il faut la mépriser ; mais quand « elle donne simplement pour vrai un fait vraisem-

à communier de sa main, à assister à tous ses sermons. Il fit plus encore, *il le choisit pour le dépositaire et le guide de sa conscience.....* Cet exemple fit naître dans toute la famille le désir de se confesser à l'homme de Dieu ; celui-ci s'y prêta de bonne grâce et tous, depuis *madame de Boisy* jusqu'aux domestiques, le prirent pour directeur.

(*Vie de saint François de Sales.*)

(1) Nous avons conservé le souvenir des termes d'une lettre venue de Rome et qu'on lisait il y a quelques années en notre présence. Un jeune prêtre (depuis Mgr de Carcassonne) annonçait à sa famille de La Flèche qu'il venait de célébrer sa première messe, et ajoutait qu'il ne savait comment remercier Dieu d'avoir permis qu'il pût un jour donner le pain de la vie à celle de qui il l'avait reçue.

« blable et indifférent, il est certains cas où l'on doit
« l'adopter sans hésitation. »

Que se dirent alors les deux frères dans les heures
d'épanchement qui reposent si bien l'esprit de toutes
les fatigues ? L'aîné travaillait pour tous, le cadet
pour lui-même : et celui-ci put décrire au P. Eudes
toutes les aspérités du terrain sur lequel il serait un
jour appelé à combattre. Dans un horizon peu éloigné, Mézeray apercevait déjà les formes du fauteuil académique qui devait lui échoir ; il connaissait à fond et les hommes et les choses. Ainsi les
enseignements selon le monde qu'il donna à l'homme
de Dieu ne furent pas inutiles à celui qui devait
évangéliser les paroisses les plus démoralisées de la
capitale et parler dans le palais des Rois de France.

Charles d'Houay, chirurgien à Argentan et pourvu
d'une charge publique, vint certainement à Ri à cette
même époque et avec sa famille pour y recevoir les encouragements de son frère, qui semblait déjà environné d'une auréole de sainteté. Il devait, bien peu de
temps après et dans le courant de cette même année
(1638), acquérir la même gloire qui donnait tant de
force aux prédications du soutien des pestiférés de 1627.

Le peu de moments que le P. Eudes crut pouvoir passer au milieu de ses compatriotes leur fut plus profitable qu'il ne le pensait d'abord, et Dieu lui fit goûter
les plus douces consolations dans sa paroisse natale.
Chacun se montra disposé à profiter de ses instructions. Écouché est trop voisin de Ri, pour qu'on igno-
rât qu'il savait agir aussi bien que parler. Quand il
demandait à ses auditeurs le sacrifice d'eux-mêmes,
tous savaient que bien des fois et dans les plus
terribles circonstances, il avait prêché d'exemple.

Son passage à Ri, où il ne revint plus qu'à l'époque de la mort de son père, dut donc laisser des traces assez marquées pour que nous ayons pu les retrouver en 1853, dans l'empressement que les habitants de Ri montrèrent à célébrer sa mémoire au moment de l'inauguration des médaillons des Eudes sur les murs de leur maison d'école.

Il eût été certainement bien naturel qu'il se fût laissé aller à jouir pendant quelque temps du bien qu'il avait accompli auprès de ses chers parents. Mais il ne s'appartenait plus, et il en repartit bientôt pour reprendre l'œuvre des missions dans le diocèse de Bayeux. Il commença par Bremoy, et, après avoir été à Estreham, sur la demande que lui en avait fait Mme de Budos, il termina l'année 1638 par la mission de Pont-l'Évêque.

Cette année avait été bien fatale à la ville d'Argentan. Un voyageur y était arrivé atteint de la peste et était mort à l'auberge *des Trois-Sauciers*, vis-à-vis l'église Saint-Martin.

Les ravages de cette maladie furent bientôt effrayants; en quatre mois, il mourut près de 2,000 personnes. Habitants auxquels leur fortune permettait un exil volontaire, propriétaires de châteaux ou de maisons de campagne, fonctionnaires publics, tous enfin, avaient fui devant le fléau destructeur. Deux arrêts du parlement qui ordonnaient aux fonctionnaires de rentrer dans la ville, restèrent sans force et sans effet.

Seul, Charles Eudes du d'Houay, le digne échevin, parcourait ces rues abandonnées, soignait les malades, ensevelissait les morts, assisté de Thomas Prouverre, apothicaire, et de sa femme. Il marche donc dans les mêmes voies que le P. Eudes, attachant à son nom une gloire impérissable qui reflète sur toute sa postérité.

Honneur donc à notre intrépide ancêtre, et sincère reconnaissance au pays qui, à plus de deux siècles de distance, n'en a pas perdu le souvenir !

La peste avait fait en 1585 une ample moisson dans la famille des Eudes ; cette fois, la divine Providence permit que le frère cadet fût préservé comme son aîné.

Les succès si marqués que le P. Eudes avait obtenus dans les campagnes l'obligeaient de plus en plus : la mission de Pont-l'Évêque avait mis le sceau à sa réputation.

Les grandes villes l'appelaient. La ville de Caen avait certainement le droit de s'inscrire la première.

Le P. Eudes ne pouvait refuser, mais il sentait que, sur un pareil théâtre, il ne devait rien négliger pour réussir. Il en conféra longuement avec les prêtres qu'il s'était associés, et choisit pour le centre de ses opérations l'église de Saint-Etienne, où repose Guillaume-le-Conquérant, qui l'avait fait bâtir. Quoiqu'elle soit une des plus vastes du royaume, elle ne put contenir les nombreux habitants qui, à l'envi, cherchaient à ne manquer aucun des exercices journaliers. Comme beaucoup d'entre eux ne purent que très-rarement entendre le prédicateur, on le supplia de prêcher l'avent et le carême dans une des églises principales de la cité.

On vit bientôt la ferveur se ranimer subitement dans toutes les familles ; beaucoup de protestants, vaincus par cette puissante parole, rentrèrent dans le giron de l'Église. Cette parole coulait comme de source. Le prédicateur semblait converser simplement avec ses auditeurs, et si simplement, en effet, qu'au premier moment de surprise, ses amis et ses admirateurs craignirent qu'il ne compromît sa réputation d'éloquence si bien établie. Ils se trompaient. A peine avait-il parlé que les âmes lui appartenaient; les esprits rebelles étaient vaincus sans avoir eu le temps de combattre. Entre tous, on cite un fait qui apparaît comme un des plus frappants.

Un homme, attaché au saint ministère, ne rougissait pas, non seulement de vivre dans le désordre, mais encore d'y entraîner un grand nombre de jeunes personnes. Le P. Eudes était en chaire ; une voix intérieure lui fit connaître que le pécheur impénitent, poussé par la curiosité ou peut-être par un dernier effet de la grâce divine, est présent dans l'église. Tout-à-coup il quitte le fil de son discours, anathématise, sans le nommer, la vie licencieuse de son auditeur, en termes si forts et si mesurés que cet homme tombait quelques jours après aux pieds de l'un des confrères du saint missionnaire et lui découvrait toute la profondeur de ses plaies morales.

Le P. Eudes resta toujours convaincu que Dieu l'avait principalement appelé aux fonctions apostoliques; l'amour-propre et la vanité ne pouvaient blesser son âme. Il ne se croyait fort que par Dieu même :
« Malheur à moi, disait-il, quand ses forces venaient
« à faiblir ; malheur à moi, si je ne prêche l'évangile.
« *Væ mihi, si non evangelizavero.* »

« S'il n'y avait que de l'honneur à prêcher, répétait-
« il souvent à ses confrères, je ne monterais jamais
« en chaire. Je n'y ai point d'amour-propre ; au con-
« traire, je me fais violence, et je ne m'y donne

« que parce que je vois clairement la volonté de
« Dieu. »

Ces sentiments réglèrent toutes ses démarches. La devise des croisades « *Dieu le veut* » fut toujours la sienne ; nous aurons à le rappeler bientôt, dans une des phases de sa vie qu'il eut le plus de peine à traverser.

Tout ce que nous venons de dire indique surabondamment que les trois frères Eudes étaient bien
« de cette race normande de conquérants et de fonda-
« teurs, cette race fière, dominante et solide, qui a
« tracé dans le monde un si brillant sillon de lumière
« éclatante et civilisatrice. »

« Jean Eudes en était de cette race normande pieuse
« et croyante, s'écriait en 1853 M. Levavasseur de-
« vant les médaillons des trois frères. Il était ardent
« et hardi comme l'a dit Huet, évêque d'Avranches,
« cette autre illustration de nos contrées fertiles en
« grands hommes. N'était-ce que sa grande dévotion à
« la Mère de Dieu, qui donc a chanté et honoré la
« Vierge plus que la Normandie, cette terre sacrée des
« Palinods (1)? Ne se souvient-on pas que dès long-
« temps, la fête de l'Immaculée Conception s'appelait
« la *fête aux Normands*. Et l'autre jour encore,
« quand, au milieu des solennités et des fêtes, on
« couronnait à Paris Notre-Dame des Victoires, n'était-
« ce pas encore un Normand (2), un compatriote de
« Jean Eudes, un héritier de ses vertus et de son

(1) Palinod ou Palinot. On appelait ainsi autrefois un poème en l'honneur de l'Immaculée Conception de la sainte Vierge, et on donnait un prix à la meilleure pièce de ce genre à Rouen, à Caen et à Dieppe.

(2) Le vénérable curé de Notre-Dame des Victoires, l'abbé Dufriche Desgenettes.

« zèle apostolique qui se tenait aux pieds de la statue
« glorifiée et présentait l'éblouissant diadème aux po-
« pulations émerveillées. »

Le P. Eudes va bientôt entrer dans les voies arides ; les hommes dont il a été jusqu'à présent l'élève, le coopérateur et même le modèle, vont mettre des entraves à ses projets ; il va devenir l'accusé. Nous tenions donc à bien faire connaître tout d'abord ce fondateur, toujours *ardent*, toujours *hardi*, quand il pense être l'instrument dont se sert le Tout-Puissant, toujours *simple*, *humble* et *modeste*, quand il s'agit de lui-même.

Ne le prouva-t-il pas quand, bien des années plus tard, appelé à Versailles pour célébrer la messe devant Louis-le-Grand, dont une seule parole faisait trembler l'Europe, il se prit, au moment de l'offertoire, à le complimenter sur le bel exemple qu'il donnait en restant à genoux de la manière la plus édifiante devant le maître des plus puissants souverains : « Mais je vois en « ce moment, ajouta-t-il, une multitude de vos sujets « et de vos officiers qui font tout le contraire. »

Le Roi tourna aussitôt la tête, et le coup d'œil du maître donna de suite un grand poids à la leçon du prêtre ; tous se mirent à genoux. Vis-à-vis des grands, vis-à-vis du peuple, on le retrouvait toujours le même. Un jour, pendant qu'il prêchait, le Saint Sacrement vint à passer et le peuple, pressé pour l'entendre, se tenait debout : « A bas, vers de terre, s'écria-t-il, vers « de terre qui n'êtes que de la boue, à bas, à la vue de « votre Souverain. »

Jamais, dit-on, il ne manqua de dire sa messe pendant ses missions : il considérait le saint sacrifice comme le principe de la force de toute prédication.

« Quand on est uni à Jésus-Christ et qu'on le possède
« au dedans de soi, quelle ressource, disait-il, n'a-t-on
« pas pour lui gagner les causes ! » Lorsqu'il était à
genoux dans la chaire, il s'humiliait profondément, et
de l'abîme de son néant, il s'écriait vers Notre-Seigneur : *Veni, Domine Jesu, veni, veni*, le priant par
ces paroles de venir à lui pour l'anéantir, et de venir
dans les autres pour les purifier.

La mission de Caen fut suivie de celle de Mesnil-Mauger, paroisse du diocèse de Lisieux. Mgr Cospéan (1), qui en était évêque, obtint du P. Eudes qu'il
employât tout le reste de l'année 1640 à travailler sous
ses ordres (2). Ce prélat fut un des plus distingués du

(1) Mgr Cospéan mourut le 8 mai 1646. Né à Mons en 1568,
il fit ses études en Sorbonne et fut reçu docteur. Sa piété,
son mérite et son talent comme prédicateur, le conduisirent
promptement à l'épiscopat, quoiqu'il fût étranger. Il occupa
successivement les siéges d'Aire, de Nantes et de Lisieux. Il
était au lit de mort du Cardinal de Richelieu, et quand, à la
vue du Saint-Sacrement, l'illustre mourant s'écria : « Voilà
« mon juge, devant lequel je paraîtrai bientôt ; je prie de bon
« cœur qu'il me condamne, si j'ai eu d'autre intention que le
« bien de la religion et de l'Etat, » on prétend que Mgr Cospéan
ne put s'empêcher de dire : « Voilà une assurance qui
m'effraie. »

Le pape Urbain VIII, qui aimait les bons mots, dit à cette
occasion : « Si gli un Dio, la pagara ; ma veramente, si non
cie Dio, galanthuomo. »

Deux ans après, avec saint Vincent de Paul, Mgr Cospéan
assista Louis XIII à la mort et ferma les yeux de ce monarque.
La congrégation des religieuses du Calvaire qui venait d'être
établie, l'eut longtemps pour supérieur. Mgr Grillet, évêque
d'Uzès, prononça son oraison funèbre et le P. Lemée, cordelier, publia sa vie à Saumur.

(2) On ne sait ce que l'on doit le plus admirer dans Mgr
Cospéan, ou de l'humilité qui lui fait prendre le titre de dis-

siècle de Louis XIII par ses vertus et sa capacité ; il professait hautement la plus sincère estime pour le P. Eudes.

Aussi celui-ci ne le quitta que pour aller prendre possession, en 1641, de la supériorité de la maison de l'Oratoire de Caen. Il accepta cette distinction, comptant bien qu'elle n'apporterait ni retard, ni obstacle à ses travaux habituels.

Il termina ses travaux de l'année par les missions d'Urville dans le diocèse de Séez, d'Ermilly et de Landelles dans celui de Coutances, de Coutances même et enfin de Pont-Audemer.

Infatigable champion et toujours sur la brèche déjà depuis plusieurs années, il pouvait juger mieux que tout autre de la nécessité d'être entouré pour cette œuvre des missions, de coopérateurs zélés, dévoués et capables.

Il fallait, au milieu de leurs travaux, ménager quel-

---

ciple ou d'enfant du P. Eudes ou de sa tendresse pour celui-ci. Les lettres qu'il lui écrivait sont pour la plupart en latin et respirent un parfum de zèle et de charité digne de celles des évêques de la primitive Eglise : « Iterum vale, *Pater*,
« *Frater ac Fili mi*; animæ ac cordis mei quod tecum aufers
« curam coram domino aliquam habe. Redibo ad te, ne dubita
« quam potere citissime ; meque in disciplinam tuam penitus
« dabo, ut te præseante discam mihi mori, et ei uni vivere
« cujus beata me omnium salus fuit. »
(P. Costil, *Annales de la Congrégation*.)

Plus tard, ce même évêque rendit au Saint-Père ce témoignage avantageux de l'éloquence du P. Eudes qui savait tout dire avec tant de grâce et de bénédiction que les choses les plus ordinaires y paraissaient très-rares : « Nihil se nosse
« optimo isto viro, aut sacris ejus concionibus, religiosus ;
« nihil quod majori. »

ques heures pendant lesquelles ils pouvaient proposer les difficultés qu'ils avaient rencontrées et apprendre à les résoudre.

Il établit donc des conférences pour ses missionnaires et en prit la direction. Il se conciliait, en outre, l'estime et l'affection des ecclésiastiques qui demandaient à en faire partie, et s'attachait, en même temps, un certain nombre de sujets choisis pour en former insensiblement une troupe de fervents missionnaires et de prêtres, en état de diriger ensuite ceux que leur vocation appelait au saint ministère.

Dans ces conférences, dont l'usage a été repris au XIXe siècle, ne voit-on pas apparaître le germe d'une nouvelle Congrégation?

Le P. Eudes ne perdit jamais de vue les premières intentions du Cardinal de Bérulle.

CHAPITRE V

(1641-1642)

Le P. de Condren, supérieur général de l'Oratoire ; ses vertus. — Ardeur du P. Eudes. — Mort du P. de Condren. — Le P. de Bourgoing son successeur, 1641. — Le P. Eudes cherche à donner un asile aux filles repentantes ; début de Notre-Dame de Charité du Refuge. — Richelieu et les séminaires. — Difficultés toujours renaissantes en France pour l'établissement des séminaires. — Causes du peu de succès de l'Oratoire au sujet de ces établissements. — Mgr de Harlay, archevêque de Rouen, nomme le P. Eudes chef de toutes les missions de Normandie. — Les supérieurs du P. Eudes cherchent à l'éloigner de cette province. — Persécutions et calomnies. — Le P. Eudes est mandé par le Cardinal de Richelieu.

Nous avons dit dans quelles circonstances l'abbé Pierre de Bérulle avait été suscité de Dieu pour commencer, dans le clergé de France, la réforme que saint Philippe de Néri et saint Charles Borromée établirent avec tant de succès à Rome et à Milan. Nous remarquerons que, non seulement, il devint le fondateur d'une Congrégation principalement destinée par lui, ainsi qu'il en appert de tous ses actes, à former de jeunes clercs aux vertus et à toutes les fonctions ecclésiastiques, mais aussi à diriger dans cette même voie les hommes dévoués qui consacrèrent leur vie à une si importante mission.

Ainsi de M. Bourdoise, instituteur de la communauté de Saint-Nicolas du Chardonnet, ainsi de saint Vincent de Paul, qui, appelé pareillement à la réforme du clergé, passa deux années dans la retraite, sous la discipline de M. de Bérulle.

On a vu comment le P. Eudes fut conduit à se donner à M. de Bérulle, qui avait prévu combien il serait utile à l'Église : et les principes qu'il en avait reçus s'étaient tellement enracinés dans son âme que jamais il ne dévia d'un seul instant de la ligne que le saint cardinal lui avait tracée. La divine Providence préparait les hommes et les choses pour la fondation des séminaires, et ses desseins restèrent longtemps cachés.

« La Congrégation de l'Oratoire elle-même, dit
« l'historien de M. Olier, quoique née pour répandre
« ces établissements dans le royaume, ne s'occupa
« guère que de missions, de la conduite de paroisses,
« et surtout de la direction d'une multitude de colléges,
« *comme l'avait craint son instituteur* : jusqu'à ce
« qu'enfin le P. de Condren, qui lui succéda, exécuta
« le dessein de la divine Providence, non pas toute-
« fois en établissant lui-même des séminaires, mais
« *en préparant les sujets que Dieu appelait à en*
« *jeter les premiers fondements.* »

Le saint prêtre, qui, suivant l'expression de M. de Bérulle, *avait reçu l'esprit de l'Oratoire dès le berceau,* jouissait d'une réputation extraordinaire de

sainteté. Le cardinal de Richelieu ne parlait de lui qu'avec étonnement « et comme d'un homme inac-
« cessible à tous les ressorts de la politique. Louis XIII
« le vénérait comme le plus saint homme de son
« royaume. » Saint Vincent de Paul disait qu'il n'avait jamais trouvé son semblable : *non es inventus similes illi*. Enfin, sainte Chantal avait reçu une telle impression de ses rapports avec lui qu'elle dit : Si Dieu a
« donné à l'Église notre bienheureux fondateur pour
« instruire les hommes, il me semble qu'il a rendu
« le P. de Condren capable d'instruire les anges. » Le P. de Condren devint, en effet, le directeur des âmes aspirant à la sainteté plutôt que celui des âmes plus ou moins adonnées au péché. Il ne les négligea pas, cependant, puisqu'il mérita le nom de grand convertisseur. Ce fut lui qui reconnut la véritable vocation de M. Olier et qui le détourna même de l'épiscopat pour que rien ne l'empêchât de s'occuper d'une œuvre qui dure encore, le séminaire de Saint-Sulpice. On sait que saint François de Sales, auquel on présentait M. Olier à Lyon comme un enfant *discole* et *déréglé*, augura qu'il deviendrait un des grands serviteurs de l'Église.

Le P. de Condren regardait la société naissante de Saint-Sulpice comme devant réveiller le zèle du clergé et celui de la Congrégation de l'Oratoire ; il se déchargea de la conduite des colléges sur l'un de ses prêtres, puis du gouvernement de la Congrégation sur un vicaire-général, pour se livrer tout entier à la direction d'ecclésiastiques choisis, direction dont il ne laissait pas entrevoir le but. Il reconnaissait donc que l'Oratoire ne remplissait pas les obligations que lui imposaient les règles primitivement posées, il voyait plus loin encore...... comme nous aurons bientôt à le dire.

Bien malgré ce saint prêtre, le Cardinal de Richelieu l'avait fait charger de la conscience de Gaston, duc d'Orléans, le prince le plus léger et le plus versatile qui fût au monde. Le P. de Condren connaissait parfaitement toutes les difficultés d'une pareille tâche, et ne l'entreprit que par obéissance. La réunion du Roi et de son frère, qui eut lieu à Orléans, le 8 février 1637, fut entièrement l'œuvre du P. de Condren, de l'avis même de Richelieu (1).

---

(1) Lettre de M. le Cardinal de Richelieu au P. de Condren.
Lettre CDXII *(Lettres missives)*.

Au Révérend P. Gondran (sic), général des Pères de l'Oratoire.

Mon Père,

Je vous envoye la lettre du Roy pour Monsieur, et celle que je prends la hardiesse d'escrire à Son Altesse, qui vous donnera lieu de faire valoir le zèle que j'ay pour sa personne. estant aussi passionnée qu'elle le peut estre et du tout correspondante aux sentimens de mon cœur. Je vous envoye aussi les deux papiers qu'il sera besoin de signer, si on veut faire quelque chose. Le Roy vient de commander de vous conjurer de bien pénétrer, si les instructions de Monsieur sont telles que vous les représentés, parce que c'est de là que deppend la loi et les prophètes.

Je m'asseure que vous n'y oublierés rien de ce qui deppendra de vous : ce qui m'empeschera de vous en dire davantage, mais non pas de vous asseurer que je suis et seray toujours véritablement,

Mon Père,

Vostre affectionné à vous rendre service.
Le Cardinal de Richelieu.

De Ruel, le 15ᵐᵉ janvier 1637.

Dans un mémoire du P. Caussin, adressé au Cardinal, on

Si le P. de Condren était grand dans l'Église, il avait donc aussi toute son importance dans les affaires de l'État.

Tel était le prêtre éminent sous la direction duquel le P. Eudes passa naturellement à la mort du Cardinal de Bérulle.

Nous ne devons négliger aucun de ces détails, l'auréole du maître ayant projeté un si brillant reflet sur l'élève.

Le P. Eudes était plein d'ardeur; sa piété, son abnégation étaient telles, qu'elles débordaient, pour ainsi dire, de son cœur. Ainsi, quoique les statuts de la Congrégation de l'Oratoire ne permissent ni *vœux solennels* ni *vœux simples*, il tint cependant, malgré toute l'opposition qu'y mit d'abord le P. de Condren, à prononcer entre ses mains un *vœu de stabilité* et *un vœu d'obéissance*.

Le P. de Condren avait porté son jugement sur le P. Eudes comme sur la Congrégation de l'Oratoire elle-même : il savait que l'enfant du Cardinal de Bérulle continuerait sous une autre forme l'œuvre de ses supérieurs et se séparerait de ses confrères au moment choisi par Dieu. Il devait donc, vraisemblablement, s'opposer à tout engagement, liant d'a-

---

voit qu'il était souvent question du P. de Condren pour les positions les plus éminentes:

« En la visite que le Roy fit à La Fayette, elle luy parla,
« écrivit Caussin, de faire donner l'évesché de Paris, qu'on
« disait alors vacant, au père de Gondi *(Le Cardinal en inter-*
« *ligne a écrit Gondran);* ce que le Roy refusa, disant qu'il
« fallait qu'il le donnast à Amadeau, et fist encore deux ou
« trois choses pour lui et pour les siens. »

(Lettres missives de Richelieu.)

vance celui qui devait se détacher un jour. Nous pourrons peut-être expliquer plus tard ce qui le décida à céder aux instances du jeune Oratorien.

Le P. de Condren mourut en 1641, date de la vie du P. Eudes où nous sommes présentement arrivés. On n'avait pu lui faire accepter ni le chapeau de cardinal ni les archevêchés de Reims et de Lyon. « Depuis les Apôtres, disait le P. Eudes, il n'a peut-être paru dans l'Église personne qui eût, sur les plus sublimes mystères de la religion, des connaissances aussi étendues et aussi profondes que le P. de Condren. »

Le supérieur général fut remplacé par le P. François de Bourgoing, né à Paris en 1585, et mort en 1662. Ancien curé de Clichy, le P. de Bourgoing y fut remplacé après son entrée dans l'Oratoire par saint Vincent de Paul qui, sur l'avis de M. de Bérulle, accepta cette cure.

Il fut un des premiers disciples et coopérateurs du cardinal de Bérulle.

Il composa des ouvrages de piété qui eurent un grand succès. Bossuet prononça son oraison funèbre.

Revenons au P. Eudes, qu'il nous semble cependant ne pas avoir quitté, tant ces apparentes digressions le touchent de près. Et d'ailleurs heureux l'hagiographe qui peut éclairer sa route à la lueur de pareils flambeaux !

Dans ses pérégrinations diverses, le P. Eudes avait souvent rencontré de ces créatures infortunées, anges déchus, que la misère, le besoin de luxe et quelquefois des passions fougueuses avaient précipitées dans les abîmes de la prostitution et du désordre.

Plusieurs, en écoutant le prêtre, avaient voulu revenir en arrière; et toujours elles avaient trouvé le Père d'autant plus doux et indulgent que la faute était grande; toujours il leur avait tendu une main secourable. Mais il savait que le monde est sans miséricorde, qu'il brise sans pitié celles qui, abandonnant toutes les joies de la famille, lui ont servi de jouet, et le saint consolateur de ces grandes afflictions sentait quelle était l'inanité de ces moyens de salut pour ces jeunes femmes que son départ laissait toujours sans abri, sans soutien, sans conseil.

La misère et la faim devaient les ressaisir de leurs serres cruelles et les replonger définitivement dans le gouffre. Malheureuses épaves d'un terrible naufrage que le flot, après avoir semblé jouer avec elles, repousse vers le rivage et brise enfin sur les pointes aiguës des récifs!

Nous ne parlerons pas ici de ces démons tentateurs, qui suçaient et sucent encore, comme des vampires altérés, le sang le plus pur des familles, de ces femmes rangées dans leur ignominie, économes des trésors que nos fils leur abandonnent, étalant dans les fêtes et les promenades publiques un luxe qui ne pourra jamais les ruiner et prenant presqu'un rang dans notre état social.

Pour celles-là, le monde n'est plus sévère, il est tout prêt à les admirer; des femmes du haut parage s'inquiètent de leurs actes, le promeneur s'arrête avec intérêt et curiosité devant leurs images exposées au milieu de celles de toutes les illustrations de l'Europe. Elles vieilliront, riches, adulées, et presque honorées.

Dans quelle mesure, le Seigneur pourra-t-il être miséricordieux pour ces créatures que la mort viendra atteindre au sein de ces jouissances acquises au prix de tant d'existences perdues et déshonorées ? Nous ne saurions le dire ; mais ce n'était pas pour elles que le P. Eudes cherchait à créer une œuvre que Dieu a bénie, puisque sous diverses formes elle s'étend chaque jour.

Quelques personnes pieuses avaient bien voulu, à sa prière, recueillir dans leurs maisons plusieurs de ces malheureuses. Mais, dans la pratique, ce moyen présenta bientôt beaucoup d'inconvénients. Le P. Eudes dut chercher à les réunir sous le même toit et sous la direction spéciale de personnes qui se chargeraient de les ramener à une meilleure vie. Ce projet était bien conçu, quoique d'une exécution assez difficile. La Providence y pourvut.

Une pauvre femme presque réduite à l'indigence, nommée Madeleine Lamy, avait reçu dans sa modeste demeure quelques-unes de ces filles pénitentes : tout en leur apprenant à vivre chrétiennement, elle cherchait à les soutenir par leur propre travail, et fournissait d'ailleurs aux besoins les plus pressants avec les aumônes qu'elle recevait du P. Eudes et de personnes charitables.

Le P. Eudes était allé un jour visiter une église du voisinage avec M. de Bernières, et M. et Mme de Camilly. Madeleine Lamy se présente tout-à-coup devant eux : « Où allez vous ? dit-elle, dans les églises pour y
« manger les images, après quoi vous croyez être bien
« dévots ; ce n'est pas là où gît le lièvre, mais bien à
« travailler à fonder une maison pour ces pauvres
« filles qui se perdent faute de moyens et de con-
« duite. »

Ces paroles simples, mais énergiques, firent une

grande impression sur ses auditeurs. Ils se mirent de suite à chercher divers expédients pour satisfaire cette pauvre femme, qui, revenant une seconde fois à la charge, obtint tout-à-fait gain de cause. L'un se chargea de payer le loyer d'une maison, l'autre de la meubler ; M. et Mme de Camilly s'engagèrent à fournir tout le blé nécessaire à la nourriture des pénitentes.

On loua donc une maison, située, à Caen, près la porte Millet, vis-à-vis la chapelle de Saint-Gratien. Les pénitentes y furent installées le 25 novembre 1641, et dès le 8 décembre suivant, jour de l'Immaculée-Conception, tout se trouva tellement arrangé par les soins de quelques filles pieuses, qui avaient bien voulu se charger de veiller sur ce petit troupeau, que l'on commença à faire garder une exacte clôture, et à pratiquer les réglements dressés par le P. Eudes à cette intention.

Souvent il visitait ces pauvres filles, leur faisait des instructions particulières, et tâchait de leur ménager des secours temporels, afin qu'elles prissent goût à un genre de vie si différent et si opposé à celui qu'elles venaient d'abandonner. Mgr d'Angennes approuva tout ce qui avait été réglé, et consentit à l'érection d'une chapelle dans cette maison dont il donna au P. Eudes la direction spirituelle.

Bien des contradictions s'élevèrent par la suite au sujet de cette œuvre ; elles servirent, comme toujours, à son perfectionnement et donnèrent enfin lieu à l'établissement d'un ordre religieux, qui a conservé partout la ferveur de sa première origine.

Tels furent les modestes et premiers débuts des deux ordres qui, devant Dieu, n'en forment qu'un seul : *l'Ordre de Notre-Dame de Charité du Refuge*, et *l'Ordre de Notre-Dame du Bon-Pasteur* (1).

Il suffit de lire les lettres missives du Cardinal de Richelieu pour juger de l'étendue de son génie, de la multiplicité des affaires de natures différentes qu'il embrassait à la fois, et presque sans secours bien utile. A part le P. Joseph, du rôle duquel, dans les missions les plus graves, ces mêmes lettres viennent prouver l'importance (2), nous ne le voyons généralement employer que des instruments d'une force moyenne et auxquels, au besoin, il savait transmettre toute la sienne, mais seulement dans la mesure qui pouvait lui

---

(1) La pensée si généreuse de donner un asile aux femmes abandonnées au vice et pouvant être ramenées au bien n'était pas nouvelle. L'Ordre de la pénitence de Sainte-Madeleine fut établi en 1272 par un bourgeois de Marseille, nommé Bernard, qui travailla avec zèle à la conversion des courtisanes de cette ville, et fut secondé dans cette bonne œuvre par plusieurs autres personnes; leur société fut enfin érigée en ordre religieux par le Pape Nicolas III, sous la règle de Saint-Augustin. On dit qu'il fut formé un second ordre religieux soumis à la même règle et se composant de femmes converties.

La Congrégation des pénitentes de la Madeleine de Paris doit son origine aux prédications du P. Tisserant, cordelier, qui, ayant converti par ses sermons plusieurs femmes publiques, établit cet institut pour y retirer celles qui, à leur exemple, voudraient mener une vie plus exemplaire. Ce fut vers l'an 1294 que le Roi leur donna l'hôtel de Bohaines, Bahaigne ou Bohême. C'était l'ancien hôtel de Nesle, auquel le long séjour du duc de Bohême fit donner ce nom.

(2) Au père Joseph : « On vous envoye un pouvoir pour « faire la paix (avec l'Allemagne) *non limité.* » (Lettre du Cardinal 1630, CXLXXXVI).

convenir. Nous avons été frappé des rapports de cette correspondance avec celle de Napoléon Ier. Tous deux y parlent avec l'accent du maître et de l'homme supérieur.

Richelieu avait écrasé la puissance matérielle du protestantisme, et dispersé les principaux chefs. La prise de La Rochelle et des meilleures places que les protestants avaient occupées dans le centre de la France, avait diminué leurs forces plutôt que leur nombre. Ce n'était plus un parti religieux et politique avec lequel le gouvernement eût à compter.

Mais il ne suffisait pas d'avoir contenu ces novateurs et surtout l'ambition des seigneurs qui prenaient la réforme pour base de leurs perpétuelles agitations, il fallait encore les ramener à l'unité et cette noble et difficile entreprise devait être *moins la tâche de la politique que celle du zèle et de la vertu des ministres catholiques.*

Croit-on que Richelieu eût reculé devant la révocation de l'édit de Nantes, s'il avait jugé nécessaire et opportun d'enlever à cette époque aux religionnaires les droits qu'il leur accordait, la *liberté de conscience, l'exercice de leur culte* et *l'admission aux charges et aux fonctions publiques.* Il savait que le clergé séculier ne pouvait, en raison de son peu de valeur personnelle, donner grandes garanties de succès sur les préjugés d'hommes élevés dans la haine des prêtres. Il marchait donc avec prudence, retenant les trop zélés et les trop ardents (1). L'unique remède

(1) Mgr Bertrand d'Eschaux, archevêque de Tours, écrivant au Cardinal de Richelieu, en mars 1635, s'étonne d'avoir compté inutilement sur son assistance relativement à son projet

à employer après les guerres dites de religion (1) (de 1562 à 1598) était de procurer aux jeunes ecclésiastiques une éducation solide, qui les formât à la régularité, à la piété et à la science.

Dès 1625, Charles Godefroy, docteur de la Faculté de théologie de Paris et curé de Cretteville, diocèse de Coutances, avait présenté à l'assemblée du clergé un traité sur l'utilité et la nécessité des séminaires (2).

de supprimer le prêche de Saint-Maixent ; le silence observé par le Cardinal sur cet objet prouve combien il était peu empressé à seconder le zèle souvent trop ardent qui poussait des hommes moins sages que lui à d'inutiles et imprudentes provocations contre un culte auquel il ne croyait pouvoir demander alors que la fidélité au Roi et au pays. Il cherchait positivement à le combattre avec d'autres armes.

(I) Le terme de guerre de religion s'emploie généralement dans l'histoire pour désigner les trois guerres que se firent, au XVIme siècle, les catholiques et les protestants. On étend ce nom aux guerres de 1621 et de 1625-1629 sous Louis XIII. ainsi qu'à la guerre des Cévennes après la révocation de l'édit de Nantes en 1685.

(2) Le docteur Ch. Godefroy traça dès 1625 le plan des séminaires tel qu'on l'exécute aujourd'hui, comme l'avait fait le capitaine Lanoue sous Henri IV pour les écoles militaires. Seulement, le prêtre fut satisfait bien plus promptement que le soldat. Nous avons lu avec une extrême attention l'analyse que le P. Costil a faite de ce traité dans les *Annales de la Congrégation de Jésus et de Marie*, et nous avons pu juger de l'impression qu'il a dû produire sur l'assemblée du clergé à laquelle il avait été présenté. Nous y remarquons surtout que dans sa conclusion, il déclare ne pas apercevoir de moyens plus efficaces pour remédier aux maux qu'on déplore que l'érection d'une société composée de peu de personnes bien zélées, qui prendrait ce soin et se porterait entièrement au rétablissement des pauvres églises, comme au salut des âmes placées entre les mains de directeurs indignes, société stable par sa

Ce traité fit une si grande impression sur tous les assistants et principalement sur le Cardinal de Richelieu, que tous s'empressèrent de se mettre en mesure de répondre à un besoin si pressant.

Mais le moment marqué par la divine Providence n'était pas arrivé et le proverbe « *L'homme propose et Dieu dispose* » ne peut pas recevoir une plus juste application que dans cette circonstance.

Nous donnons ici le texte de la réponse du clergé telle qu'elle fut inscrite dans l'acte authentique dressé par Mgr l'Evêque de Chartres, et lu le 22 décembre après midi : ce même texte date la situation, la précise et en outre répond à toutes les attaques dont le P. Eudes a été la victime.

« Les Cardinaux, Archevêques, Evêques et autres
« ecclésiastiques de l'assemblée du clergé, souhai-
« tant de voir l'état hiérarchique en sa première
« splendeur, et considérant les grands biens qui peu-
« vent arriver à toute l'Église de la bonne vie et
« dévotion de ses pasteurs, désirant aussi remé-
« dier aux scandales qui suivent l'ignorance et
« l'imperfection de quelques-uns, ont approuvé et

nature, conservant toujours le même esprit, la même direction, les mêmes lois et venant d'autant plus en aide aux évêques que ceux-ci ne peuvent jamais être sûrs que leur successeur ne renversera pas ce qu'ils auraient fondé ou dirigé. M. Godefroy veut que les membres de cette société vivent d'une vie ecclésiastique, comme doivent la pratiquer ceux qui sont destinés à travailler au salut d'autrui ; et tous devront être prêtres par cette unique raison qu'ils doivent régénérer leurs confrères.

Le P. Eudes n'a pas établi autre chose : c'est le plan de M. de Bérulle, *non accompli par sa Congrégation*.

« autorisé le dessein qui leur a été proposé par
« maître Charles Godefroy, curé de Cretteville,
« pour l'érection des colléges des saints exercices
« par les provinces de ce royaume, comme le moyen
« très-efficace et très-souverain de parvenir et de se
« conserver en sa perfection chrétienne ; et pour
« mettre une si sainte entreprise en exécution, Nos-
« dits Seigneurs l'ont exhorté *et lui ont donné puis-*
« *sance et autorité de former et établir une Congré-*
« *gation d'ecclésiastiques, et de bâtir des colléges et*
« *séminaires pour y effectuer et faire pratiquer les*
« *articles contenus en son livre des saints exercices,*
« *où il pourra, avec ses associés, célébrer la sainte*
« *messe, prêcher, enseigner et faire toute autre chose*
« *utile au bien de l'Église, nécessaire et convenable*
« *pour l'entière exécution d'un si bon dessein, sous le*
« *bon plaisir des évêques, dans le diocèse desquels ils*
« *seront établis,* et, pour marque d'une plus ferme
« autorisation, Nosseigneurs ont promis de lui don-
« ner tout secours, faveur et protection et d'inviter
« en leurs visites et synodes, les ecclésiastiques de
« leurs diocèses et particulièrement les curés, à la
« pratique de ces exercices ; et, *parce qu'ils prévoient*
« *que cette œuvre réussira* à l'honneur de l'Église
« gallicane et au contentement des autres États de ce
« royaume, ils ont ordonné que la connaissance en
« sera donnée par toutes les provinces à la diligence
« des agents généraux. Fait en l'Assemblée, le 22me jour
« de décembre 1625.

« Signé :

« † FRANÇOIS
« Archevêque de Rouen, *président.* »

La lecture de cette pièce donne matière à de graves réflexions : elle est datée du mois de décembre 1625, et, depuis 1611, à la connaissance du monde catholique tout entier, M. de Bérulle avait établi une Congrégation *devant remplir toutes les conditions* de ce programme : cette pièce accorde tout pouvoir de créer à un prêtre qui, en donnant un si solennel avertissement, paraît n'avoir nullement pensé à mettre lui-même à exécution une œuvre de ce genre déjà à l'essai, *entre les mains d'un des hommes les plus éminents du clergé* de France. Cette œuvre demandait essentiellement des hommes suscités de Dieu à l'heure marquée.

Il paraît donc certain qu'au moment où l'assemblée du clergé de France promulguait ces conclusions, *on pensait que ces hommes n'avaient pas encore paru, et que jusque-là le moment n'était pas arrivé*.

Tout restait donc à l'état de projet. Dans la correspondance de Richelieu de 1630, nous trouvons encore un réglement, qui ne fut pas exécuté, consistant dans la création d'un collége ou société de vingt docteurs que le cardinal voulait fonder.

Nous avons parlé, dans notre ouvrage sur les *Institutions d'éducation militaire avant et après 1789*, de l'établissement spécialement consacré à la jeune noblesse que cite le *Mercure français* (t. XXI, p. 228) et qui fut fondé par le Roi, sur les instances du Cardinal. Dans ses lettres missives de 1636, nous rencontrons un autre projet. Il nous paraît ne faire qu'un avec le premier, qui n'en a été que la simplification. Il consistait à créer une Académie pour 1000 gentilshommes dont 400 *destinés à l'Église,* et 600 *pour les armes.* Les premiers devaient être reçus à 12 ans jusqu'à 20, les seconds de 15 à 18. « Dans la même maison, *un séminaire et une école militaire* auraient donc marché parallèlement, unis dans leur amour pour la patrie ; et c'était bien l'idée de Richelieu, puisqu'au bas du mémoire, on trouve cette légende écrite de sa main : « *Liliis junctæ manebunt.* »

Cette idée inexécutable avait bien pu germer dans la tête d'un cardinal, ministre d'État, en même temps général des armées du Roi en Italie (1), grand-maître et surintendant de la navigation.

Dans les mêmes lettres missives, nous trouvons encore un mémoire du cardinal, traitant de la résidence des Évêques, *des séminaires* devant être *établis dans chaque diocèse au moyen d'une contribution sur les abbayes, sur l'organisation des collèges, sur leur fonctionnement et sur leurs résultats.*

Malgré toutes ses préoccupations, qui venaient aggraver l'état précaire de sa santé, Richelieu pensait toujours au meilleur mode de création d'un séminaire. Et, cependant, il ne put réellement s'en occuper que vers les années 1637 et 1638. Il chargea enfin le P. Joseph de tous les détails relatifs à cette fructueuse pensée ; et celui-ci avait, en effet, dressé son plan pour établir un séminaire à Paris dans le collège de Bourgogne.

Il avait d'avance choisi pour le diriger M. d'Authier de Sisgau, instituteur des Missionnaires du clergé, société connue depuis sous le nom de Congrégation des prêtres

---

(1) 10 avril 1630.
Le Cardinal de Richelieu, *général des armées du Roi en Italie* : « Le gouverneur et les soldats seront tous pendus, s'ils
« attendent le siége et le canon pour se rendre. » (Siége de Bagnolet). *Lettres Missives.*

du Saint-Sacrement (1). Celui-ci était alors à Valence, où il séjourna quelque temps, parce qu'on l'avait engagé à y établir un séminaire, qui passe pour avoir été le premier fondé dans le royaume. Après cet essai, M. d'Authier de Sisgau se préparait à continuer sa route avec quelques-uns de ses confrères, lorsque la mort du P. Joseph, arrivée le 18 décembre 1638, à Ruel, l'obligea de s'arrêter encore à Valence en suspendant l'exécution d'un projet si utile. Le P. Joseph mourut dans les bras de Richelieu, qui faisait alors de nouvelles démarches auprès du Pape, pour lui faire obtenir le chapeau de Cardinal. Cette mort servit surtout à l'élévation de Mazarin, et mit en première ligne sa candidature pour cette éminente dignité. (2)

(1) M. Christophe d'Authier de Sisgau, d'une ancienne et illustre famille, né à Marseille le 6 avril 1609, donna dès son enfance des présages de sa sainteté future. Il finit ses études chez les Jésuites d'Avignon, embrassa la vie religieuse dans l'abbaye de Saint-Victor de Marseille, et se sentit inspiré de travailler à la réforme du clergé. Il s'associa des compagnons avec lesquels il donna des missions et forma une Congrégation, qui fut approuvée par une bulle d'Innocent X, le 20 novembre 1647. M. d'Authier de Sisgau fut, en 1651, nommé évêque de Bethléem, siége de France en Nivernais. Il continua ses travaux apostoliques et mourut à Valence le 17 septembre 1667.

(2) La suscription mise par Richelieu à une dépêche pour M. de Brassac, ambassadeur à Rome, datée du 4 janvier 1631, indique combien, dès cette époque, Mazarin était bien vu à la cour de France :

« Monsieur Mazarin a témoigné tant d'adresse et d'affection
« à la négociation de la paix, que je vous fais ces trois mots
« que vous ne sauriez rien faire qui soit plus agréable à Sa
« Majesté que de témoigner au Pape le contentement qu'elle
« en a, et le favoriser adroitement en ce que vous pourrez

La perte d'un confident aussi habile et aussi regrettable que le P. Joseph ne fit pas abandonner le projet d'établissement de séminaires, qui, dans l'exécution, paraissait présenter autant de difficultés qu'il pouvait offrir d'avantages. Il ne le reprit néanmoins *que deux ans après* et jeta les yeux sur le *P. Eudes*. Le doigt de la Providence n'apparaît-il pas en pleine lumière dans tous ces retards, dans ces projets avortés, dans ces essais, dans ces désirs inutilement formulés depuis saint François de Sales, dans le silence de la cour de Rome, dans ces résultats négatifs au moins pour la question des séminaires de la création de Congrégation de l'Oratoire.... tout cela pour en venir au P. Eudes et à ceux que préparait le P. de Condren qui, à son lit de mort, va nous donner le mot de l'énigme.

« D'après la persuasion commune, dit l'historien de
« M. Olier, l'établissement des séminaires était alors
« regardé comme une entreprise impossible ; et à en
« juger par l'expérience du passé, cette persuasion
« n'était pas sans fondement. Depuis quatre-vingts
« ans que le Concile de Trente en avait ordonné l'érec-
« tion, on n'avait pas encore vu en France les fruits
« d'une institution si désirée. Dans quelques diocèses,
« ces ordonnances avaient été rejetées par les chapitres ;
« ailleurs, elles étaient restées sans exécution, ou
« n'avaient pas été longtemps en vigueur. »

En 1629, après délibération de l'assemblée du clergé, on projeta la création de quatre séminaires généraux ; puis on en revint à laisser l'initiative à

« pour le porter à la Nunciature auprès d'elle, lorsque le
« nunce d'à présent sera rappelé à Rome pour une meil-
« leure condition. »

chaque évêque. Mais de tous les essais impuissants, les plus marquants furent ceux des prêtres de l'Oratoire. « Leur maison de Saint-Magloire de Paris, fon-
« dée depuis vingt-deux ans comme *séminaire diocé-*
« *sain*, n'avait pu encore commencer ses exercices.
« Ces Pères se bornaient à enseigner, dans quelques-
« uns de leurs collèges, la théologie à ceux de leurs
« écoliers qui se destinaient à l'état ecclésiastique et
« leur faisaient faire seulement une retraite de dix
« jours avant leur ordination. »

Cependant le P. de Condren, général de la Congrégation de l'Oratoire, arrivait au terme de sa carrière sans avoir dit aux disciples qu'il élevait avec tant de soin quelles étaient ses vues sur l'établissement futur des séminaires. Pour tout ce qui les concernait, il s'exprima toujours vis-à-vis d'eux d'une manière obscure. L'heure, suivant lui, n'était pas venue, et il pensait, comme saint Vincent de Paul, qu'une bonne œuvre trop tôt divulguée était à moitié détruite. Il vivait « entouré d'une foule de prêtres qu'il enthou-
« siasmait par ses idées sublimes sur le sacerdoce,
« dont il renouvelait et transformait le cœur, et qu'il
« lançait ensuite brûlants de zèle à la conquête des
« âmes. » Le P. de Condren était entre les mains de la Providence un magnifique instrument ; dans ses vues impénétrables pour le vulgaire, aperçues seulement au dénouement et au résultat, elle ne permit pas à l'Oratoire, que le Jansénisme allait infecter de ses idées tortueuses et fatales, de fonder des séminaires, tandis qu'elle voulut que le plus saint de ses généraux fût l'instituteur et le maître de ceux qui devaient prendre cette noble initiative et auxquels il déclara sur son lit de mort « qu'enfin il était temps. »

Il leur recommanda surtout de n'admettre dans leurs séminaires que des jeunes gens avancés en âge et dont le jugement déjà formé pût faire juger, après les avoir éprouvés pendant quelque temps, s'ils étaient appelés au service de l'autel.

« Ce qui me fait gémir, dit-il à ses Pères réunis, « c'est le schisme que je prévois et qui paraîtra dans « deux ans... L'événement justifia sa prédiction deux années après sa mort, par l'éclatante rupture du Jansénisme avec Rome, à l'occasion de la condamnation de l'Augustinus en 1643. (1)

« On aura lieu de s'étonner, a-t-on dit encore, qu'é-
« tant chef d'une société nombreuse, née pour tra-
« vailler à l'éducation du clergé, le P. de Condren se
« soit déchargé, comme il le fit, du gouvernement ex-
« térieur de sa compagnie, et ait formé avec tant de soin
« un petit nombre d'ecclésiastiques pour établir des

---

(1) « La Congrégation de l'Oratoire, liée d'abord avec Jansénius
« et l'abbé de Saint-Cyran, par le crédit desquels elle s'établit
« en Flandre, vit plusieurs de ses membres prendre parti
« pour ces patriarches de la nouvelle hérésie et faire cause
« commune avec eux. Déjà le P. de Condren, après l'arrestation
« du P. Séguenot, s'était cru obligé de donner une déclaration
« publique des vrais sentiments de l'Oratoire, qui devenaient
« suspects. Mais, après la mort de ce grand adversaire de la
« secte, *la contagion gagna la plus grande partie du corps,*
« jusque-là, que le P. Bourgoing, son successeur, dépouillé
« de presque toute son autorité, vit les premières charges
« données malgré lui à des hommes ouvertement déclarés pour
« le jansénisme. Le P. Amelote, dépouillé lui-même de la supé-
« riorité de la maison Saint-Honoré, ne cessa de souffrir et de
« travailler jusqu'à sa mort, pour maintenir la foi de l'Église
« dans l'Oratoire. »

(*Histoire de M. Olier.*)

« séminaires en France ; œuvre dont il ne s'occupa
« presque point lui-même et à laquelle il ne porta ja-
« mais sa propre Congrégation, quoiqu'il ne connût
« rien de plus nécessaire à l'Église. Il est encore très-
« remarquable que, jusqu'alors et contre les premiers
« desseins de son fondateur, cette Congrégation se fût
« employée presqu'exclusivement aux missions, à la
« conduite des paroisses, et surtout à la direction des
« colléges ; car les séminaires qu'elle avait essayé
« d'établir n'eurent aucun résultat. S'il était permis
« de rechercher les motifs de Dieu, on pourrait peut-
« être penser que sa Providence avait en vue de pro-
« curer par ce moyen la conservation de la foi dans
« l'Église de France. Personne n'ignore, en effet,
« qu'après la mort du P. de Condren, le jansénisme cor-
« rompit la plus grande partie de cette société, dans le
« sein de laquelle il ne cessa de trouver des défen-
« seurs ; et si elle eût été alors en possession de l'édu-
« ducation du clergé, il est aisé de juger les maux qui
« en seraient résultés pour toute l'Église gallicane (1). »

(1) « On aurait peine à croire jusqu'où ceux des Oratoriens
« qui avaient dévié de la foi, portaient l'attachement aux
« nouvelles erreurs sur la grâce, si l'on n'en trouvait des té-
« moignages incontestables dans une multitude de monu-
« ments. Le P. Bourgoing, leur général, ayant ordonné que le
« livre de Jansénius, la thèse de Louvain et les autres écrits
« sur la grâce condamnés par Urbain VIII, seraient apportés
« à la bibliothèque de chaque maison, pour y être gardés
« sous clef, on observa si peu cette défense, que dans quel-
« ques maisons, on faisait de ce livre la lecture ordinaire de
« table. »
M. Olier s'était formellement opposé à l'établissement des
Pères dans le faubourg Saint-Germain : « Les meilleurs amis
« de ces Pères ne peuvent s'empêcher *de les fuir.* »

Il semble même que dès l'origine de la Congrégation de l'Oratoire, la Providence ait voulu l'éloigner de l'éducation du clergé contre les vues de son fondateur.

Le P. de Bérulle, en effet, craignant que le goût des lettres profanes ne détournât ses prêtres de la fin principale de son institut, pria le pape Paul V de leur défendre expressément, dans sa bulle d'institution, la direction des colléges ; et l'on fut assez surpris de voir que néanmoins cette clause n'y eut pas été insérée.

Mais une omission, dont les suites sont si considérables, n'était point sans un dessein particulier de Dieu, qui assiste de ses lumières le Souverain-Pontife dans l'institution de ses Ordres. Elle fut cause que l'Oratoire, au lieu de s'occuper des séminaires, moyen si influent sur la foi du clergé et des peuples, se chargea, comme l'avait craint le P. de Bérulle, de la direction d'une multitude de colléges, quoique cette œuvre se trouvât entièrement étrangère au dessein du fondateur ; or, ce qui n'est pas moins digne de remarque, le P. de Bérulle, en faisant *lui-même* tant de petits établissements, qui épuisaient sa compagnie en en changeant le but, *témoignait n'agir en cela que conformément à la volonté divine.*

Et, enfin, comme nous allons bientôt le dire, l'Oratoire était si éloigné de travailler à l'établissement des séminaires, que, peu après la mort du P. de Condren, cette Congrégation aima mieux laisser sortir le P. Eudes

---

Tous ces détails, trouvés dans les notes de la vie de M. Olier, ne nous permettent-ils pas de dire que le P. Eudes devait quitter l'Oratoire, et rester maître de lui-même pour user de sa liberté suivant la volonté de Dieu?

de son sein que de lui fournir les moyens de réaliser enfin les vues du fondateur en se consacrant à cette œuvre.

Le P. Eudes, élève du cardinal de Bérulle, puis disciple du P. de Condren, mort le 7 juillet 1641, suivait donc cette ligne invisible pour la plupart, mais que Dieu toujours marque d'un trait de feu pour les âmes privilégiées; il savait que pour fonder ou diriger des séminaires, il ne devait pas être Oratorien, et le monde eût-il dû se lever tout entier contre lui, rien ne l'aurait empêché d'obéir à la voix qui l'appelait si impérieusement. Il entrait certainement dans les vues de Dieu qu'aucun arrangement ni accord ne pût se conclure entre lui et ses supérieurs de l'Oratoire, quand ses projets futurs furent aperçus : « C'est Dieu, « dit Lacordaire, qui fait les hommes, quand il veut « s'en servir, et qui leur donne juste ce qu'il faut « par une suite d'événements imprévus dont la liai-« son ne se découvre qu'à la longue. En repassant ma « vie tout entière, je la trouve convergeant vers le « point où je suis, de quelque côté que je la regarde. »

Depuis que le P. Eudes était attaché à la Congrégation de l'Oratoire, il avait donc toujours compris que la première intention du cardinal de Bérulle était que ses enfants spirituels s'appliquassent avec zèle, par l'établissement des séminaires, à la régénération du clergé. C'était la base de l'édifice, et le P. Bourgoing, successeur du P. de Condren depuis 1644, en convenait franchement, quelques années plus tard, en écrivant aux cardinaux de la Propagande.

Le moment était venu, s'était écrié, en mourant, le P. de Condren: *les hommes sont prêts et Dieu le veut!* Tel était le sens donné par le P. Eudes aux dernières confidences de son maître. Il allait donc obéir au mot d'ordre, comme l'ont fait naguère nos braves officiers franchissant devant Sébastopol le parapet qui les séparait de l'ennemi, quand l'aiguille de leur montre réglée sur celle du général en chef, vint à marquer l'heure suprême.

Sur ces entrefaites, Mgr de Harlay (1), archevêque de Rouen, l'appela dans cette ville pour entreprendre, sous ses ordres, une mission dans la célèbre abbaye de Saint-Ouen. La duchesse d'Aiguillon (2) entretint à ses frais trente missionnaires depuis les premiers mois de 1642 jusque bien avant dans le carême.

Le P. Eudes les avait choisis avec le plus grand soin et avait dévolu à chacun les fonctions les plus en rapport avec leur capacité. Le succès obtenu fut immense, et, comme d'ordinaire, plusieurs sectaires vinrent au dernier moment se jeter aux pieds des missionnaires pour abjurer leurs erreurs.

---

(1) François de Harlay se distingua par ses talents dès sa première jeunesse et soutint une thèse en Sorbonne sur toute la Somme de saint Thomas. Il fut d'abord abbé de Saint-Victor de Paris, puis coadjuteur du cardinal de Joyeuse, archevêque de Rouen, qu'il remplaça en 1615. Après avoir pendant 36 ans gouverné ce diocèse, il se démit de ses fonctions en 1651 et mourut en 1653, à l'âge de 70 ans.

(2) Marie-Madeleine de Wignerod, duchesse d'Aiguillon, était fille de René de Wignerod et de Françoise Duplessis, sœur de Richelieu. Elle entra de bonne heure à la Cour de Louis XIII comme dame d'honneur et jouit d'une grande faveur. Veuve d'Antoine du Roure de Combalet, elle devint duchesse d'Aiguillon, son oncle ayant acheté pour elle la terre de ce nom. Elle employa des sommes immenses en œuvres de charité. Elle mourut en 1675. Son titre et ses biens passèrent à ses petits-neveux.

Mgr de Harlay avait déclaré par son mandement qu'il nommait le P. Eudes chef des missionnaires de la province de Normandie, lui donnant, en outre, le droit de se choisir des associés et de leur communiquer les pouvoirs qu'il jugerait nécessaires. Ce mandement, daté du 11 janvier 1642, sert de base à toutes ses fondations.

Le prélat exprima au P. Eudes son extrême désir qu'il prêchât le carême dans son église cathédrale.

C'était un surcroît d'occupation tel, qu'il crût devoir en référer au P. de Bourgoing, son supérieur général, qui l'engagea immédiatement à faire agréer ses excuses à Mgr de Harlay, en lui donnant pour motif de refus la raison de la faiblesse de sa santé.

Le P. Eudes eut probablement bien de la peine à se soumettre à une pareille prescription, lui qui ne compta jamais l'ennemi, quand il fallait le combattre, pas plus qu'il ne fit le calcul de ses propres forces.

Mais d'après certains symptômes qui ne pouvaient échapper à un esprit aussi lucide, le P. Eudes voyait déjà qu'on l'éloignait de Normandie *de parti pris*, et qu'on craignait que son désir souvent très nettement exprimé de voir fonder des séminaires ne le décidât à sortir de la Congrégation envers laquelle, ostensiblement au moins, il ne pouvait être lié qu'au même titre que ses confrères.

On savait peut-être, ce que dans sa simplicité et son humilité le Père ignorait probablement, on savait que les succès de ses prédications, son talent hors ligne constaté dès ses débuts, la pureté et la sainteté de sa vie avaient été signalés au Cardinal-ministre peut-être par le P. de Condren lui-même, qui ainsi préparait l'avenir. Et ce qu'on redoutait le plus chez les Oratoriens, c'était certainement qu'il eût à motiver sa séparation sur le non-accomplissement des vues premières de leur illustre fondateur, vainement mises à exécution, même avec les fonds que le Cardinal remit pour ces objets au P. de Bourgoing (1).

Le P. Eudes avait reçu de personnes pieuses des dons pour l'établissement d'un séminaire. On voulut qu'il en rendît compte et qu'il ne se permît dans toute affaire de ce genre aucune démarche qui ne lui fût prescrite d'avance. Il courut même des bruits offensants sur son désintéressement, dont Mgr de Harlay s'établit le garant dans sa correspondance avec le supérieur général. La situation se compliquait; par devoir, il fallait obéir; pour l'accomplissement de la volonté divine, *il fallait refuser*. Il devait, au reste, s'attendre à toutes ces tracasseries; la contradiction se trouve toujours dans les choses

---

1. « Si on commence une institution à Rouen, il faudra, « écrit le P. de Bourgoing au P. Eudes, que le P. Saint-Pé « y séjourne. ... On m'a dit qu'on *vous a donné* pour en faire « une à Caen, mandez-le moi ; car j'aurais à vous en écrire. » Puis, parlant d'une cure que l'archevêque voulait donner à l'Oratoire .... « Si vous m'en eussiez averti, j'eusse donné « avis qu'il la pouvait unir à la maison de Rouen, en faveur « d'un séminaire.... »

Les inquiétudes des Oratoriens commencent à apparaître dans cette correspondance. Cependant le P. de Bourgoing y traite le P. Eudes plutôt en égal qu'en supérieur. Comme ces dons ou promesses émanaient principalement de MM. de Répichon, bienfaiteurs de l'Oratoire, on pensait que tout derait profiter à la Congrégation.

de Dieu, que souvent elle avance, améliore et raffermit.

D'ailleurs rien ne pouvait ébranler le P. Eudes assuré de sa vocation ; il était, en effet, nous l'avons dit, de cette race normande de conquérants et de fondateurs, qui, le but choisi, y marchent sans broncher, quels que soient les obstacles qui se présentent.

On chercha à le séparer des amis (1) qui l'entouraient dans les deux principales villes de Normandie, Caen et Rouen, en lui imposant une mission à Saint-Malo, sur la demande de Mgr de Fourcy, qui

(1) Les amis spirituels du P. Eudes étaient très-nombreux ; à Mgr de Cospéan, dont nous avons déjà parlé, venaient se joindre : Mme de Budos, M. et Mme de Camilly, Mgr de Laval, évêque de Pétrée, vicaire apostolique du Canada ; Mgr de la Motte-Lambert, depuis évêque de Bérithe, vicaire apostolique en Chine ; M. de Than, religieux de l'abbaye de Saint-Etienne, qu'il réforma ; MM. de Renty et de Bernières ; le R. P. Jean-Chrysostôme, du Tiers-Ordre de Saint-François ; le R. P. Ignace-Joseph de Jésus-Maria, carme déchaussé ; M. Le Pileur, grand-vicaire de Mgr de Matignon, qui, en mourant, laissa sa bibliothèque au séminaire des Eudistes de Coutances ; M. Potier, bienfaiteur des maisons de Caen et de Coutances ; plusieurs Pères Jésuites ; la Révérende Mère Marie-Elisabeth de l'Enfant-Jésus, religieuse du monastère de Saint-Thomas-d'Aquin ; la Révérende-Mère Mechtilde du Saint-Sacrement, institutrice des Religieuses Bénédictines du Saint-Sacrement ; la Révérende-Mère Germaine de la Nativité, religieuse Ursuline du monastère de Bayeux, *qui lui prédit une partie des croix qui l'attendaient, n'osant lui découvrir le reste*, et beaucoup d'autres ecclésiastiques, dont les noms sont inscrits dans le livre de Vie.

Entre la conception de son projet et son exécution, il s'associa avec plusieurs Ordres religieux, Jésuites, Bénédictins, Franciscains, etc., etc.

(P. Costil, *Annales de la Congrégation*).

avait succédé à Mgr de Harlay de Sancy. Il s'y rendit, mais avec la conviction qu'une rupture devenait de plus en plus inévitable.

A son retour, sur la demande de Mgr l'évêque de Coutances, il entreprenait une nouvelle mission à Saint-Lô, quand il fut appelé à Paris par Richelieu lui-même.

L'ordre était formel, émanant de ce ministre qui ne savait pas attendre et auquel d'ailleurs des dernières heures étaient bien précieuses. Il fallait s'y conformer toute affaire cessante, et le P. Eudes partit avec M. Jourdan, celui de ses missionnaires pour lequel il avait le plus d'affection. Ce départ inattendu, dont généralement on ignorait le véritable motif, donna lieu à bien des commentaires. On apprit bientôt que le Cardinal avait eu plusieurs conférences avec le P. Eudes; il l'y avait entretenu de la création des séminaires et avait voulu connaître toutes les raisons qui l'avaient déterminé à s'en occuper au point de fixer l'attention de ses associés.

Les réponses du Père furent si sages, si mesurées et empreintes en même temps d'une telle décision et d'une telle fermeté, que le Cardinal de Richelieu, bien près de descendre dans la tombe, appliqua au digne enfant des Pères de Bérulle et de Condren les paroles que le Roi de Tyr adressait aux ambassadeurs de Salomon : « Béni soit le Seigneur, qui a donné à « David un fils si sage. »

Nous terminons ici notre premier livre : Le P. Eudes va quitter l'Oratoire, et entrer, plein de foi et de certitude, dans de nouvelles voies qu'il parcourra sans faiblir, mais toujours en portant la croix du Christ jusqu'au moment de la suprême récompense.

LIVRE SECOND

CHAPITRE PREMIER

(1642 - 1644)

Fermeté et sérénité du P. Eudes. — Le Cardinal de Richelieu donne l'ordre à Mgr Beaumont de Péréfixe de s'entendre avec le P. Eudes pour la teneur des lettres-patentes à obtenir pour l'érection d'un séminaire. — Le P. Eudes consulte tous ses amis sur sa résolution de quitter l'Oratoire. — Mort du Cardinal de Richelieu. — Le P. Eudes se décide à établir à Caen son premier séminaire; ses futurs coopérateurs. — Le 26 mars 1643, le P. Eudes quitte définitivement l'Oratoire. — Congrégation de Jésus et de Marie. — Regrets et colère des membres de l'Oratoire. — Les Séminaires en général. — Fêtes principales de la Congrégation. — Missions diverses. — Démarches de Mgr de Matignon et de Mgr d'Angennes. — Mort de Louis XIII. — Ses résultats. — Attaques contre le P. Eudes. — Le P. Mannoury part pour Rome. — Mort d'Isaac Eudes. — François Eudes de Mézeray et Charles Eudes du d'Houay.

« La croix, dit Lacordaire, n'a pas cessé d'être une
« folie, et ce qu'il y a de plus *faible en Dieu* n'a pas
« cessé, selon la parole de saint Paul, d'être *plus*
« *fort* que toutes les forces de l'homme. Celui qui
« veut faire quelque chose pour l'Église et qui ne
« part pas de cette conviction, tout en ne négligeant

« aucun des moyens humains que les circonstances
« lui permettent d'employer, sera toujours impropre
« au service de Dieu. »

Où donc le P. Eudes, qui se considérait comme *ce qu'il y a de plus faible*, va-t-il puiser cette inébranlable fermeté, cette sérénité en toutes choses que rien ne pourra troubler ?

Le P. Lacordaire nous répond : « Il y a toujours
« dans le cœur de l'homme, dans l'état des esprits,
« dans le cours de l'opinion, dans les lois, les choses
« et les temps, *un point d'appui pour Dieu*..... Le
« grand art est de le *discerner* et de s'en *servir*, tout
« en mettant dans la vertu *secrète et invisible* de
« Dieu lui-même le principe de son courage et de
« son espérance. » (Lacordaire, T. Ier, p. 235-236.)

Ce point d'appui que si providentiellement le P. Eudes rencontrait au moment même où il lui devenait plus nécessaire, n'était-ce pas ce dernier effort fait par Richelieu arrivé au terme de sa carrière, pour jeter les bases d'une création qui depuis si longtemps agitait les plus sages. Le Cardinal, si occupé des choses de la terre, se montrait beaucoup moins indifférent qu'on ne le croit généralement pour ce qui pouvait assurer son salut éternel (1). Et lui qui

---

(1) M. Meyster, qui avait eu tant de part à la formation de l'établissement de Vaugirard, vint passer quelques jours avec ses amis pour leur communiquer les grâces dont Dieu le comblait. Il alla visiter le cardinal de Richelieu, qui, depuis plusieurs années, désirait sa visite. Dans l'entretien qu'ils eurent ensemble, le ministre, ravi de voir enfin ce missionnaire, lui offrit un fonds de 1,400,000 livres pour des établissements de missions sans pouvoir rien lui faire accepter, malgré ses vives instances. Ce nouveau refus le toucha si vivement, qu'il en *fut alarmé pour lui-même ;* e

châtia toujours si sévèrement la rébellion et l'indiscipline, soutint le modeste Oratorien voulant réaliser les instructions de M. de Bérulle et obéir à M. de Condren, malgré l'opposition de ses supérieurs et le mauvais vouloir de la plupart de ses confrères. Il ordonna à Mgr Beaumont de Péréfixe, archevêque de Paris, de se concerter avec le P. Eudes sur la teneur des lettres patentes à obtenir. Il le recommanda ensuite à sa nièce, la duchesse d'Aiguillon, qui, à Rouen, avait déjà vu le missionnaire à l'œuvre, et s'empressa de donner une première somme pour le futur séminaire de Caen.

Pendant ce temps, le P. Eudes ne cessait de consulter tous les amis qui, soit à Paris, soit en Normandie, s'étaient sentis attirés vers lui : leur avis était unanime : « *Marcher en avant.* »

Il employait, en outre, à Paris, toutes ses heures de liberté à faire des conférences en Sorbonne ou à Saint-Magloire, où plus tard on vit apparaître Bossuet venant s'exercer au combat ; il acceptait toutes les occasions qui s'offraient à lui de prêcher la parole de

---

dans son émotion, il en vint jusqu'à dire à M. Meyster :
« Mais, Monsieur, Dieu vous a-t-il fait connaître que je suis
« réprouvé, et qu'il rejette ce qui vient de ma main ! Dites-
« moi, je vous prie, croyez-vous que je puisse me sauver
« dans l'état où je suis ? »

« Monseigneur, reprit M. Meyster, nous en avons parlé di-
« verses fois avec le P. de Condren. »

« Et qu'en avez-vous pensé, dit le cardinal ?

« Nous sommes demeurés d'accord que vous aviez en
« main un moyen pour assurer votre salut, qui est le pou-
« voir de soutenir les droits de l'Église et de faire nommer
« d'excellents hommes aux évêchés. »

Dieu, que venaient humblement écouter les plus éminents prélats de France.

« Les uns et les autres ne pouvaient trop admirer
« la pureté de son zèle pour la beauté de la maison
« de Dieu, et étaient encore plus touchés de son hu-
« milité que des traits de son éloquence.

« La conférence finie, le P. Eudes allait se pros-
« terner à la porte, et cherchait à baiser les pieds de
« ses auditeurs, qui avaient peine à l'en em-
« pêcher (1). »

Le Cardinal de Richelieu mourut le 4 décembre 1642. Un de ses derniers désirs fut donc de rendre au clergé français cette prépondérance et cette supériorité qu'il conserve encore à cette heure, et, *entre tous*, l'éminent ministre s'associa le P. Eudes ; il le marqua, dès cette heure, du sceau de sa puissance : en sorte que cette mort, ne laissant pas un vide qui ne pût se remplir, légua au P. Eudes un appui moral d'autant plus fructueux qu'aucune influence autre que celle de Dieu n'avait plus à le guider dans l'acte important qu'il allait accomplir.

Enfant de la Normandie, dont il était devenu l'apôtre, il devait à cette belle province les prémices de son œuvre. Il voulut donc établir à Caen son premier séminaire.

Mgr Beaumont de Péréfixe et Mgr d'Angennes, évêque de Bayeux, agissant d'accord et conformément aux ordres du Cardinal-ministre, firent expédier les lettres patentes au mois de décembre 1642. Il pouvait donc désormais « acquérir et édifier les maisons et lieux qui

---

(1) Récit du curé de Saint-Hilaire (diocèse d'Avranches), mort en odeur de sainteté en 1700.

« leur (aux membres de la nouvelle congrégation) se-
« ront nécessaires pour leur habitation et jouir tous et
« un chacun des droits et priviléges dont jouissent
« *les autres maisons et communautés fondées en notre*
« *royaume et même les missions établies depuis trente*
« *ans, nonobstant qu'ils ne soient cy particulièrement*
« *exprimés.* »

La cause du séminaire de Caen était donc gagnée au point de vue religieux et légal, mais il n'en était pas de même au point de vue matériel, qui a toujours, et il le faut, sa large part dans toutes les fondations. Les édifices les plus solides ne sont-ils pas ceux dont les bases ont demandé le plus de travail en raison du peu de consistance du terrain où elles devaient être assises et auquel on a ajouté tout ce qui pouvait le rendre parfaitement compacte et solide ?

Mme la duchesse d'Aiguillon avait donné mille livres auxquelles MM. de Répichon, père et fils, en avaient ajouté deux mille autres.

C'était bien insuffisant, et Mgr l'évêque de Bayeux aurait désiré qu'avant de commencer, on possédât un revenu assuré. Mais, plein de confiance dans le succès, résolu à supporter au début d'inévitables privations, le P. Eudes parvint à convaincre et à rassurer le prélat, qui crut devoir s'en rapporter entièrement à sa prudence.

Divers embarras l'obligèrent cependant à différer l'exécution de son projet jusqu'au 25 mars 1643.

Ses futurs coopérateurs étaient au nombre de cinq : *Simon Mannoury*, du diocèse de Lisieux, âgé de 29 ans ; *Thomas Manchon*, du même diocèse, âgé de 26 ans ; *Pierre Jourdan*, du diocèse de Coutances, âgé de 35 ; André Godefroy, de Caen et Jean Fossey de

Thorigny. Ces deux derniers ne persévérèrent pas, mais furent presqu'immédiatement remplacés par *Jacques Finel* et *Richard Lemesle*, tous deux prêtres du diocèse de Coutances.

Le 25 mars 1643, ils firent un pèlerinage à Notre-Dame de la Délivrande, chapelle située à trois lieues de Caen et encore à cette heure vénérée par les fidèles.

Le lendemain 26, le P. Eudes, après avoir passé vingt-deux années dans la Congrégation de l'Oratoire, en sortit pour toujours, et alla loger avec ses nouveaux confrères dans une maison située à l'extrémité de la place royale de Caen (1), se privant personnellement, sans regret et sans retour vers le passé, des douceurs et des avantages qu'on rencontre dans les communautés déjà formées, obéissant à la voix de Dieu, et allant, comme un vieux patriarche, prendre possession de la terre qui lui a été désignée pour son partage.

Remarquons, avec le P. Costil, que la Congrégation de Jésus et de Marie, ainsi nommée parce que sa naissance correspond à la fête de l'Annonciation,

(1) Un renseignement nous porterait à penser que les Pères passèrent la première année dans une maison dont l'emplacement à Caen nous est inconnu. Ils louèrent après une habitation située rue Saint-Laurent, en face de l'abreuvoir, où demeurent à cette heure un tonnelier et un maréchal ferrant.

Le tonnelier montre, au second étage sous le toit, la chambre de la chapelle, de cette fameuse chapelle interdite plus tard par Mgr Molé, ainsi que nous aurons à l'expliquer.

On voit encore les cellules qui ont été réunies pour faire des chambres.

Ce fut de cette maison que sortirent les Eudistes pour aller prendre possession du séminaire, maintenant mairie de la ville de Caen apparut comme un rempart de défense en même temps que le livre de Jansénius et dans la même année où M. Hébert, théologal de l'Église de Paris, commença à prêcher contre lui.

Dans le retard qui lui fit remettre l'exécution de son projet à l'année 1643, ne devons-nous pas reconnaître encore la main de la Providence, qui, prévoyant la vivacité et la multiplicité des attaques successives qu'aurait à supporter le grand serviteur de Dieu, accumulait ses moyens de défense. Etait-il tenu, en effet, d'être *stable* vis-à-vis de qui ne l'était plus dans sa destination primitive; pouvait-il rester *obéissant* vis-à-vis du supérieur, qui, malgré sa haute vertu, ne pouvait plus se faire obéir par des hommes qui allaient lever l'étendard de la révolte. Ses vœux de *stabilité* et *d'obéissance* tombaient d'eux-mêmes; ils n'avaient plus raison d'être sous peine de danger pour le salut : et d'ailleurs ces mêmes vœux, d'après les statuts de la Congrégation, l'en excluaient et c'était peut-être la pensée du P. de Condren, prévoyant que son élève devrait un jour se séparer de ses confrères, quand, *après une longue opposition*, il lui permit de les prononcer entre ses mains..... Que les choses de Dieu sont grandes ! y a-t-il présomption à chercher à les apercevoir de plus près, à oser en indiquer la suite et la concordance, malgré notre faiblesse et notre ignorance ?

Nous ne le pensons pas ; si nous voulons les voir, c'est pour mieux les adorer, c'est pour mieux les faire comprendre à tous ceux des nôtres, qui, tous vrais croyants qu'ils sont, n'ont de pensée que pour les choses du siècle et leur avancement dans les honneurs et dans les biens matériels.

Le flambeau de la foi à la main, nous cherchons donc pour *mieux aimer* et *non pour détruire :* « Ainsi « que, » dit saint François de Sales dans son doux langage, « qui cherche la vérité de cette céleste parole « hors de l'Église qui en est la gardienne, ne la trouve « jamais : et qui la veut autrement que par son « ministère, au lieu de la vérité, il n'épousera que la « vanité : et au lieu de la certaine clarté de la parole « sacrée, il suivra les illusions de ce faux ange qui « *se transfigure en ange de lumière.* » (1)

Que Dieu nous sauve des lumières de ce faux ange, si bien défini, si bien mis à nu, dès les premières années du XVIIe siècle, et qui, chaque jour, vient s'asseoir au foyer de tant d'écrivains dont les rares talents et les œuvres, *autrement éclairés*, brilleraient d'un si vif et d'un si noble éclat.

Pendant tout le temps que le P. Eudes avait vécu avec les Pères de l'Oratoire et qu'il avait agi sous les ordres de leurs supérieurs, la Congrégation tout entière avait apprécié son mérite hors ligne et applaudi à ses succès. La réputation qu'il avait acquise et qui grandissait chaque jour, l'effet produit par sa puissante parole, les résultats de ses actes exceptionnels de dévouement, rejaillissaient glorieusement sur la Congrégation. Mais quand on le vit créer une nouvelle société pour combler une lacune que l'Oratoire avait laissé grandir, on ne voulut plus le considérer que comme un déserteur dangereux, et l'irritation d'un grand nombre de membres se traduisit, quelques mois après, par la radiation du nom du P. Eudes sur le catalogue contenant ceux de ses confrères et la déchéance de tous

---

(1) Lettres de saint François de Sales, p. 129.

les droits qu'il avait acquis au prix de tant de travaux et de fatigues. En lui donnant communication de cette mesure si rarement prise (1), on lui faisait cependant entendre que le Révérend Père supérieur général était tout prêt à pardonner, pourvu qu'il se soumît à lui rendre compte des entreprises qu'il formerait à l'avenir et que les fondations faites en faveur du séminaire seraient acceptées par l'Oratoire.

Après en avoir longuement conféré avec les prêtres qu'il s'était associés, le P. Eudes transmit au supérieur général des propositions très-raisonnables qui, tout en ne le liant pas d'une manière absolue, témoignaient cependant de son respect et de sa déférence pour le corps illustre dont il avait fait partie et dont il resterait toujours bien rapproché, puisqu'il comptait suivre exactement les premières vues de leur saint fondateur.

Il terminait en priant les Pères de l'Oratoire de bien faire attention aux paroles que le Saint-Esprit proféra par la bouche du saint homme Gamaliel : « *Discedite ab hominibus istis, et sinite illos : quo-« niam, si est ex hominibus consilium hoc aut opus,* « *dissolvetur : si vero ex Deo est, non poteritis dis-* « *solvere illud, ne forti et Deo repugnare invenia-* « *mini.* »

Ils ne voulurent pas comprendre, ou plutôt ils comprirent qu'ils auraient désormais devant eux un ad-

---

(1) Le fameux P. Quesnel, né à Paris en 1634, et mort en 1719, s'était fait Oratorien en 1657, et dirigeait l'institution des Oratoriens à Paris, quand son attachement aux Jansénistes le força à s'expatrier. Il ne fut exclu de la Congrégation de l'Oratoire qu'après bien des années de révolte ouverte contre l'Église.

versaire d'autant plus redoutable qu'il n'attaquerait jamais et ne ferait que se défendre : ils le voyaient d'avance s'élever en gloire et en sainteté, laissant ainsi sans motif et sans excuse une exclusion, dont l'apparent déshonneur ne pouvait l'atteindre.

Un des traits distinctifs du caractère du P. Eudes, c'était le calme devant l'orage ; jamais une parole amère, jamais de récriminations, toujours un certain respect pour ses ennemis, qu'il nommait simplement *ses anciens amis*.

Les Pères de l'Oratoire ne purent donc se satisfaire de ces tempéraments et ne considérèrent plus le P. Eudes que comme un factieux et un sujet rebelle qu'il fallait poursuivre à toute outrance, et ils n'y manquèrent pas (1).

Le nouveau fondateur n'était donc plus Oratorien et n'avait plus qu'à en appeler au Souverain Pontife, le père commun des fidèles et leur juge suprême.

---

(1) M. de Répichon, ayant entendu parler des calomnies dont le P. Eudes était l'objet, écrivit à M. Bernard, curé de Carantilly (diocèse de Coutances), et qui entra depuis dans la Congrégation : « J'ay été étonné que l'on chargeât le P. Eudes « de plusieurs calomnies, touchant le dessein qu'il a entre- « pris, disant *qu'il m'a détourné* de donner à l'Oratoire ce « que j'ay donné à sa Compagnie : je veux bien que l'on sache « que je n'y avais jamais pensé, ni de donner ailleurs ce que « j'ay donné pour aider à l'établissement de son Institut. » 25 mai 1645.

Les termes de cette lettre indiquent bien que les sommes qu'il avait reçues, et dont l'Oratoire voulait qu'il rendît compte, étaient données à *l'Institut futur* et nullement au *P. Eudes, Oratorien*.

Nous en donnerons, en son lieu, une preuve encore plus frappante.

Seminarium (*semen*, *seminare*) se traduit en français par le mot pépinière ; de là le nom de séminaire donné à ces maisons où de jeunes laïques se préparent à l'état ecclésiastique, pour porter plus tard dans les localités sur lesquelles ils devront veiller, au titre de pasteur, cette semence toujours si productive, quand elle tombe sur une terre bien préparée.

Les plus anciens des séminaires sont ceux qui furent institués pour élever les jeunes clercs et qu'on appelle communément petits séminaires : leur origine remonte très-haut, puisque le Concile de Bazas tenu en 529 sous le pontificat de Félix IV, en reconnaît l'utilité. Mais ce n'était probablement encore que les écoles établies de tout temps dans les églises cathédrales et les principaux monastères.

A ces écoles, ruinées par les guerres et les désordres du dixième siècle, succédèrent les universités et les colléges particuliers.

Les évêques furent, pour la plupart, obligés de se reposer entièrement pour l'instruction de leurs clercs sur les régents de collège et pour la théologie et le droit canon sur les docteurs de l'université.

Rien n'était plus contraire à l'unité d'enseignement et de doctrine, plus propre à préparer ou à faire naître l'hérésie.

Le saint Concile de Trente (H., 23. Ch. xviij., *De reform.*) (1), ordonna que dans chaque diocèse de

---

(1) Trente, ville des Etats autrichiens, dans le Tyrol. Cette ville est célèbre par le concile qui s'y tint de 1545 à 1563. Ce concile, le dernier et le dix-neuvième des conciles œcuméniques, avait été provoqué par les demandes des protestants, qui, toutefois, récusèrent son autorité même avant sa réunion.

province il serait établi un ou plusieurs séminaires, où l'on recevrait des jeunes gens nés en légitime mariage et qui se destineraient à l'état ecclésiastique. Ceux d'entre eux qui se trouveraient hors d'état de payer pension, devaient être élevés gratuitement et entretenus au moyen de contributions levées sur les bénéfices des diocèses, sans qu'aucun ordre pût être dispensé de cette charge, à l'exception des ordres mendiants et de celui de Malte. L'évêque, assisté de deux chanoines, devait faire la répartition de cet impôt. Le Concile obligeait, en outre, les écolâtres, ecclésiastiques préposés en certaines églises cathédrales pour enseigner la théologie, de se charger de l'instruction des jeunes clercs dans les séminaires, ou de trouver des remplaçants pour cet emploi avec l'agrément de leur évêque.

L'assemblée de Melun, qui eut lieu en 1579, se confor-

Ce concile se prononça sur le sens de plusieurs dogmes de l'Église, lança l'anathème contre les dissidents et fit d'utiles réglement pour la réforme des ecclésiastiques.

Ses décisions furent reçues sans difficulté en France, pour tout ce qui touchait la foi : Mais plusieurs articles furent repoussés par les parlements, pour conserver les usages de l'Église Gallicane.

Ainsi, pour la question des séminaires, qui nous occupe ici spécialement, aucun ne put être établi en France sans lettres, patentes du Roi; ce point fut définitivement fixé par un édit du mois d'août 1749. Les évêques purent régler la contribution imposée aux bénéfices, sans participation de deux chanoines, et y procédèrent avec les syndics et les députés, aux bureaux des décimes de leur diocèses. Ils purent admettre dans leurs séminaires des jeunes clers plus âgés. (Concile de Trente 1545-1563. — *Papes*, Eugène IV, Félix V, Nicolas V, Calixte III, Pie II : — *Rois de France*, François Ier, Henri II, François II, Charles IX.

ma au réglement du Concile de Trente, et y ajouta même plusieurs articles concernant le gouvernement des séminaires.

Cet exemple fut suivi par les conciles provinciaux de Rouen, de Reims, de Bordeaux, de Tours, de Bourges, d'Aix et de Toulouse.

En exécution de ce décret, saint Charles Borromée, évêque de Milan, l'âme du Concile de Trente, auteur du célèbre catéchisme du même nom, mort en 1584 à 46 ans, épuisé par les austérités et les fatigues, s'empressa d'ouvrir des séminaires dans son diocèse et de donner la première forme à ces saintes communautés.

Ce point intéressant à un aussi haut degré le maintien intégral des bonnes doctrines, n'était pas mis en oubli à Rome, mais on s'y proposait et on s'y propose encore un but plus étendu et plus général.

Rome n'est-elle pas, en effet, depuis près de dix-neuf siècles, le diamant dont les facettes projettent sur l'univers entier les feux les plus étincelants ? Rome n'est-elle pas ce foyer de lumière qu'*en vain* on cherche à éteindre, puisqu'il ne peut pas appartenir à l'homme de détruire ce que Dieu lui-même a fondé ?

« Là, depuis les chaires universitaires illustrées par
« le triple génie *de la science, de la foi* et *de la sain-*
« *teté,* jusqu'aux chaires destinées à l'instruction des
« simples, tout répand avec une abondance sans
« exemple l'enseignement salutaire de nos dogmes sa
« crés. Là, les vérités les plus sublimes, enseignées
« jusque dans les rues et sur les places, entrent dans
« le domaine commun et deviennent le partage des
« esprits les plus abaissés..... (1). »

(1) *l'Union de l'Ouest.* 30 décembre 1866.

Rome a donc créé des séminaires ; mais ce sont principalement des séminaires de propagande, destinés à porter dans les contrées les plus éloignées les vérités puisées à la source même.

Chaque diocèse, suivant les prescriptions du Concile de Trente, devait travailler pour lui-même et élever ses clercs, *chaque nation* devait favoriser dans son sein l'éclosion de toutes les sciences théologiques; mais Rome, nous le répétons, travaille toujours pour tous avec cette tendresse maternelle qui manquerait essentiellement au monde, si le vénéré pontife *venait à être supprimé*, comme on ose maintenant le dire en ravalant cette divine et éminente dignité au niveau d'un simple emploi de création humaine.

Le plus célèbre et le plus considérable des séminaires romains est celui connu sous les différents noms d'*Apostolique*, de *Pastoral*, d'*Urbain* et principalement de *la Propagation de la Foi*.

Dans cette digression trop courte peut-être en raison de l'importance de son sujet, nous pensons avoir indiqué une fois de plus combien le P. Eudes se rapprochait de la véritable voie en rentrant dans les intentions du dernier Concile et en s'associant aux œuvres de MM. d'Authier de Sisgau, Olier, Bourdoise et saint Vincent de Paul, ces hommes avec lesquels il resta toujours uni par les liens de la plus sainte et de la plus étroite amitié.

Les premiers séminaires de France furent fondés dans l'ordre suivant : *1639*, séminaire de Valence par M. d'Authier de Sisgau ; *1642*, séminaire du collège des Bons-Enfants, à Paris, par saint Vincent de Paul, instituteur des prêtres de la mission ; *1642*, séminaire de Vaugirard, depuis séminaire de Saint-Sulpice, par

M. Olier; *1643*, séminaire de Caen par le P. Eudes; *1644*, séminaire de Saint-Nicolas du Chardonnet à Paris, par M. Bourdoise.

L'élan était enfin donné, mais que de temps il avait fallu; et déjà n'avons-nous pas dit, dans un précédent ouvrage concernant les écoles militaires, combien le progrès s'attarde et marche lentement. Ces séminaires d'officiers ne furent institués qu'en 1751, et encore à l'instigation d'un habile financier et d'une courtisane; Pâris Duverney et Mme de Pompadour, quoiqu'ils eussent été formellement indiqués sous Henri IV par le brave capitaine Lanoue et essayés sans résultat par Richelieu et Louvois.

Les membres de la Congrégation nouvelle, dite de *Jésus et de Marie*, choisirent naturellement le P. Eudes pour leur supérieur. Ils n'étaient liés par aucun vœu solennel ou simple; la charité était le seul lien qui les unissait; ils devaient obéissance entière au Pape, et se considéraient comme étant sous la dépendance des évêques dans le diocèse desquels ils résidaient.

Ils réglèrent qu'après la mort du P. Eudes, on lui donnerait un successeur ayant les mêmes pouvoirs que lui pour gouverner ses confrères et les distribuer dans les lieux et dans les emplois qu'il jugerait convenir à leurs dispositions et à leurs talents.

Le P. Eudes prit son plan de gouvernement sur celui de M. de Bérulle, mais il n'eut jamais en vue que deux objets : 1° *Travailler pour les retraites et les autres exercices des séminaires propres à former de bons ecclésiastiques; 2° d'entretenir dans les peuples par des missions fréquentes l'esprit du christianisme.* Les paroles suivantes nous paraissent être la

devise de la Congrégation : « *Colere Deum, et facere*
« *voluntatem ejus corde magno et animo volenti.* »
Ainsi que ces autres : « *Senire Christo et ejus Ecclesiæ,*
« *in sanctitate et justicia coram ipso omnibus diebus*
« *nostris.* »

On remit à un autre temps de dresser des constitutions définitives. On se borna dans ces commencements à exiger l'exercice de l'oraison en commun et à recommander quelques pratiques particulières de dévotion, qui, dans la suite, furent adoptées par toute la Société. Les fêtes du Sacré-Cœur de Marie, de saint Joseph, de saint Joachim, de sainte Anne et l'octave de l'Immaculée Conception devaient être solennisées par la Congrégation, qui, dès ses débuts, fut vouée : 1° à la *Sainte-Trinité*, comme au premier principe et la dernière fin de la dignité et de la sainteté épiscopale ; 2° *à la sainte communauté de Jésus, de Marie et de Joseph*, qu'elle regarde comme sa règle et son modèle ; 3° *au divin Cœur de Jésus et au très-saint Cœur de Marie*.

La vaillante troupe se mit promptement à l'œuvre et dès la fête de la Pentecôte de l'année 1643, elle donna une mission à Saint-Sauveur-le-Vicomte dans le diocèse de Coutances et ne quitta cette paroisse que pour se rendre à Valognes.

Jamais mission ne fut plus suivie que dans cette ville. Les infatigables missionnaires prêchaient en plein air devant 30 ou 40,000 personnes accourues de loin pour les entendre. Il est un fait qui reste traditionnel dans la Congrégation. C'est celui d'un furieux orage, qui, prêt d'éclater, effraya tellement les auditeurs du P. Eudes qu'ils allaient se retirer, quand il leur donna formellement l'assurance qu'ils seraient respectés par la foudre et la tempête. Ils eurent foi en sa parole et il n'y eut d'épargné à quelques lieues à la ronde que le lieu qu'ils occupaient en ce même moment.

Pendant le temps de cette mission, le P. Eudes remit en honneur des chapelles abandonnées, ranima la ferveur éteinte, réconcilia des ennemis acharnés, fit opérer des restitutions considérables et remporta, dit M. Levavasseur, les plus consolantes et les plus piquantes victoires (1).

Enfin, comme saint Paul à Ephèse, il eut à livrer aux flammes beaucoup de mauvais livres et d'images licencieuses qu'à la fin de la mission les habitants vinrent eux-mêmes lui apporter.

Ces victoires éclatantes devaient avoir des résultats. « On a vu, écrivait alors M. Le Pileur, grand vicaire « de Coutances, qu'une suite d'instructions et de con- « férences faites pendant plusieurs semaines aux « ecclésiastiques, avaient suffi pour opérer un chan- « gement notable dans les mœurs du clergé, que rien « ne faisait mieux sentir de quelle importance il était « qu'on exécutât au plus tôt le projet du P. Eudes

---

(1, Il y avait à cette époque à Valognes une coterie de femmes beaux-esprits qui se permettaient de contrôler et de juger sans appel les sermons et les prédicateurs. Le P. Eudes surtout était rudement attaqué par cet aéropage féminin. Il chargea de sa défense un de ses jeunes confrères, le spirituel P. Manchon, qui, frappant droit au cœur de l'ennemi, et usant avec fermeté et courtoisie de ses propres armes, le mit en pleine déroute. « On voit, dit-il, parmi les « personnes qui s'appliquent à l'étude des beaux-arts, une « compagnie de filles qui font profession d'un grand discer- « nement. Il leur manque cependant une chose, c'est qu'elles « n'ont point de chef pour présider à leurs assemblées... « Je n'en trouve point qui leur soit plus propre en toutes « manières que... l'ânesse de Balaam... »
On juge de la confusion. (Annales.)

« pour l'établissement des séminaires. » Il ajoutait que personne plus que le saint prêtre n'était capable de réussir dans une pareille entreprise au succès de laquelle était nécessaire l'approbation du Saint-Père.

Cet écrit, daté du 3 septembre 1643, semble avoir donné lieu à toutes les démarches qui furent faites pendant le courant de cette année, après la mission de Valognes. On jugeait d'après ces débuts que cette Congrégation était destinée à s'étendre dans tous les diocèses ou au moins dans tous ceux qui étaient circonvoisins de celui de Bayeux.

Autrement l'approbation seule de l'évêque de ce diocèse aurait suffi, d'après les décisions du concile de Trente. Mgr de Matignon (1), évêque de Coutances, et Mgr d'Angennes écrivirent à Rome pour demander la reconnaissance de la Congrégation (2).

(1) Léonor de Matignon, né en 1604, était fils du marquis de Thorigny, gouverneur de la Basse-Normandie et maréchal de France. Il fut nommé par Louis XIII à l'évêché de Coutances, en 1625, n'étant âgé que de 21 ans. Après avoir achevé à Paris le cours de ses études, il alla en 1629 à Rome et fut sacré à Alençon en 1633. Transféré à Lisieux en 1646, il tint ce dernier siége jusqu'en 1676, qu'il s'en démit en faveur de son neveu Léonor Goyon de Matignon. Il mourut à Paris le 4 février 1680. On conçoit toute l'importance dont jouissait un grand-vicaire comme M. Le Pileur, quand son évêque était encore pour ainsi dire sur les bancs, comme beaucoup de colonels de régiments. Ceci explique pourquoi aux États de 1614, le Tiers demanda qu'on ne nommât pas d'évêque avant l'âge de trente ans.

(2) Le concile de Trente et les ordonnances de nos Rois donnaient ces pouvoirs aux évêques et les autorisaient suffisamment à cet effet; on peut s'en assurer dans le 24e article des États de Blois dont les cahiers furent publiés à Paris en 1579, dans les procès-verbaux de l'Assemblée de Melun, tenue la même année, et dans le 1er article de l'édit de Melun de 1580, *avec*

La lettre de Mgr d'Angennes datée du 22 octobre 1643, était accompagnée d'une seconde, adressée au cardinal Antonio. Les lettres destinées au Saint-Siége n'eurent que point ou au moins peu d'effet en raison de la mort du Pape Urbain VIII survenue le 29 juillet 1644. Elles demandaient trois choses : *La confirmation de la Congrégation; les pouvoirs apostoliques et les indulgences pour les missions.*

Le cardinal Antonio ne répondit à la lettre de Mgr d'Angennes que l'année suivante le 2 juillet 1644, en lui mandant que la Congrégation de la Propagande, louant son zèle, se portait avec une inclination toute

---

cette différence que le 24ᵉ article de Blois enjoint aux archevêques et évêques d'instituer ces séminaires et colléges en leurs diocèses et en la forme qui leur semblera la plus propre selon la nécessité et condition des lieux, et de pourvoir à leur fondation et dotation par union de bénéfices, assignations de pensions ou autrement, ainsi qu'ils verront être à faire ; avec ordre aux officiers de Sa Majesté, tant des cours souveraines qu'autres, d'y tenir la main ; ce qui obligea le parlement de Rouen, en vérifiant cet article, d'enjoindre aux archevêques et évêques d'y procéder dans l'espace de six mois, sous peine de saisie de leur temporel ; au lieu que l'édit de Melun admoneste les évêques et métropolitains de tenir, dans six mois et dans la suite de trois ans en trois ans, des Conciles provinciaux pour pourvoir à la discipline, correction des mœurs et direction de la police ecclésiastique et institution des séminaires, selon la forme des saints décrets. Ordonnance qui a été adoptée et renouvelée, non seulement par le dernier Concile de la province, tenu à Rouen en 1588, mais encore par une autre ordonnance de Louis XIII de 1629, pour obliger les évêques d'établir incessamment des séminaires dans leurs diocèses, suivant le premier article de Melun déjà cité.

La suite indiquera l'utilité de cette note.

(P. COSTIL *Annales.*)

particulière à le seconder et qu'elle avait envoyé le sommaire de la requête relative au P. Eudes au Nonce de France pour faire sur les lieux les informations d'usage.

Le P. Eudes accompagné du P. Manchon, était parti en décembre 1643 pour Paris.

Il avait perdu ses principaux protecteurs au moment où il en avait le plus besoin, le Cardinal en 1642 et le roi Louis XIII en 1643. Il pouvait dire de sa maison :

« *Deus in medio ejus non commovebitur; adjubavit*
« *eam Deus manè diluculo.* »

Mais l'horizon politique était sombre et couvert de nuages. Le sort de la France était entre les mains d'une reine régente encore jeune, d'un roi enfant et d'un nouveau Cardinal-ministre, simple doublure du précédent sur cette scène qu'allaient agiter les troubles de la Fronde. Dans une position secondaire, comme agent du pape et le plus souvent de Richelieu, Mazarin avait certainement montré une certaine capacité. Mais si Richelieu avait imprimé au char de l'État un mouvement de rapidité extrême, il en restait au moins constamment le maître. Son successeur n'avait pas le bras assez fort pour en tenir les rênes, et, d'ailleurs, si Richelieu avait frappé sur la noblesse, sur le parlement et sur les peuples, tous se courbaient devant sa haute naissance bien reconnue, devant le Français qui avait su placer la Nation au premier rang.

Ce ministre recueillit l'honneur, Mazarin hérita de l'inquiétude du peuple, de ses murmures et de ses révoltes. « Mais diplomate de premier ordre, et ayant
« attaché son nom aux deux plus grands traités du

« XVII° siècle, le traité de Westphalie et celui des
« Pyrénées, inépuisable en ressources et en expé-
« dients, » il préféra corrompre les partis que d'avoir
à les exterminer. Ce temps d'agitation ne devait pas
être favorable aux nouvelles fondations. C'est ce qu'avait
à prévoir le P. Eudes, tant il y a de rapports et de
connexion entre les affaires de la politique et celles de
la religion.

Les commencements de la régence et ses premiers
actes pouvaient bien éblouir un instant. On avait pro-
digué beaucoup d'argent et de faveurs. La reine et le
ministre s'étaient ainsi affermis l'un et l'autre dans
leur pouvoir. Mais on en fut bientôt réduit aux expédients et le peuple, qui, au premier instant, avait cru
pouvoir respirer un peu plus à l'aise, regretta bientôt
le joug que lui avait si longtemps imposé le Cardinal de
Richelieu.

La guerre civile devait nécessairement naître d'un
tel état de choses. Elle surgit, en effet, malgré tous les
efforts du nouveau gouvernement. Et ce qui démontre
plus que toutes choses quelles furent la force et l'habi-
leté de Richelieu, c'est qu'il ne permit jamais la guerre
que dans la mesure qui pouvait concorder avec sa politique.

« C'est le propre de la constance chrétienne, dit un
« des premiers historiens du P. Eudes (1), de ne point

---

(1) Le premier qui paraît avoir recueilli des traits de la vie
du P. Eudes est le P. Finel, d'abord magistrat à Carentan,
puis, prêtre et Eudiste. Sous le titre *Verba dierum*, il donne
beaucoup de particularités sur les débuts de la Congrégation.
Nous avons à citer, en outre, la *Vie du P. Eudes* par le
P. Hérambourg, qui, plus que tout autre, fut à même de tracer
un fidèle portrait du vénérable fondateur. entra à 21 ans,

« se laisser abattre par les difficultés qui se rencon-
« trent dans l'exécution des desseins qui ont le bien
« pour objet. »

en 1682, dans la Congrégation, et eut le bonheur d'être formé à la vie sacerdotale par M. de Bonnefont, le disciple le plus aimé du P. Eudes. Que de secrets durent lui être révélés par ses chers enfants, et, spécialement par le P. de Bonnefont, à qui le P. Eudes découvrait tous les secrets de son cœur ! Par ordre du P. de Fontaine de Neuilly, supérieur général, le P. Costil commença la rédaction des Annales, le 22 mai 1720. Il y consacra plusieurs années, et parcourut successivement chacune des missions de la société et des autres créations du P. Eudes.

Le P. de Montigny, jésuite, écrivit la vie du P. Eudes en 1765. Le P. Beurier, un des membres les plus distingués de la Congrégation, composa une histoire manuscrite en 1778. Le P. Eudes peut presque être compté au nombre de ses historiens, par les notes qu'il a laissées dans un journal quotidien. Le célèbre Huet, évêque d'Avranches, *parle* du vénéré Père dans ses *Origines de Caen* et dans son livre ayant pour titre: *Commentarium de rebus ad eum pertinentibus*.

Hermant et Héliot, dans leur histoire des ordres monastiques, se sont servis, au sujet du P. Eudes et de ses fondations, de ces divers documents.

M. l'abbé Tresvaux, membre du Clergé de Paris, a fait imprimer l'ouvrage du P. Montigny en 1827 en rajeunissant le style et en l'augmentant de beaucoup de détails intéressants. Le supérieur général, M. Blanchard, a dû lui confier des documents qui ont été perdus, dit-on, au sac de l'archevêché de Paris en 1832.

A l'occasion de l'inauguration, à Ri, des médaillons séparés des trois frères Eudes, modelés par M. de Monzey leur allié, M. Gustave Levavasseur a fait précéder le compte rendu de la cérémonie d'inauguration par une notice des plus intéressantes sur les actes des trois frères.

De toutes les vies du P. Eudes, il n'y en a eu de livrées à l'impression que celle de M. l'abbé Tresvaux (1827), que la notice de M. Levavasseur (1853), le livre des *Vertus du P. Eudes*, d'après M. Hérambourg (1868).

Nous ne pouvons trop le répéter, puisque nous allons dire combien la vie du P. Eudes a été tourmentée ; c'est *là* un des traits frappants de son caractère : toujours calme devant l'injure vulgaire, l'acceptant comme Jésus avait accepté les lâches insultes du peuple juif, « remerciant le Seigneur de la grâce qu'il faisait à lui « et à ses frères de partager avec eux ses humiliations.» Ses historiens affirment qu'il resta toujours ferme devant les calomnies qui attaquaient ses intentions et tendaient à annihiler ses efforts pour suivre les prescriptions du Concile de Trente dans tout ce qu'elles renfermaient d'utile et de pratique.

Il était pour lui d'une extrême importance de détruire deux fausses idées qui avaient prévalu dans le public, malgré l'absurdité dont elles étaient entachées ; *l'une que son projet ne pouvait donner de résultats...* et cependant son exécution avait été une des dernières préoccupations de Richelieu ; *l'autre* que les évêques étaient opposés à l'établissement d'une nouvelle Société qui, même au cas d'un succès, n'amènerait pas *d'autre amélioration dans la situation que celle qu'on pouvait attendre d'autres instituts déjà en possession d'exécuter sous les ordres des prélats...* Or ces instituts avaient été entraînés par goût ou par circonstance à opérer le bien dans d'autres conditions, au moins dans la plupart des provinces.

Pour éteindre ces bruits venus d'en bas, il fallait

Nous osons espérer que Dieu voudra bien bénir notre travail et permettre que l'hommage que nous nous efforçons de rendre à notre ancêtre puisse servir, dans une certaine mesure, à sa béatification, en devenant public et en le faisant connaître dans le monde entier.

une seule parole d'en haut, émanant du trône pontifical. Aussi, après en avoir conféré avec Mgr d'Angennes et le peu d'amis qui, en ce moment, lui restaient fidèles, il jeta les yeux sur un de ses frères les plus dévoués, le P. Mannoury, pour l'envoyer à Rome. C'était son fidèle conseiller ; il méritait cette confiance par son caractère solide, la pureté de ses mœurs et surtout pour avoir été le premier de ses enfants spirituels qui s'étaient attachés à lui.

Le P. Mannoury accepta avec joie cette pénible et délicate mission. Il fallait d'abord affronter les fatigues et même les périls d'un long voyage devant s'accomplir à pied et avec les plus minces ressources, puis, ce qui était plus redoutable encore pour le zélé Religieux, rencontrer à Rome et combattre des ennemis puissants.... puissants surtout, parce que leurs démarches paraissaient ne tendre qu'au bien de la religion et au soutien de la puissance pontificale.

Les instructions que le P. Eudes donna à son envoyé se réduisirent à solliciter auprès du Saint-Siége *la Confirmation de l'établissement du séminaire de Caen* et par conséquent à *celle de la Congrégation*, puis subsidiairement, les pouvoirs accordés aux missionnaires apostoliques et les indulgences pour ceux qui assisteraient aux exercices pendant le cours des missions.

Au nom de Mgr d'Angennes, il était chargé aussi de demander la confirmation de l'institut des religieuses de Notre-Dame de la Charité.

Un matin donc, et après avoir offert le saint sacrifice, source de toute force et de tout courage, le P. Mannoury reçut les derniers embrassements de son supérieur et se mit en route, le bâton de pèlerin à la main, et à pied.... la Congrégation manquait de ressources pour subvenir aux dépenses d'un si long voyage..... Ne fallait-il pas aussi que Dieu fît voir que son ouvrage devait être fondé sur la pauvreté et la contradiction des hommes ?

La passion du P. Eudes était de procurer la sanctification des âmes. Sachant que M. d'Authier de Sisgau s'occupait à faire des missions sous les ordres de la Propagande et qu'il avait obtenu du Saint-Siége d'amples pouvoirs avec la faculté de les communiquer à ceux qu'il jugerait à propos d'associer à ses travaux, le P. Eudes sollicita instamment l'union de sa Société avec celle que ce saint Prêtre avait formée. La réponse de M. d'Authier, datée du 14 janvier 1644, indique combien il partageait le désir qui lui avait été transmis. On ignore pourquoi ce projet ne fut pas mis à exécution.

Après son retour de Paris, et au milieu de toutes ces agitations, le P. Eudes avait encore trouvé le temps de se rendre à Honfleur, pour y donner une mission, à la demande de Mgr Cospéan.

Ce prélat lui avait promis de l'aider dans ce travail ; mais il en fut empêché par un méchant procès (1). Les résultats de cette mission furent tels que Mgr Cospéan écrivit au saint missionnaire pour lui témoigner toute sa reconnaissance. « Je bénis Notre-Seigneur de tout
« mon cœur des grâces qu'il nous fait par vous, et le
« supplie de vouloir vous conserver, comme le plus
« grand bien qui me puisse arriver, me donnant tout-
« à-fait à vous. Je savais bien que vous feriez à Hon-
« fleur tout le bien que vous y faites, et que Notre-
« Seigneur y serait glorifié jusqu'à l'étonnement de

(1) *Annales*. P. Costil.

« ceux qui en auraient connaissance. Dieu vous a choisi
« comme *l'organe et le ministre de ses grandes mi-
« séricordes* par lesquelles il prévient et sauve ses
« enfants. »

Le P. Eudes et ses confrères venaient à peine de
rentrer dans leur communauté, quand ils apprirent que
par acte du mois de septembre 1644, M. de Répichon
et son fils, M. de Lyon, qui avait embrassé l'état
ecclésiastique, donnaient à la maison naissante une
somme de 14,000 livres. « Mais, par des causes qu'il
« n'est pas permis de rechercher, dit le P. Costil, cette
« somme se trouva pour le moment réduite à 3,000. »

Quelques jours auparavant, M. Blouet de Than avait
donné, en entrant dans la congrégation, une rente de
1,500 livres et 3,000 livres d'arrérages par lesquelles il
fondait matériellement, pour ainsi dire, le séminaire
de Caen.

Ce fut vers cette époque que le P. Eudes régla l'ordre de ses missions, et c'est à la sagesse de ces prescriptions que l'on doit aussi les merveilles que lui et
ses coopérateurs ont accomplies pendant tant d'années.
Nous regrettons que leur développement ne permette
pas de les transcrire ici; elles échappent d'ailleurs à
l'analyse. Nous ne citerons que les quatre dispositions
recommandées expressément aux missionnaires avant
de se mettre à l'œuvre.

La première consiste à n'avoir d'autre intention que
celle de détruire le péché et d'établir la sainteté dans
les âmes; *la deuxième*, à s'humilier profondément dans
la vue de leur indignité et insuffisance pour un emploi si éminent et à se donner entièrement à Notre-
Seigneur qui veut se servir d'eux comme d'un faible
instrument de sa grâce; *la troisième*, à se dégager de

tout ce qui pourrait mettre quelque obstacle à sa miséricorde, telles que les vues d'intérêt, de curiosité, de réputation ou de plaisir; *la quatrième* enfin, à brûler d'un zèle ardent pour le salut des âmes.

A ces quatre dispositions, on doit ajouter celle de la conférence que les missionnaires devaient faire entre eux une fois dans chaque semaine pour soutenir leur ferveur. Pour ceux qui ont pu lire en entier l'ordre de ces missions, il devient visible qu'elles devaient produire des fruits abondants, surtout dans un temps où elles étaient fort rares. Pendant 54 ans, le P. Eudes fit de 110 à 112 missions sans compter celles que ses confrères faisaient en d'autres lieux et dans le même moment; elles se comptaient par 10 ou 12 par an. Nous ne comprenons pas dans ce nombre quantités d'avents ou de carêmes qu'il prêchait avant ou après ces missions. Comment ses forces physiques ont-elles pu y suffire? Comment trouvait-il en outre le temps de faire des conférences, de se transporter d'un lieu à un autre, de vaquer aux affaires temporelles et spirituelles de sa Congrégation des filles de Notre-Dame de la Charité du Refuge, de beaucoup de communautés ou de particuliers qui recouraient toujours à lui pour obtenir un appui ou réclamer un bon conseil? Comment a-t-il pu écrire tant d'ouvrages, veiller à leur impression et à leur publication? L'imagination s'y perd. C'est, au reste, le secret de Dieu, qui ne donne jamais la charge à qui ne pourra pas la porter et choisit les hommes suivant les œuvres. C'est ainsi que s'opéra une merveilleuse transformation dans les âmes par ces missions si souvent répétées aux mêmes lieux : la tradition en est restée vivante dans sept ou huit générations successives.

Traversant un jour une lande rocheuse de la Sarthe,

nous nous arrêtâmes devant un bloc de granit que des piqueurs se disposaient à fendre ; leurs moyens nous paraissaient bien impuissants ; quelques coins de fer, de petits marteaux à pointes d'acier, des instruments de grosseur moyenne : rien que cela pour avoir raison de ces pierres durcies par les siècles. Nous nous trompions, un simple trou, un coin placé, puis un second suivi d'un troisième, quelques coups secs et répétés, et le roc se fendit dans toute son épaisseur et dans le sens voulu, prêt à être taillé pour servir d'assises à l'un de ces édifices qu'on élève de toutes parts.

Ainsi le P. Eudes fendait les cœurs les plus endurcis, touchait les âmes, les ramenait à Dieu en se tenant à la porte et la poussant doucement : « *Ecce sto ad ostium, et pulso.* »

Il armait l'innocence d'un bouclier impénétrable, et quand, hélas ! cette sainte innocence avait disparu sous l'influence des tentations ou la pression de la puissance, quand la violence avait pour jamais brisé une vie en y mettant un de ces souvenirs que le temps n'efface pas, alors, sans crainte et sans hésitation, il arrachait les pauvres victimes aux loups ravisseurs.

Puis, après ces combats qui bien souvent lui attirèrent la haine de ceux dont il avait contrarié les honteuses passions, il retournait dans sa cellule, pauvre de récompenses humaines, comme souvent nos héroïques soldats qui ne remportent dans leurs cabanes que le souvenir des luttes terribles dont ils ont été les acteurs ou les témoins. « Tout à Dieu, tout pour « Dieu, gloire à Dieu seul ; » telle était sa devise. Quelle leçon pour nous tous, que les honneurs et les distinctions ne peuvent rassasier ?

Rien ne put ralentir son zèle, et disons de suite que,

dans son œuvre si grandiose des missions, comme dans ses fondations, les oppositions les plus opiniâtres vinrent du clergé lui-même. Non seulement il était fondateur, mais en même temps réformateur, et il eut manqué quelque chose à la solidité de la vertu de ce saint homme et à la majesté de la parole de Dieu qu'il était chargé de transmettre, s'il n'eût pas passé par ces épreuves; on aurait attribué peut-être à la seule éloquence du prédicateur, au préjudice de son humilité, ce qu'on devait uniquement rapporter à la force invincible de la Croix.

Nous retrouvons dans une lettre qu'à ce sujet lui écrivit un personnage considérable dans l'Église, une pensée qui rend parfaitement la nôtre : « Quelle mer-
« veille, si notre Sauveur rend participants des souf-
« frances ceux qu'il veut honorer de la participation
« de son grand et unique courage, qui est de glorifier
« Dieu et de sauver les âmes. Comme le zèle que Dieu
« vous a donné n'est pas commun, aussi ne pensez pas
« *que votre persécution doive être commune.* Il faut
« qu'elle *vienne de la part des saints* pour être plus
« sensible et plus extraordinaire. Si Notre-Seigneur a
« été abandonné de Dieu dans son grand ouvrage, je
« ne m'étonne pas que vous soyez abandonné *par eux*
« et *persécuté de leur part.* Quand la volonté de Dieu
« leur sera bien connue, ils y acquiesceront et seront
« fâchés de leur persécution, mais en attendant *viri-*
« *liter agite et confortetur cor vestrum et sustinete*
« *Dominum......* »

Dieu permettait donc que ses serviteurs se trompassent pour éprouver le P. Eudes et l'empêcher de s'oublier dans le succès. Suivant la pensée de saint Bernard, c'est, en effet, l'occasion où la vertu d'humilité court le plus grand péril. Mais si d'un côté ces oppositions venues des hommes de Dieu ont été le sceau de la vocation du P. Eudes, d'un autre côté elles ont été le germe de fruits innombrables, qu'il est impossible de compter ni de détailler ici. Les larmes coulaient toujours au départ des bons missionnaires ; ils quittaient leurs enfants ; mais ces enfants savaient que leurs pères restaient en cœur et en âme auprès d'eux, que leurs prières suivraient de loin tous leurs actes, et que, d'ailleurs, ils reviendraient les assurer dans la bonne voie.

Voilà ce que nous avions à dire en général sur les missions du P. Eudes et de ses fidèles compagnons, nous réservant de rapporter, année par année, ce qui s'y est passé de plus marquant et de plus digne d'être noté. Quand nous rencontrons un tableau peint par un maître, nous commençons par nous mettre à distance, puis à le considérer dans son ensemble, nous en cherchons les grandes lignes, les effets principaux, l'idée générale : ce n'est qu'après que nous en admirons les détails, chacun pour sa valeur particulière.

Ces grandes vies de saints ne sont-elles pas autant de tableaux peints par le Maître ?

Si au XVIIIe siècle, Voltaire et ses adeptes eussent trouvé pour jeter leurs semences corrompues un terrain tel que l'avaient préparé le XVIe et les débuts du XVIIe, quels n'eussent pas été alors les irréparables ravages causés par ce souffle destructeur qui, en brisant bien des rameaux, n'a pu renverser l'inébranlable tronc dont les racines plongent dans l'éternité.

Le P. Eudes doit donc être compté au nombre des courageux athlètes qui ont maintenu la foi de nos pères et sauvé en même temps la France catholique, fille aînée de l'Eglise.

Rentrons pour un instant dans la famille.

Sous son enveloppe si ferme, le P. Eudes portait un cœur tendre ; il avait quitté le foyer paternel pour se dévouer à toutes les misères de ce monde, mais ce foyer lui restait toujours cher. Il apprend tout-à-coup que son père est tombé gravement malade ; il accourt pour lui prodiguer les secours de son saint ministère... Il ne put que lui fermer les yeux, et, présumant trop de ses forces, il voulut présider aux funérailles et même monter en chaire pour exhorter ses compatriotes à la résignation toujours nécessaire, quand il plaît à Dieu de frapper. Mais le service achevé, comme saint Augustin, il se retira promptement pour pleurer.

Encore un trait de ressemblance avec saint François de Sales, qui allait prêcher, quand un messager vint lui annoncer sans préambule que son père, M. de Boisy, venait de mourir. Comprimant son affreuse douleur, le saint prêtre monte en chaire, et, ayant annoncé à ses auditeurs la perte qu'il venait de faire, les supplie de prier pour celui qui n'est plus... Mais bientôt les larmes le gagnèrent et tous s'associant à sa douleur, ce ne fut bientôt qu'un gémissement universel accompagné d'une prière unanime pour le cher défunt. (1)

Placé plus près et prévenu à temps, Charles Eudes avait pu précéder son frère et donner des soins à son père... Mais François de Mézeray resta absent. Les bruits de la capitale, les abstractions de l'étude, les préoccupations toujours si instantes de l'ambition,

---

(1) Mort de M. de Boisy, *Vie de saint François de Sales.*

l'avaient empêché d'entendre ce glas, dernier son de l'existence, et même de venir donner des consolations à sa mère devenue veuve. Enfin, pour ne pas le condamner trop sévèrement, faisons aussi la part de toutes les difficultés qui se présentaient, quand il fallait exécuter le moindre voyage.

Dans le partage des biens patrimoniaux fait en 1644, François de Mézeray est représenté, suivant l'usage normand, par un procureur, Marin Guérin, fondé de pouvoir habituel de Ri et de ses habitants. Suivant ce même usage, Charles Eudes du d'Houay, le plus jeune, fit les lots, et Jean Eudes choisit le premier, comme aîné. Malgré ce partage (1), ces biens restèrent,

---

(1) Dans une vie comme celle du P. Eudes, rien ne reste indifférent et tout doit être noté.

Tel est l'acte de partage que nous retrouvons dans les notes de M. Levavasseur et dont l'original lui a été communiqué par M. le comte de Vigneral.

« Du vingt-neuvième jour de novembre mil six cent qua-
« rante-quatre, à Ri, à midi :
« Devant les tabellions royaux d'Habloville furent présents
« *messire* Jean Eudes, prêtre de la Congrégation de Jésus et de
« Marie; Messire François Eudes, conseiller commissaire du Roi
« en ses guerres, et historiographe de France, stipulé et re-
« présenté par honnête homme, Marin Guérin, de la paroisse
« de Ri, garni de la procuration spéciale pour cet effet, passée
« devant les tabellions d'Argentan, en date de...; et Charles
« Eudes, chirurgien, frères, fils et héritiers de feu *honorable*
« homme Isaac Eudes, leur père, vivant de la paroisse de Ri,
« lesquels après avoir par eux ci-devant vu et mûre-
« ment délibéré ros lots et partages faits par ledit M. Charles
« et baillés à choisir à *messire* Jean Eudes, prêtre, et au-
« dit *messire* François, lesquels ils ont dit être iceux lots juste-
« ment et également faits, et partant ils ont procédé à la choi-
« sie d'iceux en la manière qui en suit : c'est à savoir par le-
« quel il a été pris et choisi par ledit *messire* Jean Eudes,

pour ainsi dire, indivis, de sorte que la mère des trois Eudes continua à vivre dans une certaine aisance ; et c'est dans cette circonstance que nous retrouvons le *fils dans le célèbre écrivain.*

Nous avons dit : le *célèbre écrivain ;* car déjà, en 1643, il avait publié son premier volume de *l'Histoire de France,* qui fut accueilli avec une telle faveur qu'il semblait que l'auteur fût l'unique de nos historiens, tant on avait oublié ou peut-être peu lu ceux qui l'avaient précédé. Il avait d'abord dédié son œuvre au Cardinal de Richelieu ; cette première dédicace fut vite remplacée par une seconde à la Reine, qui se trouva ainsi bien disposée par avance en faveur du P. Eudes, quand saint Vincent de Paul le lui présenta.

Elle **lui** accorda sa protection sans aucune réserve. Ainsi **le crédit** de Mézeray ne fut pas inutile à son frère.

« prêtre, a choisi le tiers lot et par ledit messire François,
« et représenté comme dessus et par ledit Marin Guérin a prins
« et choisi le premier lot : et partant est demeuré par non-
« choix audit M. Charles le second lot ; ce qu'ils ont eu pour
« agréable... »

Les sœurs n'apparaissent pas dans ce partage, et avaient été pourvues de leurs dots en se mariant.

CHAPITRE II

(1648-1651)

Le P. Mannoury à Rome. — Il y retrouve les Jansénistes. — Efforts inutiles du Père que son supérieur rappelle en 1645. — Assemblée du clergé de France en 1645. — Requête adressée à cette assemblée par le P. Eudes.— Il établit des constitutions. — Nouvelles épreuves. — Factum adressé à la Reine contre le P. Eudes par les Oratoriens. — Missions diverses. — Mort de Mgr d'Angennes. — Grave maladie du P. Eudes ; sa guérison. — 1648. mission d'Autun, ses résultats.— Les grands de l'Église et leurs assistants ;— Missions diverses. — Mgr Molé, successeur de Mgr d'Angennes au siége de Bayeux. — Fâcheuses dispositions de Mgr Molé à l'égard du P. Eudes. — Appui constant de Mgr de Harlay, archevêque de Rouen. — Le P. Eudes présente à la Reine un mémoire sur les troubles de l'époque. — Mézeray et Ch. d'Houay.

« *Ecco Roma !* » Ceux qui arrivent de Rome, par
« le chemin de fer, dit Mme Craven (1), et se précipitent
« comme un tourbillon dans une station que rien au
« premier aspect ne distingue du lieu le plus obscur de
« la terre, ne peuvent se représenter l'effet que produi-

Anne Séverin, Mme Craven. Le *Correspondant*, 25 mai 1868.

« saient jadis ces deux mots, lorsque, parvenu à l'endroit
« du chemin d'où l'on aperçoit pour la première fois la
« Ville éternelle, le postillon arrêtait ses chevaux et la
« désignait de loin au voyageur, en les prononçant
« avec cet accent romain, sonore et grave, comme le
« nom de Rome elle-même. »

« *Ecco Roma!* » dut s'écrier le P. Mannoury quand arrivé au même point, il put admirer les lignes gracieuses qui se développaient devant lui, « détachées sur le
« ciel ardent et pur et dominées par l'incomparable
« coupole qu'on ne peut confondre, même à première
« vue, avec aucune de celles qui l'entourent. »

Nous voyons le courageux prêtre, oublieux alors de toutes ses fatigues, se diriger vers la Ville, son bâton à la main, comme autrefois saint Pierre, pour chercher un gîte et commencer, après quelques heures de repos, une suite de démarches que bien des difficultés allaient entraver.

Cependant il y avait été précédé par les lettres des évêques de Bayeux, de Lisieux et de Coutances ; à ces pièces importantes fut ajoutée celle qui ne l'était pas moins, l'attestation de M. Le Pileur, vicaire-général, qui y relatait, *in extenso*, les succès du P. Eudes. Ces prélats, auxquels il importait que Rome n'accordât rien qui ne fût dans les règles, avaient écrit au Saint-Père de la manière la plus instante en faveur de la Congrégation. On pouvait encore compter sur le crédit du cardinal de Grimaldi, auquel Mgr Cospéan avait particulièrement recommandé cette affaire, et Mgr d'Angennes avait même voulu qu'on présentât au nouveau pape, Innocent X, la même supplique qu'il avait lui-même adressée à Urbain VIII vers la fin de son pontificat. Tout paraissait préparé pour le succès. Il n'en fut pas ainsi. Dieu voulut donc que les bases de cette sainte maison fussent creusées plus profondément encore pour qu'elle devînt inébranlable.

Les Jansénistes des Pays-Bas furent, dit-on, ceux qui, dans cette circonstance, traversèrent habilement les desseins de celui qu'ils considéraient comme l'un de leurs plus redoutables adversaires.

Jean Sinnich, docteur de Louvain, et Corneille de Pœpe avaient été, dès l'année précédente, envoyés à Rome par les chefs de cette secte et y étaient arrivés au mois de novembre 1643.

En passant par Paris, ils s'étaient naturellement mis en rapport avec le fameux abbé de Saint-Cyran et étaient entrés en communication assez intime avec les Pères de l'Oratoire, dont un certain nombre s'étaient déjà laissé gagner par la nouvelle doctrine. Le P. Eudes s'en étant toujours montré l'ennemi déclaré, et l'invasion de cette hérésie étant une des causes principales de sa séparation avec l'Oratoire, la cause devenait commune entre les propagateurs de cette doctrine et les anciens confrères de celui qu'on voulait perdre à tout prix.

C'en était donc assez pour stimuler ces deux envoyés, les engager à mettre tout en œuvre contre le P. Eudes et à user pour lui nuire de la considération dont ils jouissaient encore à Rome grâce à leurs détours et à leurs démarches ténébreuses. Les raisons qu'ils présentèrent en faveur de l'illustre Congrégation de l'Oratoire firent grande impression. Le P. Mannoury s'aperçut de cette fâcheuse disposition dès son arrivée à Rome, et les cardinaux de la Propagande ne purent pas lui dissimuler leurs craintes et en même temps leur conviction que tous ses efforts seraient sans effet pour dominer une situation que rendait plus critique l'assurance qu'on avait donnée au Saint-Père du peu d'estime dont jouissait un membre que la Congrégation, fondée par le cardinal de Bérulle, et successivement gouvernée par lui et par les Pères de Condren et de Beauregard, avait cru devoir rayer de ses contrôles.

Le P. Mannoury remplit cependant sa mission jusqu'au bout, malgré les cruels déboires qu'elle lui apportait journellement, et lorsqu'il vit que la calomnie avait trop bien rempli son office, il supplia le P. Eudes, par sa lettre du 22 mars 1645, de le rappeler, sauf à le renvoyer de nouveau à Rome, quand les circonstances se montreraient plus favorables.

Le P. Mannoury revint donc, et le P. Eudes, suspendant ses poursuites à Rome, se remit de suite à ses travaux ordinaires.

Cette même année 1645, l'assemblée du clergé devait se tenir à Paris. Le P. Eudes songea à profiter de cette occasion pour faire approuver sa Congrégation en France. Comme un second échec éprouvé en pareille circonstance était bien plus à redouter, il en conféra longtemps avec Mgr d'Angennes et Mgr Cospéan, qui lui conseillèrent de tenter cette démarche, et écrivirent aux évêques rassemblés pour qu'ils la prissent en bonne considération.

L'assemblée nomma des commissaires pour l'examen de cette requête, et deux mois après, le 7 novembre de la même année, sur le rapport qui en fut fait *qu'elle ne contenait rien de nouveau que ce qui avait été proposé dès 1625, et après avoir débattu les avantages qui résulteraient de l'établissement des séminaires, les moyens qu'on pouvait employer pour les établir et les*

faire subsister, les obstacles qui s'opposaient à une pareille entreprise, l'assemblée, ayant égard aux difficultés *qu'elle présentait dans son exécution*, ne jugea pas que *le projet fût recevable ;* comme attermoiement d'une pareille décision qui se trouvait en désaccord avec tout ce qui avait été *prescrit, décidé* et *discuté* depuis près de quatre-vingt-dix années, la même assemblée déclara : « qu'elle demeurait néanmoins très-
« satisfaite du zèle que témoignaient les prêtres du sé-
« minaire de Caen ; qu'elle les exhortait à continuer de
« travailler dans les diocèses où ils seraient appelés,
« comme ils avaient fait jusqu'alors dans le diocèse de
« Bayeux. »

L'évêque de Grasse fut chargé de répondre aux lettres des évêques de Bayeux et de Lisieux, et il le fit en des termes qui servaient au moins de garantie au P. Eudes.

Quelle était donc la valeur négative de toutes les ordonnances que nous avons citées, surtout de celle de 1629, émanant de Louis XIII, et qui paraît cependant suffisamment explicite ?

Ainsi Rome n'avait pas voulu se prononcer sur la question des séminaires qu'elle ne pouvait qu'approuver, *mais c'était en raison du Prêtre qui se posait comme fondateur : l'homme*, et non *la fondation elle-même*, était rejeté.

En France, au contraire, *on aurait accepté l'homme*, qu'on considérait comme méritant toute estime et toute confiance, mais on ne *voulait pas de la fondation*. Fondation recommandée expressément par le Concile de Trente et par plusieurs Conciles provinciaux, fondation, enfin, rentrant dans le système gouvernemental de Richelieu, dont les errements ne pouvaient pas être mis si vite en oubli.

On rencontre donc ici un singulier contraste.

Implicitement le P. Eudes se voyait approuvé, mais c'était loin d'être suffisant pour la consolidation de son œuvre : il le sentait et restait décidé à ne rien négliger pour obtenir une approbation plus sérieuse.

Il comprit dès lors qu'il aurait mieux réussi, s'il avait été en mesure de présenter aux évêques un réglement renfermant *les Constitutions de la Congrégation de Jésus et de Marie*. Il se mit donc à l'œuvre pour l'établir, se laissant diriger par Mgr Cospéan, ami dévoué, qui devait bientôt lui être enlevé.

Il semblait que le Seigneur voulût le priver successivement de la plupart de ceux sur lesquels il pouvait compter, et dont la haute position dans l'Église ou l'État auraient pu lui donner tôt ou tard gain de cause. Dieu seul, on le voit, était son soutien ; aussi était-il de plus en plus ferme et résolu, à mesure que les difficultés devenaient en apparence insurmontables.

Trois amis seulement, dit-on, lui restèrent fidèles au premier moment de surprise causé par sa sortie de l'Oratoire. Parmi eux comptait surtout M. le baron de Renty (1), qui écrivit à cette occasion une lettre où

---

(1) Monsieur le baron de Renty, fondateur des Frères Cordonniers et Tailleurs, naquit au château de Bény, diocèse de Bayeux, en 1611, et fut fils unique de Ch. baron de Renty et de Madeleine de Pastoureau, tous deux issus de l'illustre maison de Croï. La Providence voulut que celui qui devait être le soutien des pauvres, fût tenu sur les fonts baptismaux par deux indigents.

A l'âge de 22 ans, après avoir cherché à se faire Chartreux, il se rendit aux prières de ses parents et épousa Elisabeth de Balsac, fille du comte de Graville, de la maison d'Entragues. Après s'être fait remarquer à l'armée par Louis XIII, il quitta

éclatent tous ses sentiments d'estime et d'amitié pour le P. Eudes, et dans laquelle il le disculpe entièrement vis-à-vis de ses accusateurs ou de ceux qui, abusés, l'abandonnaient un peu légèrement. On chercha de plus à le noircir dans l'esprit de la Reine et, au mémoire qu'il fit remettre à cette princesse, l'Oratoire en opposa immédiatement un autre, dont l'original est conservé aux Archives impériales : le début fera juger du reste de ce factum : « *Le Père Eudes* « *était un pauvre garçon, de petite extraction, dé-* « *pourvu des commodités temporelles, de peu de* « *science.....* » Il se termine ainsi : « *Comme il* « *ne fera rien qu'on ne fasse dans l'Oratoire, il n'est* « *pas nécessaire de diviser les œuvres et d'élever au-* « *tel contre autel.* » Saint Vincent de Paul et le P. Saint-Jean Chrysostôme, du Tiers-Ordre de Saint-François, plaidèrent chaleureusement la cause du P. Eudes auprès de la Reine. Le premier en fit même, dit-on, à cette princesse un cas de conscience.

Quand le P. Eudes eut arrêté tous les articles de son règlement, il le soumit à Mgr d'Angennes, son évêque, qui ne les approuva pas ou peut-être ne put les examiner suffisamment, accablé par l'âge et les infirmités dont il fut affligé jusqu'à sa dernière heure. Il ne cessa pas de donner au saint prêtre des mar-

---

la cour à 28 ans pour ne plus s'occuper que de bonnes œuvres. Son zèle et sa charité s'étendirent indifféremment sur tous ceux qui en avaient besoin, quelle que fût leur nationalité. Ses austérités avancèrent ses jours, et il mourut le 11 avril 1649, dans sa 37ᵉ année. Exhumé en 1658 pour être placé plus honorablement dans l'église de Citré, en Soissonnais, on le trouva aussi entier et aussi sain que s'il venait de mourir. Tel fut un des plus sincères admirateurs du P. Eudes.

ques d'amitié et de haute estime; il lui avait même communiqué pour le temps de ses missions des pouvoirs réservés de droit aux évêques.

Malgré toutes ces préoccupations, le P. Eudes put encore faire, dans le cours de cette même année, quatre missions, deux dans le diocèse de Lisieux, la première à Estralts, près de Corbon; la seconde à Vimoutiers; deux autres en Bourgogne, à la prière et aux frais de M. de Renty, l'une à Arnay-le-Duc, petite ville située à cinq ou six lieues d'Autun, la dernière à Conches, bourg du même diocèse, qui n'avait de remarquable qu'un prieuré de l'ordre de Saint-Benoît, très-riche en saintes reliques.

En reconnaissance de la mission qu'il avait bien voulu entreprendre dans une contrée si éloignée du théâtre ordinaire de ses travaux apostoliques, les religieux lui firent part de leurs trésors, dont il enrichit son séminaire de Caen.

Nous le retrouvons en 1646, dans le diocèse de Bayeux, où il fit trois missions, à Thorigny chez M. de Matignon, au Bény chez M. de Renty, et à Lyon, près de Notre-Dame de la Délivrande chez M. de Répichon.

En 1647, il parcourait avec ses confrères les diocèses de Chartres et d'Evreux. Il commença par Nogent-le-Rotrou; puis Mgr l'évêque de Chartres, revenu de ses préventions par les succès obtenus par le P. Eudes dans ses conférences avec ses ecclésiastiques, tint à ouvrir lui-même la mission que M. le duc de Saint-Simon fit faire cette même année à la Ferté-Vidame.

Cette mission terminée, le P. Eudes se rendit à Fouqueville, dans le diocèse d'Evreux, où il continua ses travaux apostoliques sous la direction de Mgr du Perron, neveu et successeur du fameux cardinal de ce nom. La dépense fut faite par Mme de Béthomas, qui épousa depuis M. de la Porte, conseiller au Parlement de Rouen.

Il fut ensuite appelé à la Ferté par Mgr de Lescot, évêque de Chartres, qui supplia le P. Eudes de lui fournir des prédicateurs d'Avent et de Carême pour toutes les chaires un peu considérables de son diocèse.

Le P. Eudes semait donc à pleines mains pour l'avenir; mais, comme les apôtres, il crut bien alors ne jamais voir germer ce bon grain. Car, en ce même moment, rongé par la fièvre, miné par des fatigues toujours renaissantes, il tomba si sérieusement malade, qu'il se fit administrer les derniers sacrements.

Une voix intérieure lui ayant fait comprendre que Dieu voulait l'éloigner de tout ce qui pouvait l'attacher davantage, il fit vœu de quitter pour quelque temps cette province de Normandie, à laquelle il se trouvait retenu par tant de liens, et de se consacrer encore à celle de Bourgogne où il n'avait fait que paraître. La santé lui revint immédiatement, et il resta convaincu qu'il devait cette faveur à l'intercession de la Mère de Dieu.

En 1648, il partit donc pour Autun, et, quoique convalescent, il eut la force de faire à pied une partie de cette longue route. Les mêmes succès accompagnèrent toujours ses prédications; le plus éclatant fut d'avoir fait abolir un divertissement aussi ancien qu'il était dangereux pour le maintien des bonnes mœurs.

La plupart des jeunes gens les plus aisés de cette

ville formaient une société appelée *les Valentins* du nom du saint martyr que l'Église honore le 14 février et dont la fête arrive ordinairement au moment du carnaval. Ce même jour, ils se choisissaient un chef qu'on appelait la *Mère-folle*, et qu'ils suivaient au travers des rues en se livrant à tous les désordres imaginables.

Cette troupe dévergondée voulut entendre le P. Eudes; il sut s'en rendre maître par sa parole mesurée et persuasive. La société fut dissoute et il ne fut plus question dans la contrée de ces divertissements trop longtemps tolérés (1). Nous ne connaissons pas de fait

(1) N'est-il pas remarquable que saint François de Sales eut à traiter en chaire, 46 ans auparavant, une matière de même genre et aussi délicate qu'importante, dit son historien. Selon une ancienne coutume à Annecy, comme à Autun, existait le même jour 14 février de chaque année la réunion des membres de la *Société des Valentins*. Cet abus, source de mille désordres, que réprouvaient la bienséance et la pudeur, était répandu en France, en Angleterre et en Russie. Durant toute l'année, à partir de ce jour, le jeune homme, dont le nom au tirage au sort se rencontrait avec celui d'une jeune fille, devenait le *valentin de celle-ci*, comme elle devenait *sa valentine*. Mais à Annecy il y avait cela de particulier, que même les personnes mariées prenaient part à ce coupable usage ce qui donnait lieu aux jalousies des maris et des femmes. Dès le mois de janvier, le saint évêque s'éleva énergiquement contre cet usage; ses paroles ayant été mal accueillies, il menaça du bras séculier, et avertit le public qu'il ferait lui-même des valentins et valentines, en distribuant dans toutes les familles des billets portant les noms de divers saints ou saintes et à la suite quelques sentences remarquables de l'Écriture ou des Pères. On tira ces billets au sort; le saint dont on avait tiré le nom fut le protecteur qu'on dut honorer pendant toute l'année, et la maxime qui l'accompagnait servit pendant le même temps de règle de conduite. (*Vie de saint François de Sales.*)

« C'est demain la Saint-Valentin, le jour où chaque oiseau

plus significatif; par expérience, nous savons combien il est difficile de supprimer des usages consacrés par le temps et auxquels les populations restent attachées à un tel point qu'elles finissent par ne plus en apercevoir les graves abus (1).

Le P. Eudes avait obtenu de l'abbaye de saint-Symphorien deux parcelles des ossements de cet illustre martyr et deux autres de saint Procule, évêque. On conservait dans la cathédrale le chef de saint Lazare, et dans son ardeur de recueillir des reliques, il devait vivement désirer d'en posséder qui eussent appartenu à des hommes ayant eu des rapports directs avec Jésus-Christ pendant sa vie mortelle. Le chapitre fut heureux de pouvoir lui donner une marque spéciale de reconnaissance en commettant à cet effet deux chanoines, MM. Hymblot et de Montaigu, et les chargeant de lui donner une des dents du saint (2). Les commissaires, accompagnés de témoins

---

« choisit sa compagne: mais tu ne verrais ni la linotte s'ac-
« coupler à l'épervier, ni le rouge-gorge au milan. » *(La jolie fille de Perthe*, Walter Scott.) Depuis un usage immémorial qui remonte aux superstitions païennes, le premier homme qu'une jeune fille voyait ce jour-là devait être son ami au moins pour 12 mois et s'appelait son valentin.

(1) *Le jeu de la Soule en Basse-Normandie.* Dans une des paroisses du canton d'Ecouché, le dernier marié montait sur le socle de la croix du cimetière le premier dimanche du carême après les Vêpres et jetait une bourse que se disputaient sur la tombe de leurs pères une foule de jeunes gens. Celui d'entre eux qui s'en était saisi, s'enfuyait au plus vite ; poursuivi par ses compagnons il fallait qu'il passât sur trois communes avant d'en être légitime possesseur. Les dimanches suivants on recommençait, jusqu'à ce que cette condition fut remplie.

(2) Le P. Eudes avait une dévotion particulière pour les reliques des saints. Il considérait d'un côté le culte que l'Église

s'étant rendus à la sacristie de la cathédrale, firent d'inutiles efforts pour arracher une dent de la mâchoire, et ils allaient y renoncer, quand le P. Eudes, se jetant à genoux, fit vœu d'introduire dans sa Congrégation, sous le rit double, la célébration de l'office de saint Lazare. A l'instant, la dent fut arrachée, et M. de Montaigu, frappé de ce qui venait de se passer en sa présence, entra de suite dans la Congrégation de celui dont les prières paraissaient avoir tant de puissance. La Congrégation possède l'original de l'attestation de ce fait donnée à Autun en 1648.

On cite aussi que pendant cette même mission de 1648 qui donna l'occasion de célébrer la fête du Sacré-Cœur de la Vierge, une religieuse bénédictine de l'abbaye de Saint-Jean-le-Grand d'Autun, devenue aveugle par suite de la rougeole, appela son infirmière et la pria de lui faire dire par cœur la salutation au Très-Saint Cœur de la Vierge : « *Ave, Cor sanctissimum,* » imprimée dans un petit livre. Ayant supplié la sainte Mère de Dieu de lui rendre la vue, elle fut immédiatement exaucée. « J'en ai, écrit le P. Eudes, une attes-
« tation authentique, outre que j'en ai été le témoin
« oculaire. »

leur a toujours rendu, et d'un autre côté la fureur avec laquelle les protestants avaient toujours cherché l'occasion de les profaner. Il en avait toujours, non seulement sur lui ou dans son Oratoire, mais une fois par an, au jour désigné par le diocèse, il les exposait toutes à la vénération des fidèles. (*Annales* du P. Costil). Au milieu de documents tout nouvellement retrouvés et remis au P. Le Doré, postulateur de la cause de béatification du P. Eudes, on remarque une note de trois pages de sa main dans laquelle il atteste que la sainte Vierge lui a révélé le nom de plusieurs saints dont il avait reçu les reliques sans désignation de personne.

La lettre qui mentionne ce fait est adressée à la vénérable Catherine de Bar, dite la mère Mechtilde du Saint-Sacrement, fondatrice de l'institut des Bénédictines de l'Adoration perpétuelle.

Les grands hommes de l'Église ont presque toujours rencontré des assistantes dans leurs saintes œuvres.

Dieu ne veut pas *qu'on soit seul*, et de ces deux êtres unis pour leur bien et celui des autres, on ne sait lequel en retire le plus d'avantage pour marcher dans les voies du salut.

« Sainte union, dont il est difficile de dire qui en
« retirera le plus de fruit, ou de cette mère et de cette
« fille qui rivalisaient sous la conduite de Jérôme avec
« les plus austères athlètes du désert, ou de Jérôme
« lui-même, qui dut à ces incomparables femmes, à
« leur ardeur, à leurs instances, tant de travaux immor-
« tels qui font encore aujourd'hui sa gloire dans l'É-
« glise. »

Dans le pieux dévouement de sainte Paule et de sa fille Eustochium, saint Jérôme rencontrait un inappréciable secours. « Le spectacle de leurs vertus le repo-
« sait, par un pur idéal, des tristesses du temps, des
« amertumes des hommes et l'aidait à monter lui-même,
« loin des luttes, à de plus sereines régions..... (1) »

« Je ne saurais vous expliquer, écrit saint François
« de Sales à sainte Chantal, ni la grandeur ni la qua-
« lité de cette affection que j'ai à votre service spirituel ;
« mais je vous dirai bien que je pense qu'elle est de
« Dieu et que pour cela je la nourrirai chèrement, et
« que tous les jours je la vois croître et s'augmenter
« notablement. S'il m'était bienséant, je vous en dirais

---

(1) *Vie de sainte Paule*. M. l'abbé Bougaud.

« davantage et avec vérité ; mais il faut que je m'ar-
« rête là (1). »

Dans cette union de grâce avec sainte Thérèse, saint Jean-de-la-Croix, réformateur du Carmel, n'a-t-il pas eu communication du zèle ardent de cette Vierge séraphique ? Depuis le moment où la mère Agnès de Langeac apparut, de son vivant, à M. Olier, ce saint prêtre ne fit-il pas des progrès étonnants dans les vertus sacerdotales qu'il transmit de génération en génération à tant de dignes serviteurs de l'Église ? Mlle Louise de Maurillac, veuve de M. Legras, secrétaire de la Reine-mère, Marie de Médicis, n'a-t-elle pas coopéré, avec saint Vincent de Paul, à toutes ses œuvres de charité ?

Le P. Eudes eut lui-même de pareils rapports avec la vénérable Catherine de Bar. L'un soutenait l'autre et, pendant les heures si fréquentes d'affliction, le prêtre avait besoin des encouragements de la sainte Religieuse, dont la vie avait été bien tourmentée et qui avait dû bien souvent répéter ces mots de saint Jérôme. « *Grandis labor, sed grande præmium.* » (2) On peut fixer

---

(1) *Vie de sainte Chantal.* M. l'abbé Bougaud.
(2) L'an 1653, la pieuse Anne d'Autriche, mère de Louis XIV, désira établir l'Adoration perpétuelle du Saint-Sacrement en réparation des profanations commises pendant les guerres qui avaient désolé la France. Dieu lui suscita une religieuse qui avait été forcée de venir à Paris avec ses compagnes. Elle s'appelait Catherine de Bar, de Saint-Dié, en Lorraine, et en religion sainte Mechtilde du Saint-Sacrement. La Reine, par l'entremise de M. Picoté, la choisit pour l'exécution du vœu qu'elle avait fait ; une maison fut achetée dans la rue Cassette, faubourg Saint-Germain ; l'Adoration perpétuelle fut ouverte solennellement le 25 mars 1653. La Reine-mère fit à Jésus-Christ la première réparation, la corde au col, avec une édification qui attendrit tous les assistants. Le Pape Innocent XI

à peu près l'époque du commencement des rapports qui existèrent entre le P. Eudes, la mère Catherine de Bar et les Religieuses de l'Ordre dont elle était fondatrice et supérieure. Il leur fit adopter le salut aux très-saints Cœurs de Jésus et de Marie qui se récite encore tous les jours chez les Eudistes et chez les Bénédictines de l'adoration perpétuelle.

Dans l'oraison, le P. Eudes disait : « *Je vous adore, je vous loue.* » On lui fit en 1650 quelques représentations au sujet des mots, *je vous adore*. Il crut devoir les modifier. Il ne reprit qu'en 1663 la première expression, qu'il avait remplacée par celle-ci : « *Je vous loue*, je vous bénis. »

Ce fut donc de 1653 à 1663 que les rapports dont nous parlons s'établirent, puisque dans cette oraison, les dames Bénédictines disent encore, « *Je vous bénis* » et non : « *Je vous adore.* » « De divers côtés, dit le P. Le Do-
« ré postulateur de la cause de béatification du vénérable
« Père, il m'est arrivé des questions et même des objec-
« tions sur cette formule : *Ave, Cor Jesu et Mariæ, te*
« *adoremus*. — J'avais préparé un opuscule pour y
« répondre ; mais, avant de le faire paraître, je préfère
« attendre l'introduction de la cause en cour de Rome.
« Voici néanmoins, en deux mots, une réponse préven-
« tive dont nous pourrons user, pour écarter tou-
« tes les difficultés à ce sujet. L'expression *Cor Jesu*
« *et Mariæ* n'indique qu'une union morale, comme
« ce texte des actes : *Cor unum et anima una*. Elle a
« d'ailleurs été approuvée par la sacrée Congrégation

donna une bulle d'approbation, le 4 décembre 1676, avec de grands privilèges. Les religieuses bénédictines de Caen firent vœu de l'Adoration perpétuelle le 30 septembre 1685.

« des Rites dans nos offices des sacrés Cœurs de Jésus
« et de Marie. Pour le mot, *Te adoramus*, les théolo-
« giens l'ont toujours employé en latin pour toute espèce
« de culte, et ce n'est que dans le français moderne
« que le mot adorer semble réservé au culte de latrie.
« Nous pouvons donc, sans crainte, répéter comme
« notre vénérable Père : *Ave, Cor amantissimum Jesu
« et Mariæ, te adoremus.* (1) »

Le nom de la vénérable mère Bar nous a entraîné un peu trop en avant et nous allons revenir à l'année 1648.

Dix à douze jours après sa mission d'Autun, l'infatigable P. Eudes recommençait ses prédications à Beaune, à la prière de M. de Renty, qui voulut contribuer aux frais de cette mission comme il l'avait fait pour la première.

Il fit encore là une ample moisson, et rien ne les

---

(1) Nous citons ici la prière *Ave Cor sanctissimum*, que les divers instituts du P. Eudes, ainsi que la Congrégation des Bénédictines du Saint-Sacrement, récitent chaque jour depuis leur fondation, c'est-à-dire depuis plus de deux siècles.

Ave Cor sanctissimum	Tibi gratias agimus ;
Ave Cor mitissimum	Te amamus.
Ave Cor humilimum	Ex toto corde nostro,
Ave Cor purissimum	Ex totâ animâ nostrâ,
Ave Cor devotissimum	Et ex totis viribus nostris ;
Ave Cor sapientissimum	Tibi Cor nostrum offerimus,
Ave Cor patientissimum	Donamus,
Ave Cor obedientissimum	Consecramus,
Ave Cor vigilantissimum	Immolamus,
Ave Cor fidelissimum	Accipe et posside illud totum,
Ave Cor beatissimum	Et purifica,
Ave Cor misericordissimum	Et illumina,
Ave Cor amantissimum Jesu et Mariæ ;	Et sanctifica,
Te adoramus,	Et in ipso vivas et regnes,
Te laudamus,	nunc et semper et in secula
Te glorificamus,	seculorum. Amen.

retenant plus à Beaune, les zélés missionnaires se rendirent sans délai à Citry, où M. de Renty, qui en était le seigneur et devait bientôt y reposer pour toujours, les attendait : « On a commencé ici la mission « de la Pentecôte, écrivait alors M. de Renty au P. de « Saint-Jure, jésuite et son directeur, avec une bénédiction tout extraordinaire ; les cœurs sont tellement « touchés des sentiments de pénitence que les larmes « coulent en abondance. Il se fait quantité de restitutions ; les prières communes et publiques se font « dans les familles. Les jurements et les blasphèmes « ne s'entendent plus, et tout le monde y accourt de « trois et quatre lieues. »

Il y a lieu de penser que l'exemple donné par M. de Renty venait singulièrement en aide aux missionnaires.

Mme la princesse de Condé (1), mère des princes de Condé et de Conty, appela le P. Eudes à la Fère-en-Tardenois : elle pourvut à toutes les dépenses, et Mgr Legras, évêque de Soissons, suivit cette mission

---

(1) Madame la princesse de Condé, Charlotte-Marguerite de Montmorency, passait pour avoir été la plus belle femme de l'Europe. Elle avait épousé Henri II, prince de Condé, fils posthume d'Henri I, et dont la plus grande gloire fut d'avoir été le père du grand Condé, né en 1621, et frère aîné du prince de Conti. Henri II mourut en 1646. Madame la princesse de Condé était donc veuve depuis deux ans, quand elle manda le P. Eudes pour la mission de la Fère-en-Tardenois. Ce fut dans le courant de cette même année que son fils, déjà couvert de gloire, remporta sur l'archiduc Léopold la victoire de Lens, qui amena la paix avec l'Allemagne. Mais les troubles de la Fronde allaient bientôt désoler la France, susciter la guerre civile, diviser les familles ; et ce n'était pas sans intention que la mère des deux princes, qui devaient y jouer un si grand rôle, s'adressa à Dieu.

qui se composait de onze prêtres dirigés par leur supérieur ; c'est ce que nous apprend l'honorable attestation donnée à cette occasion par M. Dufour, archidiacre.

La santé du P. Eudes ne reçut aucune nouvelle atteinte de ces travaux, accomplis pour remplir le vœu qu'il avait fait d'évangéliser la Bourgogne avant de retourner en Normandie, où il allait recevoir sa récompense.

L'année 1648 devait se trouver bien remplie et le dédommager, par des résultats importants, de la mort de Mgr d'Angennes, son constant protecteur, qui lui avait été enlevé au mois de mai 1647. Mgr Molé, son successeur, qui se montra toujours l'ennemi de tous ceux qu'affectionnait Mgr d'Angennes, ne vint prendre possession de son siége qu'en 1649 ; mais les grands vicaires capitulaires ne furent pas moins hostiles au P. Eudes.

L'orage grondait donc de toutes parts. Le P. Eudes devait donc se borner à conserver sa position sans faire de pas en avant, au moins en Normandie. Il renonça, pour le moment, à toute mission dans le diocèse de Bayeux.

Cependant Mgr de Harlay, archevêque de Rouen, occupait toujours le même siège : ce prélat, comme on le sait, avait institué le P. Eudes chef de toutes les missions de Normandie.

L'appui et la confiance dont Mgr de Harlay l'avait toujours honoré, l'engagèrent à lui adresser une supplique où il lui demandait tant en son nom qu'en celui de ses confrères d'approuver leur institut, de les autoriser en conséquence à instruire les jeunes ecclésiastiques, à les former aux fonctions propres à leur état et à continuer dans sa province les exercices des missions sous la dépendance des ordinaires qu'il protestait vouloir toujours reconnaître pour ses seuls supérieurs.

Les Oratoriens accusaient le P. Eudes de montrer un esprit d'*orgueil* et d'*indépendance* incompatible dans tous états et spécialement dans celui qu'il avait embrassé.

En tout, cependant le P. Eudes se montrait *humble*, même dans les plus petites circonstances. Ainsi nous remarquons que dans ses requêtes où il nomme tous ses coopérateurs, il a soin de placer son propre nom le *dernier* et sans le faire précéder d'aucun titre indiquant sa position de Supérieur.

Il était loin de vouloir se rendre *indépendant* : il se soumettait à l'autorité des ordinaires et n'avons-nous pas vu qu'il avait proposé à M. d'Authier de Sisgau une union de travaux, promettant *de se soumettre* à toutes les lois que ce saint prêtre avait établies dans son institut ?

Mgr de Harlay répondit favorablement à la requête du P. Eudes et ordonna l'enregistrement de ses décisions dans son greffe et dans ceux de tous les évêques de sa province.

Le succès de cette démarche autorisait naturellement le P. Eudes à faire une nouvelle tentative auprès du Saint-Siège et, une seconde fois, il jeta les yeux sur le P. Mannoury, qui accepta cette mission avec le plus vif empressement. Nous le retrouverons bientôt à Rome.

Nous avons à revenir sur le séjour que le P. Eudes fit à Paris après ses missions dans l'Est.

Ces pérégrinations au travers de plusieurs provinces l'avaient rendu le témoin de bien des désordres ; il avait pu constater les résultats d'innombrables abus ; il avait été, enfin, le confident et le consolateur des malheureux sur lesquels ces mêmes abus pesaient si lourdement et qui ne pouvaient se défendre.

Il ne recula pas devant l'austère devoir d'en donner directement connaissance à la Reine régente. L'humble missionnaire prenait donc une grande place : et c'était cependant dans le moment où, attaqué par de puissants ennemis, il avait à demander pour lui-même secours et protection, qu'il courait le risque de s'aliéner, par surcroît, ceux qui usaient de leur puissance pour enlever à leurs vassaux les droits qui tiennent le plus aux cœurs français. Craignant de ne pouvoir être admis en présence de la Reine si vivement préoccupée alors par les troubles de la Fronde (1), il composa un mémoire accompagné d'une lettre (2), chef-d'œuvre

---

(1) Au temps de la Fronde (1648), trois partis, les *Frondeurs*, les *Mazarins*, les *Modérés*. Cette dénomination vint de ce que Bachaumont, fils du président Le Coigneux, compara le Parlement avec les écoliers qui se battaient à coups de fronde dans les fossés de Paris. Il dit que le Parlement faisait comme les écoliers à l'aspect du duc d'Orléans. En effet, ces écoliers se séparaient dès qu'ils voyaient le lieutenant civil ou les archers, se rassemblaient et se frondaient de nouveau dès qu'ils étaient partis. Bachaumont dit qu'il fallait bien fronder l'avis de son père. L'allusion fut trouvée heureuse et le mot prit. Les plus emportés du Parlement se firent un honneur d'être appelés *Frondeurs*, leur parti se nomma *Fronde*. (*L'Esprit de la Fronde.*)

(2) Lettre du P. Eudes à la reine-mère, Anne d'Autriche.

« Madame, je ne puis rejeter la pensée qu'il a plu à Dieu de
« me donner, en lui offrant le saint sacrifice de la messe
« pour votre Majesté durant les troubles de Paris, de la sup-
« plier très-humblement, au nom de Notre-Seigneur Jésus-
« Christ et de sa très-sainte Mère, d'employer le pouvoir
« qu'ils lui ont donné pour arrêter le torrent impétueux de

de délicatesse, de respectueuse hardiesse et de dignité. Il y demandait la réforme du clergé, la prohibition des foires et marchés le dimanche, la suppression du mode de recouvrement des tailles et des bals publics. Il voulait que l'on fît justice des blasphémateurs et des duellistes (1), que l'on mît un frein à la licence des écrits et au luxe des femmes.

« l'iniquité qui fait aujourd'hui un étrange ravage en France,
« qui entraîne une infinité d'âmes dans les enfers et qui est
« l'unique cause de toutes les misères de ce royaume.

« C'est une chose déplorable, Madame, et à larmes de sang,
« de voir périr tant d'âmes qui ont coûté le précieux sang de
« Jésus-Christ et que le mal va toujours croissant et que si
« peu de personnes s'en mettent en peine. Lorsqu'il s'agit de
« quelque intérêt temporel des Princes et des Rois, que ne fe-
« rait-on point ? Mais les intérêts du Souverain Monarque
« sont abandonnés. Nous nous tuons dans nos missions à
« force de crier contre une infinité de désordres qui sont
« dans la France, par lesquels Dieu est extrêmement désho-
« noré, et qui cause la damnation de beaucoup d'âmes, et il
« nous fait la grâce de remédier à quelques uns. Mais je suis
« certain, Madame, que si Votre Majesté voulait employer
« le pouvoir que Dieu lui a donné, elle pourrait plus faire à
« elle seule pour la destruction de la tyrannie du démon, et
« pour l'établissement du règne de Jésus-Christ que tous les
« missionnaires et les prédicateurs ensemble. Si Votre Majesté
» désire savoir les moyens, il sera facile de les lui proposer,
« et à elle encore plus facile moyennant la grâce de Dieu. »

(1) Tirer l'épée pour une bagatelle, pour la moindre des plaisanteries entrait dans les habitudes journalières de la noblesse. On cite qu'en quelques années il périt près de 900 gentilshommes dans ces rencontres au sujet desquelles Louis XIII, à l'instigation de Richelieu, rendit un édit terrible, punissant de mort les provocateurs. Ainsi, Boutteville-Montmorency fut décapité ainsi que son second le comte Deschapelles, pour avoir provoqué Beuvron et s'être battu avec lui à la Place-Royale.

Il exposait enfin que ce qui paraissait mériter le plus prompt remède, c'était la nouvelle hérésie du Jansénisme, qui commençait à prendre crédit dans la capitale et de là à gagner les provinces.

Quelle part Mézeray, son frère, prit-il à la rédaction de ce mémoire ? Nous ne pouvons le dire. Mais il dut nécessairement être consulté par le P. Eudes, plus ignorant que lui des us de la Cour et des choses de Paris. La Reine se montra très-satisfaite des conseils donnés par le missionnaire, et si elle ne put les prendre en considération, elle conserva pour le P. Eudes une estime qui le mit auprès d'elle plus en faveur que jamais.

« Malgré son humilité, sa douceur, son état de
« prêtre et le continuel exercice de l'obéissance et de
« la charité, dit M. Levavasseur, le P. Eudes avait
« gardé de son origine cette rudesse de paysan et cette
« liberté de réplique que la Fronde exalta un peu trop
« chez Mézeray et, qui, contenu dans de justes bornes,
« comme chez Ch. d'Houay, donnent tant de relief
« aux magistrats d'autrefois. »

A cette époque, Mézeray avait publié son second volume de l'*Histoire de France*; malgré son esprit caustique, il était recherché, pensionné en France et à l'étranger, classé au nombre des hommes de lettres les plus distingués. Il allait bientôt s'asseoir à l'académie française sur le fauteuil de Voiture, à peu près à la même époque où Charles Eudes du d'Houay résistait si courageusement au gouverneur de la province, Jacques Rouxel de Médavi, et prononçait les belles paroles que nous avons citées en note au premier chapitre du premier livre, paroles qui ont rendu son nom traditionnellement célèbre dans la ville d'Argentan.

Mézeray, si maltraité par l'auteur de l'esprit de la Fronde (1), n'avait pas encore été signalé à tort ou à raison (2) comme étant au nombre des écrivains qui soutenaient les Frondeurs en répandant dans le public des pamphlets contre la Reine, le ministre et tout le gouvernement. Le constant appui dont la Reine honora le P. Eudes, viendrait, ce nous semble, relever l'écrivain de l'accusation que nous citons en note. Le

(1) (T. 2, p. 262. *Esprit de la Fronde*). « Réduit par la misère
« au dangereux métier de méchant et de calomniateur, il se
« préparait à des écrits plus honnêtes par une foule de satyres
« aussi infâmes que grossières en tête desquelles il avait
« l'audace de mettre son nom ou un nom qui le désignait
« (Sandricour). Plaignons les caprices de la fortune, qui ins-
« pirait de si viles productions à un homme né pour de plus
« grandes choses. »

(2) Dans la notice de M. Levavasseur, nous trouvons la défense de Mézeray que nous nous empressons d'inscrire.
« Il est difficile de déterminer quelle fut la part de Mézeray
« aux pamphlets signés *Sandricour*); Larroque les lui attribue
« tous. Saint Marc (note sur le vers 79 du chant 2 de l'art poé-
« tique de Boileau: *Et que leur vers exact ainsi que Mézeray...*)
« On en regarde aussi Mézeray comme l'auteur avéré. Dans sa
« lettre contre les Frondeurs, Cyrano trouve les mazarinades
« dignes des poëtes des halles et du Pont-Neuf ; mais il ne
« nomme que Rouscan (Scarron). Le P. Lelong nie que Mézeray
« soit l'auteur des pamphlets. M. Moreau le défend de l'accu-
« sation. M. Scipion Combet penche pour la négative absolue.
« Dans sa vie de M. Lautour-Duchâtel, M. Lautour-Tourval en-
« treprend fort au long la défense de son grand-oncle ; les
« raisons qu'il donne ne sont pas toutes concluantes. Quelques
« passages des satyres Sandricour entr'autres ceux cités par
« M. Sainte-Beuve sont d'un style digne de Mézeray. Le San-
« dricour, à mon avis, est du Mézeray apocryphe, vendu pour
« vrai du vivant même de l'auteur. Reste à savoir jusqu'à quel
« point, au milieu du cliquetis des armes, des langues et des
« plumes, l'auteur à la mode a été le complice des vendeurs. »

P. Eudes se fut trouvé naturellement solidaire des attaques de son frère et ses ennemis n'eussent pas manqué d'user de cette arme d'autant plus redoutable que le saint missionnaire, dans son amour pour le bien, avait franchement exposé à son auguste protectrice la fâcheuse impulsion donnée aux affaires de l'État.

D'ailleurs l'écrivain déjà célèbre n'en était pas réduit à demander à de pareils moyens des ressources pour son existence matérielle.

CHAPITRE III

(1648-1651)

Second voyage du P. Mannoury à Rome. — Appui du Roi, de la Reine et de l'ambassadeur, M. de Fontenay. — Le séminaire de Caen est approuvé par le Pape Innocent X. — Acquisition de la maison dite la Vieille-Mission. — Mgr Molé interdit aux missionnaires toutes fonctions dans son diocèse de Coutances. — Mort de M. de Renty. — Maladie du P. Eudes, sa guérison. — Missions en 1650. — Persécution sous Mgr Molé. — Mgr Auvry confie la direction de son séminaire au P. Eudes. — Mgr Molé approuve l'institut des filles de Notre-Dame de Charité du Refuge, 8 février 1651. — Direction momentanée de cette communauté par les Dames de la Visitation. — La Mère Patin. — Mgr Molé écarte le P. Eudes de la direction de cette maison et la donne à M. Legrand, curé de Saint-Julien de Caen.

Le père Mannoury ayant accepté avec empressement, comme nous l'avons dit, la mission de retourner à Rome pour défendre les intérêts de la Congrégation, partit à pied de Caen en se dirigeant sur Lyon. Il s'arrêta dans cette ville pour reprendre des forces. Après avoir offert le saint sacrifice de la Messe chez les

Religieuses de la Visitation du monastère de Bellecourt, il obtint la permission de tenir pendant quelques moments entre ses mains le précieux reliquaire qui renfermait le cœur de saint François de Sales placé dans un vase de cristal (1). Cette circonstance doubla son courage ; mais il n'en arriva pas moins à Rome à demi-mort et dans un état qui ne lui permit pas de commencer immédiatement ses démarches : son désir de réussir réagit plus activement sur lui que tous les remèdes qui lui furent administrés, et aussitôt que sa santé fut à peu près rétablie, il commença ses sollicitations auprès des cardinaux de la Propagande.

Tous les dires des amis de l'Oratoire tombèrent devant les expressions des lettres du Roi et de la Reine régente adressées au Pape Innocent X et au cardinal d'Este. M. de Fontenay, ambassadeur de France à Rome, avait reçu l'ordre d'appuyer le P. Mannoury de tout le crédit que lui donnait sa haute position près du Saint-Siége.

(1) L'intendant de la justice, M. Ollier, père du fondateur de Saint-Sulpice, ordonna d'ouvrir et d'embaumer le corps de saint François de Sales, auquel on trouva le cœur grand, large et sain Ce cœur fut donné au monastère de la Visitation et enfermé d'abord dans un reliquaire d'argent, puis dans un magnifique reliquaire d'or, présent de Louis XIII, qui témoigna ainsi sa reconnaissance pour la guérison qu'il avait obtenue par l'application de ce saint cœur.
(Histoire de saint François de Sales).
Quand la révolution éclata, les Visitandines de Lyon se retirèrent à Venise, et, protégées par la liberté de cette petite République, elles y reconstruisirent leur monastère et bâtirent leur chapelle. Le cœur de saint François de Sales y fut placé sous un dais, dans un reliquaire de cristal orné de pierreries. *Histoire de sainte Chantal.*

Une protection ainsi accordée à un simple religieux au moment où toutes les préoccupations étaient pour Paris et où chacun se préparait à la guerre civile, indiquait surabondamment que les actes du P. Eudes et leurs résultats si marqués dans plusieurs provinces avaient été vivement appréciés.

Les Pères de l'Oratoire, instruits du voyage du P. Mannoury, avaient évidemment cherché à annihiler l'effet des sympathies royales. Ils l'attaquèrent avec une violence égale au regret qu'ils éprouvaient de la retraite de ce prêtre, suivant eux *sans naissance, sans fortune* et *sans science*. Les deux premiers termes de leur dénonciation étaient vrais : on ne se donne ni *la naissance* ni *la fortune*, surtout dans les conditions de vie où se trouvait le P. Eudes (1)

(1) Le P. Eudes était persécuté comme l'avait été son premier et illustre maître, le cardinal de Bérulle. Richer, syndic de la Sorbonne, n'essaya-t-il pas en 1613 de soulever une violente tempête contre la nouvelle Congrégation ? Ne proposa-t-il pas de dépouiller des privilèges du doctorat et d'exclure de la société de la Sorbonne ceux de ses membres qui étaient entrés à l'Oratoire ? Dans tous les écrits du P. Eudes, dans les Annales de la Congrégation, dans l'histoire des vertus du Fondateur, par le P. Hérambourg, dans celle de sa vie par le P. Beurier, etc., etc., nous n'avons rencontré que le récit des faits sans amères récriminations : « On porta la calomnie « contre ce saint prêtre, dit le P. Beurier, jusqu'à l'accuser « d'avoir enlevé des sommes considérables à l'Oratoire pour « enrichir la Congrégation naissante. J'aime à me persuader « que ce ne furent pas messieurs les Oratoriens qui lui firent ce « reproche : ils connaissaient trop bien la probité de leur « ancien confrère... » Il n'en est pas moins certain que les membres de l'Oratoire qu'avait gagnés le jansénisme, n'ont pas cessé de traverser le P. Eudes dans toutes ses œuvres. Le P. A. Perraud, historien de l'Oratoire, dit lui-même « Qu'à partir du développement du jansénisme, plusieurs

mais il avait acquis *la science,* qui l'avait fait monter en chaire avant l'âge ; il avait *le dévoûment* qui lui avait fait braver la peste pour soigner ses confrères ; il avait enfin toutes les qualités du chef, puisqu'on l'avait choisi pour guider ses pairs et devenir leur supérieur dans la maison de l'Oratoire de Caen.

Les partisans de l'Oratoire à Rome insistèrent surtout *sur l'inutilité* de la nouvellle Congrégation dont le P. Eudes voulait devenir le fondateur et sur *son ambition de faire tomber* celle qui l'avait admis primitivement dans son sein.

Ces imputations étaient bien frivoles et tombaient à

« Pères de l'Oratoire se soient tristement distingués par une
« animosité aveugle contre la Compagnie de Jésus, c'est ce
« que nous n'éprouvons aucune difficulté de reconnaître. »
Or la *Compagnie de Jésus* et la *Congrégation de Jésus et de Marie* ont toujours marché sous la même bannière.

Du reste, nous nous rallions de tout cœur au sentiment exprimé dans les lignes qui suivent et émanent du même auteur :
« Heureusement, le passé a emporté avec lui ces traditions
« surannées d'antagonisme entre les Ordres et les Congrégations
« religieuses. Les périls de la société moderne, les nécessités
« toujours croissantes de l'apostolat, un besoin plus vif d'unir
« pour la défense du Christianisme tous les efforts et tous les
« dévouements, rendront désormais impossible, nous l'espé-
« rons, le retour de ces scandaleuses dissensions. Autrefois,
« on a pu oublier *pour les intérêts d'un corps particulier* les
« intérêts généraux de l'Église ; on ne le pourrait plus aujour-
« d'hui sans trahison et sans félonie. Plus que jamais nous
« sommes engagés dans une vaste bataille, et quelque place
« qui nous soit assignée dans le corps d'armée, un seul dra-
« peau doit rallier nos efforts et faire entre nous tous la plus
« complète unité ; l'étendard de Jésus-Christ porté par son vi-
« caire sur la terre, — cet homme placé au sommet de la hié-
« rarchie, — doit ramener tous les hommes à Jésus-Christ, et
« par Jésus-Christ à Dieu. »

faux. Le P. Eudes et ses confrères n'étaient pas *inutiles*, puisqu'ils ne pouvaient suffire à tous leurs travaux de mission et qu'ils *remplissaient le vide* laissé par l'Oratoire en rentrant dans les premières intentions du cardinal de Bérulle ; de plus, ils étaient bien loin d'être les ennemis de l'Oratoire. Ils appréciaient toute la grandeur de cette création ; et certainement ils priaient journellement le Seigneur d'en extirper ce cancer, qui, rongeant profondément cette Congrégation, ne lui laissa plus au moment de la tempête révolutionnaire assez de forces vitales pour qu'elle pût, comme celle de Jésus et de Marie, sceller de son sang au 2 septembre 1792 l'inaltérable pureté de sa foi et de ses croyances.

La première qualité d'un historien est d'être juste ; et notre position nous commande particulièrement de dire que, le 10 mai 1792, l'Oratoire expirant « voulut exhaler son dernier soupir aux pieds mêmes du vicaire de Jésus-Christ, » et qu'il lui adressa une lettre qui se terminait par la protestation de la plus filiale obéissance à l'autorité et à la personne du successeur de Pierre. L'invasion du Jansénisme et l'enseignement dans les collèges laïques, où, trop peu nombreux pour combler le vide fait par le renvoi des Jésuites, ils durent admettre des associés comme Fouché et autres, telles sont les deux causes principales de la décadence et de la ruine de cette grande Congrégation : causes si bien prévues par le cardinal de Bérulle et le P. de Condren.

Le jansénisme a été fatal à tous ceux qui en ont été infestés, et ses fausses maximes rendant la pratique impossible, ont ouvert une large brèche, qui a donné passage à tous les principes subversifs et révolutionnaires.

Toutes frivoles, avons-nous dit, qu'étaient les imputations dont nous venons de parler, elles auraient pu porter droit au but, car on craignait beaucoup à Rome la multiplicité d'établissements qui, au nom près, avaient beaucoup de similitude les uns avec les autres.

Pour éviter toute difficulté à ce sujet, le P. Mannoury se borna à solliciter la confirmation du séminaire de Caen avec les pouvoirs et indulgences nécessaires pour les missions.

D'après une note que le cardinal Grimaldi avait transmise au P. Eudes, auquel il témoigna toujours une grande affection, celui-ci avait appris que le Saint-Père ne donnait jamais les pouvoirs apostoliques aux missionnaires *épiscopaux*, c'est-à-dire à ceux qui étaient simplement institués par les évêques, mais seulement aux missionnaires créés *auctoritate apostolicâ*, qui reçoivent alors leurs priviléges de la Congrégation du Saint-Office ou de la Propagande, comme par un sommaire à part et qui sont beaucoup plus amples que le P. Eudes ne le demandait dans son *Mémorial*.

La demande de confirmation, *auctoritate apostolicâ*, devait se faire par l'intervention des évêques, exposant aux cardinaux de la Propagande que leurs diocèses étaient infectés par l'hérésie et qu'ils avaient pu apprécier le résultat des travaux de tels ou tels.

Comme on l'a vu plus haut, le P. Eudes avait suivi exactement la marche qui lui avait été indiquée.

Le cardinal Capponi fut chargé par le Pape de l'examen de cette affaire. Il la jugea de la manière la plus favorable et se montra disposé à soutenir le P. Eudes, non seulement pour l'établissement du séminaire de Caen, mais aussi de tous ceux qu'il parviendrait à créer ailleurs.

Les éloges donnés par le cardinal Capponi reçurent leur confirmation par la signature apposée au bas du décret du 23 mars 1648, où il est dit que : « Sur le rap-
« port fait par l'éminentissime Cardinal Sforzia des
« instances du sieur Jean Eudes, pour obtenir du
« Saint-Siége la confirmation du séminaire de Caen,
« érigé sous sa direction, et après avoir discuté les
« *raisons qu'opposaient les Pères de l'Oratoire*, la
« sacrée Congrégation a déclaré que ledit séminaire
« ayant été érigé selon l'intention du saint Concile de
« Trente, il n'y a pas besoin de l'approbation du
« Saint-Siége ; mais qu'il doit subsister dans la forme
« établie. »

Ces conclusions étaient d'une extrême importance : elles venaient dire aux opposants du P. Eudes qu'il *était dans son droit dès le début, et en quittant l'Oratoire, et en fondant un séminaire, sans s'écarter des principes fixés par le Concile de Trente.*

On chercha, en désespoir de cause, à empêcher l'octroi des pouvoirs apostoliques sollicités par le P. Eudes en faveur de ses missions.

Enfin, malgré ces nouvelles tracasseries, le P. Mannoury parvint à tout terminer et obtint, le 20 avril suivant, une seconde déclaration, qui porte que : « Ouï
« le rapport de l'éminentissime Cardinal Sforzia, les
« éminentissimes Cardinaux ont attribué la mission
« de Normandie au sieur Jean Eudes, prêtre séculier,
« et à ses associés, qui seront approuvés par le Nonce
« en France et proposés à la sainte Congrégation ; qu'ils
« jugent aussi à propos d'établir le P. Eudes chef de
cette mission, et qu'ils ordonnent qu'on s'adressera

« à la Congrégation du Saint-Office pour obtenir les « pouvoirs ».

Le même jour, le Souverain-Pontife fit expédier ses lettres apostoliques, et le 24 avril la Congrégation du Saint-Office accorda les pouvoirs dont le P. Eudes avait besoin.

Le P. Mannoury n'osa pas entamer l'affaire des Filles de Notre-Dame de Charité du Refuge ; il jugea prudent de s'en tenir à ce premier succès et de laisser cette question encore pendante pour ne pas importuner plus longtemps de ses sollicitations les zélés protecteurs qu'il avait rencontrés à Rome. Comme nous le verrons toute tentative à ce sujet n'eût pas été opportune. Le P. Mannoury reçut avant de partir un certain nombre de reliques très-authentiques. Il savait qu'il ne pouvait pas rapporter à son supérieur un cadeau qui lui fût plus agréable.

Par suite de la haute approbation du Saint-Père, les amis du P. Eudes redoublèrent d'attachement pour sa personne et s'empressèrent de lui en donner des marques. Dès 1649, M. de Quétissant acheta au nom de la Congrégation, qui lui tint compte du prix de 7,000 livres, la maison connue depuis sous le nom de Vieille-Mission, située à Caen, rue Saint-Laurent, en face de l'abreuvoir, et que les missionnaires n'occupaient qu'au titre de locataires. Ils en prirent alors tout-à-fait possession : l'acte de vente portait que ce donateur l'avait achetée à leur prière et avec leurs propres deniers. Ils avaient donc désormais un asile assuré et au moins sur ce point, ils se trouvaient délivrés d'une préoccupation très-grave.

On ne pouvait pas espérer que les ennemis du séminaire s'inclineraient en silence devant la décision souveraine du Pape. Ils veillaient toujours et on put s'en apercevoir après la prise de possession du siége épiscopal de Bayeux par Mgr Molé, qui eut lieu le 20 juillet 1649. Ce prélat commença par interdire aux missionnaires toute fonction dans son diocèse.

L'évêque de Coutances en profita aussitôt pour appeler le zélé missionnaire, qui dirigea successivement dans ce diocèse quatre missions; elles l'occupèrent pendant tout l'été de 1649, à Saint-Sauveur-Landelin, à Briquebec, Allaume et Saint-Sever. M. de Renty lui avait demandé avec instance cette quatrième mission pour qu'il cherchât à introduire quelque réforme dans une abbaye de l'ordre de Saint-Benoît, qui était établie à Saint-Sever. Il réussit dans cette délicate entreprise. La mort put seule empêcher M. de Renty d'assister à cette mission.

Dieu privait encore le P. Eudes d'un ami bien fidèle qui lui avait proposé, quelques jours auparavant, de le suivre, lui, sa femme et plusieurs autres dames pieuses, *pour le servir pendant ses missions* : « Nous tâ- « cherons de faire cela *sans éclat* et sans *qu'on nous* « *connaisse*, lui écrivait ce noble seigneur, prenant un « logis à part. Voyez, si vous voulez être notre Père... »

Si l'on veut bien se souvenir que M. le baron de Renty appartenait aux plus illustres familles de France, ainsi que celle qu'il avait associée à sa sainte existence, qu'il avait brillé à la Cour autant par ses vertus que par l'éclat de sa fortune et de sa naissance, à l'armée par son courage et sa capacité militaire, on jugera de ce que devait être le P. Eudes, alors si méprisé, si persécuté dans son propre pays, interdit dans ce diocèse où il avait guéri tant de plaies saignantes, essuyé tant de larmes et consolé tant de douleurs, pour que dans un temps où la haute aristocratie tenait à si grande distance ceux mêmes qui ne possédaient que la simple noblesse, un grand seigneur et de nobles dames s'offrissent pour remplir le rôle *de frère convers* et *de diaconesses* vis-à-vis de ces pauvres et humbles missionnaires, dont le nom était *grand* devant Dieu, mais *bien inconnu* des hommes.

L'âme et le cœur du P. Eudes restaient toujours fermes, mais le corps pliait quelquefois sous le faix. Il fut atteint en 1649, comme il l'avait été en 1648, d'une nouvelle maladie dont d'ardentes prières, dit-on, obtinrent la guérison.

Après la mission de Saint-Sever, le P. Eudes et ses compagnons revinrent à Caen pour y passer l'hiver et se livrer à la vie intérieure, qui, en donnant au corps le repos qui lui est nécessaire, permet à l'âme de retrouver dans l'oraison et la prière toute sa force et son élasticité.

Le diocèse de Coutances, où les missionnaires étaient encore si désirés, offrait à leur zèle de vastes champs à cultiver. Entre autres paroisses gangrenées par le vice et que ne pouvaient régénérer des prêtres ignorant leurs devoirs les plus essentiels, on remarquait Vesly, voisine de l'abbaye de Lessay, de l'Ordre de Saint-Benoît, fondée en 1056 et située à quatre lieues de Coutances.

M. de Cybrantot voulut faire la dépense de cette mission que le P. Eudes dirigea avec les PP. de Montaigu, Finel, Jourdan, Manchon et quelques autres ecclésiastiques dont M. Nicolas Paillot, prêtre de Saint-Michel de Vaucelles, à Caen (1).

(1) M. Paillot accompagnait presque toujours dans ses missions le P. Eudes, qui professait pour lui la plus sincère ami-

Nos missionnaires commencèrent leurs travaux apostoliques dans la paroisse de Vesly, pendant l'été de 1650 : ils y furent grandement secondés par le juge du lieu, ancien officier, qui, au retour de la guerre, s'était établi dans cette localité. Le P. Eudes, après avoir ramené à Dieu bien des âmes égarées, fit remettre au mardi une foire établie le dimanche dans la paroisse de Lessay, et rendre au culte une chapelle abandonnée anciennement dédiée à la sainte Vierge sous le titre de Notre-Dame de la Sole (de la Consolation). Puis, il se rendit avec ses confrères à Danneville, où le concours du peuple fut tel qu'il fallut prêcher plusieurs fois en plein air. Obligé de se rendre à Paris pour des affaires importantes concernant la Congrégation, il ne put assister qu'aux débuts de cette mission, dont il donna la direction au P. Manchon ; mais il ne quitta pas ses confrères sans les avoir rassemblés en conférence et leur avoir donné tous les avis que lui suggéraient sa haute sagesse et son expérience.

Tous marchaient à cette heure *inter spinas ;* il fallait plus de prudence que jamais. Le point principal de ses observations porta dans cet entretien sur l'instruction et l'éducation des enfants et sur la nécessité de leur inspirer *le respect pour le lieu saint.*

Platon n'a-t-il pas dit (1) : « C'est de l'éducation des

tié et la plus profonde estime. Il mourut, âgé de 67 ans, à Vaucelles de Caen, le 21 mai 1687. Nous n'avons pas pu y retrouver son acte mortuaire, les plus anciens registres de la paroisse étant postérieurs à cette époque. Mais nous aimons à croire que ce fidèle compagnon de notre vénéré grand-oncle appartient à la noble et ancienne famille de Paillot, à laquelle nous sommes alliés de si près.

(1) *Lachès ou de la valeur*. Platon, traduction de Dacier 1699, t. I, p. 355.

« enfants que dépend tout le bonheur des familles ; « selon que les enfants sont vicieux ou vertueux, les « maisons *tombent ou se relèvent.* »

Le XIX⁰ siècle n'apporte-t-il pas la preuve irrécusable de la grande vérité proclamée par Platon, quatre siècles avant la naissance de Jésus-Christ, et nos grandes familles terrifiées par les exemples qui se sont produits pendant cinq ou six lustres, ne font-elles pas les plus louables efforts pour remonter le courant qui impitoyablement les entraînait dans l'abîme, elles, leurs enfants et tous leurs héroïques souvenirs ?

La faculté principale des envoyés du ciel est de voir dans l'avenir. Le P. Eudes ne croyait pouvoir le sauvegarder, cet avenir si menacé, qu'en inculquant aux enfants la crainte de Dieu, le meilleur antidote contre le désordre, comme la charité est le plus sûr gage du salut des âmes, et c'est aussi notre pensée, quand nous confions nos fils à ses successeurs jusqu'au moment où à leur tour ils devront se lancer dans la carrière. Peut-être y rencontreront-ils dès le principe le spectre qui arrêtait l'étudiant de Bulwer-Lyton, spectre du travail opiniâtre, du découragement, des retards, de l'injustice, des désillusions? Qu'ils le regardent en face ce spectre, qu'ils luttent, qu'ils persévèrent....... et ils seront vainqueurs tôt ou tard, surtout s'ils aiment mieux leur état qu'ils ne s'aiment eux-mêmes.

Les missions de Fierville (1) et de Gatheville suivi-

(1) Un seigneur des environs de Fierville avait deux filles qu'il mit au couvent pour qu'elles y fissent profession. La plus jeune se soumit, mais l'aînée ne se sentant aucune vocation, s'échappa et revint à la maison paternelle. Furieux de cette désobéissance, le père l'enferma dans un cachot, et il l'y

rent de près dans cette même année celle de Danneville.

La position du P. Eudes vis-à-vis de son évêque était de nature à le compromettre dans tous ses actes les plus simples et les plus justes. Il devait donc, de prime-abord, chercher à le faire revenir des préventions qu'on lui avait suggérées avant son arrivée à Bayeux, et il semblait que cela devait être bien facile, puisque tous ses précédents dans ce diocèse militaient énergiquement en sa faveur. Il n'en fut pas ainsi; quoique le P. Eudes se fût rendu à Paris pour lui exposer respectueusement tous ses motifs ainsi que ses arguments de défense, le prélat ne parut ni convaincu ni disposé à plus de bienveillance.

Le ciel permît que cette persécution vînt mettre à néant l'accusation principale des Oratoriens, portant que le P. Eudes avait personnellement accaparé des sommes destinées à leurs établissements.

Or, MM. de Répichon avaient bien voulu concourir à la fondation du séminaire de Caen en donnant, en date du 11 septembre 1644, et par contrat devant les tabellions royaux de Caen, plusieurs pièces de terre de la valeur de 14,000 livres, mais sous la condition expresse que la fondation serait légalisée par l'enregistrement des lettres patentes de Mgr d'Angennes, de-

---

retenait depuis neuf années, quand les missionnaires arrivèrent. Ce seigneur, étant venu chez le curé de Fierville, qui était son fils, se mit à table avec les missionnaires. Il faut croire qu'il fut vivement impressionné de leur conversation, car tout à coup, éclairé comme par une lumière intérieure, il leur fit l'aveu de sa faute restée ignorée de tous. Bientôt il se présenta au confessionnal, et sa malheureuse fille, enfin délivrée, put participer elle-même à cette mission à laquelle elle devait la fin de sa longue et injuste captivité.

(*Annales*, P. Costil).

vant le Parlement de Rouen. Ainsi avaient agi le P. de Than, pour 1,500 livres de rentes hypothéquées, avec 3,000 livres d'arrérages, et le P. Finel pour 300 livres aussi hypothéquées par contrat du 2 août 1644. M. le président d'Amfreville, d'après le bon rapport que lui avait fait M. Ferrière, curé de Gacé, sur la pureté des intentions du P. Eudes, avait bien voulu s'occuper de cette affaire, dont il sollicitait la solution depuis trois ans. Or, deux difficultés se présentaient, la mort de Mgr d'Angennes et la surannation des lettres patentes accordées depuis plus de cinq années. En demander de nouvelles à Mgr Molé c'était tout perdre. Enfin le Parlement passa outre, et les lettres patentes furent enregistrées le 23 mars 1650. Le procès déjà intenté par MM. de Répichon fut ainsi arrêté, et ce résultat moral fut acquis, à savoir : que les sommes données *l'étaient bien à l'établissement légalisé et non au P. Eudes lui-même;* mais cet enregistrement, accompli sans qu'on ait demandé à Mgr Molé de nouvelles lettres patentes, devint le principal grief. On avait persuadé en outre au prélat que le P. Eudes avait trompé Mgr d'Angennes en fondant une *Congrégation*, au lieu d'établir simplement un séminaire. Or, les lettres d'institution de Mgr d'Angennes portent : « *Congregationem ecclesiasticorum sub nomine* « *et titulo presbyterorum* Congregationis Jesu et Mariæ, « *ut pote summo Domini Jesu sancti ordinis presby-* « *teratus institutoris sacerdotio consecratam, nec non* « *sub protectione beatissimæ Virginis Mariæ matris ejus* « *constitutam* (1). » Ces termes sont si formels, qu'il n'y

---

(1) L'arrêt du Parlement de Rouen, rendu le 23 mars 1650, se termine ainsi :

« ... Pour, par les demandeurs sous le nom et titre de

avait pas à s'y tromper. D'ailleurs, pour conjurer l'orage, le P. Eudes avait vu Mgr Molé à Paris et avait développé devant lui tous ses arguments sans sortir des bornes du plus profond respect. Le prélat resta convaincu que le P. Eudes avait voulu se soustraire à sa juridiction, quand il n'avait fait qu'user de droits acquis depuis plusieurs années.

En effet, Louis XIII avait parlé, le Saint-Siége avait jugé que ce séminaire était établi suivant les prescriptions du Concile de Trente et qu'il n'avait pas même besoin d'*autorisation spéciale* de sa part, les évêques de Bayeux et de Coutances avaient coopéré à toutes démarches tendant à faire octroyer au P. Eudes les pouvoirs donnés *auctoritate apostolicâ*.

Dans tous les cas, un simple vice de forme ou un manque léger de déférence ne pouvaient motiver les sentiments hostiles des grands vicaires de Bayeux, sentiments qu'ils firent partager à Mgr Molé. Le prélat refusa nettement de s'en expliquer avec le P. Eudes, et prit de suite les mesures les plus acerbes.

Il faut certainement rechercher dans les termes de l'ordonnance de Blois le motif de la colère de Mgr Molé. Par l'arrêt du Parlement de Rouen, le P. Eudes se trouvait *légalement autorisé* à faire ou

---

« prêtres de la Congrégation du séminaire dudit diocèse de
« Bayeux en la ville de Caen, *faire et continuer* leurs *fonc-*
« *tions* conformément à icelles et à l'ordonnance de Blois (voir
« pag. 125) ; et demeurant sous la juridiction dudit évêque de
« Bayeux et sous les autres évêques diocésains *exhortés de*
« *pourvoir à l'établissement des séminaires, chacun dans leur*
« *diocèse conformément à ladite ordonnance de Blois*. Fait à
« Rouen, en ladite cour du Parlement, le 23e jour de mars
« 1650. »

à continuer ses fonctions et l'évêque *légalement exhorté* de pourvoir à l'établissement du séminaire.

Or, on connaissait trop le P. Eudes et sa constante soumission à ses évêques pour pouvoir penser qu'il les obligerait les uns ou les autres à venir à son aide.

Là surtout, apparaît la cause des difficultés qu'on rencontrait alors pour créer des établissements si éminemment nécessaires et si utiles.

Sûr de la volonté providentielle qui marque l'heure et ne la laisse jamais dépasser, l'élève du P. de Condren a-t-il voulu vis-à-vis du nouvel obstacle qui se présentait tout-à-coup devant lui se donner plus de force pour l'avenir, a-t-il voulu préciser la position et la rendre inattaquable ?

Nous ne nous permettrons pas de conclure. Toutefois, le prélat, de son côté, tint à s'éclairer en réunissant un conseil de plusieurs personnes qui devaient traiter cette affaire devant lui.

Dieu permit que toutes fussent mal disposées à l'égard du P. Eudes, qui fut condamné sur tous les chefs. Il fut donc résolu que Mgr Molé n'épargnerait rien pour détruire le séminaire et la Congrégation naissante.

Le P. Eudes fut prévenu confidentiellement de ce résultat. Il n'en profita que pour exhorter de suite ses confrères à la patience et à la soumission, quels que fussent les procédés dont on userait à son égard et au leur : « Ne vous étonnez point, mon très-cher frère, « écrit-il au P. Manchon, c'est un orage qui passera. » Il se borna à déclarer que l'obéissance passive, dont les Pères faisaient preuve, n'établissait pas déchéance de leurs droits attaqués et surtout de celui de se pourvoir en temps et lieu contre l'ordonnance qui venait y porter atteinte. C'est ce qu'il fit en protestant le 10 décembre 1650 contre cette procédure devant J. Campion, prêtre, archidiacre, chanoine de la cathédrale et notaire apostolique au diocèse de Coutances.

La sentence (1) rendue par l'official de Caen portait interdiction de la chapelle, ordonnait aux prêtres de la *prétendue* Congrégation d'en ruiner et d'en démolir l'autel et leur défendait toute fonction soit dans leur maison particulière, soit dans tout autre lieu du ressort de l'officialité, sans la permission de l'évêque de Bayeux. Dans cet acte violent, nous ne pouvons apercevoir qu'une *persécution* et non une *punition* dont la gravité en pareil cas ne peut se comprendre et ne doit être appliquée que dans les cas les plus extrêmes.

Cette sentence, prononcée le 29 novembre 1650, fut signifiée le 1er décembre ; les confrères du P. Eudes se soumirent suivant ses ordres : pour lui, calomnié, outragé dans ce qu'il avait de plus cher, en face d'une population dont il était si connu, il se taisait... *Jesus autem tacebat.*

(1) « Attendu, disait la sentence, que les défenses portées
« par notre susdite sentence, cy dessus datée (23 mars 1650),
« étaient fondées sur la complainte faite par ledit promoteur
« lors en charge, que lesdits Eudes et ses associez en ladite
« Congrégation y vivaient ensemble en forme de communauté
« ecclésiastique et qu'ils faisaient leurs fonctions publiques
« sans aucun consentement ni permission du seigneur
« évêque .. »

Si l'on veut bien remarquer que les défenses d'exercer aucun ministère ont le 23 mars 1650 pour date, la même que celle de l'arrêt contraire du parlement de Rouen, on ne s'étonnera plus du conflit d'où naissaient continuellement de nouvelles difficultés.

Un de ses plus ardents adversaires fut subitement frappé de mort... était-ce un avertissement pour les autres? Nous pouvons affirmer, sans crainte de nous tromper, que le P. Eudes, loin de maudire sa mémoire, pria pour lui. Au reste, avant son retour de Paris, où, comme nous l'avons dit, il avait été appelé, il fut mandé par Mgr Claude Auvry, qui avait succédé au siége de Coutances à Mgr Léon de Matignon.

Ce prélat, désirant établir immédiatement un séminaire dans sa ville épiscopale, n'en voulut confier le soin qu'au saint missionnaire, protestant ainsi d'une manière indirecte, mais en même temps éclatante, contre l'injuste persécution dont il était l'objet (1).

(1) Mgr Jacques Auvry était né à Paris de parents obscurs. Dans sa jeunesse, étant allé à Rome, il s'attacha au cardinal Barberin, neveu du pape Urbain VIII, et contracta une étroite amitié avec Mazarin, qui était employé auprès de ce même cardinal. Revenu en France avec le futur premier ministre, Mgr Auvry fut en 1649 nommé à l'évêché de Saint-Flour et de suite transféré à celui de Coutances. En 1653, le roi lui conféra la trésorerie de la Sainte-Chapelle, dignité importante qui donnait de grands priviléges. Ce prélat permuta en 1658 son évêché avec Eustache de Lesseville contre l'abbaye de Saint-Crespin-en-Haye. Il mourut subitement à Paris, âgé de plus de 80 ans, le 9 juillet 1687.

Il n'est pas sans intérêt d'ajouter que Mgr Auvry est le prélat qui eut une discussion avec le chantre de la Sainte-Chapelle, M. Jacques Barrin, fils de M. de la Galissonnière, au sujet d'un lutrin qui gênait celui-ci. M. le premier président de Lamoignon fit comprendre au trésorier, Mgr Auvry, que ce pupitre n'ayant été anciennement érigé que pour la commodité de ses prédécesseurs, il n'était pas juste qu'on obligeât M. Barrin à le souffrir, s'il en était gêné. Néanmoins, pour accorder quelque chose à la satisfaction du trésorier, M. le premier président fit consentir le chantre à remettre le pupitre devant son siége, où il demeurerait un jour; le tré-

La vie du P. Eudes est pleine de ces contrastes...

Ici un prélat *ruine son séminaire;* et tout près, un autre prélat l'appelle *pour en établir* un dans son diocèse ; d'un côté on lui ôte *tout pouvoir d'exercer et de prêcher;* d'un autre côté on le *charge de rappeler les peuples à leurs devoirs.* Et bientôt il devra annoncer la parole de Dieu aux grands de la terre.

L'évêque de Coutances avait une telle confiance dans le P. Eudes qu'il le chargea non-seulement d'établir un séminaire, mais encore de trouver les fonds nécessaires. (1) Le saint prêtre comptait trop sur l'in-

---

sorier devait le faire enlever le lendemain, ce qui fut exécuté de part et d'autre.

M. de Lamoignon recevait très-souvent Boileau à son château de Baville ; il le mit au défi d'écrire un poëme sur ce différend, au fond très-léger. Boileau répondit qu'il ne fallait jamais défier un fou, et qu'il l'était assez non-seulement pour entreprendre ce poëme, mais encore pour le dédier à M. le président lui-même. De là le poëme du Lutrin qui parut en 1674. Le trésorier remplissait la première dignité du Chapitre et officiait avec tous les insignes de l'épiscopat. Le chantre remplissait la seconde dignité. Chacun a lu ce poëme héroï-comique qui commence ainsi :

> Je chante les combats et le prélat terrible
> Qui par ses longs travaux et sa force invincible,
> Dans une illustre église, exerçant son grand cœur,
> Fit placer à la fin un lutrin dans le chœur

Boileau ayant peint tous les personnages qu'il fait successivement apparaître sous des traits directement opposés à ceux qui pouvaient s'appliquer à tous les hommes distingués, formant le personnel de la Sainte-Chapelle, personne ne se trouva offensé et, tous probablement, furent les premiers à s'en divertir.

(1) Trois mois après, comme on n'avait pas de fonds pour commencer les bâtiments du séminaire de Coutances, on

tervention de la sainte Vierge malgré la position critique où il se trouvait alors, pour hésiter à accepter

plaça la communauté dans une maison louée, située dans la basse rue, vis-à-vis ou devant l'église des Religieuses Bénédictines ; on y demeura environ une année. Ce fut dans cette maison que M. Bazire, grand-vicaire et official de Mgr Auvry, mit en possession du séminaire et de *toutes ses appartenances*, le P. Eudes, représenté par les PP. Simon, Mannoury et Finel ; après quoi, il bénit le lieu destiné pour la chapelle et y célébra la première messe. Tels furent les commencements du séminaire de Coutances, qui ne fut fondé qu'au moyen d'aumônes et subsista longtemps dans cet état de simplicité et de pauvreté évangéliques.

Cependant la Providence permit qu'on pût acheter le 6 décembre de la même année 1651 le lieu où est bâti actuellement cet ancien séminaire, qui n'a pas été rendu depuis 1790 à son ancienne destination. La belle église bâtie par les soins du P. Eudes sert de magasin. C'était alors une auberge connue sous le nom de la Pomme d'or. Elle fut vendue 9,000 livres, et les vendeurs, M. Jules Le Long et sa femme, remirent 200 livres sur le prix fixé pour avoir part aux bonnes œuvres accomplies dans cette communauté. La vaste église fut bâtie en trois ans et trois mois, la première pierre ayant été placée le 3 juillet 1652 et la première messe dite le samedi 4 septembre 1655. Les bienfaiteurs principaux de cette maison furent, en outre de maisons religieuses et d'ecclésiastiques, M. de Bretonvilliers, successeur de M. Olier, qui donna 1,000 livres, et commença ainsi l'union de la communauté de Saint-Sulpice avec la Congrégation de Jésus et de Marie, M. Graindor de Rouen, M. et Mme de Camilly, M. et Mme de Mémont, M. de Bernières.

Deux circonstances particulières tiennent d'une manière intime à l'érection de cette œuvre.

Deux ouvriers, dont un frère travaillait aux murailles du nouveau séminaire, échappèrent aux suites d'un accident qui devait causer leur mort, et, de deux vaisseaux chargés d'ardoises, celui qui portait celles destinées à la toiture, échappa aux corsaires. Les ouvriers travaillaient sans crainte, persuadés qu'ils étaient de ne courir aucun danger.

(*Annales*, P. Costil.)

cette mission. On partagea si bien sa conviction qu'Elle fut considérée comme seule fondatrice par tous ceux qui avaient droit à ce titre par leurs largesses, et qu'il fut résolu que sur le frontispice de l'église, *la première qui fut consacrée à Dieu en l'honneur du sacré Cœur de Marie,* on placerait cette inscription :

« *Fundavit eam Mater altissimi.* »

Les lettres d'institution de Mgr Auvry sont datées du 8 décembre 1650, huit jours seulement après la signification du décret de l'officialité de Caen ! Les notables et les bourgeois, assemblés à ce sujet au Présidial le 23 janvier 1651, donnèrent la plus complète approbation à cet établissement pour tout ce qui concernait les droits et intérêts de la ville.

Mais, comme toujours, les premiers moments furent difficiles. Le P. de Montaigu, choisi pour en être le supérieur, se dépouilla de tout son patrimoine en faveur de cette maison. Le P. Hymblot, sorti comme lui du chapitre d'Autun pour s'attacher au P. Eudes, suivit cet exemple en donnant 6,000 livres auxquelles vint s'ajouter même somme envoyée par MM. de la Boissière et Le Mesle.

Nous devons mentionner ici l'offrande de Marie Desvallées, qui n'avait que 1,300 livres pour tout bien et voulut qu'elles fussent employées aux constructions du nouvel établissement. Nous aurons à revenir sur la vie et la mort de cette humble et pieuse fille.

Le P. Eudes crut devoir, après l'affaire de Coutances, présenter à Mgr Molé une supplique respectueuse en faveur de la Congrégation.

Il espérait que le Prélat reviendrait de ses préventions en voyant combien peu elles étaient partagées par l'évêque de Coutances.

L'approbation qu'il donna dans le même temps à l'une des plus importantes créations du P. Eudes, la maison de Notre-Dame de Charité du Refuge de Caen, pourrait faire croire que sa colère s'était calmée, si de cette même approbation n'avait pas surgi pour l'instituteur lui-même une croix bien lourde à porter.

Cette maison avait subi bien des traverses depuis ses débuts. Une première supérieure, entraînée par un sentiment d'orgueil et d'extrême jalousie, l'avait subitement abandonnée en emportant tout le mobilier. Elle disparut avec ses compagnes, n'y laissant avec les malheureuses filles recueillies qu'une jeune personne, Melle de Taillefer, à laquelle elle n'avait pas osé confier son dessein, et une enfant de douze ans, Marie Herson, propre nièce du P. Eudes.

Cette circonstance avait décidé le P. Eudes à demander au mois de novembre 1642 des lettres-patentes du Roi pour ériger dans la ville de Caen, sous la règle de Saint-Augustin, une communauté religieuse remplissant le but qu'il se proposait, d'offrir un refuge aux femmes perdues revenant ou voulant revenir au bien. Avec la protection de Mgr d'Angennes, il l'avait constituée.

La mère Patin, religieuse de la Visitation, en devint supérieure et successivement y arrivèrent des compagnes qui la secondèrent admirablement.

Le monastère de la Visitation de Caen réclama plus tard la mère Patin pour qu'elle en prît la direction et la maison du Refuge choisit pour la remplacer la sœur de Taillefer, qui avait traversé victorieusement avec une prudence et une fermeté au-dessus de son âge, les orages dont la Congrégation naissante avait été si agitée.

Ce ne fut qu'après beaucoup de difficultés et de prétextes, symptômes de son peu d'empressement, que Mgr Molé voulut bien prendre en considération le plaidoyer que le P Eudes lui avait présenté en faveur de cette maison. Il donna ses lettres d'institution le 8 février 1651.

Ces lettres, notons-le bien, devaient servir de modèle et d'instruction pour les établissements du même genre qui viendraient à être institués. Il y est mentionné que M. Jean Le Roux, chevalier, seigneur de Langrie, conseiller du roi en ses conseils, président au Parlement de Normandie, et dame Marie Le Roux, son épouse, s'établissent fondateurs, moyennant la somme de 14,000 livres, sur lesquelles 4000 venaient de la Congrégation. Le P. Eudes n'avait pas trouvé d'autres moyens de réussir qu'en s'annihilant lui-même et en présentant un fondateur en titre, occupant dans le monde une position trop importante pour que Mgr Molé pût le rejeter.

Par les lettres d'institution, ce monastère naissant était mis sous la direction momentanée des Dames de la Visitation. Nous voyons encore dans cette circonstance un rapprochement entre saint François de Sales et le P. Eudes.

« Avons permis et permettons auxdites filles qui
« seront pour la direction des pénitentes d'y faire
« leurs vœux de religion après deux années de proba-
« tion et noviciat et après avoir 20 ans accomplis, sous
« la direction de nos chères filles de la Visitation de
« notre monastère de Caen, ou autres religieuses,
« telles que nous le jugerons à propos, etc., etc......
« Nous déclarons ensuite que lorsqu'il y aura une
« professe dudit monastère jugée par nous capable,

« suivant les SS. Canons, d'y être supérieure, alors
« les douze premières professes..... en notre présence
« ou de notre Vicaire-Général..... pourront procéder
« à l'élection d'icelle pour supérieure..... après quoi
« lesdites Religieuses de la Visitation retourneront en
« leur monastère, n'était qu'il nous parût encore à
« propos de les y retenir pendant quelque temps pour
« le bien, utilité et avantage de ladite communauté ;
« de manière qu'elles ne pourront se retirer dudit
« monastère sans notre permission..... » (1).

La communauté de Notre-Dame de Charité, ainsi constituée, désira vivement ravoir la mère Patin, qui, ayant résigné ses fonctions de supérieure dans sa propre maison, n'avait pas de motifs positifs à alléguer pour se refuser à reprendre le soin de ses anciennes élèves. Mais elle ne pouvait cependant s'y décider. Dieu lui fit miraculeusement connaître sa volonté, ainsi que nous le lisons dans une lettre authentique de la mère Patin, inscrite dans les *Annales de la Congrégation de Jésus et de Marie* :

........« Un soir, après matines, notre mère étant
« entrée dans ma cellule et me voyant les joues bai-
« gnées de larmes, me dit ce qu'elle put pour ma con-
« solation, mais toujours inutilement. Ayant donc
« passé ainsi la nuit sans avoir, ce me semble, aucune-
« ment dormi, sur les trois ou quatre heures du ma-
« tin, comme je demandais à Notre-Seigneur qu'il me
« délivrât du tourment où j'étais, lui disant que je ne

---

(1) Le monastère de la Visitation de Caen sorti du premier établi à Paris. Créé premièrement à Dol le 21 décembre 1627, il fut transféré à Caen le 16 novembre 1631. Supprimé à l'époque de la Révolution française, il fut rétabli dans cette ville le 21 novembre 1806.

« pouvais plus subsister, je vis à l'instant notre Bien-
« heureux saint François de Sales, accompagné de
« deux de nos sœurs de la Visitation qui étaient à sa
« gauche, en son habit ordinaire avec un rochet et un
« camail violet, qui me dit d'une voix douce : Oui,
« vous aurez la santé du corps et la paix de l'esprit
« que vous désirez ; non pour vous, mais pour rendre
« service à Notre-Dame de Charité : et il disparut
« aussitôt. Le calme de mon esprit revint en un ins-
« tant avec la santé de mon corps et je fus ensuite à
« l'oraison et aux autres exercices avec une grande
« facilité..... »

Cependant la supérieure remettait de jour en jour à se séparer d'une aussi sainte compagne, qui, elle, conservait dans son cœur le souvenir de la vision dont Dieu l'avait favorisée. Bientôt elle fut atteinte d'une maladie mortelle, et le médecin ayant déclaré à la supérieure qu'il n'y avait plus à conserver la moindre espérance, celle-ci fit vœu de ne plus mettre d'obstacle au désir de la mère Patin, si Dieu la rendait à la vie. Ce vœu fut exaucé, et la mère Patin retourna au monastère de Notre-Dame de Charité, le 14 juin 1651. Elle y reçut bientôt d'excellents sujets, qui devinrent les solides fondements de cet ordre futur. Les dames de qualités y envoyèrent même leurs filles comme pensionnaires, pour y recevoir les leçons de la mère de la Nativité, (Marie Herson), de sœur Marie de la Conception (Le Lieupaul), de sœur Marie du Saint-Sacrement (Pierres), etc. Nous citerons encore Mlle de Soullebieu qui, étant devenue veuve de M. de Bois-David, capitaine aux Gardes-Françaises, prit à Caen l'habit dans ce monastère.

Le personnel des pénitentes tendant toujours à

augmenter, la mère Patin chercha dans la rue Neuve une maison plus spacieuse que celle que le président de Langrie leur avait prêtée en 1649, et où elles restèrent jusqu'en 1657, époque à laquelle elles se fixèrent dans la demeure qu'elles occupent encore à présent, après avoir traversé avec peine et courage les temps orageux de la révolution.

Nous avons cru devoir noter scrupuleusement tous ces détails, ce monastère étant le germe fécond qui en a produit tant d'autres.

Mgr Molé, en approuvant et en instituant cette maison, *écarta le P. Eudes de toute direction*. C'était une des plus cruelles mortifications que pût lui envoyer le Seigneur ; il l'accepta avec sa résignation ordinaire : « il faut toujours aller notre grand chemin, dit-il « alors, et servir la maison en tout ce que nous « pourrons pour l'amour de Notre-Seigneur et de sa « sainte Mère ». Il ne put pas même se trouver à l'installation, à laquelle, le 13 du mois de juin 1651, présida M. de Bernet, vicaire général de Mgr Molé.

Au reste, M. Legrand, curé de Saint-Julien de Caen, qui pendant vingt ans fut le directeur de ce monastère, le gouverna avec beaucoup de sagesse et à la grande satisfaction du P. Eudes, que la Providence avait peut-être voulu décharger de ce fardeau pour qu'il fût plus à même d'étendre la Congrégation et de continuer ses nombreuses et profitables missions.

Le 16 mars 1651, le P. Eudes perdit pour la première fois l'un de ses confrères, le P. Vigeon, qui fut enterré à Notre-Dame, la chapelle de la Congrégation étant encore interdite ; d'ailleurs, on n'aurait pu y faire que la cérémonie des obsèques.

CHAPITRE IV

(1651-1658)

Le P. Eudes appelé par M. Olier pour prêcher une mission à Saint-Sulpice. — M. Olier l'annonce en chaire comme la merveille de son siècle. — État moral du faubourg Saint-Germain. — Missions diverses. — Mort de Mgr Molé, évêque de Bayeux. — 1653, la chapelle du séminaire de Caen rendue au culte. — Mgr Servien, évêque de Bayeux. — Ce prélat est prévenu contre les Eudistes. — Le P. Eudes parvient à le faire revenir de ses impressions. — Mgr de Matignon, transféré au siége de Lisieux. — Il confie son séminaire aux Eudistes. — Les Ursulines de Lisieux demandent le P. Eudes pour leur directeur. — Constitutions du P. Eudes. — M. Blouet de Camilly. — Persécutions nouvelles. — Affaire de Marie Desvallées. — Jugement favorable de l'évêque. — Succès de plusieurs missions. — Appui désormais assuré de Mgr Servien. — Mézeray à l'Académie française. — La reine Christine de Suède. — Éloge des trois frères par M. Patin, directeur de l'Académie française, 1866.

Le P. Eudes était vaincu.... l'autel de sa chère chapelle abattu, détruit.... il vivait sous le poids d'un injuste interdit sur le lieu même de ses plus héroïques combats. Il pouvait s'écrier : « *Inimici autem mei vi-* « *vunt, et confirmati sunt super me; et multiplicati* « *sunt, qui oderunt me inique.* »

Il était aussi vainqueur..... Dieu s'était hâté de le secourir et de l'exalter, comme il sait exalter les humbles, puisqu'à la même époque, M. Olier l'appela pour faire entendre sa voix dans la chaire de Saint-Sulpice, et corroborer par de nouvelles et fortes leçons celles que lui-même savait si bien donner aux jeunes prêtres ou clercs qui s'étaient placés sous sa direction.

Cette voix n'allait-elle pas être étouffée par les bruits de la capitale et les derniers rugissements de la tempête d'où les Princes étaient sortis vainqueurs de Mazarin ? Les esprits n'étaient-ils pas trop préoccupés de la fin de la lutte, des résultats de laquelle les peuples n'en seraient que plus pauvres et les grands se trouveraient plus pourvus encore de charges et de dignités ? (1) Tout, au reste, dans de pareilles circonstances, devenait texte pour l'orateur chrétien ; aux uns il avait à recommander la patience, aux autres la modération, à tous il avait à rappeler que : « *omne regnum divisum* « *contra se desolabitur ; et omnis civitas, vel domus,* « *divisa contra se, non stabit.* » (Matthieu, XII, 25).

---

(1) « Sous la Ligue et la Fronde deux grandes opinions, dit « M. Cousin, étaient aux prises. Ainsi la Ligue a fécondé les « esprits, elle a trempé les caractères ; elle a été une école de « politique et de guerre, elle a préparé les fortes générations « de la première moitié du XVIIe siècle. La Fronde est dans « nos annales un épisode sans grandeur ; elle n'a formé per-« sonne, ni un homme de guerre, ni un homme d'État : la « Nation y a pris fort peu de part, parce qu'elle sentait bien « qu'aucun grand intérêt n'y était engagé ; c'était un passe-« temps de gentilshommes, de beaux esprits et de belles « dames. C'est aux dames surtout qu'appartient la Fronde : « elles en sont à la fois les mobiles et les instruments, les « plus intéressantes actrices...... » Cousin *(Mme de Longueville),* p. 57.

Que ne nous a-t-il été donné d'entendre cette parole si incisive contre le mal, si impérieuse dans le Seigneur, si douce en même temps au chapitre des miséricordes, si fière devant les grandeurs de ce monde, si populaire en rappelant chacun au devoir et au respect vis-à-vis du jeune roi, qui, au sortir de cette minorité si agitée, profondément ému de toutes ces clameurs, devait un peu plus tard concentrer toute l'autorité dans ses mains seules et ne plus considérer ses ministres que comme de simples commis chargés de la transmission de ses ordres.

Le cardinal Mazarin, qui avait tourné toutes les difficultés que Richelieu avait brusquement brisées, devait gouverner la France pendant dix années encore, et tenir en tutelle un jeune prince dont on ne pouvait apprécier alors les tendances et les grandes qualités. L'œuvre du prédicateur était donc d'amener tous les cœurs à lui.....

La grande force des rois ne réside-t-elle pas dans amour des peuples?

Au point de vue chrétien, le P. Eudes ne manqua jamais à ce devoir, et nous aurons à le rappeler dans le récit d'une des circonstances les plus épineuses de sa vie.

Cette mission de Saint-Sulpice, qui dura pendant tout le temps du Carême de 1654, laissa de profondes traces dans les âmes et mit le sceau à cette réputation qui devait grandir encore.

Nous trouvons dans la vie de M. Olier des détails précieux sur cette mission; ils honorent trop la mémoire du saint missionnaire pour que nous ne nous empressions pas de les transcrire fidèlement ici (1).

(1) *Vie de M. Olier*, fondateur de Saint-Sulpice, T. II, p. 58

« A la faveur de ces troubles politiques et de tous
« les désastres qui les avaient suivis, les désordres
« avaient reparu, et s'étaient multipliés dans la pa-
« roisse de Saint-Sulpice. Sans parler du vagabon-
« dage de plusieurs prêtres, qu'on voyait mendier
« aux portes des églises, au grand scandale de la reli-
« gion, et auxquels il fut enjoint, par l'autorité ecclé-
« siastique, de se retirer dans leurs diocèses, un mal
« bien plus alarmant, et incomparablement plus
« difficile à guérir, c'étaient la licence des mœurs, le
« concubinage, et l'oubli des devoirs les plus sacrés
« de la religion; plusieurs paroissiens en étaient ve-
« nus au point de ne plus s'approcher des sacrements
« à Pâques. Pour les toucher, M. Olier employa
« toutes les ressources de son zèle. Voyant que plu-
« sieurs n'étaient sensibles ni à ses tendres invita-
« tions, ni aux menaces de la vengeance céleste, il
« conjura le prieur de Saint-Germain (1) d'user contre
« eux de l'autorité dont il était revêtu : et ce fut l'oc-
« casion d'un Mandement donné le 11 juin 1650…….
« M. Olier employa alors, pour ramener ces pécheurs
« à Dieu, un moyen plus conforme à sa charité et à la
« douceur de son zèle, ce fut le bienfait d'une mission
« générale. Il désirait depuis longtemps de procurer à
« la paroisse une grâce si précieuse, la plus capable,
« sans contredit, d'y réparer les ruines du péché et d'y
« faire régner la ferveur; et écrivant à M. Conderc,
« l'un de ses ecclésiastiques : « Il faut, lui disait-il,
« nous conserver pour la grande mission qui aura

---

(1) La cure de Saint-Sulpice dépendait alors de l'abbaye de
Saint-Germain. Dans son mandement, le prieur menaçait les
récalcitrants de toutes les censures et peines ecclésiastiques.

« lieu l'année prochaine à la paroisse, pendant le
« Jubilé. Nous y aurions besoin de tous nos ouvriers ; et
« ils seront toujours en petit nombre pour une œuvre
« de cette importance. » En effet, ne croyant pas pou-
« voir y suffire avec ce qu'il avait de coopérateurs, il
« appela pour la diriger en chef, le Père Eudes, son
« ami, instituteur de la Congrégation des Eudistes. Il
« ne connaissait personne qui eût mieux le don d'an-
« noncer la parole de Dieu, et d'opérer de grandes
« conversions que *cet homme extraordinaire*, qu'il
« appelait la *merveille* de son siècle (1), et aux tra-
« vaux duquel Dieu avait donné jusqu'alors les fruits
« les plus abondants (2).

(1) Dans ses mémoires autographes, M. Olier parle de Marie de Gournay, veuve de David Rousseau, qui, malgré sa basse naissance, était devenue le conseil et la lumière des personnes de Paris les plus illustres et des âmes les plus élevées en vertus et en grâce. « Le P. Eudes, ajoute-t-il, ce *grand prédicateur, la merveille de notre siècle*, est venu la consulter « souvent. »

(2) M. le baron de Renty, dont nous avons déjà si souvent parlé, s'était mis, après la mort du P. de Condren, sous la conduite de M. Olier, et eut avec lui, dès ce moment, les rapports les plus intimes. Quoique M. de Renty ne fût point paroissien de Saint-Sulpice, il s'était offert à M. Olier pour travailler, sous sa conduite, à gagner des âmes à Jésus-Christ et à répandre dans le monde les maximes de la piété chrétienne. *(Vie de M. Olier)*. On le voit, dans toutes les classes de la société, il se rencontrait des ouvriers pour travailler à la vigne du Seigneur alors si ravagée.

Dans sa correspondance avec M. Olier, M. de Renty parle en ces termes des immenses succès du P. Eudes : « Il travaille
« ici avec une bénédiction incroyable. La puissance de sa
« grâce à découvrir l'amour de Dieu pour les hommes et
« l'horreur du péché a tellement pénétré les cœurs, que les
« confesseurs sont accablés par le nombre des pécheurs qui

« Le P. Eudes n'avait pas encore prêché de mission
« à Paris. Il partit avec douze de ses disciples dans le
« dessein de commencer celle-ci à Saint-Sulpice, le
« jour de la Purification; mais la Seine étant extraor-
« dinairement débordée, il se vit arrêté dans sa
« marche, et M. Olier ouvrit lui-même les exercices
« annoncés : « J'aurais besoin, dit-il dans son exorde,
« de la *lumière de ce grand serviteur de Dieu*, dont
« j'occupe la place, pour vous parler dignement de
« Jésus-Christ, notre véritable lumière. *Cet homme
« apostolique a un don tout extraordinaire pour
« convertir les cœurs;* et nous avons la confiance que,
« dans un temps si favorable, où le Jubilé et le Ca-
« rême se trouvent réunis, Dieu nous fera *par lui*
« grâce et miséricorde. »

« Cette mission, qui dura tout le carême, eut tout le
« succès que M. Olier s'en était promis. D'après ses
« intentions, le P. Eudes et ses douze collaborateurs
« logèrent tous au presbytère, et, par là, firent un
« double bien ; car en même temps qu'ils répandirent
« la semence de la divine parole sur le peuple fidèle,
« avec les plus abondantes bénédictions, la sainteté de

« demandent pénitence avec larmes. Ils restituent le bien
« d'autrui, ils se réconcilient, et protestent hautement de pré-
« férer la mort au péché. Enfin, ses sermons sont des foudres
« qui brisent les cœurs, et ne laissent point de repos aux
« consciences; et les confesseurs travaillent plus à consoler
« qu'à émouvoir. » M. de Renty était mort en 1649 : cette lettre
était donc bien antérieure à cette mission si importante dont
le P. Eudes se trouvait chargé presqu'au moment où tout
exercice lui était interdit dans son propre diocèse, et où,
comme conséquence d'un pareil acte, on lui ôtait la direction de la maison des Filles de Notre-Dame de Charité qu'il
avait fondée.

« leur vie et de leur conversation fut, pour les prêtres
« de la communauté, une autre espèce de mission,
« qui porta son fruit comme la première. »

Le futur successeur de M. Olier ne l'oublia pas.
M. de Bretonvilliers (A. Le Ragois) s'empressa quelque temps après, ainsi que nous l'avons indiqué, de contribuer pour une somme de mille livres à l'érection de la chapelle du séminaire de Coutances (1).

Depuis longtemps, M. Olier désirait établir une société de charité pour venir en aide à la multitude de malheureux et surtout de pauvres honteux dont les besoins devenaient de plus en plus pressants. Ce fut là un des résultats les plus durables et les plus satisfaisants des prédications du P. Eudes.

Mme Tronson (1), mère du supérieur du séminaire de Saint-Sulpice, engagea le P. Eudes à entreprendre

---

(1) Ce fut M. Olier qui, au temps même de la construction du séminaire de Saint-Sulpice, engagea M. de Bretonvilliers, son principal soutien, à bâtir l'hôpital des religieuses hospitalières de La Flèche, établies par M. Le Royer de la Dauversière dans le but de la colonisation future du Canada.

Nous sommes heureux de pouvoir signaler ces deux noms comme attachés à celui d'une ville à laquelle nous tenons par tant de liens et de doux souvenirs.

(1) Mme Tronson (Mlle Claude de Sève), d'une illustre famille de Paris, était veuve de M. Tronson, secrétaire du cabinet, et mère du supérieur de Saint-Sulpice de ce nom. Elle avait eu pour directeur le P. de Condren qu'elle recevait quelquefois à sa terre du Perray, près de Corbeil. C'est à cette dame que ce vénérable Père a écrit sa dix-neuvième lettre, qui a pour titre : « Que nous devons nous approcher du très-saint
« Sacrement dans un humble sentiment de notre faiblesse,
« pour y trouver notre force. »

Mme Tronson occupa jusqu'à sa mort la supériorité de la maison des Filles de la Sainte Vierge, instituée par M. de Bretonvilliers.

une mission à Corbeil. Il s'empressa de se rendre à son désir : cette mission fut bénie de Dieu, comme à l'ordinaire, et suivie de celles de Bernay et de Marolles. Puis le P. Eudes se rendit avec ses associés à Coutances, où, pendant l'Avent de la même année, il commença une nouvelle mission qui dura jusqu'au Carême 1632.

Mgr Molé, évêque de Bayeux, mourut sur ces entrefaites. Le P. Eudes put espérer que son successeur se montrerait moins accessible aux perfides insinuations dont il avait été la victime, et demanda de suite le rétablissement de la chapelle interdite par sentence de l'officialité. Les vicaires capitulaires ne voulant pas y consentir, il s'adressa directement à M. l'abbé de Sainte-Croix, auquel le roi venait de donner le siège de son frère, Mgr Molé, et qui s'empressa de se rendre au désir de son nouveau diocésain en écrivant de la manière la plus pressante à Bayeux ; mais de difficultés en difficultés on sut prolonger jusqu'en 1633 cette situation aussi anormale qu'injuste.

Le P. Finel était mort en 1632. Il possédait dans la paroisse de Marchesieux la terre de Pondaulne, dont il portait aussi le nom. Occupant d'abord une charge d'élu en Normandie, il ne prit qu'à l'âge de quarante-quatre ans le parti de l'Eglise. Il fut inhumé dans le chœur de Saint-Nicolas de Coutances, la chapelle du séminaire n'étant pas encore terminée.

Ce vide fut largement rempli par l'arrivée de plusieurs sujets dont le plus marquant fut M. Blouet de Camilly, digne héritier des vertus et du généralat du P. Eudes. Nous verrons bientôt par quelles circonstances il fut insensiblement amené à se réunir à lui.

Pendant le temps de l'interdiction du séminaire de Caen, la probation fut mise sous la direction du P. de Montaigu, puis du P. François de la Haye et du P. Moisson.

Enfin, le 10 mai 1653, le jour où l'on célébrait dans la communauté de Caen la fête de l'Apparition de Jésus-Christ à sa Sainte Mère, l'officialité prononça la sentence qui annulait celle de 1650 et permettait aux Eudistes de remplir toutes leurs fonctions, à condition cependant, qu'ils demeureraient toujours sous l'entière direction, dépendance et juridiction des évêques de Bayeux. Ce à quoi ils n'avaient jamais songé à se soustraire.

Le P. Eudes, en écrivant à ses confrères, fit honneur de cette victoire aux prières de la bonne sœur de la Miséricorde de Paris, la mère Marie de la Trinité.

Son monastère était situé dans le faubourg Saint-Germain, près de l'église Saint-Sulpice, et destiné à recevoir les filles de qualité sans dot.

Une autre Religieuse, la mère Madeleine de l'Incarnation, carmélite du petit couvent de Paris, intervint puissamment dans cette affaire.

La mission de Paris portait donc ses fruits.

La joie du saint prêtre fut bien grande : elle devait cependant être bientôt troublée par d'autres embarras, quoique M. l'abbé de Sainte-Croix, qui avait remis au Roi sa nomination à l'évêché de Bayeux, eut été remplacé par un prélat tel à peu près que le P. Eudes avait pris la liberté de le demander à la Reine et que les besoins du diocèse le réclamaient.

Ce fut Mgr François Servien (1) qui devint évêque de

1 Mgr François Servien, fils d'un conseiller au Parlement de Grenoble, fut d'abord évêque de Carcassonne, puis transféré

Bayeux. Ce prélat se distinguait, entre tous, par son zèle et son talent pour diriger un diocèse. Il mettait en première ligne la nécessité de former les jeunes ecclésiastiques et de les préparer à remplir dignement leurs augustes fonctions. Les travaux des Eudistes devaient attirer de prime-abord toute son attention et appeler son intérêt. Aussi on parvint à persuader avec une extrême adresse à Mgr Servien, que les Eudistes n'avaient ni science ni savoir-faire, et que, malgré le zèle et les vertus qu'on n'osait pas leur dénier, ils ne pouvaient exercer leur influence que sur des paysans grossiers et non sur des prêtres un peu éclairés.

L'évêque était donc disposé à donner son séminaire aux Pères de l'Oratoire et à faire fermer de nouveau cette chapelle, rendue au culte malgré tant d'oppositions.

Averti à temps, le P. Eudes partit pour Paris; là, il réussit à convaincre Mgr Servien, et à l'édifier sur les menées occultes de ses ennemis.

Il dut probablement ce succès à M. Olier, à saint Vincent de Paul peut-être, à tous ceux, enfin, qui l'avaient vu tenant sous le charme et l'autorité de sa parole les hommes les plus distingués de la capitale.

Remarquons que toutes les fois que le séminaire de

à Bayeux en 1654; il approuva les Religieuses de Notre-Dame de Charité du Refuge, favorisa la Congrégation des Eudistes, établit à Caen, pour les filles des protestants, la Communauté des nouvelles Converties, introduisit les religieux de Saint-Maur dans le prieuré de Saint-Vigor, et mourut de la pierre dans sa ville épiscopale, à l'âge de soixante-et-un ans. le 2 février 1659.

Caen est menacé, la Congrégation grandit : ainsi le vieil arbre bien enraciné couvre souvent de ses rejetons tout le champ sur lequel il a été planté, quand le bûcheron l'a abattu par le pied.

Mgr Léonor de Matignon avait été transféré du diocèse de Coutances à celui de Lisieux.

Ce prélat avait constamment appelé le P. Eudes à son aide ; il ne manqua pas de le faire encore et de lui demander une mission pour sa nouvelle ville épiscopale, aussitôt qu'il y fut installé. Celui-ci s'empressa de se rendre au désir de son constant protecteur, de celui qui l'avait si hautement soutenu aux jours de la persécution, après avoir donné une mission à Pontoise à la prière de la mère Anne de Jésus, carmélite, sœur du chancelier Séguier et tante du cardinal de Bérulle, dont la mère était entrée dans le même Ordre, sous le nom de sœur Marie des Anges. Le P. Eudes, avant de partir pour Lisieux, dut encore achever dans le diocèse de Coutances deux autres missions qui avaient été promises.

Il y avait un collége à Lisieux, mais, faute d'argent, il était tombé en décadence.

On reconnaissait qu'un séminaire devenait de jour en jour plus indispensable. Le chapitre et la ville s'associèrent aux vues de l'évêque, et le P. Eudes arriva à conclusion en faisant de son côté les plus généreux sacrifices.

On cite de lui plusieurs traits d'un admirable désintéressement, rendant plus inexplicables encore les attaques dont il fut l'objet.

Il refusa un don considérable, voyant les héritiers du donateur murmurer d'avance sur la diminution de leur héritage; il rendit une somme qu'une fille du monastère de Caen lui réclamait, quoiqu'il n'eut jamais rien reçu d'elle ; il renvoya aux Oratoriens une chasuble du cardinal de Bérulle, relique précieuse et que ceux-ci prétendaient devoir leur revenir, quoique Mgr de Harlay, évêque de Saint-Malo, lui en eut fait présent pendant le cours d'une mission donnée dans son diocèse.

Plus tard, quand le séminaire d'Evreux fut établi, il apprit que le chapitre de la cathédrale disputait à ce nouvel établissement une pension qui lui avait été accordée sur le clergé de ce diocèse. Il voulut céder, mais l'évêque ne le permit pas, et la pension fut maintenue. Ce saint prêtre préférait la paix à toutes les chances du gain ; d'un procès, il entrevoyait toujours un germe de haine et de désunion entre chrétiens.

Il envoya tout de suite à Lisieux les sujets nécessaires pour remplir les places du séminaire et leur donna le P. Manchon pour supérieur.

A la demande des Ursulines de Lisieux, et avec l'agrément de l'évêque, il se chargea de leur direction d'autant plus volontiers que dans les rapports spirituels qu'il avait eus avec ces Religieuses, il avait remarqué et admiré le zèle et la régularité qui régnaient dans cette maison.

Au reste, elles s'étaient empressées de fournir aux Pères tous les objets dont ils avaient besoin et leur avaient évité bien des privations (1).

(1) Dans une des visites que le P. Eudes fit au couvent des Ursulines en 1670, il s'entretenait avec la Supérieure, la mère Renée Sainte-Agnès, des bontés de la sainte Vierge, quand il tomba dans une espèce de ravissement qui dura près d'un quart d'heure. Elle l'a formellement déclaré en 1692. Le P.

Plusieurs personnes pieuses concoururent par leurs dons à l'établissement du collége et du séminaire. Les lettres d'institution de Lisieux sont datées du 8 juin 1655.

Ce fut en 1654 que saint Jean l'Évangéliste devint Patron de la Congrégation. Cette même année, le P. Eudes fit, pour la somme de 23,000 livres, l'acquisition d'une terre située dans la paroisse d'Hérouville, appartenant au seigneur du lieu, et y ajouta une portion de pré pour la commodité du faire-valoir.

Une mission fut faite à Réville, près de Barfleur; les Pères du séminaire de Lisieux travaillèrent de leur côté à Saint-Etienne de Lailler, à Beuzeville et à Pont-Audemer. L'abbé de la Léthumière, témoin, en 1650, des résultats de la mission de Gatheville, employa les Pères de Coutances à en faire une dans cette ville, en 1655. Il avait lui-même établi un séminaire près de Valognes et l'avait amplement doté et pourvu. Ce séminaire fut supprimé bien plus tard par Mgr de Loménie, comme infecté de jansénisme (1).

Eudes avoua à cette religieuse que toutes les fois que la Mère de Dieu approchait de lui, il perdait pendant quelque temps l'usage de ses sens. *(Annales* du P. Costil*).*

(1) M. de Loménie interdit le séminaire de Valognes pour le service des ordinands et les réunit tous au séminaire de Coutances, se réservant d'y mettre des professeurs de philosophie et de théologie, s'il le jugeait à propos. C'est à cela que fait allusion le célèbre Santeul dans les vers suivants qu'il composa sur le séminaire de Valognes :

> Religionis honos, pietas bene fida magistri
> Extruxère sacras, plaudens quas conspicis ædes
> Vallonia, invidiæ stimulis at cedere, simplex
> Quæ novit virtus, optatis exsulat oris;
> Exsulat, et Christo pugiles jam luget ademptos.

(Annales de la Congrégation).

Les affaires de Lisieux terminées, le P. Eudes alla dans le même diocèse ouvrir la mission de Cizey, dont le seigneur, M. d'Amfréville, avait toujours protégé la Congrégation à laquelle il venait demander de procurer à ses vassaux des moyens de salut dont il comptait profiter lui-même.

Le P. Eudes retourna ensuite directement à Caen.

Il fallait qu'il se livrât enfin sans distraction à un travail devenu urgent depuis que la Congrégation grandissait en nombre et en réputation.

Le P. Eudes avait, au début, donné quelques règles de conduite à ses confrères ; mais elles étaient trop succinctes pour qu'elles pussent les guider dans tous leurs devoirs. Il établit donc en 1634 le plan de ses Constitutions, qu'il perfectionna dans la suite et auxquelles il ne cessa de travailler jusqu'à son dernier jour (1).

Il ne se fia pas à ses seules lumières dans cette

---

(1) *Les Constitutions* du P. Eudes, quoique conservées quant au fond, furent cependant modifiées après sa mort par quatre délégués de la Congrégation, qui les réduisirent à 27 articles. C'est dans cette forme qu'elles furent successivement présentées aux Parlements de Rouen, de Rennes et de Paris, lors de l'enregistrement par ces cours des lettres patentes accordées à la Congrégation.

La première partie de ces constitutions a pour but de faire connaître quelles qualités sont exigées des sujets qui doivent composer la Congrégation, la fin qu'elle se propose et l'esprit qui doit l'animer.

La deuxième partie fixe les exercices de piété qui doivent être pratiqués dans la Congrégation ; le travail et le silence y sont spécialement recommandés.

Les troisième, quatrième et cinquième parties traitent de toutes les vertus propres à l'état ecclésiastique et des devoirs que ces vertus imposent.

importante opération. Il consulta la plupart des constitutions établies par les fondateurs d'Ordres qui l'avaient précédé dans cette laborieuse voie, et, sur beaucoup de points, il ne fit qu'étendre, développer et modifier, suivant les exigences du temps, ce que d'autres avaient dit et écrit avant lui.

Il était, du reste, guidé par les souvenirs et par les leçons du cardinal de Bérulle et du P. de Condren, ces maîtres éminents dans la science de la vie intellectuelle et chrétienne.

Le choix d'un successeur est naturellement la pensée qui prédomine dans l'esprit de tout fondateur; quels que soient ses sentiments d'humilité, il sait qu'il faudra un autre lui-même après lui. Et c'était là bien certainement une des principales préoccupations du P. Eudes.

La Providence, cependant, lui préparait un sujet tel qu'il pouvait le désirer pour faire observer ses règle-

La sixième partie concerne les récipiendaires et les renseignements à donner sur chacun d'eux au supérieur général.

La septième partie est consacrée aux règlements pour les séminaires. Ils prescrivent d'y admettre tous ceux qui sont déterminés à entrer dans l'état ecclésiastique, ou qui se disposent à recevoir les ordres. La pauvreté n'est pas un titre d'exclusion. On peut y admettre aussi des étudiants des hautes classes, seulement comme pensionnaires, ainsi que des ecclésiastiques fatigués qui veulent vivre dans le recueillement.

La huitième partie renferme tout ce qui concerne les missions.

La neuvième partie est le résumé de toutes les pratiques en usage dans tous les colléges les mieux dirigés.

Il régla ensuite tout ce qui concerne l'élection du supérieur général et de ses assistants, ainsi que les différents emplois à remplir dans toutes les maisons de la société.

ments autant par son exemple que par l'autorité, qu'à tous les titres, il devait obtenir dans la Congrégation.

Depuis longues années déjà, il avait obtenu l'affection et l'estime de M. et de Mme Blouet de Camilly, appartenant tous les deux aux familles les plus distinguées du pays.

Mme de Camilly, née Anne Le Haguais, l'avait souvent soutenu pendant ses plus durs travaux : aussi les consolations du saint missionnaire ne lui firent pas défaut, quand M. de Camilly mourut, la laissant veuve avec quatre enfants, trois fils et une fille. L'aîné était doué de tous les avantages qui peuvent faire remarquer un homme dans le monde, et, en suivant les traditions de ses pères, il devait nécessairement arriver aux plus hauts emplois militaires.

Il aimait tendrement sa sœur, qu'à son retour il ne retrouva plus dans la maison paternelle.

Elle était entrée au monastère de la Visitation et n'attendait plus que le consentement de sa mère pour prononcer ses vœux. Malgré sa haute piété, Mme de Camilly ne pouvait se résigner à laisser s'accomplir ce sacrifice.

Vivement touché des larmes de sa mère, désespéré de voir sa sœur renoncer à tout ce qu'il avait rêvé pour elle, il se crut autorisé à tenter de forcer la clôture du monastère avec l'aide d'un de ses frères cadets pour en enlever sa sœur, qui résistait à sa volonté. Pour conjurer un pareil scandale, les Religieuses engagèrent Mlle de Camilly à rentrer dans sa famille, espérant que le temps et cette preuve de soumission calmeraient ces cœurs trop exaltés. Cette jeune personne comprit bien vite qu'elle avait une mission à remplir ; tout en ne négligeant aucun de ses exercices de piété, elle se rapprocha de ses frères, dont les premiers sentiments avaient subi quelque altération au contact du monde. Elle usa de tout le pouvoir que lui donnait le titre de sœur, pouvoir si bien indiqué par un de nos plus aimables poètes (1) :

> ...... Son frère ;
> Est-il plus jeune qu'elle ; elle est presque sa mère !
> La nature en a-t-elle autrement ordonné ;
> Elle est presque sa fille, alors qu'il est l'aîné !
> Oui, tandis qu'animé d'une vertu nouvelle,
> Comme elle il devient pur, dès qu'il veille sur elle ;
> A son tour, elle aussi, lui servant de soutien,
> L'excite vers le beau, le guide vers le bien,
> Le pousse à prendre rang parmi ceux qu'on renomme.....

Elle s'attacha surtout à vaincre l'opposition de son frère au sujet de sa rentrée à la Visitation. Ces pieux efforts réagirent insensiblement sur le cœur de M. de Camilly, qui bientôt accompagna sa sœur jusqu'à la porte de clôture de ce monastère, dont il avait voulu l'arracher de vive force. Mais Mlle de Camilly n'y rentrait que pour y mourir à l'âge de vingt-trois ans, regrettée de sa communauté dont elle était l'édification et l'exemple.

Le désespoir de son frère fut extrême. Dieu l'appelait à lui par un chemin tout couvert de ronces et d'épines ; mais c'était celui où l'avait précédé sa sœur, et il l'y suivit promptement, abandonnant le monde et tout ce qu'il pouvait lui promettre d'honorable et de séduisant.

(1) Legouvé, 1861.

La joie qu'en éprouva le P. Eudes, auquel le jeune de Camilly vint communiquer sa résolution, ne lui fit pas oublier les mesures de prudence qu'il avait à prendre vis-à-vis d'une âme aussi ardente.

Il l'envoya d'abord à Coutances, et, après l'épreuve rigoureusement faite, le néophyte fut admis dans la Congrégation le 8 février 1655 (1).

Le P. Eudes voyait ses établissements prospérer; les nombreux sujets, qui y affluaient, lui faisaient penser à essaimer ces ruches trop remplies et à former de nouvelles colonies. Il devait, cependant, marcher pas à pas; ses détracteurs ne cherchaient que l'occasion de le surprendre sur quelque démarche imprudente ou intempestive. L'affaire de Marie Desvallées lui en fournit le prétexte, quoiqu'il ne soit pas plus vrai qu'il ait écrit la vie de cette fille, telle qu'elle lui est attribuée, qu'il n'a institué de fête en son honneur.

En 1644, il avait été son directeur pendant la mission qu'il avait donnée à Coutances, et il était resté convaincu que l'état de sa pénitente était extraordinaire; il partageait en cela la conviction des ecclésiastiques les plus éclairés de Rouen et de Coutances. Elle mourut le 25 février 1656, dans les plus grands sentiments de dévotion, et elle était bien considérée comme une personne d'une éminente vertu, puisque les chanoines de la cathédrale et le curé de la paroisse sur laquelle elle était morte, se disputèrent ses restes, que celui-ci inhuma sans bruit dans son église.

(1) Son frère cadet entra aussi dans la Congrégation et fut pourvu ensuite du canonicat et de la théologale dans le chapitre de Bayeux. Le troisième frère devint conseiller au Parlement. Mlle de Camilly avait pris en religion le nom d'Anne-Jésus.

Le corps y resta du 25 février au 4 décembre, que M. le président de Langrie le fit exhumer et transporter au séminaire en vertu d'un arrêt du Parlement de Rouen. Il était intact, préservé de corruption et exhalait l'odeur la plus suave.

Un peu plus tard, on revint sur ce différend, on attaqua la mémoire de Marie Desvallées et par suite le P. Eudes lui-même. Ces tracasseries de mauvais aloi et sans base fixe durèrent jusqu'en 1658. Fatigué de ces débats, l'évêque évoqua cette affaire pour la soumettre directement à son jugement, et la fit examiner dans une assemblée composée de trois docteurs en Sorbonne, et de deux jésuites.

Il y invita son official, l'adversaire du P. Eudes, le P. Eudes, le P. de Montaigu et le P. Blouet de Camilly, qui avait préparé toutes les matières de ce singulier procès. Les docteurs étaient M. Morel, M. Cornet, dont Bossuet fit plus tard l'oraison funèbre, et M. Séguier, théologal de l'Église de Paris. Tout ayant été examiné scrupuleusement, l'évêque rendit honneur à la mémoire de Marie Desvallées, en termes très-énergiques.... « Je me sens poussé de dire ce
« que je dis, ajouta le prélat, et je prends Dieu à
« témoin que ce n'est pas par une affection particu-
« lière ni pour la fille, ni pour le P. Eudes, ni pour
« les missionnaires, mais pour rendre ce qui se
« doit à la justice et à la vérité. »

Dix jours après, le 14 septembre, le prélat, publia son jugement : il fit délivrer au P. Eudes deux expéditions de la sentence. Rien ne pouvait donc être mieux éclairci.

Nous n'avons donné ces détails, d'une assez minime importance, que parce qu'on est revenu bien souvent sur ce sujet, comme il arrive toujours quand les accusateurs ne savent plus comment motiver leurs attaques. Vingt ans après la mort du P. Eudes, dont la sainte vie ne donnait aucune prise à la malveillance, un écrivain Janséniste osait dire « qu'il avait « vu et lu, écrites de sa main, toutes les folies de « sa béate Marie Desvallées. »

Les succès obtenus par les Eudistes dans leurs missions de Lingèvre en 1656, et de Léthanville en 1657, leur rendirent dans son entier la confiance de l'évêque de Bayeux, qui les autorisa à prêcher dans tout son diocèse, comme l'avait fait Mgr d'Angennes. De plus, malgré les démarches des adversaires les plus déclarés du P. Eudes, il fut résolu qu'on rétablirait à Caen, et dans sa maison, le séminaire destiné à l'instruction des ordinands, et à servir de retraite aux ecclésiastiques, qui voudraient y faire les exercices spirituels.

Pour rendre cet établissement plus stable encore, Mgr Servien tint à obtenir de nouvelles lettres patentes, qui furent expédiées au mois d'octobre 1657.

---

(1) En 1674, M. Dufour, abbé d'Aulnay, Janséniste bien connu, publia un libelle dans lequel il chargeait le P. Eudes de *treize* hérésies. Comme saint Bernard, le vénérable fondateur fut trompé par son jeune secrétaire qui, gagné par l'abbé Dufour, sous la promesse de quelque bénéfice, lui livra toutes les notes que son supérieur avait écrites sur Marie Desvallées, non pour en faire un livre, mais pour guider les siens en pareille matière. Le P. Launay répondit au libelle à l'invitation de l'abbé du Val-Richer.

Le P. Eudes pensait qu'il ne fallait se défendre que par le silence et non autrement.

(*Récit du P. Richard*, le fidèle serviteur du P. Eudes).

Ses lettres d'institution furent enregistrées le 17 novembre : il y avait inséré des clauses difficiles à observer ; mais elles furent mitigées dans la suite par son successeur.

Mgr Servien voulut, comme dédommagement et réparation d'un si triste passé, que le rétablissement du séminaire se fît avec tout l'éclat possible.

Les curés reçurent l'ordre d'annoncer au prône l'ouverture du séminaire et d'expliquer au public tous les avantages que présentait une pareille mesure non seulement pour les prêtres, mais encore pour les jeunes clercs.

La cérémonie fut faite dans la chapelle même qui avait été interdite sous Mgr Molé ; on y chanta une messe solennelle, toute la ville prit part à cette fête dont un vicaire général fut chargé de faire les honneurs.

Le P. Eudes était presque seul dans sa communauté, ses confrères faisant alors une mission à Honfleur. En leur donnant communication de ces détails, il les engageait en même temps à chasser de leur cœur tout sentiment d'orgueil, qui pourrait y prendre naissance par suite de la préférence que leur donnait Mgr Servien sur une Congrégation que ce prélat aimait beaucoup et dont il avait reçu des offres considérables.

L'Oratoire n'avait dû reculer devant aucun sacrifice pour l'emporter sur les Eudistes.

Le 15 novembre 1657, le P. Eudes avait adressé une lettre à ses régents du collége de Lisieux ; elle contenait une règle de conduite : « Évitez ce reproche, di-
« sait-il : *qui alienos doces, te ipsum non doces;*
« imitez le Sauveur, *qui cœpit docere et facere;*

« accomplissez en vous ces paroles : *qui fecerit et do-*
« *cuerit, hic magnus vocabitur in regno cœlorum.* »
Il termine cette lettre si importante pour la direction
de la jeunesse, par ces paroles de saint Paul : « *Quæ-*
« *cumque sunt vera, quæcumque pudica, quæcum-*
« *que justa, quæcumque amabilia, quæcumque bonæ*
« *famæ, si qua virtus, si qua laus disciplinæ, hæc co-*
« *gitate... Hæc agite et Deus pacis erit vobiscum.* »

Sa modestie l'empêcha d'ajouter le reste : « *Quæ et*
« *didicistis, et accepistis, et audistis, et vidistis in*
« *me...* (1) »

Hélas ! tous les hommes qui dirigent notre jeunesse,
pourraient-ils dire, comme ce saint prêtre en aurait
eu le droit : « *Faites les choses que je vous ai ensei-*
« *gnées, que je vous ai mandées, que je vous ai dites*
« *et dont je vous ai donné l'exemple.* »

Le professorat est un sacerdoce. Rien n'était plus
doux que le gouvernement du supérieur général. Il se
donnait tout à ses frères ; il ne leur demandait rien
par forme d'autorité ; « *je ne vous écris pas comme*
« *supérieur, mais comme votre frère.* » Sa charité
était si tendre et si compatissante qu'il accordait tout ce
qui était possible. On remarquait sa prédilection pour
les malades : « *Tout vendre,* disait-il, *plutôt que de les*
« *laisser manquer et souffrir.* » Il tenait à ce que les
exercices de la communauté fussent terminés avant
que l'on s'occupât de ceux de pure dévotion. S'il se
sentait vivement ému au sujet de quelque infraction, il
attendait pour reprendre le délinquant qu'il fût en
possession de tout son calme. Enfin, rien n'égalait sa

---

(1) Saint Paul aux Philippiens, ch. IV, ỹ. 8.

prudence dans ses rapports avec les supérieurs des différentes maisons.

Revenons pour un instant à Mézeray ; ces deux vies si différentes ressortent l'une par l'autre. Chez les trois frères, il existait certains rapports dans les âmes comme dans les figures : « *Non facies una, nec di-* « *versa tamen, qualem decet esse fratrum.* »

Quand, en 1649, l'Académie perdit Vaugelas (1), c'est à Mézeray, qui s'illustrait par la composition d'un grand corps d'histoire nationale, qu'elle transmit le soin de préparer désormais, pour ses discussions, les matériaux du grand monument lexicographique qu'elle élevait à notre langue.

A cette époque, l'Académie française tenait ses séances à l'hôtel Séguier, depuis hôtel des Fermes, rue de Grenelle-Saint-Honoré, n° 55, et rue du Bouloi, n° 24.

Le chancelier Pierre Séguier (2) l'avait, en 1612,

---

(1) Vaugelas (Claude-Favre de), né en 1585, à Meximieux, fils du jurisconsulte A. Favre, fut chambellan de Gaston, duc d'Orléans. Il s'était fait une grande réputation de grammairien et de puriste, entra à l'Académie française lors de sa fondation et fut mis à la tête de la grande entreprise du dictionnaire. Il mourut en 1649.

(2) Séguier (Pierre), né en 1588 et mort en 1672 à Paris. Il remplit différentes charges au Parlement, fut intendant de Guienne, puis, sous Richelieu, devint Garde des sceaux (1633) et chancelier (1635). Souvent opposé au ministre et plus tard à la reine régente, il n'adhéra jamais à la Fronde, fut longtemps privé des sceaux et ne les reprit qu'en 1656. Il présida la commission chargée de juger Fouquet, ainsi que le conseil qui rendit les belles ordonnances de 1669 et de 1670. Il fut un des premiers qui eurent l'idée de la création de l'Académie française dont il fut le zélé protecteur après la mort de Richelieu.

reconstruit sur les plans d'Androuet du Cerceau, célèbre architecte du XVIe siècle, qui, chargé par Henri IV de l'achèvement du Louvre, ne put mener ces travaux à fin, ayant quitté la France par suite de son attachement au protestantisme.

L'Académie tint ses séances pendant trente ans dans cet hôtel, qui avait été successivement habité par Françoise d'Orléans douairière de Condé, par Charles comte de Soissons, par Henri duc de Montpensier et par Roger de Bellegarde, grand écuyer de France.

Ce fut là que l'Académie reçut la reine Christine de Suède. Quelques lectures de prose et de vers, auxquelles Christine avait prêté une attention bienveillante, étant terminées, on avait passé, sur sa demande, au travail habituel du dictionnaire dont elle souhaitait avoir une idée. Le hasard voulut que Mézeray, en devoir de la satisfaire, mît la main sur le cahier où était contenu l'article concernant le mot *Jeu*, et que parmi les expressions proverbiales qui y étaient rapportées, s'en rencontrât une dont l'application fâcheuse ne pouvait échapper à personne : « *Jeux de princes qui ne plaisent qu'à ceux qui les font.* » Nul, dans l'assemblée ne put, en l'entendant, réprimer un sourire qui parut, mais avec l'expression de la contrainte et accompagné d'une subite rougeur, sur les lèvres cruelles d'où était sorti, quelques mois auparavant, l'arrêt de mort de Monaldeschi.

« Ce qui vit et qui respire, ajoute M. Patin de
« l'Académie française (1), dans cette frappante anec-
« dote plus authentique que tant d'autres complai-

---

(1) Discours à M. Patin, directeur de l'Académie, à l'inauguration du monument des Eudes à Argentan. 1866.

« samment accueillies par une fantasque légende,
« c'est ce qui nous est rendu, autant qu'il était pos-
« sible à l'art, et dans la figure principale, et dans
« les accessoires allégoriques du monument que nous
« inaugurons : je veux dire la physionomie morale
« de Mézeray, son amour du vrai, sa droiture, sa
« sincérité, la liberté de sa pensée et de sa parole,
« ces traits distinctifs et saillants dont furent mar-
« qués à la fois, non peut-être toujours sans quelque
« excès et quelque bizarrerie, ses manières, son talent
« et son œuvre. C'était, ce monument nous le dit,
« *une physionomie de race et de famille,* s'il est per-
« mis de s'exprimer ainsi. Mézeray la tenait de son
« père, le loyal serviteur de Henri IV; il l'eut, en
« commun, comme un héritage indivis, avec ses
« dignes frères, *avec le pieux et éloquent mission-*
« *naire, l'infatigable travailleur apostolique, qui*
« *a comme sanctifié le nom d'Eudes,* avec le *probe*
« *et courageux échevin* qui l'a pour sa part singu-
« lièrement honoré par *sa fière revendication de la*
« *franchise municipale...* » (1)

Nous ne pouvions omettre de transcrire ici une par-

---

(1) Mézeray n'avait pas gardé de rancune à la Congrégation de l'Oratoire. Il était, comme dit M. Patin, *droit et sincère.* Quand, en 1674, le fameux Oratorien Mallebranche fit imprimer son livre sur la recherche de la vérité, M. Pirot, docteur et professeur de Sorbonne, le trouva entaché de cartésianisme et lui refusa son approbation. L'abbé d'Aligre, fils du Garde des sceaux et ami de l'auteur, fit examiner le livre *par l'historien Mézeray,* et le privilège d'approbation fut accordé gratis. L'assemblée de l'Oratoire, réunie en 1675, arrêta qu'on adresserait des remerciements au P. Mallebranche, pour l'honneur que son ouvrage faisait à la Congrégation.

(*L'Oratoire de France au XVIIe et au XIXe siècle.*)

tie du discours de l'honorable M. Patin, directeur actuel de l'Académie française et l'un des successeurs de Mézeray dans cette illustre assemblée, qui, en face des populations normandes, a octroyé par avance le nom de *saint* au P. Eudes. Puisse-t-il être entendu de ceux qui auront à juger sa cause !

LIVRE III

CHAPITRE PREMIER

(1658 - 1660)

Mgr Harlay de Chanvallon, archevêque de Rouen, offre au P. Eudes un établissement dans cette ville. — M. Dufour, abbé d'Aulnay, Janséniste, et les Ursulines de Caen ; accusation contre le P. Eudes à ce sujet. — Modération du P. Eudes à l'égard des Jansénistes. — Troubles dans la Congrégation. — Projet de construction pour le séminaire de Caen ; conditions faites par la ville. — Approbation de Mgr Servien, évêque de Bayeux, pour la fête du Sacré-Cœur de la Mère de Dieu, 17 janvier 1659. — Mort de Mgr Servien ; Mgr de Nesmond, son successeur. — Missions. — L'ermitage au couvent des Ursulines. — Mission aux Quinze-Vingts à Paris, 1660. — Mission à Saint-Germain-des-Prés, prêchée devant la Reine ; succès du P. Eudes.

Après le martyre, le triomphe... Non celui qui conduit au repos et à la somnolence, mais ce triomphe militant qui nous tient en haleine et toujours prêts à la défense.

Ainsi des créations et des fondations religieuses ; seulement et surtout alors, la persécution et les contradictions étaient le plus souvent provoquées par des hommes revêtus eux-mêmes du sacerdoce, agissant quelquefois dans de bonnes intentions et par conséquent bien plus difficiles à ramener et à convaincre.

Le P. Eudes et tous ses adhérents passaient pour des utopistes sans valeur ni portée ; de plus, marchant plus vite, activés par les besoins de l'époque, ils froissaient des amours-propres, et attaquaient dans une certaine mesure des habitudes consacrées par le temps et par l'usage. Les esprits s'irritaient et le mal gagnait avant qu'on ait pu le conjurer, tant il était impossible alors d'arriver à temps, de connaître les moyens d'attaque, les motifs des fausses interprétations.

Des années s'écoulaient avant qu'on pût arriver à une conclusion : et quand malheureusement cette conclusion se trouvait contraire aux fondations, il fallait s'humilier, attendre et puiser une nouvelle énergie dans la conviction et le sentiment de foi qui n'abandonnent jamais les vrais serviteurs de Dieu.

Quand nous voyons le vénérable Eudiste aux prises avec tous ses cruels mécomptes, accablé, calomnié, incompris et cependant tenant son œil toujours fixé vers le Ciel, c'est alors, surtout, que nous ressentons pour lui le sentiment de haute et sincère admiration qu'on n'accorde qu'aux grands hommes, c'est alors qu'il nous paraît dominer ses adversaires de toute la hauteur de la Croix, ce premier degré qui nous rapproche du trône de l'Eternel.

On aura déjà compris les divisions principales de l'œuvre que nous osons présenter au monde catholique.

Dans le premier livre, nous avons montré le P. Eudes depuis sa naissance (1601) jusqu'à sa sortie de l'Oratoire (1643) ; *dans le second,* nous parlons du fondateur (de 1643 à 1657) ; *dans le troisième,* nous avons à dire la marche de sa Congrégation, de ses séminaires et de ses autres créations (de 1657 à 1680) époque de sa mort. Dans *deux appendices,* nous suivons la marche de toutes ses œuvres depuis sa mort (1680), jusqu'à nos jours (1869.) Le tout comprend donc 268 années.

Mgr Harlay de Chanvalon (1), alors archevêque de

(1) Mgr Harlay de Chanvalon est un personnage historique ; de plus, il fut un des protecteurs les plus puissants du P. Eudes. Il nous appartient donc d'en parler ici plus amplement que ne le comporte une note ordinaire. Issu d'une ancienne famille de Bourgogne, François de Harlay naquit à Paris en 1625. Après de brillantes études, il devint docteur en Sorbonne et se fit remarquer par sa mémoire et son élocution facile. Dès l'âge de 26 ans, il fut reconnu capable de succéder à son oncle paternel qui, en sa faveur, se démit de son siége en 1651. Quoique très-jeune, Mgr de Harlay fit preuve de beaucoup de zèle et de prudence dans le gouvernement de son diocèse. Louis XIV, appréciant son mérite, le nomma à l'archevêché de Paris en 1671. Ce prélat parut à Paris tel qu'il s'était montré à Rouen ; il établit des conférences de morale, tint des synodes, donna des réglements salutaires, publia des mandements et présida en chef à plusieurs assemblées du clergé. Il était désigné pour le cardinalat, lorsqu'il mourut d'apoplexie le 6 août 1695, à Conflans, résidence qu'il avait achetée pour lui et ses successeurs. Ses dernières années furent remplies de dégoûts. Il avait été en 1684 ou 1685 un des trois témoins du mariage de Louis XIV et de Mme de Maintenon et s'opposa toujours énergiquement à sa déclaration. Elle ne le lui pardonna pas et chercha à le perdre. « Son « profond savoir, dit Saint-Simon, l'éloquence et la facilité « de ses sermons, l'excellent choix des sujets et l'habile con- « duite de son diocèse, jusqu'à sa capacité dans les affaires « et l'autorité qu'il y avait acquise dans le clergé, tout cela

Rouen, se détermina à offrir au P. Eudes un établissement dans la capitale même de la Normandie, mais en lui faisant cette communication, il lui recommanda le plus grand secret sur cette affaire, connaissant d'avance toutes les oppositions sourdes ou déclarées qui surgiraient contre le digne fils de cet illustre P. de Condren, qui, plusieurs fois consulté sur les disputes du temps, répondait toujours : « Que l'Église
« était sainte et infaillible en tous ses âges ; qu'elle
« l'était encore et qu'elle le serait toujours, et que
« nous devons l'écouter et lui obéir dans tous les siè-
« cles ; mais que l'obéissance que Dieu nous commande
« de lui rendre doit être rendue *à l'Église présente du*
« *siècle dans lequel nous vivons, qui nous a baptisé,*
« *qui nous enseigne, qui nous conduit ;* que c'est à
« elle à nous faire entendre ses premiers sentiments,
« aussi bien que nous exposer les saintes Ecritures. »
(*Oratoire de France*, P. A. Perraud).

« fut mis en opposition de sa conduite particulière, de ses
« mœurs galantes, de ses manières de courtisan du grand
« air. »

Mgr de Harlay est considéré comme un des prélats les plus distingués du royaume pendant le XVII⁰ siècle. Il défendit le P. Eudes en toutes occasions, et fit une constante opposition au général de l'Oratoire, le P. de Sainte-Marthe, qu'on accusait de connivence avec les Jansénistes. « Mais, dit le P. Per-
« rault, la réputation si équivoque laissée par Mgr de Harlay
« n'enlève-t-elle pas tout crédit à l'opposition constante
« qu'il fit au général de l'Oratoire ? » Ceci correspond évidemment au jugement porté par Saint-Simon. Nous n'entrerons pas dans ce débat ; mais, pour ce qui concerne le P. Eudes, remarquons que les attaques dont il était la victime paraissent devenir plus ardentes en 1673 et 1674, et que le P. de Sainte-Marthe entra en exercice comme général de l'Oratoire en 1672.

Le Jansénisme gagnait de proche en proche, « héré-
« sie déloyale, dit le P. Lacordaire, qui n'osa jamais
« attaquer l'Église en face et qui se cacha dans son
« sein comme un serpent. »

On savait que le P. Eudes n'admettait pas qu'il fût possible de transiger en quoi que ce soit, dès que l'Église avait parlé, et les nouveaux sectaires le regardaient comme un adversaire de toutes les heures (1). Il disait à qui voulait l'entendre que lui et ses confrères étaient aussi éloignés du Jansénisme que le ciel l'est de l'enfer.

Mgr de Harlay savait donc que tout serait mis en œuvre pour faire échouer un projet auquel il rattachait l'avenir de son clergé.

M. Dufour, abbé d'Aulnay et prêtre janséniste, était parvenu, en trompant la religion de l'abbé de Barbery,

---

(1) Mgr de Nesmond, évêque de Bayeux, prit un jour le P. Eudes dans sa voiture pour qu'il l'accompagnât dans une visite qu'il voulait faire à une Religieuse. Il avait déjà avec lui un prêtre d'une autre communauté très-attaché aux nouvelles erreurs. Quoique ce prêtre cherchât à les déguiser, le prélat, cependant, le connaissait parfaitement et voulut probablement lui donner une forte leçon en s'adjoignant le vénérable missionnaire.

Il demanda donc tout-à-coup à celui-ci s'il savait avec qui il voyageait en ce moment : « Ignorez-vous donc que vous êtes auprès d'un franc Janséniste? » Le P. Eudes, saisi de surprise et comme d'effroi, voulut descendre de voiture à l'instant. Il dut rester sur l'ordre du prélat, qui le dédommagea de cette contrainte en s'exprimant devant ce prêtre de la manière la plus ferme contre les entreprises des novateurs que chacun devait fuir comme avait voulu le faire le P. Eudes.

C'était donc ce zèle inflexible, apparaissant dans les moindres circonstances, qui révoltait ces novateurs et les portait à traverser ses entreprises.

de l'Ordre de Cîteaux (1) et supérieur des Ursulines de Caen, à célébrer la messe dans l'église de ces Religieuses. Il cherchait à introduire les idées nouvelles dans le monastère. Mais plus attentives sur ses démarches qu'il ne le croyait, elles eurent soin de retirer tout ce qui était nécessaire pour le saint sacrifice, quand, revêtu des ornements sacerdotaux il se préparait à monter à l'autel. Il fut obligé d'envoyer chercher en ville ce qui lui manquait. Cet incident fit beaucoup de bruit à Caen et mit tous les Jansénistes en rumeur. On saisit le juge de cette affaire, et celui-ci donna un décret d'ajournement personnel (2) contre le chapelain et la sacristine du monastère. Le Roi voulut lui-même en connaître et l'abbé Dufour, prévoyant les suites graves de cette contestation par suite de laquelle il craignait d'être condamné, déclara « qu'il n'avait jamais été « du sentiment de ceux qu'on nomme Jansénistes (3). »

(1) Louis Quinet, abbé de Barbery, fut d'abord Religieux Bernardin de l'abbaye du Val-Richer, dans le diocèse de Bayeux. On sait que cette abbaye est maintenant la demeure de M. Guizot. Louis Quinet, ayant reçu le doctorat à Paris, devint le confesseur du Cardinal de Richelieu et prieur de l'abbaye de Royaumont, fondée en 1227 par saint Louis, et dans laquelle il rétablit la régularité. La faveur du Cardinal le fit nommer abbé de Barbery. Mais il y fut si mal reçu par les Religieux, qu'il dut se réfugier à l'abbaye d'Aulnay. Il revint cependant dans son monastère qu'il parvint à réformer et dirigea pendant 27 ans. Il résigna en faveur de Nicolas Le Guedois et mourut à 68 ans, le 2 janvier 1665, avec la réputation d'un saint Religieux, ayant rempli, comme confesseur du fameux Cardinal, une des fonctions les plus délicates de son ministère.

(2) L'ajournement personnel est l'assignation en matière criminelle, par laquelle l'accusé est obligé de paraître en personne.

(3) *Histoire du Jansénisme.* T. II.

Le P. Eudes était l'ami de M. de Bernières, qui occupait un appartement dans la cour du monastère des Ursulines. L'abbé d'Aulnay crut donc qu'il n'était pas étranger à sa disgrâce. Dans cette croyance, il s'empressa de s'unir aux adversaires du saint prêtre et chercha à le traverser dans ses desseins, quand il sut qu'on pensait à instituer un nouveau séminaire à Rouen.

On proposa à Mgr de Harlay de donner la direction de ce séminaire aux ecclésiastiques de la paroisse de Saint-Patrice, réunis en communauté.

Le chapitre de la cathédrale, voyant que le prélat persistait dans ses intentions, lui présenta un mémoire où se trouvaient répétées toutes les allégations passées. La réponse du P. Eudes ne porta que sur ce qui avait trait à l'impossibilité matérielle dans laquelle on prétendait qu'il se trouvait d'entretenir ses séminaires, dont la chute probable deviendrait un échec pour l'archevêque et son chapitre. Quant à ce qui le regardait personnellement, *comme homme, comme prêtre et comme ancien Oratorien*, il se taisait : « *Jesus autem tacebat.* »

Pour couper court à toute nouvelle tentative, Mgr de Harlay, qui, suivant Saint-Simon, *excellait dans le choix de ses sujets*, s'empressa d'expédier des lettres d'institution. Elles sont datées du 30 mars 1658. Il obtint au mois d'avril de la même année des lettres patentes, qui furent enregistrées le 14 janvier suivant au Parlement, et le 15 février 1659, jour de l'octave de la fête du Sacré-Cœur de Marie, l'ouverture du séminaire se fit par une messe solennelle. Le P. Eudes lui donna pour supérieur le P. Manchon, auquel il adjoignit cinq des meilleurs sujets que possédât la Congrégation.

Le P. Eudes dirigea lui-même la première retraite qui y fut donnée, ainsi que les conférences pour les ordinands.

Il ne put, malgré toutes ses précautions, épargner aux Pères bien des misères ; tous préféraient souffrir que de réclamer ce qui leur était dû, d'après les prescriptions du concile de Trente, corroborées par différentes ordonnances déjà citées (1).

Les Eudistes triomphaient donc, appuyés sur cette droite qui ne fléchit jamais ; mais dans leur couronne Dieu avait placé quelques-unes de ces épines qui avaient blessé la face de son divin Fils.

Les Jansénistes veillaient, tout en restant dans l'ombre. Mgr de Harlay venait de lancer une ordonnance (1659) tendant à faire procéder, dans toute la rigueur prescrite par le droit, contre quiconque aurait la témérité d'avancer les propositions de Jansénius ou d'en soutenir la doctrine. Le P. Eudes prescrivait à ses confrères la plus grande modération et l'abstention de tous rapports avec leurs adhérents. Il regardait, en outre, comme inutile de parler en public contre une hérésie dont le peuple connaissait à peine l'existence. Il redoutait qu'on piquât la curiosité d'une

---

(1) Le P. Eudes a laissé une note indiquant qu'après Dieu on devait cette fondation au zèle infatigable de M. de la Motte-Lambert; du P. de la Boissière, eudiste; de M. Mallet, docteur en Sorbonne, chanoine de la cathédrale de Rouen et grand-vicaire ; du P. Niquet, supérieur du noviciat des Jésuites; du P. Simon, minime; de M. de Carradas, religieux de l'abbaye de Saint-Ouen ; de M. d'Osmonville, conseiller au Parlement ; de M. Le Cormier, maître des comptes; de MM. de Fernel ; du frère de M. de la Motte-Ango, d'Argentan ; de M. de Bimorel, conseiller ecclésiastique au Parlement ; de M. de Cotterel, grand-prieur de l'abbaye de Saint-Ouen.

multitude ignorante, et c'était avec raison. Car bien des années plus tard, Massillon n'a-t-il pas écrit : « Une « des grandes plaies que le Jansénisme ait faites à « l'Église, c'est, à mon avis, d'avoir mis dans la bouche « des femmes et des simples laïques les plus relevés « et les plus incompréhensibles mystères, et d'en avoir « fait un sujet de conversation et de dispute. C'est ce « qui a répandu l'irréligion ; il n'y a pas loin pour les « laïques *de la dispute au doute et du doute à l'in-* « *crédulité.* »

Ces conseils portaient leurs fruits ; mais si, en apparence, la paix renaissait au dehors, la discorde allait apparaître au dedans d'une manière alarmante. Le chef de la Congrégation la domina, dès le début, par sa haute sagesse et aussi par le sentiment de vénération qu'il inspirait à tous ses confrères.

Considérant qu'en raison de sa position dans la ville archiépiscopale, le séminaire de Rouen prendrait nécessairement la tête et primerait un jour tous ses autres établissements, il y avait placé le prêtre sur lequel il comptait le plus, le P. Manchon, qui était supérieur de la maison de Lisieux. Le regret de le perdre dégénéra chez les Pères du séminaire de cette ville en révolte ouverte, qui tomba bientôt devant les reproches sévères du P. Eudes, dont la tendresse, dit-on, débordait cependant à chaque ligne de son admonestation.

Vivement touchés et repentants, ils reconnurent leur faute et lui promirent obéissance et soumission entière. L'accord ne fut jamais troublé depuis cet incident, qui donna l'occasion au P. Eudes de resserrer les liens de la discipline.

Depuis longtemps le P. Eudes cherchait dans la ville

de Caen un emplacement pour construire, Dieu aidant, une maison en rapport avec la grandeur de son œuvre. Depuis quinze ans, la Congrégation était établie dans un lieu trop étroit, entièrement bordé d'un côté par la rue Saint-Laurent, et de l'autre par le cours de la petite rivière de l'Odon. Mais il y avait devant la maison une petite place inculte et inutile à la ville, sur laquelle on avait déjà bâti de trois côtés. C'est actuellement la place royale de Caen.

Le P. Eudes jeta donc les yeux sur ce terrain, mais, pour l'obtenir, il fallait désintéresser bien des personnes, se faire aider directement par beaucoup d'autres et enfin agir avec autant d'adresse que de secret pour ne pas réveiller l'attention des puissants adversaires, qui voyaient déjà avec tant de dépit s'élever cette plante qu'ils avaient voulu écraser dans son germe.

Mgr Servien voulut bien considérer cette affaire comme le concernant personnellement. Le P. Eudes fut en outre appuyé par M. le duc de Longueville, qui l'avait autorisé à prendre dans sa forêt de Briquebec une bonne partie du bois nécessaire pour la construction de l'église et du séminaire de Coutances. M. de la Croisette, gouverneur de la ville et du château de Caen, vint y joindre ses bons offices. Le P. Eudes obtint donc le terrain qu'il désirait, à la condition qu'il n'aurait pas d'autre destination que celle indiquée, que les bâtiments seraient commencés dans l'espace de six ans et qu'il serait payé à perpétuité à la ville une rente de trois cent soixante-neuf livres, quinze sols, si le fonds n'en était amorti dans le même temps.

Les conditions faites par la ville étaient onéreuses.... mais rien ne pèse dans les mains de Dieu. Le

P. Eudes accepta, en comptant sur la divine Providence ; il avait raison, car en 1662, un inconnu de Paris, voulant rester tel avant et après sa mort, lui fit remettre d'abord 10,000 livres, et peu de temps après 4,000 autres dont partie servit à se liquider avec la ville, et partie à commencer les bâtiments. Par expérience le P. Eudes savait que les premières pierres posées en appellent toujours d'autres et que les intentions des bienfaiteurs futurs ne se manifestent ouvertement et d'une manière effective, que lorsqu'ils voient motif d'appliquer leurs dons.

Le P. Eudes se borna à faire dresser pour l'église un plan d'une grande simplicité, comptant l'exécuter quand il posséderait les ressources nécessaires. En attendant, il voulut instituer une fête en l'honneur du Sacré-Cœur de la Mère de Dieu. Mgr Servien l'approuva par une lettre authentique du 17 janvier 1659, et la fixa au 8 février.

Elle fut solennellement célébrée dans l'ancienne chapelle de Caen, qui avait subi tant de vicissitudes et, avec celle du Saint-Cœur de Jésus, elle devint la fête patronale de la Congrégation.

Mgr Servien mourut quelques jours après avoir donné cette dernière marque d'estime au P. Eudes. Il fut remplacé au siége de Bayeux par Mgr de Nesmond(1),

(1) François de Nesmond, né à Paris en 1629, était fils de Nesmond, président au Parlement, et d'Anne de Lamoignon. Il devint docteur en Sorbonne en 1654, fut, l'année suivante, député à l'assemblée du clergé, et en 1660 Louis XIV le nomma à l'évêché de Bayeux. Il se démit aussitôt qu'il lui fut possible des bénéfices simples qu'il possédait. Prélat pieux et zélé, il publia des statuts, fit bâtir trois séminaires dont deux à ses frais, établit des conférences ecclésiastiques, établit à ses dépens un grand nombre d'écoliers sans fortune et se montra

qui ne put prendre possession de son siége que trois ans après. On comprend combien un pareil état de choses était nuisible à la conclusion des affaires religieuses qui, en pareilles circonstances, devaient être réglées et dirigées par des vicaires-généraux.

Cette longue vacance suspendant les exercices ordinaires du séminaire de Caen, le P. Eudes l'employa à donner des missions dans le diocèse de Coutances.

La première se fit à Vasteville, pendant les mois de juin et de juillet 1659. Les effets en furent bien éclatants, car le P. Eudes, qui y était habitué, ne put s'empêcher d'en exprimer son étonnement : « Oh! « que c'est un grand bien que les missions ! s'écrie- « t-il, oh! qu'elles sont nécessaires ! Oh ! que c'est un « grand mal d'y mettre des obstacles ! Oh ! si ceux qui « nous ont empêché d'en faire plusieurs dans le dio- « cèse savaient le mal qu'ils ont fait ! Mon Dieu, par- « donnez-leur, car ils ne savaient ce qu'ils faisaient ! »

La petite ville de Villedieu jouit bientôt du même bienfait. Villedieu était une commanderie de l'Ordre de Malte, dont le titulaire était alors M. de Caillemer, prêtre Religieux de l'Ordre de Jérusalem, docteur en théologie de la Sapience (1) de Rome. Pour n'enfrein-

---

surtout très-généreux envers les pauvres. Tout occupé de soulager leur misère il fonda pour eux un hôpital général en 1666. Son zèle pour la conversion des protestants fut couronné des plus heureux succès. Il mourut le 16 mai 1715, étant le doyen des évêques de France. Il considéra toujours la visite annuelle de son diocèse comme un des devoirs les plus absolus et quand un prélat faisait demander de ses nouvelles, il répondait invariablement : « Je fais mes visites pastorales... » donnant ainsi charitablement une leçon qui n'était pas toujours comprise.

(1) Sapience (de *sapientia*, sagesse, science). Il y a à Rome

dre aucun droit, le P. Eudes lui avait écrit au sujet de cette mission, et le 15 septembre M. de Caillemer, en sa qualité de commandeur de Villedieu, fit un mandement pour l'autoriser.

Le P. Eudes se rendit ensuite à Rouen pour préparer lui-même ses séminaristes à la réception des ordres sacrés.

Il y eut connaissance, en arrivant, d'une aventure dont on avait voulu encore le rendre responsable. Comme il ne donnait jamais prise sur lui-même, il fallait bien, pour parvenir à lui nuire, rattacher toujours à ses projets des faits ou actes qui lui étaient étrangers. Il ne pouvait ainsi ni se défendre ni se préparer d'avance à combattre le mal qui pouvait en résulter, et, comme Jérémie, il lui était permis de s'écrier : « *Et non cognovi, quia cogitarunt super me consilia.* »

Jourdaine de Bernières avait fondé à Caen, en 1624, la maison des Ursulines et amené de Paris les trois premières Religieuses. Dans la cour de ce monastère, était située une maison, qu'on finit par appeler l'Ermitage, et où vint se retirer son frère, M. de Bernières, le fidèle et constant ami du P. Eudes.

« La petite maison appelée l'Ermitage, dit Mgr Huet, « dans ses *Origines de Caen*, p. 436 (1), est devenue un célèbre collége de la Sapience, ainsi appelé, parce qu'on y enseigne les principales sciences. C'est l'Université de Rome.

(1) Huet, le savant évêque d'Avranches, publia pendant sa retraite à la maison professe des Jésuites de Paris, ses *Origines de Caen*, œuvre d'un savoir beaucoup plus étendu que les bornes de son titre ne semblent l'indiquer, et qui dut être pour lui un souvenir de ses voyages au milieu des nations scandinaves.

« célèbre par l'éminente piété de J. de Bernières,
« frère de la fondatrice, qui, en s'éloignant du monde,
« y choisit sa retraite et celle de plusieurs saints per-
« sonnages, qu'il y avait attirés et, qui après s'y être
« consommés avec lui dans la vertu, se sont répandus
« en divers lieux et y ont produit des fruits infinis
« pour l'éternité. »

M. de Bernières mourut le 3 mai 1659. Ses compagnons n'eurent plus de guide, et quoiqu'ils se fussent mis sous la direction de M. Guillebert, paroisse de Saint-Ouen, où ils avaient pris une nouvelle demeure, ils se laissèrent aller à de tels actes d'excentricité religieuse, que l'autorité civile eut motif de s'en préoccuper (1).

Comme on savait que le P. Eudes était l'ami de M. de Bernières et que nécessairement il l'avait bien souvent visité à l'Ermitage, on voulut l'accuser d'avoir provoqué cette mise en scène contre les novateurs. Il agit au contraire, dans cette occasion, avec tant de prudence qu'il approuva le P. Dupont d'avoir refusé l'entrée du séminaire de Coutances à plusieurs de ces solitaires et qu'il prescrivit la même mesure aux autres directeurs.

Nous avons déjà fait la remarque que toutes les fois que le P. Eudes est en butte à la calomnie, il reçoit d'autre part une marque de confiance éclatante.

Ainsi pendant qu'on le poursuivait à Rouen et qu'on cherchait habilement à le compromettre à Caen pour faits religieux vis-à-vis de l'autorité civile, on le pria

(1) Ils parcouraient les rues de la ville de Caen, comme des inspirés, en priant Dieu de la sauver des Jansénistes. (Voir pour plus de détails la vie de Mgr de Laval, premier évêque de Québec, et qui avait compté lui-même au nombre de ces solitaires).

instamment de se rendre à Paris pour donner une mission aux Quinze-Vingts (1).

Cette mission eut lieu en 1660, commença quelques jours avant la fête de l'Ascension et dura sept semaines. On vit à la fois présents dans l'église douze évêques, et, comme elle devenait insuffisante pour contenir tous les assistants, le P. Eudes, ainsi que ses confrères, furent obligés de prêcher dehors pendant les quatre dernières semaines. L'effet produit par cette mission fut immense : il est constaté par saint Vincent de Paul lui-même : « Le P. Eudes, dit-il (2), « avec quelques autres prêtres qu'il a amenés de « Normandie, est venu faire à Paris une mission « qui a fait *grand bruit* et *grand fruit*. Le concours « était si grand, que la cour des Quinze-Vingts était

---

(1) L'hospice des Quinze-Vingts, situé d'abord rue Saint-Honoré, au coin de la rue Saint-Nicaise, et depuis rue de Charenton, n° 30, eut saint Louis pour fondateur. Il était destiné à loger et à nourrir trois cents aveugles pauvres et fut construit vers l'an 1260, entre les première et deuxième croisades entreprises par saint Louis. Le confesseur de la reine Marguerite s'exprime ainsi au sujet de cette fondation : « Aussi « le benoiez roys fist acheter une pièce de terre de lez saint « Ennouré, où il fist fère un grant mansion porce que les « poures avugles demorassent ilecques perpetuelement jusques « à trois cents ; et ont tous les anz de la borse du roys, pour « potage et aultres choses, rentes. En laquelle méson est une « église que il fist fère en leneur de saint Remi, pour ceque « les ditz avugles oient ilecques le service Dieu..... » Saint Louis s'y rendait ordinairement le jour de la fête de saint Remi et y trouvait quelques-uns des vaillants soldats qu'il avait ramenés de sa croisade, aveuglés par les sables brûlants de l'Afrique. En l'an IX, on a réuni à l'hospice des Quinze-Vingts, l'institution des jeunes aveugles fondée par M. Haüy et transférée ensuite rue Saint-Victor.

(2) *Esprit de saint Vincent de Paul*, chap. 20.

« trop petite pour contenir l'auditoire....... Nous
« n'avons point de part à ces biens-là, parce que notre
« partage est le pauvre peuple des champs ; nous
« avons seulement la consolation de voir que nos
« petits emplois ont donné de l'émulation à quantité
« de bons ouvriers qui les exercent avec plus de grâce
« que nous. »

On sait que les missions de saint Vincent de Paul avaient pour but d'évangéliser les campagnes.

C'est dans le même esprit que répondait le P. Bourdaloue à quelques-uns de ses confrères qui lui demandaient ce qu'il pensait de Massillon descendant de sa chaire : « *Hunc oportet crescere, me autem minui.* » (1)

A la suite de cette mission, la Reine-mère exprima le désir que le P. Eudes se chargeât du gouvernement spirituel de l'hôpital des Quinze-Vingts et y établît un certain nombre de ses confrères. Mgr Auvry, ancien évêque de Coutances, était alors trésorier de la Sainte-Chapelle (2), et avait la supériorité de cet hôpital en sa qualité de grand-vicaire du Cardinal Mazarin, grand-aumônier de France. Il avait autant de vénéra-

---

(1) Massillon, oratorien, évêque de Clermont *(l'Oratoire de France au XVIe et au XIXe siècle.)*

(2) La Sainte-Chapelle du palais. Les rois de la première race avaient, dit-on, consacré à la même place, une chapelle sous l'invocation de saint Barthélemy. Robert-le-Pieux dédia sur ses ruines une seconde chapelle à saint Nicolas. Par l'ordre de saint Louis, un architecte célèbre, Eudes de Montreuil, jeta en 1240 les fondements de la Sainte-Chapelle que nous admirons encore aujourd'hui. Elle fut terminée en 1248 et doit à cette promptitude d'exécution l'unité et la perfection de son ensemble.

(*Paris historique*, Charles Nodier).

tion que d'attachement pour ce saint prêtre ; aussi s'empressa-t-il de dresser les premières clauses d'un contrat portant établissement des Eudistes aux Quinze-Vingts.

Comment, malgré la volonté bien exprimée d'Anne d'Autriche, les ennemis du P. Eudes vinrent-ils à bout d'empêcher la Congrégation de s'établir alors dans la capitale d'une manière si avantageuse et de prendre possession du Mont-Valérien, près de Paris, c'est ce que nous ne pouvons dire.

M. Hubert Charpentier de Coulommiers avait, en 1640, formé une société d'ecclésiastiques destinés à recevoir les pèlerins qui, chaque année, se rendaient au Mont-Valérien (1) pour honorer les mystères de Jésus-Christ.

Ces ecclésiastiques avaient besoin d'une direction ferme et continue, et, après différentes combinaisons et l'offre faite par un riche personnage d'une dotation de deux mille livres de rente, la Reine-mère proposa

---

(1) Mont Valérien, colline du département de la Seine, au-dessus de Suresnes et près de la rive gauche de la Seine, a été, de temps immémorial, un lieu de pèlerinage. Sanctifiée, dit-on, par sainte Geneviève, cette colline fut longtemps habitée par des anachorètes qui, vers le milieu du XVIIe siècle, furent réunis en communauté. En 1640, Hubert Charpentier, prêtre de Paris, y fonda en outre, sous le nom de *Calvaire*, un établissement consacré à Jésus crucifié, qui représentait toutes les circonstances de la Passion et était desservi par douze prêtres. Dévasté par la Révolution, le Calvaire fut rendu, sous le règne de Louis XVIII, à sa destination religieuse : il fut abandonné de nouveau en 1830. On y a élevé en 1841 d'importantes fortifications.

Le Mont-Valérien est maintenant un des forts de l'enceinte de Paris.

elle-même au P. Eudes de se charger de cette œuvre.

Mais, comme nous l'avons dit, si des démarches aussi habiles qu'actives vinrent annihiler les bonnes intentions de la Reine, elles ne purent faire oublier le grand nombre de restitutions opérées, de mauvais livres brûlés, d'hérétiques convertis, de débauchés revenus à une vie chrétienne par l'unique puissance de parole de ces missionnaires dont Dieu bénissait les énergiques efforts.

Dès les débuts de la Société de Saint-Sulpice, le Cardinal de Richelieu avait hautement fait connaître les sentiments de vénération et d'estime que lui inspiraient les vertus de M. Olier et de ses compagnons. Toute la cour partageait ces sentiments et plusieurs jeunes ecclésiastiques appartenant aux familles les plus élevées voulurent se joindre à eux pour se former aux vertus apostoliques. MM. Louis de Pardaillan, de Gondrin et Gabriel de Thubières de Quaylus furent les premiers séminaristes reçus à Vaugirard.

M. Raguier de Poussé suivit bientôt leur exemple et finit par devenir lui-même curé de Saint-Suplice.

Dans cette paroisse, le passage du P. Eudes et de ses douze collaborateurs avait laissé une profonde trace, et M. de Poussé supplia le P. Eudes de donner une seconde mission à ses paroissiens dans l'église de la célèbre abbaye de Saint-Germain-des-Prés.

La Reine et tout ce qu'il y avait de grand à la cour de France, se pressèrent autour de la chaire où allait se faire entendre l'enfant de Ri, devenu le célèbre prédicateur de la capitale. Devant cet auditoire tout nouveau pour lui, si peu habitué à entendre la vérité, le saint prêtre resta maître de lui-même et, à la clôture de la mission que la Reine avait suivie avec la plus grande piété, il osa lui rappeler en public tout le contenu du mémoire qu'il lui avait adressé quelques années auparavant. Il l'adjura de penser au salut de son fils, et de ne cesser de lui inspirer toutes les maximes propres à faire progresser en France le sentiment religieux et national.

Les Parisiens venaient d'acclamer leur jeune Roi, qui était rentré dans sa capitale quelques jours auparavant accompagné de sa jeune épouse, Marie-Thérèse d'Autriche (1).

Le P. Eudes, en les félicitant du témoignage d'amour qu'ils avaient donné à leurs souverains, ajouta qu'il était juste aussi qu'ils rendissent un pareil hommage au Roi des rois en criant : « *Vive Jésus!* » La Reine versa d'abondantes larmes d'attendrissement et d'émotion, donna le signal, et l'assemblée tout entière, électrisée par son exemple, fit entendre ce cri, qui dans cette occasion était un cri de victoire sur le démon comme celui de « *Vive le Roi* » l'était alors sur le champ de bataille (2).

(1) Marie-Thérèse d'Autriche, fille de Philippe IV, roi d'Espagne, épousa Louis XIV en 1660 et mourut en 1683. Elle se fit remarquer par sa douceur et sa piété et supporta sans murmurer les nombreuses infidélités du roi. Bossuet et Fléchier ont prononcé son oraison funèbre.

(2) Nous devons faire justice d'une anecdote apocryphe, rapportée par Larroque, concernant un sermon *composé* par Mézeray et *débité* par le P. Eudes. Il est possible que le premier ait fait introduire dans le mémoire présenté par le second à la reine ce qui regarde la perception des impôts et ce fait d'un paysan enlevé par les huissiers presque sous le dais couvrant le Saint-Sacrement. Là, dans tous les cas, a dû s'arrêter l'intervention du fameux historien.

Quant au sermon répétant en public, devant la reine, les

Anne d'Autriche assura le P. Eudes et ses missionnaires de sa constante protection. Le fondateur chercha à en profiter de suite pour obtenir une approbation authentique de sa nouvelle Congrégation ét en suite l'érection en Ordre religieux de la communauté des Filles de Notre-Dame de Charité du Refuge, parce que, sans cette formalité, elles ne pouvaient pas être admises à prononcer des vœux solennels.

termes du mémoire, nous connaissons assez maintenant le courageux missionnaire pour dire nettement qu'il a marché dans cette occasion comme dans les autres, sous l'empire d'une unique impulsion, celle du Seigneur.
Quand le P. Eudes s'est mêlé de politique, il ne l'a jamais fait que par esprit de charité ou pour la gloire de la religion,
A ce sujet nous ajoutons ici une note qui aurait été mieux placée peut-être dans le premier livre et qui une fois de plus vient prouver de quelle considération jouissait déjà, en 1640, le P. Eudes *Oratorien*. Le chancelier Séguier avait été envoyé en Normandie avec pleins pouvoirs par le Roi pour réprimer la sédition des Nu-pieds. Nous lisons dans le diaire ou journal de son voyage, en date du 17 mars 1640 : « Peu
« après le disner de mon dict seigneur chancelier, je lui
« ay apporté les requestes des prisonniers de Bayeux et ap-
« prouvé toutes les ordonnances, au nombre de 50 à 60, y
« compris l'arrest; ayant mis de sa main, à costé de celles
« non entendues, ce mot *bon*; et pour celles déjà entendües,
« il n'a point voulu y toucher, les ayant toutes approuvées.
« Pour l'arrest général, il a voulu en différer la signature à
« Paris; et il m'a commandé en même temps de faire le sem-
« blable ez prisons de Caen; dont il avait esté sollicité *par le*
« *P. Eudes, prêtre de l'Oratoire, grand serviteur de Dieu* et
« prédicateur cète année de la dicte ville.... »

(*Diaire ou journal du chancelier Séguier après la sédition des Nu-pieds :* M. de Verthamout.)

CHAPITRE II

(1660-1666)

Le P. Eudes envoie à Rome l'abbé Boniface pour solliciter l'approbation du Saint-Siége au sujet de la Congrégation.— Démarche imprudente de cet envoyé.— Sermon du P. Eudes devant la reine Anne-d'Autriche, dans l'église des Bénédictines de l'Adoration perpétuelle. — Trois Eudistes envoyés en Chine; leur mort. — Les Carmélites de Caen choisissent le P. Eudes pour leur supérieur.— Missions diverses. Pose de la première pierre de l'église du séminaire de Caen. — Visite du P. Eudes au monastère de Clairvaux.— Le Père Eudes obtient le 2 janvier 1666, l'érection en Ordre religieux de son Institut des Filles de Notre-Dame de Charité du Refuge. — Vœux prononcés par ces Religieuses le jour de l'Ascension 1666; sermon du P. Eudes. — Cet Ordre se répand à Rennes, à Hennebon, à Vannes, à Tours, à la Rochelle; assemblée générale de l'Ordre au monastère de Caen. — Religieuses de Notre-Dame de Charité du Refuge appelées à Paris; leur établissement. — Les deux frères du P. Eudes de 1660 à 1666.

Le saint fondateur avait préparé les voies auprès de la Cour de Rome, comme nous l'avons indiqué dans le chapitre précédent, et sûr de la protection du Roi et de la Reine, de l'active coopération de l'ambassadeur de France, il n'aurait pas dû douter du succès des deux affaires auxquelles il attachait une si grande importance, si ceux qu'il appelait ses anciens amis n'avaient pas dit aussi : « *Circumveniamus justum,* « *quoniam inutilis est nobis, et contrarius est operibus* « *nostris.* »

On doit se rappeler qu'il n'avait encore obtenu de Rome qu'une simple approbation de l'établissement d'un séminaire établi conformément aux prescriptions du Concile de Trente : la Congrégation des Eudistes n'avait donc pas encore rang dans le monde religieux.

Le P. Mannoury, quelques années auparavant, avait heureusement traité avec les prélats de la cour romaine, qui l'avaient en grande estime ; mais, d'un côté, deux voyages successifs avaient altéré sa santé, et, d'un autre côté, il était trop nécessaire dans sa direction du séminaire de Lisieux pour qu'on pût l'en éloigner.

Le P. Eudes fit la rencontre à Paris d'un prêtre flamand, nommé Boniface, très-ardent dans les œuvres qu'il entreprenait, trop *faiseur* peut-être, mais, en somme, jouissant d'une excellente réputation.

Entré jeune dans la Congrégation de l'Oratoire, il l'avait quittée assez promptement pour prendre la cure de Douay. Ayant ensuite abandonné ce bénéfice, il se rendit à Rome, où il séjourna quelques années en s'y créant de très-bonnes relations.

Revenu à Paris, M. Boniface suivit avec assiduité les missions du P. Eudes, qui, l'ayant rencontré plusieurs fois et le sachant au courant des habitudes de Rome, l'entretint de ses projets. M. Boniface parut ne pas douter que s'il était chargé des négociations à ce sujet, il arriverait en peu de temps à une conclusion.

Gagné par cette assurance, embarrassé, du reste, pour le choix d'un envoyé, le P. Eudes se détermina à lui proposer de se rendre à Rome en son nom et aux frais de la Congrégation. M. Boniface accepta cette mission avec empressement et reçut ses instructions, qui tendaient principalement à obtenir l'érection, sous la règle de saint Augustin, d'un Ordre de Religieuses, qui, aux trois vœux ordinaires de religion, en ajouteraient un quatrième, consistant dans l'*engagement de travailler au salut des femmes et des filles débauchées* ; quant à la deuxième affaire, le P. Eudes voulait que son envoyé commençât par demander pour la Congrégation la continuation de pouvoirs apostoliques, et qu'il cherchât ensuite à entretenir les bonnes dispositions du Saint-Siège, s'il les rencontrait, tandis que l'on prendrait d'autre part les mesures nécessaires pour obtenir de suite ou au moins plus tard, la confirmation définitive de l'institut.

Le nouvel agent arriva à Rome le 17 mai 1661, et, dès le début, il apprit que l'affaire des Religieuses avait échoué en 1647, en raison même du quatrième vœu qui pouvait, aurait-on objecté, mettre leur salut en péril par suite du contact habituel et obligatoire de jeunes personnes avec des femmes perdues plus ou moins repentantes.

En Italie, où les passions de tous genres sont si vives, si ardentes, si mobiles, on ne pouvait pas concevoir qu'il en fût autrement : on tenait aussi à ce qu'on en fît une plus longue épreuve.

M. Boniface se trouvait donc en face d'une difficulté qu'il n'avait pu prévoir ; ne voulant pas revenir en France sans avoir rien fait, il dépassa singulièrement les instructions du P. Eudes et entreprit d'obtenir du Saint-Siège l'approbation de son institut.

Pour réussir, il commit une grande imprudence qui, alors, passa inaperçue, mais qui très-habilement découverte quelques années plus tard, servit de base aux ennemis du P. Eudes pour dresser contre lui une accusation en apparence parfaitement fondée et devant impressionner bien vivement Louis XIV, comme tout ce qui pouvait blesser les libertés de l'Église gallicane.

Cette démarche, dont nous reparlerons en son lieu, ne devait amener aucun résultat satisfaisant et ce voyage de M. Boniface fut bien loin de répondre aux espérances du P. Eudes, qui, de plus, ne pouvait en prévoir les tristes conséquences.

Cette même année, la mort lui enleva trois de ses confrères qu'il regardait comme les fondateurs de la Congrégation. C'était un vide difficile à remplir.

Le P. Eudes était encore à Paris quand un incendie détruisit une partie du Louvre (1). Deux jours après il

(1) Le 6 février 1661, pendant que Gissey, dessinateur des ballets du roi, faisait préparer dans la galerie d'Apollon un théâtre sur lequel Louis XIV lui-même devait danser avec toute sa Cour, le feu, mis par l'imprudence d'un menuisier, envahit la salle entière en menaçant la grande galerie, les chambres du roi et de la reine. Le Saint-Sacrement fut apporté de Saint-Germain-l'Auxerrois, le roi se mit en prières avec toute sa maison ; le vent changea et détourna les flammes. On sait que Saint-Germain-l'Auxerrois est l'église paroissiale des Tuileries et du Louvre. Elle passe pour avoir été bâtie en 580, sous le règne de Chilpéric Ier, roi de Soissons. Quelques traditions en attribuent cependant la construction à Childebert qui l'aurait fondée sous l'invocation de saint Vincent, auquel on substitua depuis saint Germain, évêque d'Auxerre.

prêchait dans l'église des Religieuses Bénédictines de l'Adoration perpétuelle, chez lesquelles il résidait habituellement, dit-on, quand la Reine-mère y arriva avec toute sa suite. Rompant brusquement avec son sujet, toujours prêt pour l'heure du combat, l'habile missionnaire s'adressa de suite à l'auguste Souveraine avec la force et l'énergie qui furent les traits de son caractère, et, s'appuyant sur le désastre de la veille, il s'écria qu'on pouvait le considérer comme un reproche du ciel de ce qu'on avait travaillé à ce palais les dimanches et les jours fériés : « Je ne suis qu'un chétif « homme et un misérable pécheur ; mais, au lieu où je « suis et tenant la place de Dieu, je peux dire, après « saint Paul et avec tous ceux qui ont l'honneur « d'annoncer la sainte parole, que je fais ici l'office « d'ambassadeur de Jésus-Christ pour porter la parole « du Roi des rois à une grande Reine, et je la sup- « plie de la prendre de cette manière. »

Après ce sermon si étrange pour les courtisans, la Reine répondit à ceux d'entre eux qui exprimaient leur étonnement : « Il y a longtemps que je n'avais « entendu de prédications ; mais j'en ai entendu une « aujourd'hui. Voilà comme il faut prêcher, et non « pas dire des fleurettes, comme les autres m'en « disent . »

Le pape Alexandre VII venait de nommer trois ecclésiastiques français pour aller, avec le caractère d'évêques et la qualité de vicaires apostoliques, gouverner les missions de la Chine et des pays voisins. C'étaient MM. Pallu, évêque d'Héliopolis ; de la Motte-Lambert,

---

Le grand portail ne fut construit qu'au commencement du XI° siècle, sous le règne de Robert II.

évêque de Bérithe, et de Cotolendy, évêque de Métellopolis. Le P. Eudes consentit à leur donner trois de ses Pères, MM. Le Meunier, Damville et Brunel. Ils partirent, décidés à se montrer dignes de leur vénérable maître. Mais ils moururent avant d'arriver à destination. On reçut d'eux une lettre, datée d'Alep, le 20 mars 1662. Ils attendaient une caravane pour se rendre à Ispahan. Quatre grandes caravanes partaient d'Alep à quatre époques de l'année et mettaient cette ville en rapport avec la Perse, l'Inde, Constantinople, le Diarbékir et l'Arménie. Cette lettre est le seul souvenir qui resta de cette entreprise, et de ceux qui s'y étaient dévoués.

Le P. Eudes les pleurait encore quand il perdit à Rouen, le 6 février 1663, le P. Manchon, âgé seulement de 46 ans. Cette mort fut suivie de près par celle du président de Langrie, qui s'était déclaré fondateur du monastère de Notre-Dame de Charité du Refuge de Caen, et avait contracté une liaison toute particulière avec le P. Eudes et tous les membres de la Congrégation. Il voulut être inhumé dans le séminaire de Coutances, auprès de Marie Desvallées (1).

Après plusieurs difficultés au sujet des supérieurs des Carmélites réformées par sainte Thérèse et appelées en France par la bienheureuse Marie de l'Incarnation et le cardinal de Bérulle, le pape Alexandre VII enleva définitivement aux Carmes la juridiction

(1, Son fils, M. Leroux de Langrie, et sa belle-fille, ont été inhumés dans l'église du monastère de Notre-Dame de Charité de Caen, en face de l'autel, au bas de la marche de la table de communion fermant le chœur de ces Religieuses, qui eurent ainsi la liberté de se choisir un supérieur et de faire nommer un visiteur pour maintenir partout la régularité.

Le monastère de Caen, usant de cette faculté, élut le P. Eudes comme supérieur, et ces vertueuses filles ne voulurent confier la direction de leurs âmes à aucun autre tant qu'il vécut. Souvent les autres maisons de cet Ordre eurent recours à ses lumières et à ses conseils.

Il avançait en âge, mais son courage restait toujours jeune. Il fut cependant arrêté, vers cette époque, par une maladie causée par ses incessants travaux, qu'il reprit aussitôt que ses forces le lui permirent. Nous le retrouvons à Saint-Germain, diocèse de Lisieux, et à Léthanville, où il fit une seconde mission, dont Mgr l'évêque voulut partager tous les travaux avec les Eudistes.

Une troisième mission à Saint-Lô y arrêta les progrès du jansénisme, dont les partisans ne cessaient de le poursuivre.

Un faux docteur était venu de Paris en Basse-Normandie, cherchant à discréditer les missionnaires, qui allaient arriver à Saint-Lô. Il avait affaire à un trop rude joûteur, et Mgr de Lesseville, alors évêque de Coutances, fit chasser du diocèse ce prêtre appelé Charles.

Les six années fixées par les membres du Corps de la ville de Caen pour la construction du séminaire étaient bien avancées. Le P. Eudes se décida, malgré son peu de ressources, à commencer par l'église, qu'il voulait consacrer au Sacré-Cœur de Marie. De concert avec Mgr de Nesmond, il fixa le jour de la pose de la première pierre. Mme de la

Croisette, épouse du gouverneur du château de Caen, accepta de remplir cet office, en présence du prélat, qui voulut bien donner toute la solennité possible au reste de la cérémonie. Mais le manque d'argent fit bientôt interrompre les travaux, qui furent successivement repris et arrêtés pendant l'espace de vingt-trois années, et n'auraient peut-être été jamais terminés sans les dons de la duchesse de Guise et de M. Blouet de Camilly, successeur du P. Eudes.

Mgr de Marca, archevêque de Toulouse, et successeur de Mgr de Retz, avait voulu donner aux Eudistes un établissement à Paris, et il avait déjà demandé, à ce sujet, des lettres-patentes au Roi, quand il mourut en 1662. Mgr de Péréfixe, qui lui succéda au siége de Paris, voyant ses séminaires encombrés et ne pouvant contenir les nombreux sujets qui s'y présentaient, reprit ce projet. M. de Langrie avait offert une rente de 1,500 livres pour ce même établissement.

On se demande pourquoi ce projet ne fut pas exécuté, et s'il faut y rattacher les mêmes causes, dont il a été déjà question à différentes reprises (1).

Il fut fait, en 1664, par les Eudistes, et au retour de la belle saison, une mission à Meaux, à la demande et aux frais de Mgr de Ligny, évêque de ce diocèse. Le P. Eudes qui la dirigeait, reçut alors des lettres du cardinal de Grimaldi, archevêque d'Aix, qui lui envoyait, de la part de la Congrégation de la Propagande, le renouvellement des pouvoirs apostoliques, tels qu'il les avait obtenus autrefois, et lui deman-

---

(1) *Annales de la Congrégation.* P. Costil.

dait un mémoire sur la manière dont il gouvernait ses séminaires et sa Congrégation.

Il satisfit à la demande du prélat sans interrompre ses exercices. Cette mission terminée, il retourna en Normandie et en donna trois autres dans le diocèse de Coutances, à Ravenoville, à Cretteville et à Granville.

En 1665, l'infatigable prédicateur fut appelé à Châlons-sur-Marne par l'évêque Mgr Vialar de Herse, un des meilleurs amis et élèves de M. Olier (1). Ce prélat avait trouvé son diocèse dans un état déplorable, et, pour ranimer la foi éteinte dans les âmes comme pour convertir les protestants, il avait, dès ses premiers débuts, employé le moyen des missions et choisi pour les diriger des prêtres de l'Oratoire. La réputation du P. Eudes était arrivée jusqu'à lui ; peut-être même l'avait-il entendu prêcher à Paris. Il espéra donc couper le mal dans sa racine, en appelant le célèbre missionnaire avec ses Pères qu'il fit assister par trente ou quarante ecclésiastiques, tant Pères de l'Oratoire que docteurs en Sorbonne.

(1) Henri Clausse de Marchaumont, évêque de Châlons-sur-Marne, gémissait depuis longtemps sur l'état affreux où le relâchement de la discipline avait réduit son diocèse. Son grand-vicaire écrivait à M. Bourdoise que les moindres ecclésiastiques vaudraient en Champagne leur pesant d'or. Depuis longtemps l'évêque se proposait d'établir un séminaire et pour mieux y parvenir, il demanda au Cardinal de Richelieu M. Olier pour coadjuteur. Au grand mécontentement de toute sa famille, ce saint prêtre refusa. L'évêque de Châlons voulut avoir au moins un des coopérateurs du fondateur de Saint-Sulpice et demanda au roi M. Vialar, qui prit promptement possession de ce siége, car, avant même qu'il reçût ses bulles, Mgr de Marchaumont vint à mourir. *(Vie de M. Olier.)*

Avec ce secours inespéré, le P. Eudes opéra des merveilles.

La collaboration des Pères de l'Oratoire vient prouver à notre grande satisfaction, que tous n'étaient pas complices de cette incessante poursuite dont le récit remplit nos pages, et que la plupart d'entre eux étaient restés les dignes fils des Pères de Bérulle, de Condren, de Bourgoing, Senault, etc. Ce succès exceptionnel, et dans de telles conditions, suffit pour donner la mesure de la supériorité si souvent déniée de talent et de vertu du chef de la Congrégation des Eudistes.

Mgr Vialar n'épargna rien pour lui témoigner sa satisfaction, et, sachant qu'il désirait faire un voyage à Clairvaux, il mit sa voiture à sa disposition.

Depuis longtemps, le P. Eudes cherchait l'occasion de connaître cette célèbre abbaye (1). Déjà, il avait

---

(1) Saint Bernard, fondateur de l'ordre des Bernardins, né en 1091, à Fontaine-les-Dijon, d'une famille noble, et mort en 1153, entra dans l'ordre de Cîteaux, sorti de celui de Saint-Benoît en 1113; saint Étienne en était alors le treizième abbé. Saint Bernard donna une nouvelle illustration à l'ordre de Cîteaux et lui laissa son nom. Il fut, en 1115, le premier abbé de Clairvaux, abbaye qu'on compte au nombre des quatre appelées filles de Cîteaux. Les trois autres étaient celles de La Ferté, de Pontigny et de Morimond. Il y eut aussi des Religieuses de Cîteaux, instituées en 1120, à l'abbaye du Tart, dans le diocèse de Langres ; elles prirent le nom de Bernardines ou de Clairettes. Elles occupèrent à Paris les monastères du faubourg Saint-Antoine et de Port-Royal.

Saint Bernard se fit une telle réputation par sa piété et son éloquence, qu'il fut pris par les évêques, les papes et les rois, pour arbitre de leurs différends. Il fonda soixante-douze monastères.

Clairvaux *(Clara vallis)*, est situé à dix kilomètres sud-est

établi d'intimes relations avec les Bernardines du Val-Richer, monastère situé dans le diocèse de Bayeux (1) et obtenu de l'Abbé des lettres d'association. Aussi les Religieux de Clairvaux le reçurent comme un frère et satisfirent avec empressement à toutes les questions qu'il leur adressa sur leur saint fondateur, et sur les souvenirs qu'il avait laissés. Il voulut être revêtu pendant quelques instants de sa

de Bar-sur-Aube, dans une vallée et près d'une belle forêt. Les bâtiments de l'abbaye ont été convertis en une maison de détention.

(1) On rapporte que quand le P. Eudes allait chez les Bernardins du Val-Richer, il disait toujours sa messe à l'autel de sainte Marie-Majeure, au-dessus duquel se trouvait la sainte Image. L'abbé lui ayant permis d'en faire prendre une copie, le P. Eudes voulut que le peintre qu'il avait choisi se confessât et communiât avant de commencer son travail. Cette exigence du Père concorde parfaitement avec son attachement pour la vertu de chasteté, qui était tel qu'il semblait qu'un voile de pudeur placé sur ses yeux l'empêchait de voir les femmes avec lesquelles il devait s'entretenir. Ainsi de saint François de Sales. (P. Costil, *Annales*.)

Cette sainte image était elle-même une copie du tableau de sainte Marie-Majeure qu'avec l'autorisation du pape Alexandre VIII, l'abbé du Val-Richer avait fait peindre à Rome. On croit que l'original était l'œuvre de saint Luc.

La tradition qui attribue au saint évangéliste le talent de la peinture, est contestée, quoiqu'elle n'ait rien d'extraordinaire. On dit que les tableaux de la Vierge et de l'enfant Jésus que l'on voit à Rome et à Bologne ont été peints par Luca, dit *il santo Luca*, peintre Florentin du IX⁰ siècle qui embrassa la vie religieuse et se distingua par sa piété.

Quand on entre dans la nef de Sainte-Marie-Majeure par le grand arc, que soutiennent deux superbes colonnes de granit oriental, on a devant soi la chapelle de Paul V Borghèse, qui fait face à celle de Sixte-Quint et n'a d'égale en munificence que la chapelle Corsini, à Saint-Jean-de-Latran. C'est là que l'on voit l'image de la Vierge tenant dans ses bras l'enfant

coule (1) et reçut comme une grande faveur le morceau qu'on lui en donna.

Quelques difficultés s'étaient élevées entre l'abbé de Cîteaux, général de l'Ordre, et les abbés de la Trappe et du Val-Richer, les PP. de Rancé et George.

Ceux-ci partirent pour Rome, et voulurent bien se charger de demander la confirmation de l'institut de Notre-Dame de Charité du Refuge, et son érection en Ordre religieux. On paraissait toujours craindre à Rome, le contact des Religieuses avec les femmes débauchées, mais le cardinal de Retz, qui avait quitté la France par suite des troubles auxquels il avait pris une si grande part, observa que cette objection tombait d'elle-même, puisque depuis vingt ans cette communauté presqu'entièrement composée de jeunes personnes s'occupant des pénitentes, n'avait pas vu une seule de ses Religieuses dévier de la ligne de ses devoirs ; il ajouta, pour mieux convaincre les opposants, que le quatrième vœu, qu'on redoutait pour elles, ne ferait que les confirmer dans la régularité de leur vie.

Les commissaires nommés par Alexandre VII firent un rapport favorable, et le Saint-Père, en date du 2 janvier 1666, accorda la bulle d'érection du nouvel Ordre, sous la règle de saint Augustin, approuvant les constitutions dressées par le P. Eudes

Jésus. Ce curieux tableau est placé sur un fond de lapis-lazuli, entouré de pierres précieuses mêlées d'onyx et d'albâtre fleuri.

(1) On appelle coule la robe monacale que portaient les Bernardins. Coule noire, coule blanche ; la première était le vêtement habituel de ces Religieux, la seconde servait pour les offices.

et présentées par l'évêque diocésain, qu'il autorisait à y ajouter au besoin de nouveaux règlements.

Aussitôt après la réception de cette bulle, Mgr de Nesmond voulut la porter lui-même au monastère, dont les Religieuses tinrent à ne pas différer l'engagement solennel que leur permettait de prendre le Chef de l'Église ; d'après sa volonté, elles ne devaient prendre d'engagements qu'à l'âge de 20 ans, au lieu de 17 (1), tant restait vive à Rome l'appréhension qu'elles ne fussent trop exposées par le contact des pénitentes.

Le jour de l'Ascension, et après une retraite pendant laquelle leurs dispositions furent soigneusement examinées par M. Legrand, leur directeur, seize Religieuses prononcèrent entre les mains du prélat, les trois vœux de *pauvreté, de chasteté et d'obéisssance* ; et enfin le quatrième *les engageant à travailler au salut des filles et femmes pénitentes.*

Le P. Eudes avait été *à la peine*, il fallait bien qu'il fût à *l'honneur* ; aussi ce fut lui qui porta la parole dans cette cérémonie, depuis si longtemps attendue : « C'est à vous, mes très-chères sœurs, que
« j'adresse maintenant ma voix pour vous dire : Oh !
« Filles du sacré Cœur de la Mère de belle dilection,
« vous voilà à cette journée tant attendue en laquelle
« vous allez renouveler vos saints vœux ; faites-le
« donc d'un grand cœur, *corde magno et animo*
« *volenti.* Vous allez faire des vœux de pauvreté, de
« chasteté, d'obéissance, comme les autres Religieu-
« ses ; mais vous serez grandement distinguées
« d'elles par le quatrième que vous ferez, de tra-

---

(1) Le concile de Trente permet les vœux à 17 ans.

« vailler, au salut des âmes rachetées par le pré-
« cieux sang du Fils de Dieu. Souvenez-vous, mes
« très-chères Filles, que vous n'êtes fondées que pour
« cela, que la ville ne vous a reçues qu'à cette con-
« dition, et qu'à l'heure de la mort, Dieu vous
« demandera un grand compte de cet emploi. Oh !
« que la Religieuse de Notre-Dame de Charité qui
« n'aura point d'âme à lui présenter sera mal reçue
« en ce moment ! C'est à vous, mes très-chères filles,
« à y penser. Croyez fermement, et l'observez encore
« mieux, que vous êtes indispensablement obligées
« d'employer tous vos soins, votre industrie, vos
« prières, mais surtout l'exemple d'une sainte vie
« pour attirer à votre Époux les âmes qu'il a déjà ra-
« chetées au prix de son sang. Voilà votre obligation,
« pensez-y continuellement. Ah ! si vous étiez assez
« malheureuses pour vous en dédire et ne pas vous
« en acquitter, je prie, dès ce moment et de tout mon
« cœur, le Père céleste de vous châtier si sévère-
« ment que par ce moyen vous puissiez rentrer au
« plutôt dans votre sainte ferveur pour votre divin
« et unique emploi...... »

Le P. Eudes n'avait jamais partagé les inquiétudes de la cour de Rome au sujet du quatrième vœu.
« La pureté, disait-il, ne peut se souiller, lorsqu'elle
« est avec la vraie charité, non plus que les rayons
« du soleil avec la boue. On a vu, ajoutait-il, jusqu'à
« présent une si grande protection de Dieu sur ce
« saint Ordre que depuis son origine jusqu'à ce jour,
« aucune Religieuse n'en a souffert de préjudice.
« On peut avoir traversé les lieux immondes, dit
« M. d'Arlincourt (*les Écorcheurs*), sans s'être souillé
« au passage. La lumière du soleil, qui se glisse au

« fond des cloaques, remonte au ciel aussi pure
« qu'elle en est descendue. »

La mère Patin, supérieure, partagea la joie du
P. Eudes, comme elle avait partagé ses travaux, mais
elle n'en jouit pas longtemps. Elle fut bientôt atteinte
d'une maladie mortelle, et, après avoir donné, *par
obéissance,* sa bénédiction à toutes ses filles et pris
son cierge bénit pour faire *amende honorable,* elle
expira, à l'âge de 68 ans, le 31 octobre 1668. Son
corps resta pendant deux jours aussi souple que s'il
eût été animé, et exhalant une odeur embaumée que
les linges qui lui avaient servi pendant sa maladie
conservèrent longtemps.

Après la sépulture de la supérieure, le curé de
Saint-Julien, M. Legrand, rassembla au parloir de la
communauté toutes les sœurs auxquelles s'étaient
jointes quelques Religieuses de la Visitation.

Le curé ayant demandé aux sœurs de Charité,
si elles comptaient prendre encore une supérieure
dans le monastère de la Visitation, la sœur de Balde,
âgée seulement de vingt ans, dit avec fermeté que
l'ordre de Notre-Dame de Charité du Refuge serait
déshonoré, si depuis qu'il avait été si bien gouverné,
il ne s'y trouvait pas une seule Religieuse en état
d'être nommée supérieure. Ses paroles furent si mesurées et si pleines de sens, que le curé engagea la
communauté à faire ce qui lui paraîtrait le plus avantageux : il fut donc décidé que désormais on choisi-
rait une supérieure dans la communauté même et le
choix tomba sur la sœur Pierre du Saint-Sacrement.
Les Religieuses de la Visitation retournèrent de suite
dans leur monastère, malgré le désir qui leur fut
exprimé qu'elles laissassent pendant quelque temps

une de leurs Mères, pour assister la nouvelle supérieure (1).

L'extension des œuvres de Dieu est souvent due aux instruments les plus infimes. Une pauvre femme, Madeleine Lamy, avait provoqué par ses instances l'établissement des filles pénitentes; une simple fille servit à le propager. Marie Heurtaut, née à Estraham, près de Caen, fut deux fois préservée de la mort par miracle. On dit que, vouée la première fois à Notre-Dame de la Délivrande, elle aurait été honorée de plusieurs apparitions de la Sainte Vierge, de laquelle elle aurait appris à dire son chapelet.

Elle entra comme postulante au monastère de Notre-Dame de Charité; mise de suite aux travaux les plus pénibles et les plus rebutants, elle fut, dit-on, récompensée de sa soumission par un secours extraordinaire de Dieu, et obtint, en 1658, de prendre l'habit avec le nom de Marie de la Trinité. Occupée auprès des pénitentes, elle finissait par connaître leurs fautes, les exhortait et les envoyait aux confesseurs. Elle accepta bientôt l'humble emploi de sœur converse, mais ses extases presque continuelles obligèrent la mère Patin de la renvoyer. Cette sainte supérieure prédit néanmoins que Marie Heurtaut mourrait avec l'habit de professe.

Elle entra chez les Capucines, qui ne voulurent pas la garder, ayant appris qu'elle sortait d'une autre maison, et, en 1663, elle revint chez ses parents, après avoir passé cinq années au monastère de Notre-Dame de Charité.

Mais, en 1666, la mère Patin ayant été priée d'en-

(1) *Annales de la Congrégation.* P. Costil.

voyer une Religieuse pour diriger une communauté naissante à Rennes, et destinée à retirer des pénitentes, ne put satisfaire à cette demande ; la bulle d'érection de l'Ordre n'était pas encore fulminée ni vérifiée par Mgr de Nesmond, et celles qui auraient pu y aller, n'avaient pas fait profession solennelle du quatrième vœu. La mère Patin jeta alors les yeux sur Marie Heurtaut, qui, gravement malade d'une hydropisie, supplia Dieu de la guérir, s'il entrait dans ses vues qu'elle fît le voyage. Cette fille extraordinaire put aller, dès le lendemain, prendre les ordres de la supérieure, et partit pour Rennes, où elle fut reçue à bras ouverts dans cette petite communauté, dirigée par Mlle Ménard, qui y avait remplacé Mlle du Plessix-Rouleau.

Cette maison, fondée en 1659 par cette pieuse fille, avait été dotée par Mgr d'Argouges de 16,000 livres et de 1,500 par Mme de Brie.

Marie Heurtaut s'occupa de suite de tous les détails, commença par faire garder la clôture et prendre l'habit noir avec la guimpe. Elle fit traiter avec douceur les pénitentes, même les plus récalcitrantes, et ainsi gagna bientôt toute leur confiance.

Une pieuse tradition veut que Marie Heurtaut, ayant un jour donné aux pauvres tout ce qui restait d'argent, un inconnu vint apporter cent écus et qu'une barrique fournit du vin toute l'année, parce qu'avec intention elle y avait fait jeter de l'eau bénite. Pourquoi rejetterions-nous cette tradition inscrite aux *Annales de la Congrégation de Jésus et de Marie*. Le procès de canonisation de sainte Chantal ne contient-il pas des faits du même ordre ?

Le 14 mai 1673, on put envoyer des Religieuses de Caen. La sœur Saint-Julien fut nommée supérieure, et, ainsi que l'avait prédit la mère Patin, on fit alors faire les vœux solennels à Marie Heurtaut. Mgr l'évêque de Rennes admit ostensiblement cette fondation, qui prit rang à partir du 11 novembre 1673, quoique fonctionnant comme maison de bienfaisance depuis 1659. Le monastère de Rennes est encore existant, mais dans un autre local.

En 1676, la ville d'Hennebon avait été dotée d'un pareil établissement par Mme de Brie, qui lui donna une maison et une petite terre pour la subsistance des Religieuses, qu'on fit demander au monastère de Caen. Mais la Mère de la Nativité, Herson, nièce du P. Eudes et alors supérieure, ayant différé d'en envoyer et la donatrice étant morte, cette fondation fut vivement attaquée par les parents de cette dame, qui étaient protestants. Cette maison ne dura donc que jusqu'en 1687.

Les sœurs qui en faisaient partie se retirèrent dans celle de Guingamp, maintenant à Saint-Brieuc, qui avait été fondée en 1676 et était alors dirigée par la Mère de la Trinité (Marie Heurtaut). Cette sainte Religieuse reçut, avec empressement, ces pauvres sœurs, qui, étant au nombre de quatorze, devenaient une grande charge pour une maison si peu pourvue par elle-même.

Cette communauté de Guingamp avait été fondée, sur les instantes prières de la Mère de la Trinité, par la Vtesse des Arcis et M. de Kervégan ; Mgr Grangier lui avait accordé de suite des lettres d'institution.

La Mère de la Trinité la dirigeait depuis six ans, quand elle fut appelée par M. d'Argouges et sa femme pour prendre la direction de la maison des pénitentes de Sainte-Pélagie, faubourg Saint-Marcel, rue de la Clef. (1). Elle passa par Caen pour y prendre des Religieuses. Mais, ayant eu des différends avec le parlement pour avoir fait prendre le voile à une novice sans autorisation préalable, la Mère de la Trinité repartit en 1684 pour Guingamp avec ses Religieuses et cette même novice, après avoir opéré le plus grand bien à Sainte-Pélagie.

L'Ordre avait fondé une autre maison à Vannes en 1683 ; on y avait d'abord envoyé des Religieuses d'Hennebon, qui y furent remplacées par trois autres du monastère de Rennes.

La supérieure fut la Mère du Saint-Cœur (Bedaud), qui se fit assister par la mère de la Trinité, dont l'expérience et les talents étaient devenus indispensables à toutes les nouvelles fondations. Cette institution était due à M. de Kerlivio et à M. de Francheville, d'abord avocat général au Parlement de Bretagne et depuis évêque de Périgueux. Mlle de Francheville, M. de Kerlivio et le P. Huby travail-

---

(1) Mme de Miramion avait, avec l'autorisation des magistrats, réuni six à sept filles perdues dans une maison particulière du faubourg Saint-Antoine. Encouragée par le succès de cette tentative, elle résolut de créer une maison publique de détention pour les femmes débauchées. Elle fut secondée par plusieurs dames pieuses et des sommes considérables furent mises à sa disposition Le roi donna en 1665 des lettres-patentes tendant à établir un lieu de refuge dans les bâtiments dépendants de la maison dite de la Pitié. Mais Mme de Miramion ne parvenait pas à convertir ces filles perdues et nous ne nous étonnons pas qu'en 1682 on ait appelé des sœurs du P. Eudes pour apporter dans cette maison leurs errements et leurs moyens de conversion.

lèrent, en outre, à établir deux maisons de retraite, qui ont fait un bien infini à cette ville.

Le triennal de la mère Bedaud étant achevé, la mère de la Trinité (Marie Heurtaut), fut appelée à lui succéder et gouverna cette maison pendant six ans. Elle y mourut en 1709, âgée de 75 ans, après une vie des mieux remplies.

Le nom de cette pauvre et simple fille, de cette enfant du P. Eudes, dont elle avait toute l'énergie et la capacité, est peut-être maintenant oublié. Nous nous glorifions d'avoir été appelé à le mettre en pleine lumière et de répéter encore ici à son sujet : *Maxima in minimis*.

Deux nouveaux établissements se formèrent presqu'en même temps, l'un à Tours, le 28 octobre 1714 (existant encore au même lieu) ; l'autre à La Rochelle le 21 novembre 1715 (transféré dans l'ancien couvent des Récollets).

Pour le premier, on tira de Guingamp, six Religieuses de chœur et deux converses qu'on plaça dans une maison située sur la paroisse de Notre-Dame de la Riche, la plus ancienne de cette ville, et où saint Gatien a commencé à célébrer les saints mystères. Cette maison avait servi aux Religieuses de l'Ordre de l'Annonciade, et cinquante ans auparavant l'une d'elles avait prédit qu'il y viendrait des sœurs dévouées portant des habits blancs. En 1722, il y avait déjà vingt-deux personnes dans la communauté.

Le second établissement, celui de La Rochelle, fondé sous le gouvernement de M. Étienne de Champflour, fut doté par lui de 30,000 livres, à la prière de Mme veuve Desconhel, qui, pendant que son mari était en mer, avait pris l'habitude de résider au monastère de Vannes.

Après bien des obstacles levés par le crédit de M. le comte de Chamilly et de M. de Beauharnais, intendant de la province, on écrivit à Vannes, pour avoir des Religieuses. Elles furent installées et établies par les soins de Mme Desconhel, qui s'enferma avec elles, leur donna tout ce qu'elle put de son bien et se fit elle-même Religieuse, le 4 janvier 1712. Ainsi que nous allons bientôt l'expliquer plus *in extenso*, un monastère fut établi à Paris en 1724.

En 1734, eut lieu une assemblée générale des Religieuses des différentes maisons de l'Ordre de Notre-Dame de Charité du Refuge. Elle se tint au monastère de la communauté de Caen, considérée comme la maison-mère, quoique n'ayant aucune juridiction sur les autres. On sentait le besoin de discuter sur plusieurs articles qui embarrassaient les Religieuses, et surtout de faire une nouvelle édition de leurs constitutions.

Les maisons de Vannes, de La Rochelle, de Rennes et de Paris, envoyèrent leurs supérieures, accompagnées chacune d'une Religieuse et munies de l'obédience de l'évêque, dont elles dépendaient. Les maisons de Guingamp et de Tours, n'ayant pas jugé à propos d'envoyer à cette assemblée, prièrent le P. Martine, assistant du supérieur général des Eudistes et directeur à Coutances, et un autre prêtre, de les assister de leurs conseils et de les remplacer aux séances, qui durèrent un mois.

On y résolut de prendre des mesures pour faire approuver les constitutions en forme spécifique par le Saint-Siège; car cette formalité y manquait; et comme la bulle d'Alexandre VII, qui avait érigé cette Congrégation en Ordre religieux, autorisait l'évêque du diocèse où elle avait pris naissance, d'y ajouter les réglements qu'il jugerait nécessaires suivant les circonstances, on présenta la nouvelle édition de ces constitutions à Mgr de Luynes, évêque de Bayeux, qui les approuva sans difficulté.

Revenons aux monastères de Paris. En 1720, le cardinal de Noailles, archevêque de ce diocèse, avait appelé de leur monastère de Guingamp, plusieurs Religieuses de Notre-Dame de Charité du Refuge, pour rétablir l'ordre dans la maison des Madelonnettes, qui en avait le plus grand besoin; mais elles y éprouvèrent tous les désagréments qui attendent d'ordinaire les réformateurs.

Elles s'y maintinrent cependant pendant quatorze années jusqu'en 1734, et furent remplacées par des Ursulines. D'avance, elles pressentaient que, dans un temps donné, une modification dans leur position deviendrait nécessaire ; aussi, dès 1724, elles demandèrent à faire un établissement à Paris, non pas qu'alors elles eussent la moindre intention de quitter les Madelonnettes, mais dans la vue d'avoir sur place des sujets formés et habitués à la vie de la capitale et d'éviter le perpétuel embarras de faire venir des sœurs de la distance de 80 lieues pour les renvoyer ensuite, si elles ne pouvaient s'habituer ou ne leur convenaient pas.

Le cardinal de Noailles avait compris lui-même l'utilité de cette nouvelle institution. Il s'adjoignit Marie Le Petit Verno de la Chausseraie, et acheta, le 3 avril 1724, une grande maison, rue des Postes, n° 40, où il plaça des Religieuses du monastère de Guingamp. En 1764, la chapelle fut bénie sous l'invocation de saint Michel. Les filles pénitentes, qui se présentaient dans cette maison ou qu'on y traduisait par ordre supérieur, étaient logées dans des bâtiments séparés de ceux des Religieuses ou de ceux des pensionnaires. Chassées en 1792, de la maison de la rue des Postes (actuellement Collége Rollin), les Religieuses, ayant conservé intact l'esprit de leur profession, se réunirent en 1806, dans l'ancien couvent de la Visitation, rue Saint-Jacques (1). Ainsi cette création du P. Eudes, dont les débuts comme institut datent de 1651, et comme Ordre religieux de 1666, comptait au moment de la révolution *la maison de Caen (1651); la maison de Rennes (1673); la maison de Guingamp (1676); la maison de Vannes (1683); la maison de Tours (1714); la maison de La Rochelle (1715); la maison de Paris (1734).* La maison d'Hennebon ne vécut que de 1676 à 1687, par suite des circonstances que nous avons citées. Nous nous occuperons, en son lieu, de l'historique de cet Ordre et de tous ses développements, depuis l'époque de la Révolution française jusqu'à nos jours.

En donnant des détails sur cette branche de la famille spirituelle du P. Eudes, que ses exemples et ses statuts ont maintenue si ferme, il nous semble avoir toujours parlé de lui.

Mézeray, goutteux et célibataire, devenait bizarre dans ses habitudes et sa tenue : « Mézeray à
« l'Académie, écrit M. Levavasseur, avait l'air d'un vieux
« soldat d'Henri IV au milieu des courtisans de Louis
« XIV. Il chantait avec opiniâtreté sur des airs vieillis
« de la Fronde, sans s'apercevoir que le siècle ne vou-
« lait plus de Fronde ni de chansons. Sa disgrâce et

---

(1) Tous ces détails sont tirés des *Annales de la Congrégation des Eudistes.*

« le retrait de sa pension achevèrent de l'aigrir. » Ces deux frères se voyaient souvent à Paris; ils s'aimaient tendrement, et le P. Eudes entretenait dans le cœur de l'académicien le sentiment de foi qui devait se réveiller à la dernière heure.

Charles d'Houay vieillissait aussi de son côté, chargé de fonctions publiques, qui dérangeaient peu le calme de sa vie, unissant ses deux fils aux familles les plus nobles de la contrée et heureux, quand il apprenait que ses deux aînés avaient acquis de nouveaux titres de gloire sur ce champ de bataille où ils combattaient à titres divers.

CHAPITRE III

1666-1677

Missions diverses. — Mgr de Maupas donne son séminaire aux Eudistes, 1667. — Missions. — Mgr de la Vieuville, évêque de Rennes, confie la direction de son séminaire aux Eudistes, 1670. — Autorisation de célébrer solennellement la fête du Cœur adorable de Jésus-Christ, le 31 août de chaque année, et celle du Cœur de la Vierge, le 8 février. — Érection à Rennes par le P. Eudes de la Société des Enfants de la Mère admirable au tiers-ordre de Notre-Dame de Charité du Refuge. — Le P. Eudes se rend à Paris pour affaires concernant la Congrégation. — Il rend visite à Mgr de Harlay, devenu archevêque de Paris; ce prélat le choisit pour faire une mission ordonnée par Louis XIV. — Le P. Eudes et Mascaron à Versailles. — Il est présenté à Louis XIV. — Résultats de cette mission. — Affaire de la cure et de la communauté de S. Josse. — Mgr de Maupas, évêque d'Évreux, demande le P. Eudes pour coadjuteur. — Nombreuses occupations du P. Eudes. — Ses rapports avec Mme Françoise Renée de Lorraine, abbesse de Montmartre. — La solennité de la fête du Sacré-Cœur de Jésus est célébrée dans toute la Congrégation pour la première fois en 1673. — Priorité du P. Eudes relativement à cette fête depuis longtemps attribuée à la vénérable Marie Alacoque. — Le P. Eudes appelé par le Roi pour donner une mission à Saint-Germain, 11 mars 1673. — Le P. Eudes envoie le P. de Bonnefont à Rome. — Ses ennemis découvrent à la Chancellerie romaine un factum de l'abbé Boniface; ce factum est envoyé à Louis XIV

— Le P. Eudes, exilé en Normandie, désavoue ce factum. — Le Roi reste inflexible. — Le P. de Bonnefont revient de Rome. — La dernière mission du P. Eudes à Saint-Lô.

Nous allons revenir un peu en arrière pour dire que, dès l'année 1665, le P. Eudes avait commencé, dans la belle église de Saint-Pierre de Caen une mission qui dura jusqu'au carême. Elle fut suivie des missions du Mesnil, diocèse de Lisieux, de celles de Cerisy, de Montpinson et de Saint-Esny dans le diocèse de Coutances, et d'une autre, enfin, dans le château de Caen, pour les soldats, qui y tenaient garnison.

Mgr de Maupas (1), évêque d'Evreux, appela à son

(1) Mgr de Maupas était originaire d'une des plus illustres maisons de Champagne. Son grand-père avait eu toute la confiance du duc de Lorraine, et son père était encore premier ministre du prince, lorsqu'il naquit au château de Cauchon à deux lieues de Reims. Sa mère, étant enceinte, avait demandé au Roi que son enfant, si c'était un garçon, fût pourvu, à sa naissance, de l'abbaye de Saint-Denis, de cette ville, que son oncle avait occupée. Cette promotion, bien précipitée, eut cependant un bon résultat. En effet, le jeune abbé prit l'habit de l'ordre, qui était celui des Chanoines réguliers, et les rendit tels par ses soins et son exemple. Seulement il ne fit pas de vœux, étant destiné à travailler sur un plus grand théâtre. Il fut donc le premier abbé commendataire de cette abbaye. Il exerça pendant 10 ans la charge de grand-vicaire de Reims, puis de premier aumônier de la reine. Il fut alors pourvu de l'abbaye de l'Isle-Chauvet en Poitou, où il établit les Camaldules de la Congrégation de France. Nommé en 1641 à l'évêché du Puy, il ne fut consacré que deux ans après et gouverna ce diocèse pendant vingt ans. Il eut soin de le pourvoir d'un séminaire : « Je suis, disait-il, un serviteur « inutile : mon élévation à l'épiscopat me fait trembler. J'es- « père néanmoins que Dieu ne comptera pas avec moi trop

tour le P. Eudes, et il en fut si satisfait qu'avant la fin de la mission de 1666, il voulut assurer à la Congrégation la direction d'un séminaire dans sa ville épiscopale, acheta de ses deniers le terrain destiné à le bâtir, le meubla à ses dépens, et lui donna sa bibliothèque, composée de 600 volumes, ainsi que plusieurs reliques précieuses qu'il avait apportées de Rome. M. Ledoux de Melville, doyen de sa cathédrale, accepta le titre de fondateur du séminaire, en se démettant en sa faveur du prieuré de Notre-Dame du Désert. Le P. Mannoury fut le premier supérieur.

Les lettres d'institution de ce séminaire sont du 14 janvier 1667. M. le duc de Bouillon étant comte d'Évreux, il fallut obtenir son consentement. Richard Le Queux, bourgeois de Rouen, donna au séminaire la terre d'Aunay et plusieurs dons furent offerts par MM. Claude de Villiers, de Barbe-Outon, de Pierre de la Barre et Guillaume de Vaucel.

L'année 1667 fut employée à une mission à Rouen, où le P. Eudes et ses confrères eurent à souffrir encore, malgré leur admirable zèle, des effets d'une persécution dont ils connaissaient bien la source. Pendant le cours de l'année 1668, la peste recommença ses ravages. Le P. Eudes qui, quarante ans auparavant, avait si bien donné l'exemple, écrivit une longue lettre au

« rigoureusement et que les *deux séminaires que j'ai établis*
« pour la gloire de Dieu et le bien de l'Eglise, m'obtiendront
« miséricorde. » Nous ne pouvons pas être étonné que ce pieux prélat ait donné tant de soins au séminaire qu'il fonda à Évreux où il fut transféré en 1661, mais où il ne put arriver qu'en 1664, ayant dû faire deux voyages à Rome pour la béatification et la canonisation de saint François de Sales. Son estime pour le P. Eudes allait jusqu'à la vénération. Il lui en donna une preuve irrécusable avant de mourir.

P. de Bonnefont, contenant les plus sages et les plus pieuses prescriptions au sujet de cette nouvelle calamité.

La mission de Rouen avait été précédée de celle de Besneville et fut suivie de celle de Persy, de Brucheville, et d'une troisième qui commença à la fin de 1667 jusqu'au carême 1668. Ces missions se firent dans le diocèse de Coutances, ainsi que celle de Carentan, de Monfarville, de Plessix, de Sarcilly et de Quetehen qui occupèrent les deux années suivantes, 1669 et 1670. En 1668, nous le retrouvons à Rennes, y donnant une mission à la demande de l'évêque Mgr de la Vieuville.

Cette mission, qui dura quatre mois, fut une des plus longues auxquelles se dévoua le P. Eudes. Aussi il en reçut sa récompense. Mgr. de la Vieuville fut si heureux des résultats produits qu'il lui donna son séminaire avant que la mission fût terminée et lui en demanda trois autres pour son diocèse, dont une à Fougères. Les lettres d'institution pour le séminaire sont du 8 mars 1670. Il donne à la Congrégation la maison et le jardin acquis à Rennes pour cette destination et située dans la rue et la paroisse Saint-Étienne, près de l'église. Il autorisa les prêtres de la Congrégation *à célébrer solennellement la fête du Cœur adorable de Notre-Seigneur Jésus-Christ* le 31 août, avec octave, et celle du Cœur de la Sainte Vierge le 8 février dans les mêmes conditions. Notons que pour la *première fois alors la fête du Cœur adorable de Notre-Seigneur est mentionnée.*

Le premier supérieur du séminaire de Rennes fut le P. Blouet de Camilly auquel Mgr, de la Vieuville donna de suite un de canonicats de son église. Mais le P. Blouet ne put le garder qu'un an, ainsi que la supériorité, ayant été rappelé à Coutances pour occuper la prébende théologale de l'église de cette ville, ce qui l'attacha définitivement même, après la mort du P. Eudes, au diocèse de Coutances et au séminaire.

A la suite de la mission de Rennes, le P. Eudes érigea, dans l'église principale de Saint-Sauveur, la confrérie du Sacré-Cœur de Jésus, qui s'est maintenue jusqu'à nos jours.

On ne doit pas rapporter au temps de la même mission l'établissement *de la Société des enfants de la Mère admirable au tiers-ordre de Notre-Dame de Charité du Refuge,* qui, du diocèse de Rennes, passa dans ceux de Saint-Brieuc et de Vannes, où elle est encore répandue. Quelques-unes des sociétaires se sont réunies en communauté à Paramé, diocèse de Rennes, pour former des institutrices. Cet établissement, qui a pris le nom de Congrégation des Saints-Cœurs de Jésus et de Marie, doit son origine à Mgr Maupoint, évêque de Saint-Denis (île de la Réunion), et précédemment vicaire-général à Rennes.

Le P. Eudes établissait ordinairement, à la fin de chaque mission, la confrérie du Saint-Cœur de Marie ; mais, comprenant que cela ne suffisait pas pour quelques âmes appelées à une plus haute perfection, tout en restant dans le monde et dans le sein de la famille il institua pour elles cette Société des enfants *du Cœur de la Mère admirable.*

Il ne paraît pas en avoir composé lui-même le règlement, mais il est tellement rempli de son esprit (1),

---

(1) Consulter un petit livre imprimé à Rennes en 1848.

qu'il n'y a pas à douter qu'il n'ait été rédigé par un Eudiste.

Pendant le cours de l'année 1668, le P. Eudes voulut se consacrer, lui et tous les siens, au service de la sainte Vierge. Il signa de son sang la formule de cette consécration, la porta sur lui jusqu'à son dernier jour, et, suivant en cela l'exemple de saint Edmond, archevêque de Cantorbéry, il prescrivit de la déposer avec lui dans son cercueil. Les affaires de Rennes terminées, il retourna à Caen où il appela de Coutances les jeunes confrères qui y faisaient leur probation, afin de les examiner : il était occupé de ce soin, quand il fut obligé de se rendre à Paris pour une affaire qui intéressait la Congrégation. C'était en 1671 ; Mgr Harlay de Chanvalon venait d'être transféré du siège de Rouen à celui de Paris (1). Le P. Eudes s'empressa d'aller voir le prélat, qui s'était toujours montré son protecteur.

En le voyant entrer dans son cabinet, Mgr de Harlay, chargé par Louis XIV de choisir quatre missionnaires en état de faire à Versailles une mission de quelques semaines, pensa que le ciel voulait lui éviter l'embarras de ce choix si délicat. Sans hésitation, il ordonna au P. Eudes de faire venir à Paris trois de ses confrères qu'il jugerait capables de le seconder et de se tenir prêt pour la semaine Sainte.

Précurseur et alors émule des grands orateurs qui devaient honorer le grand siècle, l'humble missionnaire devenait donc à son tour le prédicateur de Louis XIV qui, né en 1638, n'avait alors que 33 ans.

(1) Mgr de Harlay avait été remplacé au siège de Rouen par Mgr Rouxel de Médavy.

C'était devant ce Roi, jeune et beau, qu'allait prêcher le pauvre prêtre septuagénaire, devant ce Roi, qui avait une si grande idée de sa puissance et résumait toute sa politique dans ces trois mots : *L'État, c'est moi.* C'était à cette Cour si brillante, à ces jeunes seigneurs si impatients du frein, qu'il allait annoncer la parole de Dieu et devait ramener à la pensée si fortement exprimée par Massillon, quarante-quatre ans plus tard, auprès du cercueil de Louis XIV lui-même : « Dieu seul est grand, mes frères ! »

Le P. Eudes et ses confrères devaient-ils conserver leur sang-froid en face d'une si imposante assemblée ? Missionnaires de province, évangélisant souvent les plus humbles paroisses, ne passaient-ils pas trop brusquement de la plus profonde obscurité à la plus éclatante lumière ?

Ils restèrent calmes et fiers devant cette mise en scène, maîtres de tous leurs moyens. Il sembla même qu'ils avaient grandi de toute la grandeur de leur auditoire.

Il fallait d'ailleurs qu'ils sortissent vainqueurs d'une épreuve à laquelle il plaisait à Dieu de les soumettre. N'allaient-ils pas monter dans cette chaire dont Mascaron, l'illustre Oratorien, venait seulement de descendre ? Il avait prêché l'avent de 1666, le carême de 1667, l'avent de 1668, le carême de 1669, et l'avent de 1670. L'évêché de Tulle étant devenu vacant, Louis XIV y nomma Mascaron, et le nouveau prélat prêcha encore à la Cour le carême de 1671 (1).

(1) Aux débuts de Mascaron, le savant Tanneguy-le-Fèvre, père de Mᵐᵉ Dacier, disait : « Rien n'est plus éloquent que ce « jeune orateur ; tout son extérieur répond au ministère « qu'il exerce... il instruit, il plaît, il touche... *Malheur,*

Bossuet, appelé par Louis XIV, avait prêché l'avent de 1661 dans la chapelle du Louvre, à la Cour le carême de 1662, devant Anne d'Autriche en 1663 au Val-de-Grâce, en 1665 l'avent dans la chapelle du Louvre, en 1666 le carême à Saint-Germain-en-Laye, et l'avent de 1669 dans le même palais devant Louis XIV.

Sans s'intimider de pareils précédents, le P. Eudes arrivait à Versailles, le dimanche des Rameaux 1671, pour être soumis, lui et ses confrères, à la plus redoutable des comparaisons.

Mgr de Harlay était donc bien sûr de l'excellence de son choix pour assumer sur lui une pareille responsabilité, et donner la parole aux Eudistes dans la chaire royale, immédiatement après le prédicateur *Oratorien*, « populaire en son temps par ses défauts autant que « par ses qualités, subtil, enflé, mais grave et fier, « avec des éclairs d'admirable éloquence. »

La Cour n'avait pu oublier le succès éclatant d'un autre membre de l'Oratoire, le P. Le Boux, « si célèbre « à la veille des débuts de Bossuet, et même en face « de Bossuet grandissant. » (1)

Le lendemain, le P. Eudes fut présenté à Louis XIV; à ses remercîments, le Roi répondit avec beaucoup de bonté : « Je suis bien aise que M. l'archevêque de « Paris vous ait choisi pour cette mission ; vous y « ferez beaucoup de bien. Continuez comme vous avez « commencé ; vous convertirez plusieurs personnes. « *Vous ne convertirez pourtant pas tout le monde,*

« *deux fois malheur aux prédicateurs* qui viendront ici « (à Saumur), après Mascaron. »

Mascaron avait alors trente ans.

(1) Jacquinet. *Les prédicateurs au XVIIe siècle, avant Bossuet.*

« mais vous ferez ce que vous pourrez. » Le Roi voulut bien ordonner à M. de Bonteras, gouverneur du château, d'avoir le plus grand soin des missionnaires.

« Vous ne convertirez pas tout le monde, avait dit le Roi. » Quel était donc le fond de sa pensée? N'était-ce pas l'époque où après la retraite de la Duchesse de la Vallière, Mme la marquise de Montespan était venue s'asseoir bien près des marches du trône? M. le duc du Maine, fils légitimé, ne venait-il pas de naître, fruit de relations coupables ; les honneurs et les richesses ne pouvaient pas en couvrir suffisamment l'opprobre pour qu'elles ne devinssent pas un scandale pour toute la France?

Le P. Eudes, qui n'avait jamais su transiger avec le mal, qui mettait la chasteté au nombre des plus précieuses vertus, allait donc se trouver en face du désordre le plus éclatant et le plus avoué qui fut au monde.

Pour faire accepter des paroles sévères à un Prince, qui ne connaissait pas le contrôle, il dut certainement unir la fermeté du missionnaire à la finesse native des hommes de sa province. Il sut trouver la route dans laquelle s'était engagé résolument Mascaron lui-même; il fit comprendre à ses nobles et puissants auditeurs que s'il ne leur disait la vérité que *sous des enveloppes,* que s'il la leur mettait *sous des jours plus enfoncés,* il fallait qu'ils eussent *plus de pénétration qu'il n'avait de hardiesse* (1).

Le Roi vint de Saint-Germain où se trouvait alors la Cour, passer trois jours à Versailles pour suivre la mission. La Reine, de son côté, se réserva de donner

---

(1) Mascaron à Versailles

elle-même des récompenses aux enfants que les missionnaires désignèrent comme les plus pieux et les plus instruits.

Enfin Louis XIV se montra pleinement satisfait des résultats de cette mission, et en donna immédiatement des preuves, en gratifiant le P. Eudes d'une somme de deux mille livres pour aider à la construction de la chapelle du séminaire de Caen, et surtout en retenant l'un des quatre missionnaires pour le charger du soin de la sacristie de sa chapelle. Enfin, il conserva le meilleur souvenir de cette mission, puisque, dans la suite, il voulut bien employer son autorité pour assurer à la Congrégation un établissement dans la capitale.

L'occasion allait d'ailleurs s'en rencontrer, mais dans celle-ci comme dans tant d'autres, Dieu voulait que le P. Eudes vît, comme Moïse, les horizons de la terre promise sans qu'il pût jamais y entrer.

Mme Petau, veuve de M. de Traversay, conseiller au Parlement de Paris, s'était vouée aux bonnes œuvres : elle avait eu beaucoup de rapports spirituels avec saint Vincent de Paul, et était devenue, à son instigation, la tutrice des filles de la Congrégation de la Croix, établies par Mme de Villeneuve et destinées à diriger les écoles dans les campagnes et dans les hameaux.

Mme de Traversay donna au P. Eudes et à sa Congrégation les deux tiers d'une maison, qui depuis a été occupée par les prêtres de la Communauté de Saint-Josse (1). La Congrégation pouvait vendre ces

---

(1) Saint-Josse était une église paroissiale, située au coin des rues Aubry-le-Boucher et Quincampoix. Elle a été détruite pendant la Révolution. Quand Philippe-Auguste eut fait

deux tiers au cas où elle ne trouverait pas moyen de s'y établir, à la condition que le prix fût employé à acheter une autre maison pour y loger des Eudistes. Le P. Eudes obtint des lettres patentes pour accepter cette donation dans toutes ses parties et c'était pour cette même affaire qu'en 1671 il était venu à Paris.

Mais le curé de Saint-Josse et les marguilliers de cette paroisse, voyant avec peine des prêtres étrangers prêts à occuper une maison contiguë à leur église, mirent à leur entrée en jouissance une opposition qui retarda jusqu'en 1703 la solution de cette affaire, quoique M. de Colbert en eût écrit par ordre du Roi au Président du Parlement. L'opposition dura longtemps et nuisit à la valeur de la maison. Enfin il fallut s'accommoder et ce ne fut qu'en 1703 que le successeur du P. Eudes se vit en état d'acheter une autre maison pour remplir les vues de Mme de Traversay (1).

construire le mur d'enceinte de Paris, une partie du territoire de la paroisse de Saint-Laurent s'y trouva comprise. Les habitants de cette partie, ainsi renfermés, gênés dans l'exercice de leur culte, demandèrent, en 1260, et obtinrent que la chapelle de Saint-Josse fût érigée en paroisse.

(1) La maison achetée en 1703, était située près de l'Estrapade et non loin de l'église Sainte-Geneviève : elle a été occupée par les Eudistes jusqu'à l'époque de la Révolution, et a eu pour dernier directeur le P. Hébert, dont nous aurons à raconter la glorieuse mort. Aliénée alors comme toutes les autres maisons ecclésiastiques, elle devint la propriété des Dames de la Visitation de la rue du Bac.

Bien plus tard, cette maison fut achetée par les Jésuites, qui en ont fait cette école célèbre dont les succès sont si éclatants. C'est là, où chaque année, les fils des plus nobles familles françaises viennent demander aux hautes études le moyen de rentrer dans le mouvement, et de fuir les écarts

En 1704, le P. Legrix, Eudiste, fut nommé à la cure de Saint-Josse; il se laissa entraîner par les nouveautés du Quenellisme d'une telle façon, qu'il en appela, ainsi que le P. Bournisien, qui le remplaça, de la constitution de Clément XI. Les Eudistes rompirent dèslors tous rapports avec Saint-Josse.

En 1672, Mgr de Maupas, évêque d'Evreux, se voyant attaqué d'une longue et douloureuse maladie, craignit de ne pouvoir vaquer seul au soin de son diocèse. Il écrivit donc au P. Ferrier, jésuite, confesseur de Louis XIV pour le prier d'appuyer de tout son crédit le placet qu'il faisait porter à Paris par M. Durancel, l'un de ses vicaires-généraux. Le prélat demandait au Roi de lui donner le P. Eudes pour coadjuteur, ne connaissant aucun ecclésiastique qui fût plus digne de cette position et auquel il pût se confier avec plus d'assurance.

L'éclat de la dignité épiscopale ne pouvait éblouir l'humble prêtre, et il écrivit de suite au P. Mannoury, pour qu'il déclarât à Mgr de Maupas et à ses grands-vicaires, qu'il *ne voulait d'autre bénéfice que celui que son Sauveur avait choisi pour lui, c'est-à-dire la Croix.*

Le P. Ferrier répondit à Mgr de Maupas qu'il ne fallait ni penser à cette combinaison, ni la proposer, le P. Eudes *remplissant une grande mission et ne devant être attaché par aucun lien particulier qui pût l'empêcher d'aller dans tous les lieux où il était appelé par la Providence.* On voit donc que le refus, aussi

où pouvait les entraîner cette oisiveté, commandée par des scrupules honorables en tous temps, mais que les intérêts les plus chers ordonnent de secouer à cette heure.

bien que le choix, ajoutait de magnifiques fleurons à la couronne du saint prêtre (1).

Après la mission de Versailles, le P. Eudes alla à Vernon en donner une aux Religieuses de la Congrégation de Notre-Dame, qui venait de s'y établir (2).

Ses missions se succédaient les unes aux autres ; mais il allait souvent de préférence dans les lieux les plus abandonnés. Il fallait, en outre, qu'il s'occupât des affaires journalières de tous ses établissements et aussi de beaucoup de maisons religieuses, qui ne se conduisaient que d'après ses conseils.

Telle était la célèbre abbaye de Montmartre (3),

---

(1) Jean Ferrier, né à Rodez, en 1619, entra chez les Jésuites, y professa et fut ensuite nommé confesseur de Louis XIV.

Il mourut à l'âge de 55 ans, laissant un traité sur la science moyenne, et des écrits contre les disciples de Jansénius qu'il n'aimait pas, et qui ne l'aimaient pas davantage.

Le P. Ferrier jouissait d'un grand crédit ; son antichambre était toujours pleine de solliciteurs. Un jour Boileau, qu'il aimait beaucoup, s'étant fait annoncer, le vit entraîné par le Père lui-même dans son cabinet : « Qui vous amène ici, lui « dit le Père en l'embrassant ? » « — Vous montrer, répondit « le poète, un spectacle bien neuf pour vous, — des yeux « qui ne vous demandent rien. »

(2) La Congrégation de Notre-Dame, qu'il ne faut pas confondre avec l'Ordre de Notre-Dame, créé par Mme de Lestonac, fut instituée en 1617, par le bienheureux Pierre Fourrier. Les bulles d'approbation avaient été données en 1616, par le Pape Paul V. La première supérieure de Nancy fut la vénérable mère Alix Le Clerc, qui est aussi regardée comme la fondatrice de cette Congrégation. La maison de Vernon fut établie par la mère Angélique Milly, seconde supérieure de Nancy.

(*Ordres religieux.*)

(3) Il existait sous le règne de Louis VI, dit le Gros, une église dans le village de Montmartre, qui, jusqu'à Louis XIV, fut possédée par des seigneurs laïques ; un nommé Payen et

gouvernée alors par Mme Françoise Renée de Lorraine.

Depuis dix années déjà, cette princesse avait demandé qu'il y eut une association de prières entre sa communauté et la nouvelle Congrégation. C'était le meilleur moyen de s'attacher le P Eudes, et Mme de Lorraine ne fut pas longtemps à apercevoir les avantages qu'en retiraient ses Religieuses.

Pendant trois mois entiers, il s'occupa à régler le spirituel de cette importante abbaye, malgré les infirmités qui commençaient à le gagner et tous les motifs pressants qui l'appelaient ailleurs.

L'abbesse en fut si reconnaissante qu'elle pria Mme la duchesse de Guise, sa parente, de contribuer largement à la construction de l'église du séminaire de Caen et s'empressa d'adopter la fête du Saint-Cœur de Marie, instituée dans la Congrégation et qui avait paru attirer sur elle les bénédictions du Seigneur. Cette fête fut célébrée pour la première fois à Montmartre en 1673.

Depuis plusieurs années, le P. Eudes avait composé et fait approuver par plusieurs prélats une messe et une solennité du Sacré-Cœur de Jésus. Dans les lettres d'institution du grand séminaire de Rennes, datées de

---

son épouse Hodierne, tenaient cette église en fief de Burchard de Montmorency. Ces deux époux, après consentement accordé par ce seigneur, la donnèrent ou la vendirent, en 1096, aux Religieux de Saint-Martin des Champs, avec les produits des sépultures, ceux de l'autel, etc., etc. Louis le Gros, en 1133, donna à ces Religieux l'église de Saint-Denis de la Chartre, en échange de l'église de Montmartre.

Après cette transaction, le Roi et la Reine Adélaïde, fondèrent, à côté de l'église, une abbaye de Religieuses.

(Dulaure.)

1670, nous lisons en effet : « Nous permettons, dit Mgr
« de la Vieuville, auxdits prêtres de ladite Congréga-
« tion, de célébrer solennellement tous les ans..... la
« fête du Cœur adorable de Notre-Seigneur Jésus-
« Christ, avec octave, et de se servir pour cet effet
« d'office et de messe propres, et de faire le même
« office double le premier jeudi de chaque mois, non
« occupé d'une fête double ou semi-double, et d'en
« user de même à l'égard du Cœur de la bienheu-
« reuse Vierge, etc.... (1).

(1) « A Caen, nous écrit le R. P. Le Doré, en date du 28 no-
« vembre 1868, j'ai rencontré des pièces fort précieuses ; celles-
« auxquelles j'attache le plus de prix sont *des lettres origi-*
« *nales* qui permettent au P. Eudes de solenniser la fête du
« Sacré-Cœur de Jésus; je puis donc maintenant, pièces en
« main, soutenir cette gloire du P. Eudes d'avoir été le pre-
« mier apôtre du culte du Sacré-Cœur.... »
« Un homme, dit encore le P. Le Doré (*Livre des vertus du*
« *P. Eudes*), un homme peut, sans doute, faire de grandes
« choses; mais établir une insigne dévotion, introduire une
« fête solennelle dans l'Église, non, ce n'est pas là l'ouvrage
« d'un homme quel qu'il soit ; en présence d'un fait de cette
« nature, on est forcé de reconnaître l'action même de Dieu,
« et de dire : « *Digitus est Dei.* »
Nous pouvons affirmer hardiment, que le P. Eudes est le
premier, à qui a été confiée la mission de répandre la double
dévotion aux saints-Cœurs dans l'Église, et d'établir en leur
honneur un culte public et solennel.
On croit assez généralement, que la vénérable Marie Alacoque, Religieuse de la Visitation de Paray-le-Monial, dans le
diocèse d'Autun, a, *la première*, fait connaître la dévotion au
Sacré-Cœur de Jésus. Cette sainte fille l'inspira à ses sœurs
de Dijon, et la mère Saumaise, supérieure de ce monastère,
en fit pour la première fois, en 1686, la fête dans son église.
Mgr Languet, archevêque de Sens, qui a écrit la vie de Marie
Alacoque, apprit par le P. Lemoine, préfet du séminaire de

Le P. Eudes jugea prudent de ne pas établir de suite cette dévotion. Il crut enfin le moment favorable en *1672 ;* il ordonna alors que dans toute la Congrégation cette fête serait célébrée le 20 octobre de chaque année avec la permission des ordinaires. A ce sujet, le P. Eudes envoya une lettre circulaire imprimée, où il disait :

« Si on m'objecte la nouveauté de cette dévotion, je
« répondrai que la nouveauté dans les choses de la Foi
« est très-pernicieuse, mais qu'elle est très-bonne
« dans les choses de la piété. Autrement, il faudrait
« réprouver toutes les fêtes qui se font dans l'Église,
« qui ont été nouvelles, quand on a commencé à les
« célébrer. » Cette fête fut célébrée depuis dans toutes les maisons de la Congrégation, à la réserve de celles de Rouen et de Rennes, quoique celle-ci en eût le pouvoir, comme nous l'avons indiqué. A Rouen, Mgr de Médavid avait élevé quelques difficultés.

Le P. Eudes ne cessa jamais de réunir les deux cœurs du Fils et de la Mère. L'union de ces deux cœurs

Caen, que le P. Eudes avait la priorité du temps, relativement à cette fête, et fit mettre un carton dans son ouvrage pour rendre justice à qui de droit.

Marie Alacoque naquit en 1647, à Lauthecour, près d'Autun. Et le 8 février 1648, le P. Eudes, grâce à l'autorisation de Mgr de Ragny, put célébrer avec une pompe extraordinaire, dans la cathédrale de cette ville épiscopale et pendant le cours d'une grande mission, la fête du Saint-Cœur de Marie. Ne devons-nous pas admirer les secrets desseins de la Providence, qui, peu de temps auparavant, faisait naître près de cette ville même, cette vénérable Marie Alacoque que Jésus devait choisir plus tard pour être, après le P. Eudes, l'apôtre de son propre Cœur, et qui mourut en 1690, célèbre par ses vertus et les grâces extraordinaires dont elle avait été favorisée

en un seul est même un des caractères les plus frappants de la dévotion de notre saint apôtre : « Néan« moins, nous dit le P. Le Doré, il voulut commencer
« par le cœur de Marie. En cela, du reste, il ne faisait
« que se conformer à l'admirable économie qui règle
« les conseils de la Providence ; et, de même que Dieu
« nous a donné Jésus par Marie, le P. Eudes voulait
« nous présenter d'abord le cœur de la Mère, pour
« nous ouvrir un accès plus libre et plus facile vers le
« cœur tout aimable et tout aimant de son Fils.... »

Les Religieuses de Notre-Dame de Charité suivirent immédiatement les prescriptions de leur fondateur, et leur exemple, sauf quelques modifications, fut bientôt suivi par les Ursulines, les Bénédictines et les Religieuses de la Visitation, dont l'intention était spécialement la *réparation* au *Cœur outragé dans le sacrement de l'autel*.

Quelque temps avant la fin du carême et en date du 11 mars 1673, le P. Eudes reçut une lettre du P. Hubert, prêtre de la Congrégation, que le Roi avait retenu deux ans auparavant à Versailles pour le charger du service de sa chapelle : il marquait à son supérieur que Leurs Majestés lui ordonnaient de se rendre en toute hâte à Saint-Germain-en-Laye pour y commencer une mission avec tout le personnel qu'il jugerait nécessaire.

L'ordre était précis, et fut de suite exécuté. Entre autres coopérateurs, le P. Eudes choisit le P. Blouet de Camilly, qui, pour cette fois, allait prêcher devant une assemblée au milieu de laquelle il aurait pu, sans sa vocation, prendre une des meilleures places, le P. Delaunay-Hue, missionnaire d'un rare mérite et plus tard chanoine de Bayeux, et enfin M. Paillot, prêtre de Vauxelles de Caen, dont nous avons déjà parlé.

Le P. Eudes fut reçu à Saint-Germain par le Roi et Monsieur, duc d'Orléans, avec toutes les marques de la plus sincère affection. Pendant quinze jours, il y eut tous les soirs un sermon que le Roi entendit plusieurs fois, et dont il revint toujours de plus en plus satisfait. La Reine elle-même dit à une Carmélite de la rue Saint-Jacques, qu'elle visitait de temps en temps, *que les autres sermons qu'on débitait d'ordinaire devant elle n'étaient que des paroles, tandis que ceux des Eudistes allaient au cœur.*

Les missions dans les campagnes sont ordinairement fructueuses; le grain semé germe immédiatement et le missionnaire se trouve dédommagé et comme reposé de toutes ses fatigues, quand il peut juger lui-même du résultat de ses prédications.

Mais il n'en est pas de même dans les cours; quand le maître ne donne pas l'exemple, le courtisan reste froid, au moins pour les actes extérieurs.

Ce ne fut qu'en 1679 que le Roi, lassé de Mme de Montespan, la quittait pour Melle de Fontanges, qui ne mourut qu'en 1681. Le nombre des enfants naturels, fruits de ces unions illégitimes, avait augmenté chaque année. Les occupations et les affaires de l'Etat que le Roi ne négligeait jamais, étaient assaisonnées de tous les plaisirs qu'on peut prendre au sein d'une cour aussi magnifique que flatteuse et soumise.

Ému de la mort si prompte de la belle Fontanges, le Roi ne put s'en consoler que dans les entretiens de Mme de Maintenon, qui sut tellement s'emparer de l'esprit et du cœur du monarque qu'elle fut associée au Trône plus réellement peut-être que si elle eût porté le nom de reine.

Ce fut alors que le grain semé par le P. Eudes produisit les fruits qu'il pouvait en attendre, et s'il eût encore vécu, il eût été heureux de voir ce Roi, auquel il avait deux fois annoncé la parole de Dieu, acquérir de nouveaux droits à l'amour et à l'estime de ses sujets par une vie réglée et sincèrement chrétienne.

Encouragé par les succès dont la Providence avait béni ses travaux et ceux de ses confrères dans les missions de Versailles et de Saint-Germain, et plus encore par les assurances qu'il reçut alors du Roi et de la Reine, le P. Eudes se détermina à recommencer ses poursuites auprès du Saint-Siége pour obtenir la confirmation de son institut.

Le poids de l'âge se faisait sentir ; il désirait donc affirmer son œuvre avant d'en laisser la direction à son successeur.

Il avait une confiance entière dans le P. Bonnefont. Cet ecclésiastique brillait entre tous dans la Congrégation, par ses vertus autant que par son instruction profonde et ses talents. Ce fut lui qu'il choisit pour traiter à Rome de cette importante affaire.

Le P. Bonnefont partit donc le 5 juin 1673. Les prélats français les plus autorisés à la Cour de Rome, lui donnèrent des lettres pour plusieurs cardinaux. Le Roi lui-même voulut bien écrire en faveur du nouvel institut, et Mme la duchesse de Guise (1), recommanda d'une manière toute spéciale le P. de Bonnefont au grand duc de Toscane, sur les États duquel il devait passer.

---

(1) Duchesse de Guise (Elisabeth d'Orléans, duchesse d'Alençon, veuve de Louis-Joseph de Lorraine, duc de Guise). Elle avait mis son fils, le duc d'Alençon, sous la protection de la Sainte

Les ennemis du P. Eudes se réveillèrent, quand ils le virent employer les moyens les plus efficaces pour arriver au but vers lequel il tendait avec tant de persistance. Il était connu personnellement du Roi; il avait bravement soutenu une épreuve dont on ne lui a jamais tenu compte; il fallait désormais pour l'abattre que les coups portassent à la hauteur où l'avaient placé ses vertus et l'efficacité de ses prédications. Libelles sur libelles, calomnies sur calomnies, qui parvinrent jusqu'à Rome, rien ne fut négligé : « Mais avec « tout cela, écrivait le P. Eudes à l'archevêque de « Paris, les croix ne me manquent pas et en plusieurs « manières. J'appris hier qu'il y a encore un nouveau « libelle et de nouvelles calomnies, *dont Dieu soit* « *béni;* je le prie de tout mon cœur de faire de « grands saints de tous mes calomniateurs, ou pour « mieux dire *de tous mes grands bienfaiteurs.* » Ceux-ci étaient même parvenus à faire entrer dans leurs vues Messieurs de Saint-Lazare en persuadant au supérieur de cet institut que l'approbation demandée par les Eudistes pouvait leur être nuisible (1). Ils avaient

Vierge et avait fait choix de la maison des Eudistes de Caen pour y fonder une messe et un salut.

Cette princesse fit beaucoup de dons pour l'érection de la chapelle du séminaire. Elle fut refroidie pendant quelque temps par les accusations formulées contre le P. Eudes, accusations dont le releva l'abbesse de Montmartre.

(1) La Congrégation de Saint-Lazare, pour les missions, était tenue aux trois vœux : elle devait vaquer au salut des pauvres paysans par l'exercice de missions faites *hors des villes,* comme le porte expressément le bref d'Alexandre VII (1632). Ce bref l'exempte des juridictions ordinaires. C'est ce qui fait la différence des statuts de la Congrégation de Jésus et de Marie, qui ne fait pas de vœux et n'accomplit ses travaux que sous la direction des Évêques.

provoqué, en effet, un décret de la propagande ordonnant d'empêcher l'érection d'ordres nouveaux (1).

Mais on dépassa le but : la Congrégation n'était plus nouvelle, elle comptait trente années d'existence et de travaux ; elle avait été appelée par le Roi lui-même pour annoncer la parole de Dieu dans son propre palais.

Puis, l'abnégation du saint fondateur, ces fatigues sans nom, qui usaient chaque jour de plus en plus cette vigoureuse nature, cette constance, ce calme, cette résignation admirable au moment de l'adversité, cette humilité dans le succès, rien ne pouvait cadrer avec les attaques dont il était l'objet.

La Cour de Rome allait donc passer outre, et le P. de Bonnefont terminer heureusement son voyage, quand une circonstance, qu'il ne pouvait prévoir, remit tout en question.

L'abbé Boniface, désolé de n'avoir pu remplir aucune des promesses qu'il avait faites au P. Eudes, voulut à tout prix, comme nous n'avons fait encore que l'indiquer, obtenir du Saint-Siège l'approbation de la Congrégation des Eudistes. Dépassant donc ses instructions ou plutôt prenant sous sa responsabilité personnelle une démarche à laquelle le P. Eudes se serait vivement opposé, s'il en eût eu connaissance, l'abbé Boniface adressa au Saint-Père la supplique suivante :
« Très-saint Père, il s'est érigé en France une Con-
« grégation de prêtres séculiers, qui a eu l'avantage
« d'être approuvée par plusieurs évêques et mérité
« l'honneur d'être recommandée par le Roi très-
« chrétien ; elle travaille avec zèle et application à se
« perfectionner et à procurer le salut du prochain de-
« puis vingt ans ou environ, et demande avec instance

(1) *Annales de la Congrégation de J. et de M.* (P. Costil).

« que le Saint-Siége apostolique veuille bien lui faire
« la grâce de confirmer sa manière de vivre. Mais,
« comme il n'arrive que trop souvent, que diverses hé-
« résies, qui paraissent successivement dans ces temps
« différents, viennent à corrompre des communautés ec-
« clésiastiques et les portent, sous le spécieux prétexte
« de la vérité, à calomnier le Souverain-Pontife, qui
« est le vicaire de Jésus-Christ et à résister ouverte-
« ment à ses décisions, cette même Congrégation, qui
« souhaite ardemment de voir ses membres toujours
« unis à l'Église romaine par un lien indissoluble, *vous
« demande qu'il lui soit permis de faire vœu, dont
« personne ne puisse la dispenser, d'être soumise au
« Souverain-Pontife et de défendre toujours son auto-
« rité, même dans les choses qui pourraient souffrir
« du doute.* »

Cette pièce était sans date et ne portait le nom d'aucune Congrégation. Malheureusement, on lisait sur le revers de la feuille les mots écrits de la main de M. Boniface : *Pro Joan Eudes*, et au bas de la supplique, le refus que le Pape avait fait de la prendre en considération, était exprimé en ces termes : *sanctissimus abnuit*. (1).

Comment parvint-on à se procurer une pièce qui pouvait être si nuisible au P. Eudes, quoiqu'elle fût de la main d'un prêtre étranger à la Congrégation ?

---

(1) On conserve aux archives impériales la réponse suivante à la supplique de M. Boniface : « In parvo registo rescripto-
« rum et resolutionum S. Cong. Episc. et Reg. negotiis præ-
« positæ, sub die 2 junii 1662 ad ante scriptas preces ita repe-
« ritur decretum : Ex audientiâ SS., 31 mai 1662, Cong. de
« Seminario in Franciâ Ludovico Boniface. SS. abnuit. In
« quorum fidem. Romæ, 4 september 1662.
  « G. Epùs. Com. Secret. »

Le P. Eudes seul, et au nom de ses confrères, pouvait prendre auprès du Saint-Père une pareille initiative. Soupçonnait-on en France qu'il se trouvait dans les cartons de la Chancellerie romaine une pièce pouvant sérieusement compromettre le P. Eudes aux yeux du Roi ?

Ne sommes-nous pas en droit de dire que l'Oratoire fit des *démarches directes* pour posséder cette pièce qui lui aurait été refusée ? (1)

En a-t-on obtenu une copie par des agents de la Chancellerie ou d'après les papiers que M. Boniface dit avoir laissés chez un prêtre qu'il avait chargé de terminer l'affaire de la Congrégation, et qui demeurait chez le cardinal F. Barberini ? Quoi qu'il en soit, cette pièce ou sa copie arriva en France vers la fin de 1673, et fut remise de suite entre les mains de Sa Majesté, qui, indignée, fit donner l'ordre au P. Eudes de quitter immédiatement Paris et de se rendre en Normandie (2).

Le P. Eudes obéit, et fit, en date du 27 novembre 1673, un désaveu officiel, dont la copie existe aux

(1) Il existe, aux archives impériales, une liasse d'une cinquantaine de lettres du père Amy (Oratorien) écrites en 1673 et 1674, *au P. de Saumaise, assistant du général de l'Oratoire*, le P. de Sainte-Marthe, où il parle des efforts faits pour se procurer la pièce *ci-dessus authentiquée;* après en avoir promis une copie, on la refusa aux Oratoriens, en disant qu'ils voulaient s'en servir contre le Saint-Siége.

(*Annales de la Congrégation de J. et de M.* P. Costil.)

(2) « La supplique Boniface n'eut aucun effet, dit Mgr Huet, « et serait demeurée dans l'oubli, si longtemps après, quelques « ecclésiastiques français de la suite du cardinal d'Estrées, « qui était alors à Rome, n'en avaient eu connaissance. La « chose étant ainsi découverte, l'avis ne tarda pas à en venir « au Roi. (*Origines de Caen*, Ch. XXIV. p. 631). »

Archives impériales, par devant Nicolas du Montier, sieur de la Motte, Conseiller du Roi, Lieutenant-général au baillage et présidial de Caen, en présence de Messire J. de la Ménardière, écuyer, conseiller du Roi et avocat de Sa Majesté, et de Messire d'Auge, greffier au dit baillage. Dans cet acte, le P. Eudes désavoue tous ceux qui peuvent avoir donné cet écrit en son nom, et renonce à en poursuivre l'effet dans de semblables conditions. « Nous disons, de plus, que non
« seulement cette supplique n'a pas été présentée par
« son ordre ou participation, mais même qu'une sem-
« blable proposition est entièrement contraire à ses
« sentiments et à l'esprit de sa Congrégation. »

Une circonstance à peu près analogue s'était rencontrée pour les Carmélites du grand couvent de Paris, qu'on accusait d'avoir présenté au Roi une supplique au détriment des autres couvents de leur Ordre. Le Roi répondit qu'il fallait les croire sur parole. Pourquoi ne voulut-il pas se contenter de celle du saint prêtre ?

Dans un mémoire, le P. Eudes disait : « Si la supplique
« que l'on produit était de ma main, *ce que j'avouerais*
« simplement s'il m'en souvenait, je n'y aurais mis les
« paroles qui y sont *touchant l'autorité du Pape*, et
« celles-ci « *Etiam in iisque dubium movere possunt* »
« que pour ce qui regarde les choses de la Foi décidées
« par Sa Sainteté, comme, entre autres, celles des cinq
« propositions qu'en ce temps-là plusieurs voulaient
« mettre au rang des choses douteuses, n'avouant
« pas qu'elles fussent dans leur auteur, mais contre-
« disant ouvertement la détermination qui en avait
« été faite par le Saint-Siége. »

De son côté, M. Boniface déclara inutilement qu'il était seul l'auteur de cette supplique et que le P. Eudes n'en avait jamais eu connaissance. Il proposa même une somme d'argent à celui-ci pour le dédommager du tort qu'il lui avait causé. Ce que le P. Eudes refusa.

Les évêques qui lui avaient donné tant de marques d'estime et de dévouement, ne l'abandonnèrent pas dans cette cruelle disgrâce : cinq d'entre eux écrivirent au Pape Clément X, en date du 10 février 1694. Cette lettre porte les noms de l'Archevêque de Paris (Mgr de Harlay), des évêques de Lisieux (de Matignon), d'Evreux (de Maupas), de Rennes (de la Vieuville) et de Mgr Auvry, ancien évêque de Coutances.

Le Roi resta inflexible ; crédit, réputation, tout tombait à la fois. Plus d'espoir d'établissement à Paris, perte d'une maison à Versailles sous l'œil de la Cour, qui fut alors donnée aux Lazaristes, au grand détriment d'une Congrégation que, *sur pièce probante*, on accusait d'avoir manqué aux égards dus au Souverain, d'avoir trahi les intérêts de sa couronne au moment même où il comblait de grâces celui qui en était le chef, et enfin, crime irrémissible, d'avoir paru se déclarer contre les libertés de l'Église gallicane. (1)

---

(1) Tout ce qui touchait ou paraissait blesser cette question devenait grave. L'édit de 1673, au sujet de l'étendue de la régale, ayant été reçu par les évêques de l'assemblée de 1682, le Pape Innocent XI leur adressa des brefs qui renfermaient des maximes contraires à celles qui étaient contenues dans l'édit : Ces brefs donnèrent lieu à examiner des propositions présentées par la Sorbonne en 1663, et le résultat des discussions de l'assmblée furent les quatre propositions contenues dans la déclaration des députés du clergé touchant la puissance ecclésiastique.

1° Que le Pape n'a aucune autorité sur le temporel des rois.
2° Que le concile est au-dessus du Pape. conformément à ce qui a été reconnu dans les sessions quatrième et cinquième du Concile de Constance.

La position était désespérée. Le coup avait frappé droit au cœur. Le P. Eudes ne perdit cependant pas courage. Il crut devoir composer un mémoire justificatif où il supplia le Roi de vouloir bien le défendre. La Reine, qui avait toujours foi dans les paroles et les actes du prédicateur, présenta elle-même ce mémoire à son auguste époux, qui répondit : « J'ai « les meilleures intentions du monde pour le P. Eudes; « je crois qu'il est homme de bien ; mais *voilà une* « *supplique* qui est contre mon État ; il faut qu'il se « justifie, et après on travaillera à ses affaires. »

Pour se justifier, il fallait prendre l'offensive, attaquer comme on l'avait attaqué lui-même : il fallait citer ses accusateurs devant le trône. Ses amis, les principaux d'entre ses confrères, le suppliaient de prendre enfin les mesures les plus rigoureuses pour arrêter le cours de tous ces désordres, qu'on attribuait aux partisans du jansénisme : « Peut-être que « Dieu, répondait-il, suscitera quelqu'un qui répon- « dra au libelle. Quoi qu'il en soit, j'embrasse de « tout mon cœur les croix qu'il plaira à Dieu de « m'envoyer, et je le supplie très instamment de « pardonner à ceux qui me persécutent. » La pro-

---

3° Que l'usage de la puissance apostolique doit être réglé par les canons, sans donner atteinte aux libertés de l'Église gallicane.

4° Qu'il appartient principalement au Pape de décider en matière de foi, que ces décrets obligent toutes les églises, que ces décisions ne sont néanmoins irréformables qu'après que l'Église les a acceptées.

Cette déclaration fut confirmée par l'édit du Roi, enregistré le 23 mars.

(1) Nous nous sommes fait un devoir de rechercher tous les

position de l'abbé Boniface quoiqu'inacceptable dans ces conditions par la Cour de Rome, ne portait cependant rien qui pût l'offenser. Mais la disgrâce éclatante du P. Eudes étant connue, le P. de Bonnefont vit échouer toutes ses démarches pour la reconnaissance explicite de la Congrégation : il ne se rebuta pas, cependant, car nous ne le voyons quitter Rome que le 30 mars 1675. Il avait fait part au P. Eudes de toutes les difficultés qui se dressaient devant lui, et celui-ci lui répondait : « Je me réjouis « des caresses que Dieu vous fait dans une assu- « rance que j'ai que : *ubi abondavit tristitia, ibi « superabondit lætitia.* »

Cependant le P. de Bonnefont, obtint plusieurs grâces pour la Congrégation, et entre autres une bulle

---

faits qui pouvaient offrir quelques rapprochements entre saint François de Sales et le P. Eudes.

Saint François de Sales était très-lié avec le baron de Luz qui venait d'être arrêté avec le maréchal de Biron et plusieurs autres gentilshommes, comme complices avec le Roi d'Espagne et le duc de Savoie, d'une conspiration contre l'État. On vint dire à saint François de Sales qu'on l'avait dénoncé au Roi et accusé d'avoir pris le prétexte des affaires du pays de Gex pour ourdir une conspiration, n'étant qu'un émissaire du duc de Savoie. A ce moment, il allait monter en chaire. Il remercia l'ami qui l'avait prévenu, puis prêcha avec la même assurance et liberté d'esprit que si on ne lui avait pas parlé. Puis il se rendit au Louvre, sans autre arme pour se défendre que sa vertu elle-même. Le Roi l'assura de suite qu'il n'avait pas cru un instant à sa culpabilité. « Mais, ajouta-t-il, « je ne puis empêcher qu'on me fasse des rapports. » *Hist. de saint François de Sales.*)

Même calme chez le P. Eudes ; seulement il fut moins heureux au sujet de l'accusation produite contre lui, et qui reposant sur une pièce matérielle, Louis XIV fut plus longtemps à revenir que son aïeul.

permettant au P. Eudes de faire des missions dans toute la France, avec indulgence plénière ; cette faveur était renouvelée, mais au nom de la Congrégation, et avec les prérogatives des prélats, comme le P. Eudes s'y attendait. Sans confirmer l'institution, la Cour de Rome lui laissait prendre son nom. Le P. de Bonnefont rapportait, en outre, six brefs d'indulgences, pour établir la Confrérie des Saints Cœurs de Jésus et de Marie dans les six séminaires de Caen, Coutances, Lisieux, Rouen, Rennes et Évreux. Le Saint-Père accorda, en outre, une bulle aux prêtres et clercs de la Congrégation, à l'exclusion des autres fidèles, et même des frères domestiques. Cette bulle donnait indulgence plénière à l'entrée et à la mort des confrères, et pour la visite de l'église de Caen, le jour de la fête du Saint-Cœur le 8 février, et quatre autres indulgences de 7 ans pour des jours particuliers, le tout à perpétuité (1).

Le voyage du P. de Bonnefont n'avait donc pas été sans résultats.

Exilé en Normandie, le P. Eudes voulut continuer à l'évangéliser, et pendant les années 1674, 1675 et 1676, il ne cessa de parcourir les diocèses de Bayeux, d'Évreux, de Lisieux et de Coutances.

La dernière mission qu'il put faire fut celle de Saint-Lô. Une tradition encore existante dans cette ville veut que le P. Eudes prêcha dans la chaire de pierre placée

(1) Nous remarquerons qu'en 1688, Mgr de Loménie, alors évêque de Coutances, déclara dans l'acte de vérification du bref, qu'il voulait que son nom fût inscrit le premier sur le catalogue des membres de la Confrérie des SS. Cœurs et qu'il permit à tous les prêtres et laïques de son diocèse d'en faire partie. *(Annales de la Congrégation).*

à l'extérieur et dans le mur de l'église Notre-Dame. L'affluence des auditeurs était telle que, malgré le froid intense de la saison, il fut obligé de prêcher au dehors de l'église.

La mission de Saint-Lô fut le dernier effort du vénérable Père ; il se soutint encore avec assez de vigueur. Mais, en 1667, on finit par s'apercevoir de la diminution de ses forces. On le pressa de se fixer définitivement à Caen et de ne plus s'occuper que des affaires de la Congrégation. Souffrant depuis 25 ans, il était parvenu à dissimuler cette infirmité, en conservant sa gaieté et une physionomie toujours sereine.

Il tomba bientôt sérieusement malade : le chagrin d'être si injustement accusé y avait une grande part. Cependant il échappa encore au danger, et il disait à ses confrères émus que *Dieu lui donnait ce répit pour qu'il eut le temps de se convertir*.... « Car je ne sais, « ajoutait-il, si j'ai encore commencé à aimer Notre- « Seigneur et sa sainte Mère.... »

Il se croyait donc encore bien loin de la perfection !

CHAPITRE IV

(1677-1680)

Maladie du P. Eudes. — Requête au Roi en 1678. — Le Roi le fait appeler à Paris. — Il lui est présenté par Mgr de Harlay. — Bon accueil du Roi. — Ses infirmités sont aggravées par ce voyage de Paris. — Mort de Charles Eudes du d'Houay, son frère. — Assemblée générale, 26 juin 1680. — Le P. Eudes demande qu'il lui soit nommé un successeur. — Le P. Blouet de Camilly est nommé Supérieur-général. — Humilité du P. Eudes. — Dernière maladie et mort du P. Eudes, le 19 août 1680. — Hommages rendus à sa mémoire. — Ses obsèques. — Ses vertus. — Son portrait par le P. Poirrier. — Son éloge par Mgr Huet, ancien évêque d'Avranches. — Réfutation de l'opinion émise par le savant Prélat dans son livre des *Origines de Caen*. — Les trois principaux caractères de la vie du P. Eudes. — Mort de François Eudes de Mézeray, historiographe du Roi, membre et secrétaire perpétuel de l'Académie. — Paroles de Pie IX au sujet de la vie du P. Eudes.

La principale préoccupation du P. Eudes pendant ses longues heures de souffrance, était non de mourir, mais de ne pouvoir parvenir à se réhabiliter dans l'esprit de Louis XIV, et de laisser sa chère Congrégation sous le coup d'une disgrâce qui durait depuis plusieurs années. On pouvait, de nouvelles calomnies

aidant, amener sa ruine définitive. Quand il vit ses forces revenues, autant que le permettait son grand âge, il se remit à l'œuvre et adressa, le 7 novembre 1678, une requête touchante au Roi pour le supplier de lui rendre ses bonnes grâces. Modèle de charité chrétienne, il demande justice pour lui, sans nommer ses accusateurs : « Je supplie Votre Majesté d'avoir égard
« que c'est *un prêtre* qui a l'honneur de lui parler, et
« qui depuis plus de cinquante ans, offre tous les
« jours à Dieu le sacrifice du corps adorable et le sang
« précieux de Celui qui est la vérité éternelle, et qu'il
« est de la charité chrétienne de lui donner quelque
« créance, plutôt que de le juger et de le condamner
« comme un imposteur : vu que je suis prêt d'affir-
« mer, par tous les moyens qui sont permis à un chré-
« tien, que cette supplique n'est jamais entrée dans
« mon esprit et que je la désavoue et déteste de tout
« mon cœur, protestant que j'aimerais mieux donner
« mille vies que rien faire contre les intérêts de Votre
« Majesté, laquelle je supplie très-humblement de perdre
« le souvenir de cette malheureuse pièce, comme elle
« désire que le Sauveur anéantisse tout ce qui pour-
« rait s'opposer à son bonheur éternel, et de permet-
« tre que j'aie l'honneur d'aller me prosterner à ses
« pieds, etc... »

Telle était cette noble protestation. Il était *prêtre*, donc il ne pouvait mentir : il était *Français* de cœur et d'âme, donc il ne pouvait trahir son roi. Nul retour sur le passé ; aucune réponse directe à la calomnie ; et n'est-il pas bien remarquable, qu'en *1674*, la cour de Rome recherchait encore pourquoi, en *1643*, le Père Eudes avait brusquement quitté l'Oratoire? (1)

(1) *Annales de la Congrégation*, P. Costil.

Nous l'avons dit, nous l'avons surabondamment expliqué, nous, l'historien, et c'était notre devoir, la vertu de charité ne pouvant être blessée par l'expression de la vérité ; mais le P. Eudes, l'accusé, se taisait : « *Jesus autem tacebat.* »

Le P. Eudes écrivit à Mgr Auvry, ancien évêque de Coutances, qui, envers et contre tous, l'avait toujours soutenu. Il s'adressa directement aussi à Mgr de Harlay, archevêque de Paris, et au P. La Chaise, confesseur du Roi. A ce prélat, il rappelait toutes les bontés dont il avait été comblé par lui pendant qu'il occupait le siége de Rouen, et au célèbre P. Jésuite, toute l'affection que la Compagnie de Jésus lui avait toujours témoignée (1). Tous deux étaient parfaitement convaincus de son innocence et s'employèrent activement pour seconder son ardent désir de voir le Roi.

Quatre mois s'écoulèrent encore, et ce ne fut qu'en juin 1679, qu'il put espérer que les bonnes grâces de Louis XIV lui seraient rendues. Trois jours avant, il avait fait vœu de dédier une des principales chapelles du Séminaire à la sainte Vierge en l'honneur de son Immaculée Conception.

Mgr de Harlay chargea Mgr Auvry d'annoncer au P. Eudes que le Roi était enfin revenu des mauvaises impressions dont il avait tant souffert depuis six années, et de l'engager à venir le plus tôt possible à Versailles, pour remercier Sa Majesté.

(1) Il y a peu de jours, nous nous rencontrions au pèlerinage de Notre-Dame du Chêne avec le vénérable missionnaire P. Chaignon, Jésuite, vieil ami du P. Louis, mort en 1849 supérieur général des Eudistes. Il nous disait avoir lu dans les statuts du P. Eudes un article concernant le mode de la réception qui devait être faite à tout Jésuite venant visiter une des maisons de la Congrégation.

Il était alors bien faible, à peine convalescent ; le voyage devait être long et pénible ; rien ne pouvait le retenir, et, parti de Caen par le coche, il fut présenté aussitôt son arrivée, le 16 juin 1679, à Louis XIV, par Mgr l'archevêque de Paris : « Hier, écrit-il au P. Du-
« four, j'ai eu l'honneur de voir le Roi à Saint-Ger-
« main, ce qui se passa de cette façon : on me fit en-
« trer dans la chambre du Roi, où je me trouvai
« environné d'une grande troupe d'évêques, de prêtres,
« de ducs, de marquis, de comtes, de maréchaux de
« France et de gardes du Roi. M. de Paris m'ayant fait
« mettre dans un coin de la chambre, lorsque le Roi
« vint à y entrer, il passa au milieu de tous ces grands
« seigneurs, et s'en vint droit à moi avec un visage
« plein de bonté. Alors je commençai à lui parler de
« notre affaire, et il m'écouta avec une grande atten-
« tion, comme étant bien aise d'entendre ce que je lui
« disais…. Le Roi, ayant entendu ces choses, me
« dit : « *Je suis bien aise de vous voir ; on m'a parlé*
« *de vous ; je suis bien persuadé que vous faites beau-*
« *coup de bien dans mes États. Continuez à travailler*
« *comme vous faites ; je serai bien aise de vous voir*
« *encore, et je vous servirai et protégerai dans toutes*
« *les occasions qui se présenteront.* »

« Voilà les paroles du Roi qui me remplirent d'une
« joie indicible et qui furent entendues de M. de Paris
« et de tous les seigneurs qui étaient présents…. »

Ces mêmes paroles retentirent certainement jusqu'aux lieux où les ennemis du P. Eudes préparaient encore leurs attaques. Mais celui-ci allait bientôt être en présence de Dieu, qui est le seul juge de nos âmes, et s'il se réjouissait, ce n'était pas de leur confusion, mais d'avoir mis ses chers instituts à l'abri et sous la tutelle du Souverain, auquel la France et même l'Europe entière venaient de décerner le nom de Grand.

Ce voyage avait été pour le P. Eudes une véritable immolation de son corps ; l'agitation du coche avait aggravé sérieusement les infirmités qui l'avaient déjà mis aux portes de la mort.

Il reconnut bientôt qu'il ne lui restait que peu de temps à vivre et qu'il devait songer à s'adjoindre un vicaire sur lequel il pût se décharger des principaux soins de la Congrégation.

Peu de temps après son retour de Paris, il apprit que son frère Charles Eudes du d'Houay était tombé gravement malade. Les souvenirs ou traditions de famille ne nous disent pas si le P. Eudes put assister notre ancêtre. Mais nous aimons à penser que Charles Eudes reçut les dernières consolations de celui qui savait si bien les donner. Il mourut à Argentan, sur la paroisse de Saint-Martin, non loin de cette auberge des Trois-Sauciers où, en 1638, s'était déclarée la peste qui avait si bien mis en relief ses héroïques qualités. (1).

Le P. Eudes avait jeté les yeux sur le P. Deshaies de Bonnefont pour l'emploi de vicaire. Déjà, en 1673, il l'avait désigné au Saint-Père comme étant celui

---

(1) M. Ch. Eudes du d'Houay fut inhumé dans la paroisse Saint-Martin. « Toute sa vie, dit M. Levavasseur, le courageux « échevin avait joint à la pratique des vertus civiles le strict « accomplissement de ses devoirs religieux. » Son nom était au nombre de ceux de la confrérie du Saint-Sacrement, dite confrérie des prêtres de Saint-Germain d'Argentan.

Nous avons dit que son fils, Jean Eudes, avait épousé la fille du baron de Droullin de Tanques. Le dernier représentant de la famille de Droullin est mort à Argentan, il y a peu d'années. Le second fils, Louis Eudes de Mézeray, s'est marié trois frois et a laissé une nombreuse postérité.

qui, selon toute probabilité, le remplacerait plus tard en qualité de supérieur-général.

Dans une assemblée qu'il tint à Caen, au mois d'octobre 1679, il déclara donc ses intentions. Il fut entendu qu'il continuerait à gouverner comme à l'ordinaire, le P. de Bonnefont n'étant chargé que des détails. Mais sa mauvaise santé ne lui laissa bientôt plus que la possibilité de s'occuper d'une unique affaire, consistant dans des comptes difficiles à régler, entre le séminaire de Caen, et la communauté des filles de Notre-Dame de Charité. Ce différend, assez grave, fut enfin tranché par une transaction acceptée par les deux parties le 14 novembre 1679.

Le P. Eudes ne pouvant plus diriger la Congrégation, et le P. de Bonnefont n'ayant pas, comme vicaire, des pouvoirs assez étendus, des plaintes s'élevèrent.

Pour y couper court, le supérieur-général résolut, en 1680, de laisser ses confrères lui choisir un successeur. Chaque communauté, faisant partie de la Congrégation, dut envoyer au séminaire de Caen son supérieur et l'un de ses membres, pour le 26 juin 1680.

Le lendemain, le P. Eudes et tous les députés, au nombre de quatorze, formant, avec les Pères de Caen, une assemblée de dix-huit membres votants, célébrèrent la sainte messe. Leur vénérable chef exposa ensuite la situation de la Congrégation, et les motifs qui l'obligeaient à résigner ses fonctions après trente-sept années d'exercice.

Le P. Eudiste chargé de lui répondre au nom de l'assemblée, lui dit qu'elle acceptait sa proposition aux conditions qui pouvaient seules cadrer avec les égards que chacun lui devait jusqu'au dernier jour de son existence, savoir : 1° que le nouvel élu ne pourrait ni innover ni régler aucune affaire importante sans sa participation ; 2° que s'il venait à mourir avant son vénéré fondateur, toute l'autorité reviendrait entre les mains de celui-ci, qui en userait comme il l'entendrait ; 3° que le nouveau général aurait deux assistants choisis par l'Assemblée et sans l'avis duquel il ne pourrait faire aucun changement notable dans le temporel.

Le P. Eudes ne fit aucune observation : il savait que ces conditions, au moins en ce qui le concernait, n'engageraient pas longtemps la Congrégation.

L'assemblée ayant procédé par voie de scrutin, à l'élection du nouveau supérieur général, le P. Blouet de Camilly, grand-vicaire de Coutances et bienfaiteur de la Congrégation, obtint seize voix sur dix-huit.

Aussitôt on vit le P. Eudes quitter la première place et s'avancer à pas lents vers le nouveau chef de la Congrégation. Se prosternant alors tête nue aux pieds de son enfant spirituel, il lui demanda humblement sa bénédiction, s'offrit comme le dernier de ses frères à exécuter désormais tout ce qui lui plairait d'ordonner.

Tel fut le couronnement de cette carrière si remplie, et dont la charité fut toujours le mobile.

Nous n'avons plus à étudier le P. Eudes que mourant.

Après avoir usé du peu de forces, qui lui restaient pour consoler quelques personnes, qui avaient besoin de ses conseils et mis la dernière main à son *Traité du Cœur admirable de la Sainte Vierge*, le P. Eudes rentra pour la dernière fois dans sa cellule, où ne devaient plus pénétrer les bruits du monde. Il laissait désormais à d'autres le soin de sa défense ; il ne s'occupait que du pardon et des dernières instructions qu'il avait à donner à ses confrères. Ses volontés étaient inscrites dans un testament, daté de Paris le 24 avril 1671, et dont les derniers mots étaient : « *Amen, amen ; fiat, fiat; veni, veni ; Domine Jesu.* » Il désignait (s'il pouvait avoir un désir, disait-il) l'église du séminaire pour le lieu de sa sépulture, ainsi que les objets de dévotion qui devaient être placés dans son cercueil.

Bientôt il demanda le saint Viatique qu'il voulut recevoir à genoux nu sur le carreau, soutenu par deux de ses confrères. Tous furent vivement impressionnés par toutes les paroles que lui inspirèrent la réception de ce sacrement. Cependant quelques jours se passèrent sans aggravation bien sensible dans son état. Il consentit à recevoir ceux qui lui avaient donné des marques constantes d'amitié et entre autres Mme de Camilly (1), à laquelle il promit de demander pour elle à Dieu une mort calme et tranquille. Mais il n'en fut pas ainsi pour lui : son agonie fut longue et cruelle. La violence du mal le réduisit enfin à un tel état de faiblesse que ses confrères jugèrent qu'il ne lui restait plus que peu de moments à vivre et tous se rassemblèrent autour de son lit de mort pour recevoir son der-

---

(1) Quelques mois après, Madame de Camilly, sortant de l'église du séminaire de Caen où elle venait de communier, se sentit tout-à-coup frappée à mort, elle n'eut que le temps de se mettre à genoux et expira à l'instant, sans avoir éprouvé aucune des angoisses ordinaires ainsi que le lui avait promis le saint Prêtre.

Elle fut enterrée dans la nouvelle église, au dessous du ballustre du chœur, proche le pilier qui le séparait d'avec la nef.

nier soupir. A la vue de tant de personnes qui lui étaient si chères, il sembla se ranimer, et employa ses dernières minutes à les affermir dans les sentiments de piété dont il leur avait donné un si saint exemple. Enfin, après avoir reçu l'extrême-onction, il expira vers les trois heures de l'après-midi, le lundi, 19 août 1680.

Dès que la nouvelle de sa mort eut été répandue dans la ville, le concours du peuple à venir voir les restes de ce fidèle serviteur de Dieu fut si grand, qu'on eut beaucoup de peine à établir de l'ordre au milieu d'un tel monde. *Les pauvres* perdaient un bienfaiteur attentif à découvrir leurs misères et à les soulager, soit par lui-même, soit par les personnes riches, qui avaient mis en lui toute leur confiance ; *les pécheurs*, un ministre toujours prêt à les entendre et à les réconcilier ; *les personnes pieuses* un directeur éclairé ; *les ecclésiastiques* un modèle ; *l'Église* entière un défenseur zélé de sa doctrine. C'était enfin l'homme tel que la religion l'a inventé, comme l'a dit si bien M. Cochin, l'ami du bienfaiteur de nos enfants, le conseiller de nos hésitations, le réparateur de nos fautes, le pilote de la dernière traversée. C'était en tous lieux où la providence guidait ses pas, l'homme du devoir et de la vérité, le ministre et l'exemple de la croyance et du pardon.

Le deuil fut donc général.

Les Religieuses de Notre-Dame de Charité du Refuge mirent tout en œuvre pour obtenir le cœur de leur fondateur. Mais les Eudistes sachant que ce don serait contraire à ses dispositions, s'y opposèrent formellement, et le corps fut gardé à vue jusqu'au moment où il fut enseveli par le P. Mannoury, et le frère Richard (1).

Il fut exposé dans la chapelle du séminaire. Le peuple y accourut encore en foule pour lui baiser les pieds. Le lendemain, tous les curés de la ville, accompagnés de leur clergé, se rendirent à ses funérailles. Les PP. Jésuites députèrent plusieurs d'entre eux pour y assister et donner une marque publique de l'estime et de la vénération qu'ils professaient depuis longtemps à l'égard de ce digne ministre de l'Évangile, leur ancien écolier.

Après qu'on eut fait la cérémonie des obsèques avec toute la solennité possible, le corps fut enfermé dans un cercueil de plomb et inhumé au milieu de la place destinée à former le chœur de la nouvelle église du séminaire. On y mit ensuite une tombe de marbre blanc avec cette inscription : « *Hic jacet venerabilis* « *sacerdos Joannes Eudes, seminariorum Congrega-* « *tionis Jesu et Mariæ institutor et rector. Obiit die* « *19 augusti 1680, ætatis suæ 79.* »

Les villes de Caen et de Bayeux rendirent hommage

---

(1) On comprendra le sentiment qui nous fait parler ici d'un humble Frère de la Congrégation. Le frère Richard Lemoyne avait été admis comme servant au séminaire de Caen en 1666. Il accompagna le P. Eudes dans tous ses voyages, et fut recommandé par lui dans le 20me article de son testament. Attaqué en 1722 de sa dernière maladie, il attendait son dernier moment avec la plus grande résignation : « Je crois, « lui dit-on, que le bon P. Eudes vous obtient par ses « prières la paix et la patience dont vous jouissez, et je ne « doute pas qu'il n'ait un soin particulier de vos besoins « à l'heure où il conviendra à Dieu de disposer de votre vie. « Il me l'a bien promis, répondit-il modestement. » Il avait passé 60 ans dans la Congrégation.

à la mémoire du saint prêtre ; les membres de la conférence de Cambremer composèrent son épitaphe en style lapidaire. Elle rappelle toutes les vertus qui distinguaient le saint fondateur à un degré si éminent. Elles viennent d'être le sujet d'une publication spéciale que nous avons souvent citée (1), et où les catholiques pourront trouver les meilleurs enseignements. Nous avons dit tous les actes du vénérable Père, ils sont empreints des plus vifs sentiments *de foi, de confiance, d'amour pour Dieu, de soumission à sa sainte volonté ;* par ces mêmes actes, chacun pourra juger *de sa tendre dévotion à la sainte Vierge, de ses dispositions particulières en célébrant le saint sacrifice, de son esprit de chasteté, de son dévouement et de son courage, de son humilité, de son détachement, de sa scrupuleuse chasteté, de son excessive modestie et de son esprit de mortification.*

Le P. Beurier le dépeint ainsi : « Le P. Eudes était
« d'une taille tant soit peu au-dessus de la moyenne.
« Les traits de son visage peignaient au naturel la
« douceur de son caractère, et ses yeux pleins de feu,
« mais toujours modestes, faisaient sentir la péné-
« tration de son esprit et l'égalité de son âme. Son
« tempérament, qui avait paru d'abord assez faible,
« se fortifia peu à peu, au point de le rendre capable
« des entreprises les plus difficiles et des travaux les
« plus fatigants. Plus de cinquante ans de missions,
« dont quelques-unes duraient deux ou trois mois,

---

(1) *Des Vertus du serviteur de Dieu Jean Eudes*, prêtre missionnaire. (Imprimerie T. Hauvespre, Rennes, rue Impériale, n° 4).

Ce livre est la reproduction, sauf de nombreuses notes, du manuscrit du P. Hérambourg.

« pendant lesquelles il prêchait ordinairement tous les
« jours et quelquefois deux ou trois fois par jour, en
« sont la preuve. Les grands sentiments de religion
« dont il était pénétré le soutinrent beaucoup plus
« encore que la fermeté de son caractère, au milieu
« des contradictions de tous genres auxquelles il fut
« exposé pendant quarante ans au moins. Il s'en fal-
« lut peu que, dès sa jeunesse, il ne ruinât entière-
« ment sa santé par des mortifications excessives.
« Heureusement, on s'aperçut du danger avant que le
« mal fût sans remède, et avec beaucoup de repos d'a-
« bord, et un peu de ménagement dans la suite, il
« rétablit insensiblement ses forces. Il reprit même
« si bien le dessus qu'à l'âge de 60 ans, il avait un
« air de fraîcheur et de santé tel qu'on peut l'avoir
« dans la vigueur de l'âge. On peut se rappeler qu'à
« l'âge de 70 ans, il prêcha presque tous les jours
« dans la cathédrale de Rennes pendant une mission
« qui dura trois mois. »

Mgr Huet, ami du P. Eudes, écrivait de lui : «Sa
« vertu remarquable et sa piété très-vive lui avaient
« assuré ma tendresse et mon admiration. Je m'occu-
« perais d'un travail superflu en cherchant à le louer.
« Les travaux sans nombre qu'il a entrepris pour
« procurer la gloire de Dieu et le salut des âmes,
« tant d'écrits si pieux qu'il a composés, l'ont rendu
« cher au Seigneur et vénérable à l'Église. » (1)

Cet éloge part du cœur ; et pour lui donner encore
plus de solidité vis-à-vis de nos lecteurs, nous trans-
crivons ici le texte latin : « *Is singulari sua virtute et*
« *ardentissima pietate me ad sui amorem et admira-*

---

(1) Huet, Evêque d'Avranches : *Commentarius de Rebus ad cum pertinentibus,*, page 355, texte en latin.

« *tionem jam allexerat. Inanem hic sumerem operam,*
« *si laudes prosequerer hominis quem infiniti ad*
« *promovendum Dei cultum et animarum procurandam*
« *salutem suscepti labores ac piissimæ etiam et utilis-*
« *simæ scriptiones et Deo carum et Ecclesiæ venerabi-*
« *lem effecerunt.* »

Nous appuyons particulièrement sur ce témoignage du célèbre prélat, parce que nous trouvons dans son livre des *Origines de Caen* un passage qui ne paraît pas concorder complétement avec ce que nous venons de transcrire : « Nulle considération ne le retenait, lorsqu'il
« s'agissait des intérêts de Dieu, et se laissant empor-
« ter à son zèle, qui n'était pas toujours assez réglé,
« n'ayant *ni droit, ni mission, ni le caractère de l'au-*
« *torité,* il se portait à des actions hardies, qui ont eu
« quelquefois de fâcheuses suites. On ne peut désa-
« vouer cependant que ce n'ait été un grand serviteur
« de Dieu, qui, dès son enfance, a marché fidèlement
« dans les voyes du Ciel et s'est activement dévoué au
« salut des âmes. Il a publié plusieurs ouvrages de
« piété pleins de cet Esprit saint qui l'animait. » (1)

D'après ce qu'on vient de lire, quelques plantes parasites font tache au milieu des fleurs odorantes dont l'illustre prélat a couvert la tombe de notre ancêtre vénéré.

Nous voulons les arracher, et peut-être est-il bien audacieux de se mesurer avec un pareil adversaire ?

Mais nous le devons, et d'ailleurs, peintre et sculpteur, nous avons appris qu'on ne juge bien des objets qu'à une certaine distance, et Mgr Huet était peut-être trop contemporain du P. Eudes, trop entouré de ses

---

(1) *Origines de Caen,* ch. XXIV, page 635.

acharnés contradicteurs pour ne pas subir quelque fâcheuse influence.

« Les Religieuses de Notre-Dame de Charité du
« Refuge furent très-mécontentes de quelques traits
« qu'on lit dans les *Origines de Caen,* à l'article du
« P. Eudes. La supérieure s'en plaignit très-amère-
« ment et demanda à Mgr Huet de les corriger, mais
« le prélat n'y voulut rien changer. (1) »

Nous venons aujourd'hui affirmer que le P. Eudes possédait le *droit* et avait reçu *sa mission,* ainsi que le *caractère de l'autorité.*

Le droit. — Nous savons que le P. Eudes est né au commencement du XVIIe siècle ; le XVIe avait tout détruit ; le désordre était partout. Personne ne niera que le P. Eudes paraît avoir été un de ces hommes que la Providence suscite toujours aux époques les plus douloureuses. Donc, il avait un *devoir* à remplir. Sa vocation fut si marquée que ses parents durent, malgré leur répugnance, leurs désirs et leurs projets, lui laisser suivre sa voie (2), et M. de Bérulle, en l'admettant dans la Congrégation de l'Oratoire, le fit monter en chaire avant même qu'il eût reçu les ordres sacrés. *Ce devoir,* il l'a ac-

---

(1) *Essais historiques sur la ville de Caen*, page 165, par l'abbé de la Rue.

(2) « Il n'appartient qu'à Dieu, disait Mascaron, de disposer
« absolument de la vocation des hommes, et il n'appartient
« qu'aux hommes de déterminer, chacun avec Dieu, ce qui
« regarde le choix de leur état et de leur vocation. Ce prin-
« cipe est un des plus incontestables de la morale chrétienne.
« D'où je conclus qu'un père, dans le christianisme, ne peut
« se rendre maître de la vocation de ses enfants sans com-
« mettre deux injustices évidentes : la première contre le
« *droit de Dieu,* la seconde au *préjudice de ses enfants mêmes.* »

compli pendant cinquante années, sans qu'on pût apercevoir chez lui le moindre signe de défaillance ; il a contribué à relever le sacerdoce, il a admonesté les Grands et les peuples, il a tendu secourablement la main aux femmes tombées, perdues, devant renoncer pour toujours aux joies de la famille, mortes comme les lépreux : « *homines antè mortem extincti.* »

Or *le devoir* constitue *le droit*, comme nous l'avons déjà dit dans l'ouvrage où nous soutenons les droits des enfants militaires : point de *devoirs* sans *droits*, point de *droits* sans *devoirs*.

Sa mission. — Si c'est de sa mission divine dont veut parler Mgr Huet, nous disons que nul ne peut affirmer : C'est le secret de Dieu et du P. Eudes. Cependant ses œuvres sont si multiples, elles ont si bien le caractère de celles des Apôtres toujours persécutés et toujours vainqueurs, que nous croyons fermement que Dieu, qu'il a tant aimé et dans lequel il avait tant de confiance, lui a donné une *mission* à remplir sur la terre avant de l'appeler au Ciel.

Sa mission humaine. Nous avons vu qu'il ne créa ni ne fonda rien sans lettres d'institution de ses évêques, qu'il fut constamment appelé dans d'autres diocèses et put à peine suffire à tous les travaux qui lui furent imposés par les prélats. Et d'ailleurs quand il fut question de l'épiscopat pour ce grand serviteur de Dieu, le Père Ferrier, jésuite et confesseur de Louis XIV, ne répondit-il pas qu'il fallait le laisser remplir *sa mission* pour la régénération des peuples ?

Le caractère de l'autorité. Il nous semble que de *la mission* émane directement le *caractère de l'autorité nécessaire* pour remplir cette même mission.

Quant à ses fondations, de pareils actes viennent tous d'inspiration divine, ou ils n'ont ni base fixe ni durée. Le caractère de l'autorité humaine ne suffit pas ou plutôt est, dans certains cas, inutile pour créer. Dieu se sert souvent des instruments les plus infimes et en apparence les plus méprisés. Il faut, nous le savons, la sanction du Vicaire de Jésus-Christ et, dès 1666, elle a été accordée à l'Ordre de Notre-Dame de Charité du Refuge, et, si cette sanction n'a été donnée que de nos jours seulement à la Congrégation de Jésus et de Marie, il est prouvé néanmoins que les Papes qui ont été saisis de cette question, ont constamment répondu qu'elle remplissait par les travaux des prêtres Eudistes une des principales prescriptions du saint Concile de Trente.

Nous n'avons plus qu'à présenter les trois caractères principaux qui résument l'utile et laborieuse existence du saint fondateur.

1° *La multiplicité dans les œuvres.*
2° *L'unité et l'invariabilité dans le but.*
3° *La solidité de la base.*

La multiplicité dans les œuvres. On ne peut comprendre, en effet, comment il est possible qu'une vie d'homme ait pu suffire à tant de travaux : 112 missions, sans compter les fréquentes conférences ecclésiastiques, et les prédications pendant un grand nombre de carêmes et d'avents, les affaires concernant ses deux principales fondations et tous les monastères de différents Ordres dont il avait la direction, ses ouvrages soit imprimés, soit manuscrits, ses voyages perpétuels, sa correspondance quotidienne; chaque année, chaque mois, chaque jour et chaque heure étaient par lui consacrés à des actes divers d'oraison mentale. On doit ajouter qu'il fut souvent assailli par de dangereuses maladies causées par des fatigues sans nombre. En face d'une pareille vie, quelle n'est pas, hélas! l'inanité des nôtres !

L'unité et l'invariabilité dans le but.

Le P. Eudes ne travailla pendant tant d'années que pour régénérer les populations abâtardies, en détruisant les abus, et en combattant les deux fléaux qui rongeaient la société, le *protestantisme* et le *jansénisme*.

Il vécut dans l'humilité et ne rechercha pour lui que les humiliations.

La solidité de la base.

Le P. Eudes, dès son enfance, avait voué à Jésus et à Marie la dévotion la plus tendre. Plus tard sous la direction spirituelle des PP. de Bérulle et de Condren, dans la compagnie du vénérable Olier, il avait appris à considérer en tout la personne du Fils et celle de la Mère. Préparé par cette sainte éducation, il ne tarda pas à découvrir dans les enseignements de sainte Gertrude, de sainte Mecthilde et de sainte Brigitte un nouvel objet de sa dévotion, je veux dire, les *Sacrés Cœurs de Jésus et de Marie*. Dès lors, éclairé par une lumière divine, probablement même par des révélations célestes, il ne voulut plus avoir d'autre terme de son amour et de ses hommages. Il tint à ce que la fin principale de ses deux instituts, l'Ordre de Notre-Dame de Charité du Refuge et la Congrégation de Jésus et Marie, fût d'honorer et de faire honorer ces Cœurs divins. Des instituts fondés sous de tels auspices ne pouvaient pas mourir. Personne ne contestera donc la solidité de la base sur laquelle édifia le R. P. Eudes.

Quelle leçon pour ceux qui, sans occupations positives, meurent, ne laissant aux leurs que l'inutile et déplorable souvenir d'une vie oisive et souvent coupable !

Resté seul des trois fils du chirurgien de Ri, François Eudes de Mézeray sentait aussi sa fin approcher. Il avait conservé la plus grande tendresse pour son frère aîné, et dans son testament il fixait une somme destinée à lui élever un monument. « Art. XIII : Je
« donne et lègue la somme de 120 livres pour aider à
« construire un monument au R. P. Eudes, mon frère,
« quoiqu'en effet, sa vertu, sa réputation lui en ont
« dressé un plus beau que ne sauraient dresser les
« mains des hommes. »

Frappé à mort dans les premiers jours de juillet 1683, Mézeray demanda les derniers sacrements et les reçut dans des sentiments de foi et de piété qui émurent profondément les assistants : « O mes amis,
« leur dit-il, un grand changement s'est opéré en
« moi : près de mourir, je confesse les torts de ma
« vie ; je crois fermement tout ce qu'enseigne l'Église
« catholique, apostolique et romaine ; je crois à la
« vérité de ses mystères, à l'efficacité de ses sacre-
« ments. C'est bien véritablement Jésus-Christ, mon
« sauveur, que je vais recevoir. Si, par mes dis-
« cours ou par mes exemples, j'ai scandalisé quelques-
« uns d'entre vous, oubliez ce que j'ai pu dire ou faire,
« et souvenez-vous que Mézeray mourant est plus
« croyable que Mézeray en vie. »

Le P. Eudes n'aurait pas demandé un désaveu plus complet à son frère, s'il eût assez vécu pour assister à ses derniers moments, et, certainement, cette belle profession de foi de l'homme devenu fervent chrétien a plus pesé dans la balance du Souverain Juge que toutes les œuvres qui ont illustré le nom de l'académicien.

Il y a quelques années, un Eudiste, le P. Coubard, avait le bonheur d'être reçu en audience particulière par le vénéré Saint-Père Pie IX : « Vous appartenez, « lui dit-il, à la Congrégation des Eudistes ; je connais « votre P. Eudes (1) ; je lis sa vie en ce moment : C'était « un grand serviteur de Dieu, un digne fils de l'Église : « en lui la science et la vertu se sont rencontrées. »

Après un pareil témoignage, il n'en est plus qu'un qui puisse le surpasser sur la terre ; c'est celui qui émane du même vicaire de Jésus-Christ, alors que du haut de la chaire de Saint-Pierre, il rend solennellement et authentiquement une sentence de béatification.

Cette sentence si désirée doit-elle être un jour prononcée en faveur de l'enfant de la paroisse de Ri, à

---

(1) Le volume des constitutions approuvées par le saint-Père a été reçu à Redon le 17 juillet 1864 ; mais c'est à l'audience du 19 février que le Souverain-Pontife Pie IX donna son consentement au rapport de Mgr le secrétaire de la Sacrée-Congrégation, rapport qui concluait à l'approbation de ces constitutions. Et ce fut le 2 février, fête de la Passion de Notre-Seigneur, que le souverain Pontife, à l'audience de congé, annonça lui-même au T. R. P. Gaudaire, supérieur général, que les constitutions allaient être approuvées et qu'il pouvait partir sans inquiétude.

L'approbation qui a été donnée, n'est pas définitive : « Sanctissimus Dominus noster Pius Papa IX, per modum experimenti, ad decennium approbavit atque confirmavit..... ». Cela veut dire que, si en 1874 la Congrégation se trouve satisfaite de ses constitutions, elle sera déclarée entrant solennellement dans la grande famille des Congrégations approuvées, et que, s'il en était autrement, elle s'adresserait de nouveau à la Sacrée Congrégation pour les modifications à opérer. »

On voit donc avec quelle prudence procède toujours la cour de Rome.

l'éternel honneur de ses descendants suivant le monde et de ses descendants suivant l'Église ?

Nous osons l'espérer ; mais quel que soit le résultat des actives et pieuses démarches des vénérables Pères de la Congrégation de Jésus et de Marie, auxquels viendront se joindre toutes les filles du Refuge et du Bon Pasteur, nous restons convaincu que le fondateur a joui, dès le premier instant, du bonheur éternel, de la présence ineffable du Fils et de celle de sa sainte Mère, qui fut sa vie, sa consolation, son espérance aux jours de son rude et pénible pèlerinage. Nous croyons qu'il possède le bonheur et la puissance des Saints, et que nous pouvons avec certitude nous adresser à lui et réclamer son intervention dans les jours tristes et néfastes, dans ces jours où il semble que tout nous abandonne et que notre âme languit sans force et sans vigueur.

Terminons, en disant qu'en écrivant ces pages, en scrutant pas à pas, jour par jour, la vie du P. Eudes, semée çà et là de quelques traits appartenant à celles de ses deux frères, il nous a semblé devenir meilleur, il nous a semblé que nous saurions désormais mieux supporter les contrariétés et même les injures.

Puissent, en la lisant, beaucoup s'écrier avec nous : « *Nonne cor nostrum ardens erat in nobis, dùm « loqueritur in via, et aperiret nobis scripturas?* (1) »

Puissions-nous, ainsi que toute notre postérité, déjà si nombreuse, imiter l'ancêtre de qui on peut dire comme de celui qui fut constamment son guide, son exemple et son maître : « *Qui pertransiit benefa-« ciendo, et sanando omnes oppressos à diabolo ; « quoniam Deus erat in illo* (2). »

---

(1) Evang. Saint-Luc.
(2) Actes des Apôtres.

PREMIER APPENDICE

(1680 - 1792)

Supérieurs généraux, successeurs du P. Eudes, de 1680 à 1792. — Leur gouvernement. — La Congrégation de Jésus et de Marie vis-à-vis de la Révolution française. — Le P. Hébert, coadjuteur du supérieur général le P. Cousin et directeur de la maison de Paris, nommé confesseur de Louis XVI. — Il subit le martyre aux Carmes le 2 septembre 1792 avec neuf de ses confrères — Fondations diverses auxquelles ont coopéré différents membres de la Congrégation.

Nous avons vu dans le courant de l'histoire du P. Eudes, par quel concours de circonstances M. Blouet de Camilly fut amené à se mettre sous la direction du P. Eudes et à faire partie de cette Congrégation dont il fut le bienfaiteur et un des membres les plus distingués, puis enfin supérieur général pendant 31 ans. La succession du P. Eudes était difficile à accepter ; mais le P. de Blouet avait hérité de ses vertus en même temps que de son généralat.

Le nouveau général de la Congrégation ne put fêter l'anniversaire de la mort du saint fondateur que le 13 février 1682, ayant dû attendre la venue de Mgr de Nesmond. La cérémonie se fit solennellement à l'église de Notre-Dame, la chapelle du séminaire n'étant pas terminée. On en retrouve le souvenir dans le *Mercure Français* de cette époque :

« Vous aurez appris depuis longtemps la mort du R. P.
« Eudes, l'un des plus célèbres missionnaires qu'on ait vus
« depuis longtemps et dont l'Église reçut les plus utiles
« services... L'évêque de Bayeux... voulant rendre honneur
« à la mémoire de ce grand missionnaire, lui fit faire le

« mois passé un service des plus solennels dans l'église
« de Notre-Dame de Caen : quelque grande qu'elle soit,
« elle se trouva trop petite pour contenir ceux que l'envie
« d'entendre l'éloge de l'illustre défunt attira en foule. »

L'église du séminaire n'était pas achevée et, dans l'opinion générale, on pensait qu'elle ne le serait jamais. C'est ce qui autorisa les Jésuites a demander à faire l'acquisition de l'établissement. Mais le P. de Blouet refusa, et, étant convenu avec un habile architecte de tout ce qui restait à faire, il termina tous les travaux au grand étonnement de l'évêque; en effet, l'église put être consacrée le 23 novembre 1687.

Le supérieur général se démit aussitôt qu'il le put de sa prébende théologale, et se rendit à Coutances, où il établit sa résidence habituelle.

Nous le voyons également, dès ses débuts, travailler activement à étendre la Congrégation. Il acquit en faveur du séminaire de Coutances, la terre du Manoir, située à l'extrémité du faubourg de la ville, du côté du chemin d'Avranches. Il établit dans son archidiaconé du Cotentin des conférences ecclésiastiques, qui n'avaient pas encore été acceptées dans cette contrée. Par l'obtention de nouvelles lettres-patentes, il donna des bases encore plus solides à tous ses établissements et affirma l'existence de la Congrégation (1). Il s'occupa avec une activité toute filiale de

(1) La lettre adressée le 15 janvier 1868 à l'*Univers* par Mgr l'évêque de Rodez à propos du futur concile, vient expliquer de la manière la plus claire l'usage de l'enregistrement des actes religieux en général.

« L'enregistrement des décrets pontificaux et des conciles
« par les parlements avait pour objet, non pas précisément
« d'en autoriser la publication dans le royaume, ni d'établir
« les corps constitués juges de la Foi et de la discipline ecclé-
« siastique; mais il avait pour objet d'adopter comme *lois*
« *de l'État* les décisions dogmatiques et disciplinaires des Pa-
« pes et des conciles. Ces décisions, dès qu'elles étaient con-
« nues, obligeaient au for de la conscience, qui est le domaine
« propre de l'Église, mais elles n'avaient force de *lois civiles*,
« que quand elles avaient été *reçues* par l'État selon les formes
« accoutumées, c'est-à-dire par l'enregistrement des parlements.
« Dès lors, il était défendu de rien écrire ni de rien faire contre
« ce qui avait été ainsi sanctionné par la puissance civile, et
« les écrivains ne pouvaient échapper à ces prescriptions,
« parce qu'ils ne pouvaient rien publier sans un privilège du
« Roi. » Dans le même ordre de précautions, les communautés demandaient des lettres-patentes pour leurs constitutions données ou approuvées par les évêques et ces lettres-patentes étaient soumises à l'enregistrement d'un parlement.

l'impression des ouvrages du P. Eudes. Nous le voyons solliciter l'union de sa Congrégation avec celle des missions étrangères, et donner tous ses soins à ce que les missions des Eudistes continuassent comme par le passé. Il fit lui-même celle de Saint-Lô; à cette occasion, il reçut l'assurance des bonnes dispositions du Roi à l'égard de la Congrégation : « La lettre que vous avez pris la peine de « m'adresser, lui écrit le P. La Chaise, touchant la mission « que vous avez faite à Saint-Lô, a fort agréé Sa Majesté « à qui j'en ay rendu compte, à cause des grands fruits « que vous y avez faits. J'espère que vous n'en ferez pas « moins à Sainte-Marie. J'aurais de la joye de pouvoir « seconder votre zèle.... » Ce fut en 1684 que le P. de Bonnefont fut envoyé pour gouverner la communauté de Saint-Josse, d'après l'offre de M. Hamelin, qui en avait le bénéfice.

La mort du P. Eudes avait calmé l'irritation de ses adversaires et, d'ailleurs, dans son successeur, ils rencontraient un homme que soutenaient non seulement son dévouement à l'Église et ses grandes vertus, mais aussi sa fortune, sa naissance et ses nobles alliances.

Le P. de Blouet reprit le projet conçu par le P. Eudes 44 ans auparavant d'une union avec la Congrégation du Saint-Sacrement, fondée par Mgr de Sisgau. Cette tentative n'eut pas de suite, parce qu'on ne put pas s'accorder sur les points principaux du traité d'union.

En 1688, la direction de la chapelle de Sainte-Anne de la Bosserie, près de Fougères, fut donnée aux Eudistes. Elle était très-fréquentée par les Normands, les Manceaux et les Bretons, en raison des miracles qui s'y étaient opérés et dont douze furent soigneusement vérifiés par Mgr de Cornullier, évêque de Rennes.

Le premier jour de septembre 1691, Mgr de Nesmond posa la première pierre du séminaire de Caen. Le P. Pinel dirigea cette œuvre, qui fut terminée et bénie en 1703 par le même prélat. Les prêtres de la Congrégation furent alors commodément logés.

Le maréchal de Bellefonds fit tous ses efforts pour établir les Eudistes dans sa propriété de Sainte-Marie; mais l'insalubrité du lieu s'opposa à ce que les trois Pères qui y avaient été envoyés, pussent y rester, malgré les soins et les attentions dont on les comblait.

Ce fut aussi cette même année que Mgr Huet donna aux Eudistes son séminaire d'Avranches.

Nous n'oublierons pas de mentionner une mission que le P. Damesme fit en 1692 dans la lande de la Courouze en faveur des troupes qui y étaient campées et se composaient de deux régiments, l'un de dragons, l'autre de cavalerie. Ces troupes faisaient partie de celles qui avaient accompagné Monsieur, frère du Roi, dans sa marche sur les frontières de Normandie, lors de l'appui que Louis XIV avait voulu donner à Jacques II pour le rétablir sur le trône.

Les débuts de cette mission furent très-difficiles, et les résultats très-satisfaisants.

En 1693, le P. de Blouet résolut de rassembler les membres de la Congrégation dans les lumières desquels il pouvait avoir le plus de confiance, selon la résolution qu'on avait prise à ce sujet dans l'assemblée de 1679. Celle-ci, qui fut la seconde, fut composée, y compris le supérieur général, de onze pères, MM. Esnouf, Jagan, Norgeot, Bence, Lefèvre, Roger, De Fontaines, Trochu, Le Gravois et Hérambourg. On y fit 19 règlements nouveaux, dont cinq concernaient la règle; trois, les frères; deux, l'habillement; et les trois autres, les détails différents de la communauté.

Le séminaire d'Avranches fut acheté en 1693 et les lettres-patentes obtenues en 1695.

Le supérieur général cherchait toujours à faire un établissement à Paris, centre de toutes les affaires civiles et religieuses. Il le tenta inutilement en 1697, en proposant de payer les dettes d'un nommé Gervais, qui y dirigeait un collège.

En 1701, la Congrégation fit son huitième établissement au séminaire de Dol. Mgr de Chamillard, évêque de Dol, vint lui-même au prieuré de Notre-Dame, pour faire donation de son séminaire à la Congrégation représentée par le supérieur général, le P. Esnouf et le P. de Mauny. Enfin, en 1703, le P. de Blouet put réaliser son projet d'établissement à Paris et acheta une maison appelée les Tourettes, rue des Postes, derrière les jardins de l'église Sainte-Geneviève, paroisse de Saint-Etienne-du-Mont, ayant deux corps de logis pour loger une communauté et un jardin, le tout comprenant trois arpents, qui coûtèrent 3,000 livres.

Cette acquisition fut faite au nom des prêtres de Caen et de Coutances.

A la même époque, Mgr d'Argenson, successeur de Mgr de Chamillard, donna aux Eudistes la direction de toutes les retraites de Dol.

La Congrégation reçut aussi de nouvelles marques d'estime du Roi, du P. La Chaise, et de M. de Chamillard. Elle s'établit à Senlis et fut mise en possession du séminaire à la place des prêtres de la Congrégation du Saint-Sacrement.

En 1704, il fut fait une mission aux écoliers du collège d'Avranches ; elle réussit si bien qu'on en profita pour établir parmi eux la Congrégation de la Sainte Vierge.

Nous avons déjà dit en note que le P. Legrix fut nommé en 1704 curé de Saint-Josse, et quelle fut sa conduite ainsi que celle du P. Bournisien.

Cependant, ces travaux incessants, ce dévoûment profond à la Congrégation, ce caractère dont l'ardeur avait pu inquiéter aux débuts de la vie et avait fini par être si profitable aux choses de Dieu, puis le poids de l'âge, faisaient prévoir en 1705 que la carrière de P. de Blouet ne serait désormais pas longue. Il tomba gravement malade, on fit de nombreuses prières à Notre-Dame de la Roquette, et le vénérable supérieur général guérit instantanément pendant qu'on y offrait pour lui le Saint-Sacrifice de la Messe.

Cependant, il ne pouvait se dissimuler que ce n'était qu'un répit que Dieu lui accordait; il s'était réservé la supériorité du séminaire de Coutances, et il y nomma le P. Hérambourg, à la condition qu'il n'entrerait en fonctions que s'il venait à mourir. Puis il convoqua la 3e assemblée générale pour le 1er août 1705. Tous les députés devaient recevoir de leurs maisons respectives le droit de nommer un supérieur général. Cette assemblée, qui tint à maintenir le P. de Blouet dans sa dignité, termina ses travaux le 8 août.

Pour l'établissement du petit séminaire de Rennes, on acheta le lieu de Bosillé, situé hors la porte de la ville, à l'extrémité du faubourg Saint-Hélier.

En 1708 eut lieu la 4e assemblée générale. Mgr Loménie l'honora de sa présence, et, avant le commencement de la discussion, voulut bénir tous les Pères agenouillés à ses pieds.

Une 5e assemblée générale fut convoquée, pour le 1er mai 1711 : on devait y nommer un supérieur général. Le P. de Blouet y appela le P. de Fontaines, qui était alors dans le diocèse de Bayeux, où Mgr de Nesmond lui avait donné la charge de grand-vicaire et un de ses meilleurs canonicats. Cette position le rendait presqu'étranger à la Congrégation ; aussi eut-il beaucoup de peine à se rendre à l'invitation du P. de Blouet, qui envoya le P. Legrand, supérieur du séminaire d'Avranches, pour le chercher de sa part.

Les membres de l'assemblée ne savaient, en arrivant, sur lequel de leurs confrères ils porteraient leurs voix.

Louis XIV devenait vieux ; les circonstances pouvaient devenir difficiles ; il fallait non seulement un supérieur général capable, mais en même temps un homme ayant ce qu'on appelle *du monde*, beaucoup de relations et ce genre de considération et d'autorité que, surtout alors, donnait la naissance.

L'arrivée du P. Guy de Fontaines, né en 1664, fils de M. Simien de Fontaines, seigneur de Neuilly et vicomte de Caen, entré en 1691 dans la Congrégation, qui l'avait élevé, fixa toutes les irrésolutions, et par 19 voix sur 24, il fut nommé pour succéder au P. de Blouet, qui, se jettant aux pieds du nouveau supérieur général, lui dit : « Jus-
« qu'à présent nous vous avons traité comme notre cher
« frère, mais, désormais, nous vous regarderons comme
« notre très-cher et très-honoré père. »

Depuis ce moment, le P. de Blouet s'affaissa successivement et mourut le 11 août 1711, à 8 heures du soir, âgé de 79 ans, comme son vénéré maître. Il avait été pendant 56 ans membre de la Congrégation.

Le chapitre voulut le faire enterrer dans son église, mais les Pères le prévinrent et l'inhumèrent dans leur chapelle basse.

On remplaça bientôt par des services solennels ce qui avait manqué aux funérailles.

Sa famille trouva bon tout ce que le P. de Blouet avait fait pour la Congrégation, qui décida qu'à la nomination des héritiers de celui-ci, on recevrait deux ordinands au séminaire de Coutances et deux à celui de Caen.

A peine le P. de Blouet était-il inhumé que le P. de Bonnefont descendit à son tour dans la tombe. Né dans la paroisse de Cuye, près d'Argentan, il était entré en 1658 dans la Congrégation. Le P. Eudes l'aimait comme un fils et l'employa dans les affaires les plus délicates.

Si nous avons parlé un peu longuement du second supérieur général de la Congrégation, c'est qu'il est difficile de le séparer du saint fondateur, dont il approcha d'aussi près que le permettaient deux natures différentes, qui, brûlantes de l'amour de Dieu, avaient fini par se fondre l'une dans l'autre.

Le P. de Blouet a achevé l'œuvre du P. Eudes ; les pages qui précèdent, nous disent qu'en mourant il laissa treize établissements, tant grands que petits séminaires acquis à la Congrégation, ostensiblement protégée et estimée par le Roi. Nous voyons le bien opéré partout où les Pères arrivent et des fondations particulières se former et grandir par leur initiative et leurs conseils : et nous ferons remarquer, en outre, que, dans ce corps si compact, si bien lié par les statuts et les errements du fondateur, la lèpre du jansénisme ne put atteindre que trois de ses membres, qui s'en séparèrent immédiatement, soit de fait, soit en apparence, ne trouvant aucun moyen d'y faire pénétrer leurs doctrines.

Le P. Guy de Fontaines, nommé supérieur général, ne quitta pas sa résidence ordinaire, pas plus que ses habitudes un peu luxueuses, contrastant avec celles de ses prédécesseurs.

Il dirigeait la Congrégation avec zèle et intelligence, non comme le chef partageant à toute heure les fatigues et les dangers du soldat, mais comme le général en chef obligé de se tenir à distance. Les circonstances voulaient peut-être qu'il en fût ainsi et que le supérieur général se plaçât, pour ainsi dire, plus haut, afin de mieux parer aux effets désastreux de la tempête qui allait s'élever.

« La promulgation de la bulle Unigenitus (1711), dit le
« P. Perraud, en surexcitant au plus haut degré les pas-
« sions jansénistes, vint susciter à l'Oratoire les difficultés
« les plus graves. C'était le temps d'ailleurs où, à l'excep-
« tion des Jésuites et des Sulpiciens, tous les ordres reli-
« gieux, Bénédictins de Saint-Maur, Génovéfains.........
« entraînés par une sorte de vertige, ne craignaient pas
« d'entrer en lutte ouverte contre l'autorité du Saint-Siége
« et de sacrifier à quelques sectaires la paix de l'Église ;
« étrange manière de défendre ce qu'ils croyaient être la
« vraie doctrine de Jésus-Christ. »

Le P. de Fontaines sut donc maintenir le calme dans l'esprit de ses confrères ; il y apporta tous ses soins et c'est là le caractère principal de son généralat.

En 1715, le 26 septembre, eut lieu à Caen la sixième assemblée générale. Il y fut décidé que la probation, établie depuis 36 ans à Launay, serait transférée définitivement au séminaire de Caen, où l'on construirait de nouveaux bâtiments séparés.

En 1719, la dyssenterie fit périr à Rennes et dans le diocèse près de 10,000 personnes ; le mal entra dans le séminaire de cette ville par les Ordinands. On fit vœu de dire toutes les semaines une messe à l'autel de la sainte famille, de donner à dîner à un pauvre et de réciter tous les jours un *Memorare* à la sainte Vierge. Le mal cessa aussitôt.

Dans les discussions de cette assemblée, on admira la manière dont le supérieur général parla de la disposition générale des esprits et de la déplorable erreur de ceux qui s'étaient laissés entraîner par faiblesse ou par entêtement à appeler à un concile des décisions rendues par la bulle Unigenitus. Il chercha surtout à persuader à ses confrères que, pendant ce funeste conflit, il valait mieux rester calmes en attendant la décision des évêques.

Le P. de Fontaines, soit par lui-même, soit par ses relations, pouvait voir plus loin que ses confrères et peut-être savait-il déjà que l'abbé de Lorraine, dont on pouvait à bon droit suspecter les croyances, devait succéder à l'évêque de Bayeux. Ce prélat, de maison souveraine, fut en effet nommé, mais ne put prendre possession de son siège qu'en 1720, la Cour de Rome, inquiète de ses sentiments, lui ayant fait attendre ses bulles pendant deux années.

Bien des difficultés allaient donc surgir, et le supérieur général avait parfaitement préjugé des conséquences de cette nomination.

Mgr de Lorraine ne voulut-il pas, mais inutilement, faire donner la direction du séminaire de Caen à M. Legrix [1], ancien curé de Saint-Josse, séparé de la Congrégation en raison de son attachement au jansénisme : « Vous « savez mes intentions, écrivait-il au P. Damesme, d'en- « tretenir la paix, si c'est possible, et d'empêcher que per- « sonne, de son autorité privée, ne s'ingère à attribuer des « épithètes fausses et indignes à ceux qui pensent autre- « ment qu'eux..... »

[1] Le P. Legrix, Eudiste ancien curé de Saint-Josse qui, en 1715, avait résigné ses fonctions au P. Bournisien avec lequel il continua à demeurer, mourut le 11 février 1729. Les *Nouvelles ecclésiastiques*, feuille toute dévouée au jansénisme, en parlent en ces termes: « Malgré toutes les préventions qu'il « avait puisées contre tout ce qu'on appelle jansénisme ou « Jansénistes, son cœur droit et une piété tendre l'avait ga- « ranti des excès où se portent ordinairement les ecclésiasti- « ques de ces sortes de communautés, et avait laissé en lui « une entrée à la lumière. La constitution Unigenitus acheva « de lui ouvrir les yeux, et, malgré le respect infini qu'il avait « pour le Saint-Père et l'obéissance aveugle que ces messieurs « promettent à leurs supérieurs, il se joignit avec courage à « tous les témoignages que MM. les curés de Paris ont rendus « en divers temps contre cette bulle ». M. Legrix appela en 1717 et renouvela son appel en 1720 à l'occasion du fameux accommodement. Son nom se trouva sur toutes les listes imprimées qui ont paru depuis. Ce fut à l'occasion du rappel qu'il fut mandé en 1721 chez M. de la Vrillière (ministre du Régent) et exilé hors Paris. M. Legrix se fixa à Corbeil. C'était donc cet ancien Eudiste que Mgr de Lorraine voulut mettre à la tête du séminaire de Caen.

Par son mandement du 6 avril 1720, Mgr de Lorraine retira généralement, pour le 1ᵉʳ juin, tous les pouvoirs donnés par ses prédécesseurs. Les Bénédictins, les Jacobins et les Pères de l'Oratoire ne reçurent pas pareille défense. (1)

En 1722, huitième assemblée générale à Caen. Les vingt-sept articles des institutions des Eudistes passèrent au 1ᵉʳ Conseil de conscience, où se trouvaient présents le Régent, les cardinaux d'Estrées et de Bissy et Mgr Fleury, ancien évêque de Fréjus. Le cardinal Dubois, ayant élevé quelques difficultés, on en référa pour terminer aux parlements de Normandie et de Bretagne.

(1) « La province ecclésiastique de Tours, dit M. l'abbé Tres-
« vaux (*Histoire de l'Eglise et du diocèse d'Angers*) qui avait
« choisi Mgr Poncet (évêque d'Angers) pour l'un de ses dépu-
« tés à l'assemblée du clergé tenue à Paris en 1715, e choisit
« encore pour la représenter à celle de 1725. Il reçut de cette
« auguste assemblée une marque de confiance, qui était une
« nouvelle preuve de son mérite ; elle le nomma membre de
« la commission des affaires de doctrine, composée de six é-
« vêques, de cinq députés du 2ᵉ ordre et présidée par M. de
« la Vergne de Tressan, archevêque de Rouen.
« Cette commission était d'autant plus importante que quel-
« ques évêques de France favorisaient ouvertement le jansé-
« nisme. M. de Nesmond, archevêque de Toulouse, invité par
« le président à s'adjoindre à la commission, prit part à ses
« travaux. Deux évêques avaient surtout par leur fanatisme
« fixé l'attention du clergé : l'un était Joachim Colbert, évê-
« que de Montpellier, et l'autre de *Lorraine-Armagnac*, *évê-*
« *que de Bayeux*. Depuis le 27 août jusqu'au 2 octobre, les
« commissaires s'assemblèrent fréquemment pour examiner
« les actes des deux prélats inculpés. Le 2 août, l'archevêque
« de Rouen fit à l'assemblée son rapport sur des écrits très-
« répréhensibles de l'évêque de Montpellier. Ne voulant pas par-
« ler de l'évêque de Bayeux, qui était de sa province et qu'il
« pouvait être appelé à juger, il chargea l'évêque d'Angers de
« le remplacer pour ce qu'il avait à dire touchant ce prélat.
« Mgr Poncet, séance tenante, rendit compte *d'un mandement*
« *de Mgr de Lorraine dans lequel il trouvait approuvées plu-*
« *sieurs propositions condamnées par l'Eglise*. L'assemblée
« décida qu'elle demanderait au Roi la liberté de tenir deux
« conciles provinciaux, l'un à Narbonne, *l'autre à Rouen*, mé-
« tropoles auxquelles appartenaient les deux évêques, afin
« d'examiner leur doctrine. »
La permission de rassembler ces deux conciles ne fut pas accordée. Les familles de Colbert et de Lorraine, ayant beaucoup de crédit, voulurent sauver leurs parents de la *condamnation qu'ils méritaient si bien* et que deux ans plus tard le concile d'Embrun prononça contre Jean Soanen, évêque de Senez, autre janséniste outré.

En 1724, le P. Creully fut nommé supérieur de ce séminaire de Caen sur lequel Mgr de Lorraine avait toujours les yeux fixés avec si peu de bienveillance. Il dut se présenter devant le prélat, qui fit quelques difficultés pour lui accorder ses pouvoirs : « Il y a plus de trente ans, Mon-« seigneur, répondit le vieil Eudiste, que j'ai l'honneur de « travailler sous les ordres des évêques. La seule grâce que « je demande à Votre Altesse, c'est que lorsqu'on lui « fera des plaintes sur ma conduite, elle ait la bonté de « ne pas me condamner sans m'entendre. »

Satisfait de cette réponse, le Prélat lui donna les pouvoirs les plus étendus ; il voulut même l'associer à ceux de son parti qui faisaient des missions, mais le P. Creully s'excusa sur son âge.

Ce détail nous indique quelle était la situation ; Mgr de Lorraine persistait dans sa résolution que ses clercs ne fissent pas leur séminariat chez les Eudistes auxquels, cependant, il n'osa pas ôter les pouvoirs. De plus, on parvint à lui faire publier, en date du 17 juillet 1724, un mandement dans lequel il engageait à *en appeler à un concile de la constitution Unigenitus*, et condamnait un catéchisme publié par les Jésuites dans le but de prémunir le public contre ces nouveautés.

Le P. Le Fèvre, doyen de la faculté de théologie, dénonça ce mandement à M. le cardinal de Billy et le fit condamner. Le Prélat ne pouvait se découvrir d'une manière plus ostensible ; au reste il n'était pas le seul.

En 1725, eut lieu la neuvième assemblée générale dans laquelle on admit définitivement les 27 articles antérieurement approuvés par le Régent. Le collége de Domfront, avait d'abord été dirigé par des prêtres ; en 1719, il fut érigé en séminaire, et, en 1727, les Eudistes en prirent possession.

Cette même année le 19 janvier 1727, le P. Guy de Fontaines de Neuilly mourut, après avoir gouverné la Congrégation pendant seize années ; il jugea nécessaire de convoquer sept fois ses confrères en assemblées générales. Les missions ne furent pas négligées, mais on voit qu'en général le P. de Fontaines fut plus occupé de maintenir la Congrégation dans la position qu'elle avait conquise que d'étendre ses œuvres. Il ne recula jamais, mais il jugea prudent de ne pas avancer. La mort d'un Roi comme Louis XIV, le gouvernement d'un Prince comme le Duc d'Orléans, dont le premier ministre était le cardinal Dubois, la minorité du Souverain, le débordement des mœurs ouvrant une large brèche à toutes les nou elles idées, les résultats de la publication de la bulle *Unigenitus*, les efforts des appelants au nombre desquels se comptaient des membres du haut clergé, toutes ces circonstances exceptionnelles réunies motivaient bien le langage qu'avait tenu le supérieur général à ses confrères dans l'assemblée de 1718.

Il resta inébranlable devant les prétentions de son évêque, non seulement prince dans l'Église, mais prince aussi dans l'État. Quand le Prélat voulut déposer le P. Lefèvre pour le remplacer par le P. Legrix, curé de Saint-Josse, Janséniste et appelant, il lui écrivit : « Le conseil m'a
« chargé, Monseigneur, de vous informer des sentiments
« des sujets de toute la Congrégation; il a cru que Votre
« Altesse serait bien aise de les connaître et ne veut user
« d'aucune dissimulation vis-à-vis d'une personne de votre
« rang. Chacun, Monseigneur, se croit obligé d'être soumis
« à la constitution *Unigenitus*; presque tous sont Thomistes
« ou Congruistes (1), rejettant la science moyenne ; et s'il
« y a quelqu'un qui l'ait enseignée, c'est sans être attaché
« à cette doctrine. Je n'en connais pas qui ne fût prêt à
« prendre un autre système pourvu que le Prélat du dio-
« cèse où il enseignerait, le jugeât à propos. »

Cependant le P. de Fontaines avait continué à résider à Bayeux, vivant dans l'intimité avec des ecclésiastiques constitutionnaires malgré le Prélat, qui n'osa jamais l'attaquer directement. Il mourut à 64 ans, en ayant passé 40 dans la Congrégation, dont 17 comme supérieur général.

Son cœur fut placé à Caen au dessous du tombeau du P. Eudes. Son oraison funèbre fut prononcée par M. Vicaire, docteur en théologie. Le plus grand éloge qu'on peut faire de ce supérieur général, c'est de répéter ce que disait de lui son prédécesseur et parent, le P. Blouet de Camilly, faisant allusion à ses sacrifices personnels : « M. de Fon-
« taines ne fait pas le bien comme les autres : *il le dévore.* »

---

(1) *Thomistes*; nom donné aux partisans de la doctrine de Saint Thomas ; ils enseignent que la grâce efficace est effective de sa nature, et obtient (par cela même qu'elle est effective de sa nature) infailliblement son effet.

Congruistes, nom donné à ceux qui soutiennent l'opinion du congruisme tendant à établir que Dieu donne des grâces tellement proportionnées à l'état de la volonté qu'avec ses grâces la volonté fera certainement, vu les circonstances où elle se trouve, mais librement, ce que Dieu veut. (*Congru.* congrue, *sufficiens*, suffisant).

La dixième assemblée générale fut convoquée pour le 16 février 1727. Le P. Cousin y fut élu supérieur général par dix voix sur dix-huit.

Le P. Cousin revint aux habitudes du P. Eudes; il visitait toutes ses maisons à cheval, accompagné d'un frère à pied. Il ne consentit à être servi à part au réfectoire commun, que sur l'observation qu'on lui fit, qu'en lui on voulait honorer le Fils de Dieu, premier supérieur de la Congrégation. Il ne prit enfin un petit équipage que sur les instances de personnes distinguées qui aimaient et protégeaient l'Institut.

Le nouveau supérieur général jugea nécessaire de s'établir dans la communauté de Paris, qui, depuis 1703, n'avait pas encore été constituée, quoique l'acquisition de la rue des Postes datât de cette époque. Il ne s'y trouvait aucuns meubles, pas même ceux nécessaires pour recevoir les visites faites au supérieur général. On voulut bien y pourvoir de tous côtés. Les communautés de Saint-Sulpice et de Saint-Nicolas du Chardonne* prirent un grand intérêt à cet établissement.

Les Pères, qui suivirent le P. Cousin, dirent leurs messes à la Visitation, dans la chapelle du séminaire des Anglais, ou dans celles des Religieuses de Notre-Dame de Charité du Refuge.

Le bien provient souvent du mal. La persécution que la Congrégation éprouva sous l'épiscopat de Mgr de Lorraine, fit désirer de connaître les prêtres qui lui avaient résisté.

Le supérieur général y entretint toujours au moins un prêtre; il commença à y admettre trois étudiants qu'il suivait autant que ses affaires le lui permettaient.

C'est ainsi que commença l'établissement de Paris.

Mgr de Lorraine, évêque de Bayeux, mourut au mois de juin en 1728. Il avait été à Paris, croyant y trouver un remède au dérangement de sa santé causé par le chagrin, avait-il dit à Mme de Camilly supérieure du Refuge de Caen. Il s'unit à onze prélats pour protester contre le concile d'Embrun, et se fit assister par le docteur Petitpied appelant. On dit même que mettant sa confiance dans les reliques du diacre Pâris, il revêtit une de ses chemises. (1)

(1) On ne se figure pas dans notre siècle auquel ces questions sont devenues indifférentes et d'un médiocre intérêt, combien les passions étaient agitées par les débats concernant le jansénisme et la constitution *Unigenitus*, qui condamnait les 101 propositions extraites d'un livre du P. Quesnel, prêtre de l'Oratoire. François de Pâris, né à Châtillon (Seine), en 1690, avait

L'embarras fut grand pour le chapitre de Bayeux, qui fit un mandement dans lequel, tout en respectant la dignité épiscopale, il ne demandait aucune prière publique.

Les curés et supérieurs des maisons religieuses comprirent qu'ils pouvaient s'abstenir de faire aucun service pour un évêque mort dans le funeste état d'excommunication.

Le premier soin des vicaires généraux fut de renvoyer au séminaire de Caen les condomistes, pensionnaires de la fondation de M. de Condom.

En raison des mauvaises doctrines professées à Caen par le P. Buffart et le P. Drouïn, dominicain, les étudiants de la Congrégation avaient été admis à Coutances. Mais ces professeurs ayant été renvoyés en 1722, on fit en 1728 revenir ces étudiants en partie au séminaire de Caen, les autres furent renvoyés à l'établissement de Paris pour étudier en Sorbonne sous les yeux du supérieur général, dans le but de fermer ainsi la bouche aux Jansénistes, qui disaient que les sujets de la Congrégation n'avaient aucune capacité.

La onzième assemblée eut lieu en 1729.

On y décida qu'on accepterait l'établissement de Valognes, et le transfert du séminaire de Senlis à l'abbaye de Notre-Dame des Victoires en y plaçant le noviciat.

L'établissement de Paris fut mis en discussion.

1° Devait-on le soutenir. 2° Solliciterait-on l'enregistrement des lettres-patentes de 1722. 3° Y enverrait-on des étudiants. 4° avec quels fonds les ferait-on subsister. 5° comment pourvoirait-on au mobilier nécessaire. 6° le supérieur devait-il continuer sa résidence à Paris.

Toutes ces questions furent résolues affirmativement; les fonds nécessaires devaient être, au chiffre annuel de 3,000 livres, fournis par les autres maisons; pour le mobilier, on le laissait à la générosité de ces maisons et du public.

Fort de ces décisions, le P. Cousin augmenta le nombre de ses pensionnaires, qui allaient en Sorbonne et recevaient ensuite des soins de leurs professeurs et du supérieur lui-même. Pour se mettre tout-à-fait en règle, il sollicita des

---

embrassé avec ardeur le jansénisme, en appela de la bulle *Unigenitus* et refusa une cure pour ne pas signer le formulaire. Il se livra à des austérités excessives et les jansénistes prétendirent qu'il s'était opéré des prodiges sur sa tombe.

lettres-patentes pour l'établissement de Paris auprès de M. Joly de Fleury, procureur général.

Pendant qu'il attendait un résultat à ce sujet, il obtint l'autorisation d'ériger une chapelle ; elle fut bénie par M. de Romigny, grand vicaire, le quatrième dimanche après l'Épiphanie de l'année 1729, fête de saint François de Sales.

Quant aux lettres-patentes, le P. Cousin éprouva un refus basé sur toutes les calomnies qui avaient suivi le P. Eudes dans toute sa carrière, *peu de sympathie pour l'Église Gallicane, Ultramontisme*, etc..... (1)

On voyait avec peine les Eudistes prendre pied à Paris et toucher enfin le but auquel avait toujours tendu le P. Eudes.

En 1733, le cardinal de Fleury, auquel le P. Cousin avait adressé une supplique, en référa à M. de Brissac, qui d'avance avait été influencé défavorablement : « Nous « ne vous connaissons pas, répondait-on ; quand Mgr l'ar-« chevêque de Paris vous aura donné un séminaire, nous « verrons à vous parler... On ne vous empêche pas de « bâtir... de vous établir comme de simples particuliers, « etc... » « Toujours le jansénisme, écrivait Mgr Languet « au P. Legrand. »

Mgr de Luynes fut nommé évêque de Bayeux en 1729. Il montra beaucoup de bienveillance pour la Congrégation, qui comptait alors 250 ordinands.

La douzième assemblée générale se tint à Caen le 30 septembre 1733. Entre autres objets qui furent mis en discussion, on ordonna que les maisons de Caen et de Coutances donneraient procuration à celle de Paris pour bâtir, vendre, acheter etc., sans qu'en raison de cela les dites maisons acquissent le droit de propriété.

La treizième assemblée générale se tint encore à Caen le 28 septembre 1738.

Le P. Cousin, soit par humilité, soit pour cause de santé, voulut résigner son généralat qu'on le supplia de conserver.

Comme son prédécesseur, il recommanda la prudence dans toutes les œuvres et actes de dévotion ; il n'y avait plus à combattre ouvertement contre l'hérésie, c'était contre un schisme puissant, qui comme le serpent caché sous les hautes herbes, menaçait de cruelles et mortelles bles-

---

(1) Il faut se souvenir que le Cardinal de Noailles ne signa la bulle Unigenitus qu'en 1728.

sures ceux qui le gênaient ou l'arrêtaient dans sa marche.

On ordonna dans cette même assemblée de mettre un carreau en marbre blanc à l'endroit où étaient déposés les cœurs des R. P. de Blouet et de Fontaines, et de faire graver le sceau de la Congrégation.

On devait mettre sur le bord cette inscription : — *Sigillum seminarii Cadomensis ou Rothomensis* — selon le lieu où était établi chaque séminaire, pour servir aux actes de ces maisons. (1)

On décida ensuite qu'une nouvelle et quatorzième assemblée aurait lieu en 1739 pour prendre d'avance les mesures relatives à la solennité de 1743, année séculaire de la Congrégation.

Ce fut en 1739 qu'on envoya à Caen les jeunes confrères de la probation de Launay. Ils occupèrent le 1er et le 2e étage du nouveau bâtiment construit à leur usage; on avait mis une tribune à leur disposition, pour qu'ils eussent la facilité d'aller adorer le Saint-Sacrement et d'assister au service divin sans communiquer avec le public. La probation avait été à Launay pendant 62 ans.

La quinzième assemblée générale eut lieu à Caen en 1742. Le P. Cousin, âgé de 87 ans, demanda inutilement à se retirer. L'assemblée ne voulut pas y consentir. Il adressa un long discours à ses confrères pour leur rappeler qu'ils avaient à solenniser la centième année de la création de l'institut : il ne manqua pas certainement de rappeler les mérites et les vertus du saint fondateur. Il engagea l'assemblée à demander à Rome l'indulgence des quarante-heures pour ce mémorable anniversaire.

Le vénérable P. Cousin, quatrième supérieur général de la Congrégation, mourut le 14 mars 1751, à l'âge de 96 ans.

Il avait régi la Congrégation avec prudence, zèle et simplicité. Suivant le jugement que nous pouvons en porter, il nous semble que plus que son prédécesseur, il s'était rapproché des habitudes du P. Eudes et du P. Blouet. Il avait été ainsi que toute la Congrégation en butte aux attaques d'un infâme journal, intitulé *Nouvelles ecclésiastiques*, qui commença à paraître en 1727. Un prêtre janséniste,

---

(1) Le cachet du P. Eudes était mobile et à trois faces. Il a été retrouvé à Caen par un des curés de cette ville, qui, le considérant comme une précieuse relique, n'a pas voulu le rendre. Le T. R. P. Gaudaire en a fait faire un autre sur le même modèle et la première face sert de cachet à la Congrégation.

nommé J. Fontaine, en fut le premier rédacteur. Condamné ensuite par le Saint Siége et par le Parlement de Paris, ce journal continua à paraître sans qu'on pût jamais découvrir ni l'auteur ni l'imprimeur.

La seizième assemblée réunie à Caen le 10 juin 1751, nomma pour supérieur général le P. Auvray de Saint-André. C'était un homme d'une régularité admirable. Il possédait toutes les sympathies des membres de la Congrégation.

Certainement les Eudistes continuaient à remplir dignement leur mission. Ils ne prenaient pas la tête de la milice combattante, mais ils n'occupaient pas les derniers rangs. Nous les voyons se réunir à Caen le 30 septembre 1754, le 7 octobre 1759 et en 1763, dix-septième, dix-huitième et dix-neuvième assemblées générales, discutant chaque fois sur les périls de cette époque où la France risquait de glisser dans le jansénisme, comme elle avait risqué de glisser dans le protestantisme au XVIe siècle.

Les *Nouvelles ecclésiastiques* viennent nous dire en 1750 que les Eudistes restaient toujours sur la brèche. « Les « Eudistes, disaient-elles avec colère, espèce de Congré- « gation de prêtres établie dans le siècle dernier par le « P. Eudes de Mézeray, ex-Oratorien, connu par son igno- « rance, ses visions et son fanatisme, et dont l'institut s'est « malheureusement trop répandu en Normandie, ont fait « voir à Avranches un impie et scandaleux spectacle. »

Ces invectives sont adressées aux Pères, qui, en 1760, avaient donné une retraite au collège d'Avranches.

En 1762 les Eudistes remplacèrent les Jésuites à Séez et le prieuré-cure de Livré, près de Rennes, fondé par Geoffroy, duc de Bretagne, en 998, et uni en 1604 au collège des Jésuites, fut donné au grand séminaire de cette ville, qui en devint Seigneur et gros décimateur. (1)

---

(1) Le renvoi des Jésuites était un fait considérable pour toutes les maisons qu'ils dirigeaient avec autant de suite que de talent; et suivant l'opinion de l'historien protestant Leopold Ranke, l'anéantissement de cette société qui fit sa principale arme de l'instruction de la jeunesse, devait nécessairement ébranler le monde catholique jusque dans ses profondeurs.

Ils furent difficilement remplacés et, avec juste raison, le P. Perraud, du nouvel Oratoire, signale comme une des causes principales de la décadence de l'ancien, l'obligation où faute de professeurs suffisants pour desservir les nouveaux collèges qu'on lui offrait, il se trouva obligé de s'adjoindre des membres laïques, dont la conduite si regrettable rejaillit injustement sur cette congrégation.

Les Eudistes effrayaient leurs opposants par les succès de leurs prédications : « Le jansénisme baisse dans le diocèse de Blois », disaient alors les *Nouvelles ecclésiastiques*, « publication dévouée à la secte. »

Ce cri d'alarme était principalement provoqué par le zèle et le talent d'un des Pères de la Congrégation. Le P. Beurier, né à Vannes le 5 novembre 1715, est encore reconnu comme un des prédicateurs les plus remarquables du XVIIIe siècle. Avant de commencer ses sermons, il avait l'habitude de réciter et de faire répéter à toute l'assistance un *Pater* et un *Ave* pour le salut des pécheurs. On rapporte que, le 22 juillet 1776, prêchant devant Mgr de Trimont, évêque de Blois, qui avait succédé en 1753 à Mgr de Crussol, il le pria de vouloir bien réciter lui-même cette pieuse requête ; et au sortir de l'église, le prélat était lui-même foudroyé par une attaque d'appoplexie.

Les *Nouvelles ecclésiastiques* firent l'honneur au P. Beurier de l'attaquer de la manière la plus vive au sujet de la mission qu'il prêcha à Caen et dont l'ouverture se fit le 1er mai 1768. Il mourut au séminaire de Blois le 2 novembre 1782 ; la sainteté de sa vie fut affirmée par plusieurs miracles. On possède de lui, outre ses sermons, une vie manuscrite du saint Fondateur. Ses cendres ont été rapportées à Redon, et vont être placées dans la chapelle du séminaire de la Roche du Theil.

En 1769, le P. de Saint-André convoqua la vingtième assemblée générale pour offrir sa démission, qui fut acceptée le 9 octobre, et le P. Michel Lefèvre, supérieur du séminaire de Rouen, fut nommé pour le remplacer.

Le P. de Saint André mourut le 20 janvier 1770.

Le P. Michel Lefèvre convoqua la vingt-et-unième assemblée générale le 24 octobre 1774 pour traiter de diverses affaires.

Il y reçut les remontrances de ses confrères au sujet d'un écrit qu'il avait cru, pendant son administration, pouvoir composer en faveur du prêt à intérêt, contrairement aux principes alors généralement professés. On le menaça même de le déposer, s'il ne se rétractait pas. Il s'empressa de le faire, et sa mort suivit de près cet acte d'obéissance. Cette même année Mgr de Beaumont, archevêque de Paris, obtint enfin l'enregistrement des lettres-patentes du Roi pour l'établissement de Paris elles avaient été refusées sous le ministère du cardinal Fleury.

Ce fut vers 1775 que mourut le P. Lefèvre à Rennes, étant en cours de visite. Il fut inhumé dans l'église du séminaire, et, en 1799, son corps a été retrouvé intact ; ses habits sacerdotaux n'étaient même pas endommagés et il fut parfaitement reconnu par le médecin appelé pour examiner le cadavre, et qui l'avait soigné dans sa dernière maladie. On grava sur la pierre de son tombeau l'épitaphe suivante : Vir amœnitate et prudentiâ commendabilis, scien- « tiâ et fide conspicuus, salutis fidelium, ac præcipue cleri- « corum, indigator assiduus. » Dans la vingt-deuxième assemblée générale du 3 octobre 1775, le P. Pierre Lecoq fut nommé supérieur général. Il avait réfuté le livre de son prédécesseur d'une manière aussi nette que précise. Cette question, sur laquelle le P. Lefèvre avait décidé trop tôt, a été tranchée par la Cour de Rome, qui, considérant désormais l'argent comme une marchandise, a autorisé le prêt à terme fixe avec intérêt. La rente constituée était seule permise. Le P. Lecoq est l'auteur de plusieurs ouvrages de droit très-estimés, surtout celui qui a pour titre : *De l'état des personnes et des biens*. Le célèbre Thouret, alors avocat à Rouen et depuis président de l'Assemblée constituante, citait cet ouvrage comme faisant autorité dans la matière.

Le temps de son généralat fut bien court ; car frappé de paralysie à Caen, il y mourut le 1er septembre 1777, et dans la vingt-troisième assemblée générale du 1er octobre, le P. Dumont fut appelé à lui succéder.

Ce supérieur général s'était fait vénérer par tous ceux qui avaient eu des rapports avec lui. Doué de beaucoup d'esprit, il y avait joint une instruction solide et une conduite des plus édifiantes. Tous les évêques, qui avaient des séminaires dirigés par la Congrégation, lui donnèrent le titre de grand-vicaire. Au bout de quelques années de supériorité, il fut à son tour frappé d'une attaque de paralysie, qui n'occasionna pas la mort, mais motiva la convocation de la vingt-quatrième assemblée générale par laquelle le P. François Louis Hébert, supérieur de la maison de Paris et né à la Croupte, diocèse de Lisieux, fut nommé coadjuteur du supérieur général. Il fut arrêté en même temps qu'à la mort du P. Dumont, il lui succéderait sans autre nomination.

Déjà de noirs nuages paraissaient à l'horizon ; il existait dans l'atmosphère ce calme effrayant précurseur de la tempête, et les Pères Eudistes sentaient qu'il pouvait se présenter d'un moment à l'autre des circonstances assez graves pour nécessiter des mesures exceptionnelles. Il fallait donc que la direction générale de leurs affaires fût entre des mains fermes et de force à tenir le gouvernail. Le choix de la Congrégation ne pouvait pas tomber sur un plus digne et un plus capable que le P. Hébert, et nous aurions peut-être reculé devant l'œuvre de la difficile analyse de tous les faits généraux concernant notre chère et sainte Congrégation depuis la mort du fondateur, si nous n'avions pas tenu à la montrer au moment de la plus effroyable tourmente qui ait ébranlé et dissous la grande famille française, tenant ferme au plus haut de la brèche, dans la personne de son chef, ce noble drapeau tissé des mains de notre ancêtre.

Jusqu'au dernier moment, la Congrégation continua ses missions, ramenant aux pieds des autels les hommes que le jansénisme en avait écartés et avait jetés dans les bras des philosophes. Elle prêchait le calme, l'union et préconisait surtout cette fraternité chrétienne qu'on allait si singulièrement travestir. C'est ce que viennent attester, en 1784, neuf évêques, reconnaissants des secours que leur apportaient ces rudes ouvriers évangéliques.

Moins en vue que les Jésuites avec lesquels elle avait toujours entretenu des rapports intimes, la Congrégation n'avait plus été atteinte par des attaques bien directes. Dirigée avec autant de zèle que de prudence, elle acquit bien des titres auprès de Dieu dans le cours du XVIII° siècle, tout en restant stationnaire.

Il fallait, à cette époque si critique, chercher plutôt à se maintenir sur son terrain qu'à avancer.

Mais au moment suprême nous allons voir la Congrégation de Jésus et de Marie marcher à découvert et finir par le martyre.

Le 4 août 1789, l'Assemblée nationale, préludant à la Révolution française, déclarait que les biens ecclésiastiques appartenaient à la Nation, et, le 2 novembre, un décret les mettait à sa disposition. Le 13, nouveau décret qui obligeait tous les possesseurs de bénéfices et supérieurs de maisons religieuses de faire la déclaration de leurs biens.

Le 13 février 1790, suppression des Ordres religieux, le 12 juillet constitution civile du clergé, et, le 25 septembre, décret exigeant de tous les prêtres dans les trois mois le serment schismatique d'être fidèle à la Nation.

Après avoir pris les biens, il fallait aussi les consciences. C'était moins facile.

Telle était la situation ; elle était terrible surtout pour le chef réel d'une Congrégation bien connue pour sa constance à ne jamais dévier de la route tracée par son fondateur. Certainement le P. Hébert, que nous devons considérer comme le Supérieur Général des Eudistes, dut invoquer bien souvent le P. Eudes pour qu'il en obtînt tout ce qui lui était nécessaire pour suffire à une pareille lutte. Ne fut-il pas exaucé, puisqu'il put quitter cette terre de laquelle on pouvait si bien dire : « *Lasciate qui ogne speranze,* » en tenant en main ces palmes si désirées par le missionnaire.

Le P. F. Louis Hébert appartenait à une famille honnête dont un des membres était placé dans les bureaux de M. Bertin, ministre de Louis XVI, et attaché à sa personne. Trop désintéressé pour demander rien qui fût à son propre avantage, il employa seulement le crédit que lui procurait cette alliance à rendre d'éminents services.

Un de ses parents, entraîné par le feu des passions, commit un crime irrémissible et que la mort seule pouvait expier. Il eut le courage de l'assister et de l'accompagner jusque sur l'échafaud.

Les hommes les plus éminents cherchèrent à lui témoigner par des égards exceptionnels toute la part que le public prenait à un pareil chagrin.

Il voulut cependant se démettre de ses fonctions; mais il en fut empêché par tous ses confrères. Mgr de Juigné et tous ses vicaires-généraux allèrent à cette occasion lui rendre visite.

M. Poupart, curé de Saint-Eustache et confesseur du Roi, ayant, en 1794, prêté serment à la Constitution civile, perdit la confiance de Louis XVI, qui, pour le remplacer, jeta les yeux sur le P. Hébert, supérieur de la maison des Eudistes de Paris et en même temps coadjuteur du supérieur général, tombé en paralysie.

Le P. Hébert ne se dissimula pas tout ce qu'une pareille charge avait de périlleux et s'en expliqua nettement vis-à-vis des personnes qui lui étaient chères. En acceptant, il lui semblait prononcer contre lui-même une sentence de mort; et, cependant, il n'hésita pas ; y avait-il, en effet, dans le monde entier une plus grande infortune à soulager ?

On dit qu'à sa sollicitation, le Roi fit un vœu au Sacré-Cœur de Jésus pour le rétablissement de la paix ; cette initiative de la part d'un enfant de la Congrégation de Jésus et de Marie, est très-croyable, cependant pas assez prouvée aux yeux de quelques personnes. La prière et le vœu doivent être du commencement de l'année 1792. Voici ce qu'en dit l'*Ami de la religion*: « Le choix de « M. Hébert, fait par Louis XVI, fut dénoncé à l'As- « semblée législative comme un témoignage d'oppo-

« sition à ses décrets. » On s'y plaignit de cette faveur accordée par la Cour aux ministres du culte anti-légal.

De plus l'abbé D***, vicaire de saint Louis en 1814, qui avait eu des relations fréquentes avec le P. Hébert, fut chargé par lui de transcrire *la prière et le vœu*. Il a assuré à son Altesse Royale Madame la Duchesse d'Angoulême, que les deux pièces lui avaient été remises par le confesseur de ce Prince, avec lequel il vivait dans l'intimité. Elles donnaient une haute idée de la piété du Roi et pouvaient, disait le prêtre, aller de pair avec son admirable testament. M. C*, curé de Bonne-Nouvelle en 1792, fut chargé par le P. Hébert *de faire au nom de Louis XVI une neuvaine relative à son vœu*. (1)

Au tome II de l'histoire déjà citée, on lit encore : « La Reine, restée seule avec sa fille et Mme Elisabeth, pas-
« sait ses soirées à entendre les consolations religieuses
« que venait lui offrir le P. Hébert. La famille Royale
« trouvait dans les discours de cet homme aimable la force
« d'âme nécessaire pour se résigner à tous les malheurs
« dont elle était menacée. »

Enfin un dernier témoignage que personne ne pourra récuser. Il émane d'Henri Grégoire, régicide et évêque intrus de Loir-et-Cher, qui dit dans son *Histoire des confesseurs du Roi* : « M. Hébert passa avec le Roi la nuit du
« 10 août. Il ne l'accompagna pas à l'Assemblée, où sa
« déchéance fut prononcée. »

Le P. Hébert avait appelé à Paris plusieurs de ses confrères, et, entre autres, le P. Pottier, supérieur à Rouen, et le P. Lefranc, supérieur du grand séminaire de Coutances.

Le P. Pottier lava dans son sang le serment qu'il avait prêté, et que, du reste, deux jours après, il avait rétracté dans la cathédrale de Rouen. Il fit même imprimer sa rétractation sous le nom de *Cri du cœur*. A la première nouvelle de l'apostasie de son confrère, le P. Hébert partit pour Rouen, afin de ramener, disait-il, sa brebis égarée. Il la ramena, en effet, à Paris, et le P. Pottier, enflammé d'une nouvelle ardeur, se livra sans repos, à cette époque pleine de dangers, à la prédication et à l'exercice de son ministère. Il possédait si bien l'Écriture sainte qu'il la savait tout entière par cœur, dit l'abbé Tresvaux ; aussi ses conférences aux Carmes de la place Maubert et au sémi-

---

(1) Nous regrettons de ne pouvoir donner ici le nom de ces deux ecclésiastiques ; nous ne les avons pas trouvés désignés autrement que par des initiales dans les *Annales de la Congrégation* qui nous fournissent ces curieux détails.

naire des Irlandais attiraient de nombreux auditeurs. Il fut arrêté le 26 août 1792 et conduit au séminaire de Saint-Firmin, rue Saint-Victor ; le 3 septembre, il y fut massacré avec ses compagnons de captivité. Quelques-uns, mais en petit nombre, parvinrent à s'échapper.

Le P. Lefranc, inébranlable dans ses convictions, avait dit à ses disciples avant de partir qu'un bon prêtre devait mourir plutôt que de montrer la moindre faiblesse. Il allait prêcher d'exemple. Le P. Lefranc publia en 1792 un ouvrage ayant pour titre : — *Conjuration contre la religion catholique et les souverains.* — Quelques temps auparavant, il en avait fait imprimer un autre intitulé : — *Le voile levé,* — dans lequel il révélait le secret de la réception des francs-maçons.

On sait qu'après le départ du Roi et de sa famille, entraînés par Rœderer à cette funeste démarche, le château des Tuileries fut envahi par une populace avide de sang et de carnage, et que la plupart de ceux qui l'habitaient ou qui s'y étaient rendus pour défendre Louis XVI, furent massacrés.

Comment le P. Hébert parvint-il à s'échapper ? c'est ce que nous ne pouvons pas dire. Nous le retrouvons entrant par la rue Saint-André dans une maison, où il était connu et aimé, au même moment où le fils du propriétaire, enrôlé dans la troupe révolutionnaire sous prétexte d'aller défendre le Roi et ayant pu échapper à la surveillance des assassins, y rentrait par une porte donnant dans la rue Pavée.

Ce jeune homme, de qui on tient tous ces détails, s'élança dans les bras du P. Hébert en le priant de l'entendre de suite en confession, craignant d'être arrêté peu de moments après. Le P. Hébert satisfit à son désir et le pria d'aller de suite à la rue des Postes, chez les Eudistes, dire au P. Pottier qu'il était en sûreté et que le Roi, résigné à tout ce qu'il plairait à Dieu d'ordonner de lui et des siens, était dans les meilleurs sentiments.

Cette commission faite, le jeune homme revint chez son père, qui ne put décider le P. Hébert à coucher chez lui. Il voulut qu'on le conduisît au couvent des Récollets, rue du Bac, où on lui apporta sa malle. Puis, ne voulant compromettre personne, il alla prendre une chambre à l'hôtel de Provence, dans la rue appelée maintenant Servandoni, où il fut bientôt découvert et arrêté avec deux autres prêtres, M. Rosey, curé d'Emableville, et M. Berton, ex-chanoine de Lyon, qui échappa au massacre des Carmes.

Le 12 août 1792, à minuit et demi, le P. Hébert subit un

long interrogatoire ainsi que ses deux compagnons; et tous les trois furent immédiatement après conduits aux Carmes déchaussés, rue de Vaugirard, couvent transformé en prison et qui devait bientôt l'être en boucherie. « J'au-
« rais pu, dit le jeune homme dont nous avons parlé, vi-
« siter et entretenir l'homme de Dieu tous les deux jours ;
« mais le dimanche, 2 septembre, la crainte de le déranger
« m'empêcha de lier conversation avec lui. Je le vis et je
« me contentai de l'admirer; il était à genoux dans le
« sanctuaire de l'église conventuelle, ses deux mains
« croisées sur sa poitrine. Il paraissait faire à Dieu le sa-
« crifice de sa vie. C'était à trois heures et demi de l'après
« midi que je le contemplai dans cette humble posture; à
« cinq heures, il n'était plus. »

Nous lisons dans les *Annnales de la Congrégation*, que Lacretelle, dans le tome 9, page 309 de son *Histoire de France*, se serait trompé en avançant que tous les prêtres avaient communié et que plusieurs messes avaient été dites, parce qu'il serait certain que l'église avait été dévastée et qu'on avait privé les prisonniers d'assister à d'autres messes qu'à celles des prêtres jureurs; ce qu'ils avaient refusé.

A l'arrivée des assassins, qui recherchaient surtout Mgr l'archevêque d'Arles, le P. Hébert, dont le titre de confesseur du Roi, dit Lacretelle, rendait la perte assurée, demanda que les prisonniers fussent jugés suivant les formes du droit; pour toute réponse, il reçut un coup de feu, qui lui fracassa l'épaule.

On a dit qu'il fut frappé un des premiers dans l'oratoire des Carmes connu sous le nom de chapelle des Martyrs et renversé sur le marchepied de l'autel dédié à la Vierge : « Prête le serment, lui dit un des assassins en levant son « sabre sur lui. « — Non, répondit le généreux confesseur, « je ne veux pas renier la foi. » Il fut immédiatement mis à mort par le monstre, qui lui porta quatorze coups de sabre.

M Anne Guillot, dans un ouvrage en quatre volumes publié en 1821, dit encore que lorsque vint le tour du P. Hébert de comparaître devant le commissaire et de passer dans le corridor à l'issue duquel il n'ignorait pas que s'opérait le massacre des prêtres qui refusaient le serment qu'on leur demandait indirectement, il y marcha les yeux baissés, avec une céleste tranquillité d'âme, sans dire une seule parole et se présenta aux assassins comme l'agneau vient à celui qui veut l'égorger.

Dans cet acte héroïque, il fut accompagné par les Pères *François Lefranc*, supérieur des Eudistes de Caen; *Nico-*

las Beaulieu; *Bérauld Duperron*; *Bousquet ou Du Bousquet*; *Dardan*; *Durvé*; *Grasset de Saint-Sauveur*; *Lebis*. Lacretelle en ajoute trois autres, les Pères *Blamin*, *Saurin* et *Grasset*. Le sieur Camoussary, laïque aux Eudistes et incarcéré avec les Pères, fut au nombre de ceux qui eurent le bonheur d'échapper au massacre. Il n'est pas étonnant qu'on ait pu avoir par lui des détails aussi précis sur les derniers moments du vénérable supérieur.

Quant au P. Pottier, supérieur à Rouen et présent à Paris au moment de ces cruels événements, il est probable qu'il aura trouvé la mort dans d'autres massacres. Nous ne retrouvons son nom ni dans la liste des victimes des Carmes ni dans celle de ceux qui ont été sauvés.

Les Eudistes émigrèrent pour la plupart; on ne sait presque rien de ce que le plus grand nombre est devenu pendant la persécution.

Ainsi tomba glorieusement cette Congrégation des Eudistes qui vivait depuis cent quarante-neuf ans et sur laquelle dans une lettre du 2 décembre 1837, Mgr Bruté de Rennes, savant et saint prélat, premier évêque de Vincennes dans l'Amérique du Nord, portait le jugement suivant :

« La Congrégation des Eudistes fut la pépinière de ce
« clergé héroïque de Rennes et de la Normandie si bien
« connu avant la Révolution et bien mieux encore au mi-
« lieu de ses plus violentes épreuves. Elle s'était affermie
« et étendue dans le XVIIIe siècle, dit l'éditeur de la vie du
« P. Eudes, et fut assez heureuse pour conserver son es-
« prit primitif. Entièrement dévouée aux évêques, elle
« n'eut jamais de démêlé avec eux ni avec le reste du cler-
« gé. »

Achevons cette période en répétant ce qu'on écrivait de Rouen en 1866 : « La Congrégation du P. Eudes fut toujours
« *humble, modeste, attachée à la saine doctrine*; opposée
« à celle du jansénisme. Elle faisait le *bien à petit bruit,*
« *sans rechercher ni l'éclat ni la louange.* »

C'est ainsi que nous allons encore la retrouver à cette heure, conservant toujours pieusement toutes les traditions du P. Eudes; mais, pour rentrer dans l'esprit du fondateur et des vénérables Pères, nous devrons plutôt laisser deviner leurs mérites que les peindre, comme notre cœur le voudrait et comme aussi la justice l'exigerait peut-être.

FONDATIONS DIVERSES

AUXQUELLES ONT COOPÉRÉ

DES MEMBRES DE LA CONGRÉGATION DE JÉSUS & DE MARIE

Les Eudistes provoquaient les œuvres, quand ils ne pouvaient les créer eux-mêmes.

1669. — *Écoles de Rouen.*

En 1669, Melle Houdemare fonda dans sa paroisse de Saint-Denis une école pour les filles pauvres ; elle fit de même dans celle de Saint-Sever, un des quartiers de Rouen les plus déshérités.

Mais ces écoles étant venues à se multiplier, on choisit pour la principale une demeure plus spacieuse, et on pria le P. de Montaigu, supérieur du séminaire de Rouen, d'en prendre la direction. Il fit un réglement qui organisait les travaux et les exercices de piété. Cette espèce de communauté, dirigée par Melle Louvel, que le P. de Montaigu avait gagnée à Dieu dans une de ses missions, finit par être chargée de sept écoles, cinq en ville et deux au dehors, qui produisirent un bien infini.

1674. — *Fondation de l'école des Perriers.*

Le P. Dupont, supérieur du séminaire de Coutances, chercha à perfectionner cette institution, qui avait été mise sous la direction de la Congrégation. Il la soumit à un réglement. Plus tard, le P. Blouet, supérieur général, s'en occupa avec beaucoup de sollicitude et vint la visiter en 1690.

1708. — *Maison du Bon-Sauveur, à Saint-Lô.*

Le P. Hérambourg, né dans la paroisse de Saint-Vivien, à Rouen, en 1661, créa pendant une de ses missions à Saint-Lô une société de demoiselles, qui prirent soin des pauvres malades ou honteux et des filles débauchées cherchant à mener une vie plus réglée.

Quelques-unes d'entre ces demoiselles appartenaient aux meilleures familles du pays.

Plusieurs des personnes, faisant partie de cette pieuse

société, se décidèrent, d'après les conseils du P. Hérambourg, à s'enfermer dans l'hôpital général ; les autres rentrèrent en ville, s'occupant spécialement des pauvres honteux et des prisonniers.

Dieu avait paru préparer les voies au prêtre Eudiste pour qu'il établît à Saint-Lô un monastère de Notre-Dame de Charité du Refuge pour lequel celui de Caen offrait la dot très-considérable que lui avait apportée Melle Le Boucher ; mais il entra dans les vues divines que cet établissement se composât de filles séculières à l'extérieur, mais régulières à l'intérieur, ayant commencé néanmoins à pratiquer les observances de Notre-Dame de Charité du Refuge, sous la conduite de Melle de Surville, qui posa la première pierre de cet édifice.

Après différentes traverses, Mlle de Surville se retira dans une maison que M. de Gouey, chanoine régulier et curé de Notre-Dame de Saint-Lô, avait achetée et où il avait érigé une chapelle.

C'est là où demeurèrent les filles du Bon-Sauveur, comme le peuple les appela dès ce moment et de l'institution desquelles le P. Hérambourg, Eudiste, eut la première pensée et fut l'instigateur.

Elles occupent encore à Saint-Lô la maison primitive, et sont spécialement chargées des aliénés.

Les Ursulines du monastère de Caen congédièrent, de 1718 à 1720 par ordre de Mgr de Lorraine, évêque de Bayeux, une tourière nommée Anne Le Roi, qui avec sa compagne Madeleine Le Couvreur, avait horreur des nouvelles doctrines protégées par le prélat et s'en expliquait librement.

Ces deux filles se retirèrent dans le quartier de la place Royale. Mais bientôt Anne Le Roi fut prise de l'ardent désir d'entrer dans la communauté des filles du Bon-Sauveur. Elle y fut admise et se fit à toutes les habitudes de la maison, quoiqu'elle se sentît portée à ne pas y faire un long séjour. Étant un jour à l'oraison, elle entendit une voix qui lui disait : « Il y a pour toi une maison à Caen », et crut devoir obéir à cette injonction, qui se trouvait d'ailleurs parfaitement d'accord avec des sentiments intérieurs dont elle ne se rendait pas bien compte. Comment en effet, pouvait-elle penser alors que, simple tourière ignorée et pauvre, elle deviendrait la fondatrice d'une maison maintenant si importante et si connue ? Elle revint donc à Caen, et ayant repris avec elle son ancienne compagne Madeleine Le Couvreur, elle se logea dans une petite maison du faubourg de Vaucelles, où elle réunit quelques petites pensionnaires. Son personnel augmentant, elle loua une maison plus commode avec un jardin près des carrières de cette paroisse, s'associa encore deux autres filles, Anne Pannier et Isabelle Loriot, et commença, ainsi que ses compagnes, à vivre en communauté. Outre les soins de leurs pensionnaires, elles prirent la direction d'une manufacture de dentelles, où venaient travailler les enfants pauvres de la paroisse.

Bientôt, par le conseil du P. Creully, Eudiste et leur directeur, elles se lièrent par des vœux simples et prirent un modeste habit noir.

Cette institution naissante attira l'attention de Mgr de Luynes, évêque de Bayeux ; et les services réels qu'elle commençait à rendre, lui valurent sa protection.

Non seulement ces pieuses filles allaient soigner les malades à domicile, mais encore elles avaient destiné une de leurs salles au pansement des malades étrangers qu'elles recueillaient momentanément. Le prélat leur accorda le droit d'avoir une chapelle particulière, qu'il voulut bien bénir le jour de la Saint-Thomas 1731.

Au début, il leur avait donné le nom de filles de l'Association de Marie, mais elles prirent celui de sœurs du Bon-Sauveur, quand, au 20 juin 1731, elles s'associèrent définitivement avec celles de Saint-Lô. Elles en reçurent l'autorisation de Mgr de Luynes, qui les engagea à solliciter des lettres-patentes non seulement pour l'instruction des pauvres enfants de leur sexe, mais aussi pour la conversion des filles débauchées qui leur seraient adressées par sentence de justice. Mais le procureur général, ayant voulu arguer de cette dernière clause pour les soustraire à la juridiction de leur évêque, elles ne maintinrent que la première dans leur requête.

On sait ce qu'est devenue la maison du Bon-Sauveur de Caen, et quelle est son importance actuelle. Elle se rattache à la grande famille du P. Eudes par le P. Hérambourg et par le P. Creully, et elle recueillit le vénérable R. P. Dumont, supérieur général des Eudistes, tombé en paralysie et qui y mourut en 1794.

Elle a formé une succursale à Pont-Labbé, et une autre à Alby ; ce sont des asiles d'aliénés et d'orphelins, des pensionnats, des écoles de sourds et muets, etc.

1762 *Écoles de Caen.*

Le P. Damesme avait eu soin de soutenir les écoles de Caen, qui avaient été établies dans la maison du sieur Davyot, rue du faubourg Saint-Gilles, et dont la direction avait été confiée au supérieur de la maison des Eudistes.

Le P. Creully s'occupa à son tour des réparations nécessaires et, en 1730, il opéra la réunion de cette œuvre avec la Congrégation des Frères de la Doctrine Chrétienne, fondée par le vénérable P. de la Salle.

1724. *Sœurs de Caër.*

Les sœurs de Caër, diocèse d'Évreux, furent mises sous la direction du P. James, prêtre de la Congrégation au séminaire d'Evreux.

Ces sœurs avaient été réunies en 1750, par M. Duvivier, curé de Caër, qui demanda l'année suivante à être associé à la Congrégation; sa sœur fut la première supérieure de la communauté, maintenant connue sous le nom de la Providence d'Évreux. Cette institution considère le P. James comme son véritable fondateur.

Elle occupe encore l'ancienne abbaye abbatiale de saint-Taurin que leur a vendu M. Leroussel, ancien Eudiste, mort vicaire-général d'Évreux. Outre les écoles, elles desservent aussi les hôpitaux.

1724. *Société des SS. Cœurs de Rouen.*

Le P. Legrand établit à Rouen la Société des SS. Cœurs devant se composer de trente-trois membres, en l'honneur des trente-trois années de la vie du Sauveur.

1725. *Retraite de Massillé et communauté des filles de la Sagesse, à Rennes.*

La retraite de Massillé et la communauté des filles de la Sagesse que le P. Vannier fit établir dans le faubourg de Rennes nommé Saint-Cyr, viennent aussi témoigner du zèle de ce pieux Eudiste.

DEUXIÈME APPENDICE.

FONDATIONS DU P. EUDES

(1792-1869)

Exhumation du P. Eudes; ses restes transférés dans l'église de la Gloriette à Caen. — Destination des anciens établissements des Eudistes. — La Congrégation se reconstitue par les soins du P. Blanchard, ancien Eudiste. — Marche de la Congrégation depuis 1826. — Supérieurs généraux. — Établissements dirigés par les Eudistes en 1869. — Ordres de Notre-Dame de Charité du Refuge et de Notre-Dame de Charité du Bon-Pasteur de 1792 à 1869. — Conclusion.

La Révolution avait fait table rase de toutes les anciennes institutions; il fallait reformer une nouvelle société. En attendant, la nation s'était emparée de tous les établissements religieux et de tous les immeubles qui y étaient attachés.

La maison des Eudistes de Caen fut occupée par les bureaux de la mairie: on y installa successivement la justice de paix, la poste aux lettres et l'école communale.

Dans les plus mauvais moments, l'église servit pour les réunions de la société populaire et à la célébration de toutes les décades et des mariages civils; on y fit aussi la lecture des lois et des décrets du gouvernement. Plus tard on y renferma tout le matériel des pompes à incendie. Le musée des tableaux fut installé dans l'aile gauche. On établit un plancher et dans l'étage supérieur on plaça la bibliothèque publique. En 1836 ou 1837, le tiers de la nef fut disposé pour les concerts de la société philharmonique, et le niveau du sol fut abaissé. (1)

---

(1) *Notice historique sur l'Hôtel-de-Ville*, par Bérithe, 1861.

Le journal de Caen du 17 février 1810 nous donne les détails suivants sur l'exhumation des restes du P. Eudes et de ceux des autres supérieurs généraux : « L'église du « séminaire des Eudistes a fourni dans la partie qui est au-« dessus de la corniche, une des plus belles bibliothèques « de France. La partie intérieure étant destinée à un autre « usage (bals ou concerts), on a cru convenable d'en exhu-« mer les dépouilles mortelles du P. Eudes et celles des « supérieurs généraux qui lui ont succédé, pour les trans-« porter dans la succursale de Notre-Dame de la Gloriette, « ancienne chapelle du collége des Jésuites, devenu au-« jourd'hui l'hôtel de la préfecture. Les Religieuses de « Notre-Dame du Refuge, dont il est également l'instituteur « et qui occupent encore à Caen la maison où il les a éta-« blies, ont obtenu son crâne et un reliquaire que l'on a « trouvé dans le cercueil. Quelques parcelles de ses osse-« ments ont été également distraites pour être distribuées à « quelques communautés du même ordre. »

Le mardi 20 février 1810, la cérémonie de la translation de ces vénérables restes se fit en présence de Mgr Brault, ancien curé de Valognes et évêque de Bayeux, qui y avait invité tout le clergé de la ville. Accompagnés par une partie de la population, ils furent portés processionellement à l'église de Notre-Dame de la Gloriette pour y être ensevelis. Un discours fut prononcé par M. l'abbé Boucher, aumônier du collége, et l'inhumation fut faite par le prélat lui-même. Le cercueil du P. Eudes fut placé dans le chœur et ceux de ses successeurs sous la voûte de l'église.

Les Religieuses de Notre-Dame de Charité du Refuge placèrent les reliques qu'elles avaient obtenues dans le mur, au-dessous du communicatoire de la grille de leur chœur avec une inscription indicative. Elles ne purent avoir le cœur du fondateur, qu'on trouva réduit en poudre. Des parcelles de ses chairs, de ses os, de ses cheveux et de son cercueil ont été aussi conservées. La Congrégation des Eudistes possède un reliquaire donné par les Reli-gieuses du monastère de Notre-Dame de Charité de Rennes, dit de Saint-Cyr.

M. Ch. Cafarelli (1), préfet du Calvados, qui à la prière de

---

(1) M. Cafarelli avait été ordonné prêtre dans les derniers temps du règne de Louis XVI. Entraîné par l'exemple de plusieurs membres de sa famille, il reprit ses habits laïques au moment de la Révolution, entra dans l'armée de la République où ser-vait déjà son frère, le général Cafarelli, tué plus tard au siége

tout le clergé de la ville de Caen, voulut bien prendre l'initiative de cette pieuse mesure, fit placer sur le tombeau du P. Eudes une table de marbre blanc, où on lit cette inscription :

D. O. M.

Hic è sacello quod olim erexerat, asportatæ et repositæ jacent reliquiæ venerabilis presbyteri Joannis Eudes, Congregationis Jesu et Mariæ et monalium ei Charitate fundatoris et primi superioris. Ecclesiasticæ scientiæ propagator fuit indefessus et clericalis disciplinæ exemplar. Quum in Deum sanctissimum dieparum ardebat charitatem, verbis et scriptis prædicavit. Piè vixit, sanctè obiit, die 19 Augusti 1680, anno ætatis suæ 79.

Ainsi le P. Eudes venait reposer dans cette église où, simple élève des Jésuites, il avait par sa haute piété édifié si souvent ses condisciples.

Nous avons dit que la maison de Paris fut achetée par les Visitandines du troisième monastère, qui, après y avoir fait de grandes constructions, la vendirent aux Jésuites en 1818. C'est maintenant la fameuse école de la rue des Postes.

A Valognes et à Honfleur, les séminaires devinrent des colléges. Celui d'Evreux sert de prison ; celui d'Avranches fut abattu en 1800 et sa chapelle en 1806, mais le collége qui en dépendait, conserva sa destination primitive.

de Saint-Jean-d'Acre, y servit avec distinction et fut nommé en 1801 préfet du Calvados.

Cependant la régularité de sa conduite, la protection qu'il accordait au clergé faisaient présumer que le sentiment religieux n'était pas éteint dans son cœur. On assurait même que chaque jour il disait son bréviaire. En 1807, il avait fait exhumer les restes de M. de Bernières, et de sa sœur Jourdaine, fondatrice des Ursulines, pour les transférer dans l'église de Saint-Jean près de l'autel de Sainte-Barbe. En 1810, comme nous venons de le dire, il rendait hommage à la mémoire du P. Eudes, et, un an après cette exhumation solennelle, M. Cafarelli allait se jeter aux pieds de l'évêque de son ancien diocèse, qui, lui ayant fait subir un certain temps d'épreuves, voulut lui donner le poste de vicaire-général. Mais M. Cafarelli demanda la plus misérable cure, s'y installa et y mourut treize ans après, béni par ses enfants spirituels qu'il avait rendus à l'aisance, au travail et à la vertu. N'avons-nous pas le droit de dire que le retour si remarquable de ce prêtre est dû à l'intercession de celui qu'on avait honoré à Caen, cent trente années après sa mort ?

Le séminaire de Blois est devenu une habitation particulière ; on trouve encore dans le jardin actuel de l'école normale quelques vestiges de la chapelle, qui a été détruite.

Celui de Dol est maintenant l'hôpital civil, celui de Senlis est occupé par un quartier de cavalerie ; celui de Saint-Vivien à Rouen sert à une manufacture mécanique de tissage de coton, l'église a été abattue ; celui de Séez avec sa magnifique chapelle, dont il ne restait plus que les offices en 1865, a été rebâti peu à peu et est devenu le séminaire de l'Immaculée Conception ; les salles d'étude occupent l'emplacement de la vieille chapelle, dite église de la mission. Le grand séminaire de Rennes sert d'hôpital militaire ; et le petit séminaire est devenu lui-même un asile pour les femmes âgées et infirmes.

Le grand séminaire et le collége de Lisieux sont occupés par les sœurs de la Providence et le petit séminaire est aujourd'hui le collége.

On voulut établir à la Garlière, ancienne possession des Eudistes, une filature qui ne réussit pas ; la chapelle fut détruite vers 1798. On donne encore à cet établissement, dont il ne reste que les deux cinquièmes au plus, le nom de séminaire.

Le P. Dumont, dernier supérieur général, paralysé et en enfance, avait été recueilli au Bon-Sauveur de Caen, où il mourut en 1794, deux ans après l'héroïque fin de celui qui lui avait été donné pour coadjuteur.

Il appartenait à un ancien Eudiste de rétablir la Congrégation, qui avait laissé de si saints et de si nobles souvenirs.

M. Pierre-Charles-Toussaint Blanchard naquit à Carentilly en 1755. Admis au diaconat, il entra au noviciat des Eudistes de Valognes le 1er juin 1779, reçut la prêtrise le 23 septembre 1781 et fut incorporé à Rennes en 1782. Il devint préfet des études au petit séminaire, puis supérieur. Au moment de la Révolution, il émigra d'abord à Jersey, puis passa en Espagne, où il fut généreusement accueilli avec d'autres prêtres par l'évêque de Ciudad-Rodrigo, Mgr Benoit Uria y Valdès et logé dans son palais.

Rentré en France en 1797, il resta caché à Rennes jusqu'en 1803, d'abord chez les frères Hermann, et ensuite chez Mme Dupont des Loges, aïeule de Mgr l'évêque de Metz actuel, qu'il quitta pour aller chez M. de Talhouët-Brignac, ancien conseiller au Parlement. La persécution religieuse venait de recommencer et M. Blanchard faillit tomber entre les mains de la police par suite d'une visite domiciliaire opérée chez M. de Léon, qui demeurait dans la même maison.

Il se retira à la Mettrie, propriété de M. de Talhouët, près de Rennes, et chercha à y réunir quelques élèves ecclésiastiques. M. Blanchard restait animé de l'esprit de son ancienne Congrégation et la pensée de la rétablir ne l'avait jamais quitté. En 1802, il loua la Hautière pour y loger plus commodément ses élèves, qui bientôt se trouvèrent trop à l'étroit. M. de Talhouët lui céda alors les mansardes de son hôtel, place du Palais, où il réunit une trentaine de jeunes gens qu'il parvint à nourrir.

Il avait retrouvé deux anciens Frères domestiques de la Congrégation, nommés Pierre et Jean Guénard; il fit de l'un un cuisinier, de l'autre un dépensier. C'est là qu'il établit une petite chapelle, la première où le culte divin ait été célébré à Rennes depuis la Révolution.

M. Brossais Saint-Marc, père de Mgr l'archevêque de Rennes, avait acheté de la Nation l'ancien couvent et l'église des Cordeliers, dans le but unique de les rendre au culte ou à un ordre religieux aussitôt que les circonstances le permettraient. En en concédant la jouissance à M. Blanchard, dont le nombre des élèves allait chaque jour en augmentant, son but se trouvait à peu près atteint, et pour consolider son œuvre, M. Brossais Saint-Marc, mort le 26 floréal an XII (1803-4), légua en toute propriété à M. Blanchard le couvent et l'église des Cordeliers. C'est dans ce couvent que siégeaient les États de Bretagne et plus tard le club des Cordeliers. M. Blanchard y avait établi le grand et le petit séminaire, c'est-à-dire, les élèves des cours classiques de philosophie et de théologie; ils y furent installés le 24 juin 1802, sous la direction de M. Blanchard, secondé par MM. Morin, Beuchère, Teissier, Gabaille et Marie, anciens Eudistes, qui, tout en demeurant avec lui, ne se considéraient pas encore comme formant une nouvelle Congrégation.

Suivant le généreux exemple de M. Brossais Saint-Marc, un assez grand nombre de personnes pieuses favorisèrent cette bonne œuvre.

Le premier évêque de Rennes, après le concordat, fut Mgr de Maillé de la Tour-Landry, qui, ancien vicaire-général de Dol, avait pu apprécier les services rendus journellement par les Eudistes. Il s'empressa de donner, le 18 octobre 1813, à M. Blanchard, le titre de vicaire-général honoraire, avec les pouvoirs les plus étendus, pouvoirs toujours restreints par les ordonnances du gouvernement Impérial, qui, par le décret du 9 avril 1808, obligea tous les élèves ecclésiastiques depuis la 4me, de suivre les cours des colléges de l'État, s'il s'en trouvait dans la localité où ils étaient établis. Il fallait être bachelier ès-lettres pour entrer au cours de théologie.

Le gouvernement impérial ayant exigé que dans tous les établissements d'éducation secondaire dirigés par des ecclésiastiques, on s'engageàt à enseigner toutes les doctrines qu'il indiquerait, M. Blanchard s'y refusa et son petit séminaire fut, en conséquence, fermé le 11 décembre 1811. Il le quitta lui-même et se bâtit une demeure dans sa propriété de Saint-Martin qu'il avait achetée de ses propres deniers. Il donna les Cordeliers à l'évêché, à la condition qu'en cas de vente le prix fût employé au même objet ; on acheta plus tard, en 1827, avec le consentement de M. Blanchard, le monastère des Carmélites, où le grand séminaire avait été installé dès 1808.

En 1814, M. Blanchard vint à Paris, et sur le bruit que le nouveau gouvernement se montrait disposé à rendre aux anciennes communautés celles de leurs propriétés qui n'auraient pas été vendues; il adressa une supplique au Grand-Aumônier de France, Mgr de Talleyrand-Périgord, au sujet de l'ancienne Congrégation de Jésus et de Marie ; la réponse fut encourageante, mais sans aucun résultat

En 1815, M. Blanchard fut nommé proviseur du collége de Rennes et, en 1820, par suite des succès marqués de ses élèves, il fut décoré de l'Ordre de la Légion d'Honneur.

Il avait établi un petit collége particulier dans sa propriété de Saint-Martin ; les élèves étaient dirigés par M. Louis, pieux professeur laïque, qui les amenait chaque jour suivre les cours du collége de Rennes.

Nous voyons, depuis cette époque, M. Blanchard faire des démarches incessantes pour le rétablissement de la Congrégation de Jésus et de Marie.

En 1825, il existait un contre-projet d'établissement de la Congrégation dans le diocèse de Bayeux, émanant de M. Guérard, ancien Eudiste, supérieur de la Garlière et alors curé de Hottot, près Tilly-sur-Seules. Il comptait de prime-abord y consacrer 1.500 francs de rente. Cette circonstance en hâta la réorganisation.

M. Blanchard réunit au Pont-Saint-Martin l'élite des membres du clergé de Rennes, la plupart ses anciens élèves. On ne put s'accorder sur les constitutions du P. Eudes ; les uns les trouvaient bonnes, les autres peu en harmonie avec les exigences du temps.

Ce fut alors que Mgr de Lesquen, peu favorable aux Eudistes, profita de cette discussion pour réunir les missionnaires diocésains en Congrégation proprement dite sous la supériorité de M. J. de la Mennais, fondateur des Frères la doctrine chrétienne de son nom. Ils devaient exclusivement s'occuper des missions et des séminaires du diocèse.

M. Blanchard, privé de ce secours, ne dut plus compter que sur les anciens Eudistes qu'il parvint enfin à rassembler.

La vingt-cinquième assemblée générale de la Congrégation eut lieu le 9 janvier 1826. Avant de l'ouvrir, on procéda à l'élection de M. Louis, qui avait été le collaborateur de M. Blanchard et avait reçu les Ordres après avoir fait toutes ses études théologiques à Saint-Sulpice.

Étaient présents : MM. Blanchard, chanoine de l'église cathédrale de Rennes, ancien supérieur du petit séminaire, vicaire-général, recteur de l'Académie, chevalier de la légion d'Honneur ; Ch. Fleury, prêtre, ancien missionnaire de la Garlière (ancien diocèse d'Avranches) ; Beuchère (René-Marie), ancien professeur de théologie au grand séminaire de Rouen ; Louis (Jérôme-Julien-Marie), prêtre, ancien missionnaire au diocèse de Bayeux, professeur de rhétorique au collège de Rennes ; Guérard (J.-B.), prêtre, ancien missionnaire du diocèse de Bayeux. MM. Fleury et Guérard étaient munis, en qualité de députés, des pouvoirs de leurs confrères de Caen, Bayeux, Coutances, Avranches, notamment de MM. Guérard (Pierre-Noël), ancien supérieur du séminaire de la Garlière et des missions ; Lequettier, ancien professeur de théologie au collège d'Avranches ; Cardet, ancien professeur de théologie du séminaire de Rennes ; Bosvy, ancien directeur du séminaire de Caen et professeur de théologie, alors chanoine de l'église cathédrale de Coutances, vicaire général et rédacteur des conférences du diocèse ; David, ancien directeur du séminaire de Dol ; Beaumont, ancien professeur de théologie au grand séminaire de Rennes, alors chanoine de l'église cathédrale de Bayeux et vicaire-général ; Hébert, ancien directeur du séminaire de Rennes, alors curé de Saint-Gilles de Caen ; Langevin, ancien préfet du séminaire de Caen et enfin de plusieurs autres anciens Pères, dont le vœu était bien exprimé.

Cette assemblée ne changea rien aux constitutions du P. Eudes et nomma M. Blanchard, supérieur général de la Congrégation, en lui donnant pour coadjuteur M. Fleury et pour assistants MM. Beuchère, Boisnet et Guérard (Pierre-Noël).

Au cas où le coadjuteur eut une résidence trop éloignée, il lui fut donné, en outre, comme assistants MM. Bosvy, Beaumont et Hébert, sous la condition du compte-rendu au supérieur général.

La Congrégation de Jésus et de Marie fut considérée de ce jour comme reconstituée. Mais cependant elle ne présentait pas encore de forme bien saisissable, le supérieur général restant pour ainsi dire comme un chef sans armée, et chacun des Pères conservant pour le moment sa position et ses habitudes de vie.

La Congrégation rentra alors en possession des constitutions copiées par le P. Dufour, secrétaire du P. Eudes et corrigées de la main du saint fondateur, entre autres pièces intéressantes les *Annales de la Congrégation* jusqu'en 1742.

En 1826, M. Tresvaux, chanoine de la Métropole de Paris fut chargé de rédiger la vie du P. Eudes d'après les *Annales*, le manuscrit du P. Beurier et celui du P. Montigny, jésuite, grand-oncle du contre-amiral Trublet qui en était possesseur, et le communiqua à M. Blanchard en 1823. L'œuvre de M. Tresvaux, qui nous a guidé en partie, fut revue par M. Mollevault de Saint-Sulpice et parut en 1827 sous le nom du P. Montigny.

M. Tresvaux envoya à cette époque son livre à un avocat dans les causes des saints à Rome, qui, après lecture, exprima son étonnement de ce qu'on n'eût pas encore pensé à introduire auprès du Saint-Père la cause de la béatification du P. Eudes.

La bibliothèque de Rennes possède une vie manuscrite du P. Eudes sous le n° 11,879.

Les Eudistes commencèrent leurs missions dès 1826; ils furent principalement appelés par Mgr Saussol, évêque de Séez. Le P. Louis donna une retraite à Domfront; le jubilé fut prêché à Rennes par ses confrères, et à Tinchebray par M. Guérard.

Au grand regret de Mgr Saussol, le P. Louis refusa le petit séminaire de la Ferté-Macé. Par suite d'une faillite, il acheta au prix de 8,000 francs, l'ancien couvent des Capucins, rue d'Antrain à Rennes, se composant des bâtiments, d'une chapelle, jardin, cour et d'une autre maison, dite la mère des Capucins, contiguë au couvent.

On se souvient qu'en 1828 Mgr Feutrier, évêque de Beauvais, et ministre des cultes, exigea de tous les membres ecclésiastiques du corps enseignant une déclaration portant qu'ils n'appartenaient à aucune Congrégation religieuse non reconnue.

Les Eudistes refusèrent de faire cette déclaration; mais ils se nommèrent franchement au ministre, qui leur fit dire de rester tranquilles et de continuer leurs œuvres.

La révolution de 1830 amena la destitution des PP. Blanchard et Louis, quant à leurs fonctions et titres universitaires.

M. Blanchard mourut le 14 septembre 1830. Son cœur fut porté à l'église des Capucins; et une grande affluence suivit ses restes au cimetière.

Le P. Louis fut nommé alors supérieur général de la Congrégation dont les membres continuèrent leurs missions.

Le P. Louis, ancien élève de Saint-Sulpice, y envoya successivement pour faire leur noviciat et leur probation tous les jeunes gens qui voulaient entrer dans la Congrégation. Cet usage fut maintenu jusqu'en 1852, époque de l'acquisition par la Congrégation de la terre de la Roche-du-Theil, à une lieue de Redon, maintenant séminaire Saint-Gabriel.

Le P. Louis effectua un projet d'établissement à Cincinnati. Nous n'entrerons pas dans les détails de cette entreprise, qui donna peu de résultats. Nous dirons cependant, que Mgr Poirier, Eudiste etévêque de Roseau (Antilles Anglaises), réside aux Colonies depuis 1856, et que dans la répartition des aumônes faites pour l'année 1867 par l'œuvre de la propagation de la Foi, son diocèse est compris pour la somme 34,000 francs.

Quand, en 1839, l'archi-confrérie du Sacré-Cœur de Marie fut fondée à l'église de Notre-Dame des Victoires de Paris, le vénérable curé, l'abbé Desgenettes, demanda à ce que toute la Congrégation y fut inscrite. Il ne pouvait en être autrement.

Le collége laïque de Redon était tout à fait tombé; il occupait les bâtiments de l'ancienne abbaye de Bénédictins fondée par le bienheureux Convoïon et dont le cardinal de Richelieu avait été abbé commendataire. La Congrégation l'acheta en 1839, et le P. Gaudaire fut nommé directeur de ce nouvel établissement, qui fut par ses soins considérablement agrandi et amélioré.

Comme le P. Blanchard, le T. R. P. Louis laissa le gouvernement de la Congrégation de Jésus et de Marie au moment où éclatait une nouvelle révolution. Il mourut en 1848 et le T.-R. P. Gaudaire est depuis cette époque supérieur général de cet Institut, qui a conservé le caractère que lui avait si rigoureusement imprimé le P. Eudes.

Ses trois assistants ne peuvent pas occuper cette position pendant plus de six années consécutives. L'un d'eux, le R. P. Le Doré, a dû abandonner la supériorité du séminaire de Saint-Gabriel pour s'occuper presque uniquement des démarches tendant à la béatification du P. Eudes.

Puisse ce travail apporter, à l'honneur de toute notre vie, un argument de plus pour le gain de cette cause sacrée ! Il pèsera certainement bien peu dans la balance auprès des services rendus par les fils du saint prêtre, qui savent si bien donner à la société des hommes vertueux, au clergé des prêtres dévoués, au Très-Saint-Père des défenseurs devenus martyrs sur les champs de bataille de Castelfidardo et de Mentana, à l'armée et à la marine française de braves et loyaux officiers revenant toujours avec bonheur visiter cette école de Redon où se sont passées leurs premières années.

En résumé, les établissements dirigés par les Eudistes en 1869, sont :

1°. Vers 1815, M. Blanchard, supérieur de 1782 à 1792 du petit séminaire de Rennes, dirigé par les Eudistes, et, de 1802 à 1808, du séminaire diocésain aux Cordeliers, ouvrit dans sa maison du Pont-Saint-Martin à Rennes, aujourd'hui occupée par l'école normale, un pensionnat qui devint très-florissant et auquel il continua de donner ses soins, même après qu'il fut devenu proviseur du Lycée de Rennes, puis recteur de l'Académie.

Le 2 juin 1828 fut acheté l'ancien couvent des Capucins, où une section du Pont-Saint-Martin fut transférée. Le reste de la pension l'y suivit en 1832. M. Blanchard était mort le 14 septembre 1830. Les élèves des classes supérieures suivent les cours de l'institution Saint-Vincent, fondée par Mgr Brossais Saint-Marc, archevêque de Rennes.

Cette maison s'appelle Saint-Martin, et la plupart des élèves qui y sont admis, se destinent à l'état ecclésiastique. Les anciens bâtiments sont successivement transformés et en ce moment s'élève une fort belle chapelle où seront placés les cœurs des T. R. PP. Blanchard et Louis.

2°. Redon. Le 25 août 1838, l'ancienne abbaye Saint-Sauveur de Redon, fondée vers 832 par saint Convoïon (1).

---

(1) Vers le milieu du IXe siècle, un saint prêtre nommé Convoïon, d'une famille noble de Comblessac (ancien diocèse

archidiacre de Vannes, fut achetée par M. Louis de la Marinière, supérieur général des Eudistes et successeur de M. Blanchard. Les classes y furent ouvertes au mois d'octobre 1839, et on n'y admit que cinq ou six élèves de ceux qui avaient fréquenté le petit collége communal que remplaçait le nouveau pensionnat.

Il devint institution de plein exercice peu de temps avant la loi du 15 mars 1850 sur l'enseignement secondaire. Le T. R. P. Gaudaire, supérieur général, y réside habituellement ; le personnel dirigeant et enseignant se compose d'un certain nombre de prêtres Eudistes et de quelques professeurs auxiliaires ; le service est confié à des Frères, Religieux de fait et soumis à la règle. Quatre sœurs de l'Association de la Sainte-Famille de Bordeaux et tenant à la branche des sœurs de l'Espérance, résident dans une aile séparée. Les unes président aux soins de la lingerie, les autres à ceux de l'infirmerie. Partout on remarque dans tous les plus petits menus détails la propreté si recommandée par le vénérable instituteur, et rien ne manque aux soins hygiéniques à tous les points de vue. « Les

de Saint-Malo), faisait partie du collége de Vannes ; bientôt remarqué par l'évêque Rainier, il fut élevé à la dignité d'archidiacre. Mais, voulant aller plus avant dans les voies de Dieu, il résolut d'embrasser la vie monastique avec quelques vertueux prêtres qui partageaient son désir.

Ces futurs Religieux cherchèrent donc un lieu propre à l'exécution de leur pieux dessein, et le choisirent à l'extrémité du diocèse de Vannes, au confluent de l'Oult et de la Vilaine ; c'est là que successivement s'est bâtie la ville de Redon. Le seigneur auquel appartenait ce canton, nommé Ratuili, leur céda le lieu qu'ils demandaient et qu'on appelait *Ros* ou *Roton*, dont on a fait *Redon*. La date de cette fondation, qui se trouve dans la dix-huitième année du règne de Louis le Débonnaire, se rapporte à 831 ou 832. Plus tard, quand le monastère fut bâti, Ratuili y vint en personne et confirma la donation qu'il avait faite et dans laquelle, en 834, Nominoë, le chef de la Bretagne et le héros de l'indépendance armoricaine, voulut intervenir pour déterminer les limites de la donation première et conférer aux Religieux le droit de seigneurie temporelle aux yeux du pouvoir civil, de même que Ratuili, petit prince subalterne, nommé dans les actes *tirannus*, leur avait donné, comme par transaction privée, la propriété foncière. C'est cette charte de Nominoë qui doit être considérée comme l'acte définitif de la fondation de l'abbaye de Saint-Sauveur.

Cette note est extraite de l'*Histoire abrégée de la ville et de l'abbaye de Redon*, par Dom Jausions, Religieux Bénédictin de Solesmes, ancien élève du collége Saint-Sauveur.

« Eudistes devenus propriétaires, dit dom Jausions, ont
« réparé avec soin les anciens bâtiments du monastère;
« ils les ont augmentés d'un corps de logis très-considé-
« rable, présentant soixante-cinq mètres de façade, et
« fermant le prolongement de l'aile, située à l'ouest du
« cloître. Ils ont fait également bâtir une grande et belle
« chapelle en style ogival pur, de laquelle on a dit avec
« beaucoup de justice qu'elle est tout simplement *un chef-
« d'œuvre d'élégance, d'originalité et de difficultés vain-
« cues.* » (1)

« Mais la restauration matérielle du monastère, ajoute
« le Bénédictin ancien enfant de cette maison, n'est que la
« moindre partie de l'œuvre des Eudistes. L'organisation
« supérieure du collége, au point de vue des bonnes et
« fortes études, au point de vue surtout d'une éducation
« chrétienne et vraiment paternelle, voilà ce qui fait le mé-
« rite de leur institution, voilà le secret des succès qu'ils
« obtiennent, en bénissant Dieu, sans les rechercher et
« sans en faire montre. »

« Pour l'étranger admis à visiter les bâtiments du collége
« et qui veut y chercher les vestiges des temps anciens,
« la partie la plus remarquable est le cloître des Bénédic-
« tins, parfaitement conservé et restauré avec le plus grand
« soin par les soins du T. R. P. Gaudaire, supérieur général.
« La vaste étendue du cloître, la hauteur et les proportions
« majestueuses de ses arcades de granit sombre en font
« un des plus beaux modèles de l'architecture du XVIIᵉ siè-
« cle. (2).

---

(1) La Sainte-Famille a été fondée à Bordeaux en 1820. par
M l'abbé Noailles, prêtre de ce diocèse, missionnaire apostolique, et mort il y a peu d'années, directeur général de l'Association. Cet Institut, aussi singulier que sublime, se divise
en plusieurs branches portant différents costumes et restant
constamment unies. Les *Sœurs de l'Immaculée-Conception*
s'occupent de l'éducation des jeunes personnes de la haute
classe de la société; les *Sœurs de Notre-Dame de Lorette* de
celle des pauvres enfants de la campagne; les *Sœurs de
Saint-Joseph* dirigent des ateliers et forment à la vertu de
jeunes ouvrières ; les *Sœurs de l'Espérance* se consacrent au
soin des malades; les *Sœurs de Sainte-Marthe* aux colléges.
Les *Filles de Dieu ou Solitaires* sont pour l'intérieur de l'Association, qui a été reconnue et approuvée canoniquement par
l'Eglise.
Nous devions cette mention aux bonnes Sœurs qui coopè-
rent avec tant de dévouement à l'œuvre des Eudistes du collége de Saint-Sauveur.

(2) L'abbaye de Saint-Sauveur, de Redon a été gouvernée de

« L'ancienne église abbatiale longe tout le côté nord du
« cloître, les bâtiments de l'aile occidentale ont été pres-
« qu'entièrement reconstruits par les Eudistes ; c'était
« avant 1790, la partie qui servait d'hôtellerie au monas-
« tère. Les ailes de l'est et du midi sont restées à peu près
« telles qu'elles étaient avant la Révolution. Elles renfer-
« maient, au premier et au second étage, le dortoir et les
« cellules des Religieux occupées maintenant par les pro-
« fesseurs du collége; les dortoirs des élèves sont dans la
« partie nouvellement construite. Au rez-de-chaussée, un
« cloître extérieur, voûté comme le grand cloître, mais
« fermé et vitré, occupait toute la largeur des bâtiments.
« Divisé aujourd'hui par des murailles légères, qui n'en
« ont pas altéré les formes, il sert de local pour les
« classes. Il n'a rien de remarquable, mais en revanche, la
« sacristie des Bénédictins, qui sert aujourd'hui de cha-
« pelle pour les Congrégations d'élèves, mérite une visite
« spéciale.

« Ses quatre voûtes surbaissées, ornées chacune d'un
« large écusson (1), viennent se reposer sur une colonne
« de marbre placée au centre, qui supporte ainsi tout l'é-
« difice. L'autel est en bois d'un assez bon travail. On y
« remarque un tableau (fait à Rome et apporté par le
« P. Louis), représentant une apparition de la Sainte Vierge
« au P. Eudes. »

832 à 1467, par quarante-deux abbés réguliers et de 1474 à 1790, par dix-huit abbés commendataires. De ceux-ci le Cardinal de Richelieu fut le douzième, de 1622 a 1643. Comme mesure de centralisation, le Cardinal de Richelieu ayant fait opérer l'union entre les Pères de la Société de Bretagne et la Congrégation de Saint-Maur, celle-ci prit possession de l'abbaye de Redon. Ce fut alors que Richelieu fit construire sur les revenus de la mense abbatiale (qui pouvaient monter à 30,000 livres), les bâtiments conventuels de l'abbaye de Saint-Sauveur, tels qu'ils subsistent, c'est-à-dire, le cloître et les trois corps de logis qui l'entourent.

Dom Jausions.

(1) Ces armoiries ont été laissées intactes pendant la Révolution ; on les retrouve sur plusieurs portes donnant sur le cloître. Le premier écusson porte les *Fleurs de lys de France*, l'abbaye de Redon ayant le titre d'abbaye royale; le second, les *Hermines de Bretagne;* le troisième, la devise *Pax*, de l'Ordre de Saint-Benoît ; le quatrième, la devise bretonne : *Potius mori quam fœdari!* Les armoiries de l'abbaye de Redon étaient, au XVe siècle, deux crosses affrontées. Au XVIIe et au XVIIIe, ces deux crosses étaient tournées en sens inverse.

Dom Jausions.

« ..... L'enclos de l'abbaye, bien rétrécie par l'ouverture
« de la rue du Moulin, est maintenant tout entier divisé en
« cours de récréation pour les élèves. Ces cours vastes et
« sablées sont plantées d'arbres à l'exception du préau du
« cloître, qui sert de cour de récréation aux élèves externes.

« La terrasse du collége, située au levant de la chapelle
« neuve, est un des plus beaux restes du rempart construit
« au XIV° siècle par l'abbé Jean du Tréal. Le mur a été
« maintenu dans toute sa hauteur, et on y voit encore le
« couronnement supérieur et les machicoulis bien con-
« servés. »

Nous ne pouvions mieux faire qu'en empruntant au livre de Dom Jausions, la description de ce beau collége, où lui-même a passé sa jeunesse.

3° *Noviciat et scholatiscat de Saint-Gabriel de la Roche-du-Theil*. — Le noviciat de la Congrégation, qui jusqu'alors avait été à Saint-Martin de Rennes et le scholasticat au séminaire de Saint-Sulpice à Paris, furent transférés, au mois d'octobre 1852, dans la propriété de la Roche-du-Theil, commune de Bains, près Redon, où l'on éleva les constructions nécessaires pour cet objet.

Ce séminaire est situé sur l'un des points les plus pittoresques du pays. C'est dans le parc que se fait la sépulture des Pères et des Frères. Là reposent les Pères Blanchard et Louis, supérieurs généraux ; les restes du P. Beurier, mort à Blois avant la Révolution en odeur de sainteté, seront placés dans la chapelle du séminaire. Quand on les a exhumés, un vieillard dit qu'il tenait de son père que le vénérable Eudiste avait conservé toutes ses dents. Et, en effet, au moment de l'exhumation, il n'en manquait qu'une qu'on retrouva parmi les autres ossements.

4° *Collége ecclésiastique de Valognes*. — Par suite d'un concordat conclu le 28 mai 1855 avec Mgr Daniel, évêque de Coutances, les Eudistes prirent possession, au mois d'octobre de la même année, du collége ecclésiastique de Valognes (Manche), occupant les bâtiments du séminaire, ancien établissement qu'ils avaient possédé de 1730 à 1792.

5° *Institution Richelieu à Luçon*. — En vertu d'un arrangement conclu avec Mgr Delamarre, évêque de Luçon (Vendée), précédemment vicaire-général de Coutances et depuis archevêque d'Auch, les Eudistes prirent au mois d'octobre 1856, la direction de l'institution Richelieu de Luçon, qui n'avait pas encore reçu d'élèves.

6° *Missions de Coutances* — A la fin du mois d'août 1856, les missions diocésaines de Coutances furent confiées par Mgr Daniel aux Eudistes, qui y entretiennent habituellement neuf ou dix de leurs prêtres.

7° *Mission du Roseau*. — En 1858, Mgr René-Charles-Marie Poirier, Eudiste, vicaire général de Port d'Espagne (Trinidad, Antilles anglaises), ayant été nommé par le Saint-Siége, évêque du Roseau (Dominique, Antilles), la Propagande proposa aux Eudistes de se charger de ce diocèse. Mgr Poirier a sous sa direction, à la Dominique, une maison de Notre-Dame de la Charité de Bayeux, institut fondé en 1750 par Mgr Servien. Cet institut fut unique à Bayeux jusqu'en 1831. Une maison s'établit à cette époque à la Délivrande, à 3 lieues de Caen, puis une autre à Norwood (Angleterre), dont l'aumônier fut à la Dominique le prédécesseur de Mgr Poirier. Il amena avec lui des Religieuses de Norwood, consacrées principalement à l'éducation des orphelines pauvres.

8° Deux prêtres Eudistes dirigent depuis quatre ans, quant au spirituel, l'œuvre de la jeunesse de Marseille, instituée en 1799 par un saint prêtre, Jean-Joseph Allemand, né dans cette ville le 27 décembre 1772. Cette œuvre a pris une grande importance et rend les plus éminents services. Elle possède rue Savournin, n° 25, une maison et un jardin qui furent achetés au général Merle; on y a ajouté une chapelle, une salle de gymnase, et tout ce qui est nécessaire pour que les jeunes gens de tout âge, qui fréquentent cet établissement, puissent y trouver quelques distractions après avoir reçu les instructions religieuses et les conseils que leur donnent les administrateurs, dont le patronnage est si exceptionnel. Une foule de pieux chrétiens sont sortis des rangs de cette jeunesse. Elle a donné à l'Eglise près de 200 prêtres ou Religieux.

9° La même œuvre a été créé à Rennes. M. l'abbé Bourdon, Chanoine honoraire de la Cathédrale, en est le généreux protecteur et a pour actifs coopérateurs les Pères Eudistes de l'institution Saint-Martin.

Un mot encore. Depuis vingt-six ans, un des Pères dirige au collége de Saint-Sauveur de Redon, une congrégation d'élèves appelée de l'Immaculée Vierge Marie. A la mort de chaque congréganiste, la famille renvoie à Redon la lettre d'aggrégation du défunt pour que ses jeunes confrères s'unissent aux prières de ses parents et de ses amis.

Il y a peu de jours, une de ces tristes missives, datant de plusieurs années déjà, annonça à la Congrégation la perte d'un de ses membres, notaire dans une ville de Bretagne, ancien élève de l'institution de Saint-Sauveur.

Ses condisciples signataires de cet acte en leur qualité de préfet, d'assistants et de secrétaires sont à cette heure: *un ingénieur de la marine, un officier d'infanterie, et deux prêtres*, un séculier, et l'autre régulier.

Un tel fait n'est-il pas significatif?

Nous nous arrêtons et ne voulons pas tout citer, ne sachant si nous n'avons pas dépassé les limites de cette extrême réserve qui, depuis le P. Eudes, fait loi dans la Congrégation de Jésus et de Marie.

Succession chronologique des Supérieurs généraux de la Congrégation de Jésus et de Marie, dite des Eudistes, depuis 1643 jusqu'en 1849.

I — 1643 — 1680. Jean Eudes, mort le 19 août 1680

II — 1680 — 1711. Jean-Jacques Blouet de Camilly, mort le 11 août 1711.

III — 1711 — 1727. Guy de Fontaines de Neuilly, mort le 11 août 1727.

IV — 1727 — 1751. Pierre Cousin, mort le 14 mars 1751.

V — 1751 — 1769. Jean-Prosper Auvray de Saint-André, démissionnaire le 9 octobre, mort le 20 janvier 1770.

VI — 1769 — 1775. Michel Lefèvre, mort le 8 septembre 1775.

VII — 1775 — 1777. Pierre Lecoq, mort le 1ᵉʳ septembre 1777.

VIII — 1777 — 1796. François-Pierre Dumont, mort le 8 janvier 1796.

« — 1782 — 1792. François-Louis Hébert, coadjuteur, massacré aux Carmes le 2 septembre 1792.

IX — 1826 — 1830. Pierre-Charles-Toussaint Blanchard, mort le 16 septembre 1830.

X — 1830 — 1849. Jérôme-Julien-Marie Louis de la Marinière, mort le 30 janvier 1849.

XI — 1849 — « « . Louis-Alexis-Marie Gaudaire, supérieur général actuel.

ORDRES DE NOTRE-DAME DE CHARITÉ DU REFUGE

ET DE

NOTRE-DAME DE CHARITÉ DU BON-PASTEUR.

« Les spoliateurs et les proscripteurs, dit M. le comte de
« Montalembert, auront beau recommencer leur œuvre,
« chaque jour prédite et provoquée par les scribes du cé-
« sarisme révolutionnaire, la chasteté dévouée recommen-
« cera la sienne. Dans les greniers et les caves des palais
« habités par les triomphateurs de l'avenir, sur leurs
« têtes ou sous leurs pieds, il y aura des vierges qui jure-
« ront à Jésus-Christ de n'appartenir qu'à lui, et qui gar-
« deront ce serment, s'il le faut, au prix de la vie. »
« En ce siècle, de grande mollesse et d'universel affais-
« sement, ces victoires ont gardé le secret de la force, et,
« dans la faiblesse de leur sexe, ne nous lassons pas de le
« répéter, elles manifestent la mâle et persévérante éner-
« gie qui nous manque pour aborder de front et dompter
« l'égoïsme, la lâcheté et le sensualisme de notre temps et
« de tous les temps. Cette tâche, elles l'accomplissent avec
« une chaste et triomphante hardiesse. Tout ce qu'il y a de
« noble et de pur dans la nature humaine est mené au
« combat contre toutes nos bassesses et au secours de
« toutes nos misères. Ne parlons plus de la vie contempla-
« tive, des joies suaves de la méditation, de la solitude. Ce
« n'est plus là le lot du petit nombre. La foule des dévouées
« se précipite dans une autre voie. Elles accourent, elles af-
« fluent pour prodiguer des soins infatigables aux infirmi-
« tés les plus prolongées de la pauvre nature humaine,
« pour défricher les déserts de l'ignorance, de la stupidité
« enfantine, souvent si revêche et si rétive. Bravant tous
« les dégoûts, toutes les répugnances, toutes les dénon-
« ciations, toutes les ingratitudes, elles viennent par mil-
« liers, avec un courage et une impatience indomptables,

« courtiser, caresser et soulager toutes les formes de la
« souffrance et du dénûment...... » (1)

Nous regrettons de ne pouvoir citer en entier ces pages qui cadrent si bien avec notre sujet, et que M. le comte de Montalembert écrivait au moment où le cloître le séparait à jamais d'une fille l'objet de ses plus douces espérances.

Nos filles de Charité ne sont elles pas au nombre de celles dont parle ce fervent et éloquent soutien des doctrines catholiques?

Dans le deuxième chapitre du troisième livre de la *Vie du P. Eudes*, nous avons dit ce qu'était devenu l'Ordre de Notre-Dame de Charité du Refuge.

De temps à autre, quelques Religieuses se détachant d'un des groupes déjà formés, allaient en créer un autre, emportant avec elles les constitutions auxquelles elles s'étaient soumises, constitutions qui avaient été définitivement arrêtées et expliquées à la première et dernière assemblée générale de l'année 1734.

Chaque maison restait indépendante l'une de l'autre et nommait sa supérieure, toutes conservant néanmoins les mêmes observances et les mêmes traditions.

Toutefois l'évêque du diocèse restait toujours en droit, d'après la bulle d'érection de cet ordre, d'ajouter de nouvelles prescriptions suivant les nécessités, soit des temps soit des localités. (2)

Il en est encore ainsi à cette heure; Dieu seul sait tout le bien qui a été opéré par ces maisons bénies, depuis que Madeleine Lamy, pauvre fille presque réduite à l'indigence, avait vivement interpellé le P. Eudes pour qu'il s'occupât de loger convenablement les femmes dissolues qu'elle avait recueillies et retirées de la fange.

Au moment de la Révolution française, sept maisons, celles de Caen, de Rennes, de Guingamp, de Vannes, de Tours, de la Rochelle et de Paris, étaient en exercice.

Après la Révolution, celle de Vannes seulement ne fut pas rétablie, et celle de Guingamp fut transférée à Saint-Brieuc.

L'ordre se composa donc d'abord de la maison de Caen, tenant toujours la tête comme la souche de toutes les autres, de celles de Rennes, de Saint-Brieuc, de Tours, de

---

(1) Les *Religieuses d'autrefois et leur Sœurs d'aujourd'hui*. M. le comte de Montalembert.
(*Annales religieuses d'Orléans*).

(2) Voir Liv. III, ch. 2, page 249, lig. 1 et 2.

La Rochelle et enfin de Paris. Les Religieuses de Paris parvinrent à se réunir de nouveau en 1806 dans l'ancien couvent de la Visitation, rue Saint-Jacques, dont elles firent l'acquisition ; elles furent approuvées par le gouvernement en 1810, et Louis XVIII leur fournit généreusement en 1821, le moyen de construire, dans leur enclos, le couvent de la Madeleine, destiné aux pénitentes qui veulent faire profession.

Dix-huit nouvelles fondations viennent s'ajouter aux six premières dans l'ordre suivant : *Versailles*, 1804 ; *Nantes*, 1809 ; *Lyon*, 1811 ; *Valence*, 1819 ; *Toulouse*, 1822 ; *Le Mans*, 1833 ; *Blois*, 1836 ; *Montauban*, 1836 ; *Marseille*, 1838 ; *Besançon*, 1839 ; *Dublin* (Irlande), 1853 ; *Buffalo* (Etats-Unis d'Amérique du Nord), 1855 ; *Lorette* (Italie), 1856 ; *Bilbao* (Espagne), 1857 ; *Bartestrée* (Angleterre, Herfordshire), 1863 ; *Marseille* (seconde maison), 1863) ; *Ottawa* (Canada-West, Amérique-Septentrionale), 1856 ; *Valognes*, 1868.

La maison de Caen est donc la première de l'Ordre ; nous la connaissons maintenant dans tous ses détails ; parler d'elle, c'est parler de toutes les autres et nous rencontrons l'heureuse occasion de remercier les saintes filles de notre oncle vénéré de l'accueil que nous en avons reçu, lorsque nous fûmes appelé à comparaître comme témoin devant la commission d'enquête nommée par Mgr Hugonin, évêque de Lisieux et de Bayeux, pour commencer le procès de béatification du P. Eudes. La douce hospitalité que nous avons rencontrée au monastère même, les attentions des deux aumôniers MM. Pépin et Delaunay, tendaient à nous faire croire que nous n'avions pas quitté la famille.

Le lundi 31 août, jour de l'enquête, Mgr Hugonin, après avoir reçu les vœux de plusieurs professes, nous permit de l'accompagner dans sa visite du monastère. Ce ne fut pas sans une bien vive émotion que nous parcourûmes ces salles, ces vestibules où le grand serviteur de Dieu avait installé les premières Religieuses ; et cette émotion fut à son comble quand nous entrâmes dans la salle du Chapitre où se trouvaient réunies toutes ces saintes filles vêtues de leur costume blanc si imposant et en même temps si symbolique (1).

---

(1) Par dévotion à la très-sainte Vierge, patronne et mère de l'Institut et pour que les Religieuses de l'Ordre aient toujours sous les yeux le symbole de la vertu de pureté, leur costume est tout blanc, même la chaussure qu'on ne doit pas noircir.

Les premières salles que nous avons visitées sont celles dites de *préservation*, où sont renfermées des jeunes filles qui, publiquement, n'ont pas donné de scandale, mais qui, vu leur entourage, sont gravement exposées à se perdre. Ces jeunes filles, totalement séparées des pénitentes, sont elles-mêmes divisées en plusieurs catégories selon leur âge.

Le second établissement est celui où sont placées les personnes notoirement adonnées au désordre et qui entrent dans la maison par leur propre volonté, si elles sont majeures, ou par la volonté de leurs parents, si elles sont mineures. Elles écoutèrent avec attention et respect les paroles que le prélat voulut bien leur adresser; leur tenue était convenable et modeste. Appelées *Pénitentes* ou *Réfugiées*, elles sont divisées en plusieurs classes selon leurs antécédents et leur conduite dans le cloître. Les moyens de guérison de ces âmes malades sont la *retraite*, le *silence* la *confession fréquente*, mais avant tout *une grande douceur dans la direction*. Ces filles souvent si maltraitées dans les lieux où elles cachaient leurs désordres, se trouvent tout-à-coup l'objet de soins qui contrastent singulièrement avec les traitements journaliers qu'elles

Les Religieuses de chœur seules portent un voile noir, qui leur rappelle constamment qu'elles doivent prier et faire pénitence pour leurs filles d'adoption.

Au dedans de la robe, vis-à-vis du cœur, se trouve une croix bleue, en souvenir de la Passion de Notre-Seigneur et des devoirs qui leur sont imposés. Par dessous la tunique qui est blanche pour les Religieuses de chœur et brune pour les sœurs converses, la Religieuse de Notre-Dame du Refuge est revêtue d'une robe et d'un scapulaire qui sont bénits au jour de la vêture, comme l'a été également le long manteau blanc. Un cœur en argent, long d'environ cinq centimètres et large à proportion, que l'on bénit le jour même de la profession, est appendu à son cou et brille sur sa poitrine. Ce cœur représente, d'un côté, une image en relief de la sainte Vierge, tenant dans ses bras l'Enfant Jésus et entourée d'une branche de roses et d'une branche de lys; sur le revers est écrit: Vive Jésus et Marie.

Toutes portent, au côté droit, un gros chapelet en ivoire. Elles ont sur le front un bandeau en toile; enfin, une guimpe également en toile couvre le haut du buste depuis la gorge dont elle fait le tour jusqu'au bas de la poitrine; elle tient sous le bandeau et encadre la figure. Tous les autres vêtements sont en laine. Les Religieuses converses sont vêtues de même, si ce n'est que leur tunique, ou vêtement de dessous, est brune et leur voile en toile blanche.

subissaient ailleurs et beaucoup regrettent amèrement cet asile protecteur, quand elles doivent en sortir,

Les rapports des Religieuses avec les pénitentes sont fort restreints. Les Religieuses chargées des classes, communiquent seules avec elles. Elles ne quittent les pénitentes ni jour ni nuit. Elles sont choisies parmi les plus graves d'âge et de mœurs ; la nuit elles s'enferment dans leurs cellules et le guichet, pratiqué dans le mur pour la surveillance, est grillé et scellé

Un certain nombre de ces pauvres filles, craignant leur faiblesse, demandent instamment à ne plus sortir. C'est dans une salle ou classe, dite de *Persévérance*, que nous avons vu ces êtres réhabilités qui, sortis de sentines du vice touchent souvent au ciel par d'éminentes vertus, fruit de ce quatrième vœu imposé par le P. Eudes et si longtemps l'objet des refus de la Cour de Rome. Toutes sont vêtues de noir avec une croix sur la poitrine ; leurs figures sont calmes et reposées. Plusieurs d'entre elles sont, dit-on, vraiment privilégiées, et leurs âmes, comme celles des Thaïs et des Madeleine, sont inondées par des torrents de grâces. Dans ces maisons bénies, ce miracle est à l'état permanent ; le P. Eudes veille à toute heure sur ces transformations inespérées, sur ces guérisons morales reconnues impossibles par le monde « Les plus indociles sont vaincues, nous disait « la T. R. Mère supérieure, quand on est parvenu à « leur faire solliciter l'intercession de notre vénéré fon- « dateur et père. »

Un personnel de quatre à cinq cents personnes vit dans l'enceinte de ce monastère, auquel, par une acquisition récente, vient d'être annexé l'hôtel de la division militaire, autrefois résidence de l'évêque de Bayeux, quand il venait à Caen.

La chapelle du monastère est toujours la même que du temps du P. Eudes ; les saintes reliques sont placées dans le chœur au dessous du communicatoire des Religieuses. Dans la nef près des marches, on remarque deux tombes armoriées ; ce sont celles de M. et de Mme Leroux de Langrie, fils et belle-fille du premier fondateur.

C'est dans ce chœur que la commission d'enquête a tenu ses premières séances : « Le 29 août, dit le P. Le « Doré, Eudiste postulateur de la Cause, tous les té- « moins (1) se trouvaient au rendez-vous. Les membres du

---

(1) Nous parlons ici des témoins qui avaient pu recevoir leur assignation.

« tribunal (1) siégeaient au pied du maître-autel de l'église
« de Notre-Dame de Charité de Caen. A droite et à gau-
« che dans le chœur, se groupaient les ecclésiastiques
« appelés à servir de témoins. Les Religieuses se tenaient
« derrière leur grille ; et près de la Table-Sainte, étaient
« venus se ranger de pieux fidèles, jaloux d'apporter à
« cette Cause le concours de leur témoignage. Tous, à
« genoux et la main sur les Saints Evangiles, prêtèrent cha-
« cun à leur tour, le serment de dire la vérité et de garder
« le secret le plus inviolable sur l'interrogatoire auquel ils
« seraient soumis. Ce serment était inséré aux actes par
« le notaire du Procès, et chacun y opposait sa signa-
« ture........ Parmi eux, on comptait plusieurs res-
« pectables curés de Caen ; des chapelains de communau-
« tés ; un Religieux, sept Religieuses de Notre-Dame de
« Charité, des professes de diverses maisons ; Mme la
« supérieure de cet hôpital Saint-Louis que les prédica-
« tions du P. Eudes contribuèrent à fonder, il y a deux
« siècles. Dans les rangs des laïques, on distinguait un
« ancien officier de l'armée française, M. de Montzey,
« devenu l'allié de la famille du P. Eudes. Plusieurs
« femmes du peuple se trouvaient là aussi pour apporter
« à la cause le poids de leurs dépositions aussi vraies
« que naïves. Les esprits étaient animés d'une même
« pensée ; un même sentiment faisait battre les cœurs ;
« chacun s'estimait heureux d'avoir été choisi pour con-
« tribuer à la glorification d'un homme qu'on aimait
« comme un père et qu'on vénérait comme un saint... »

Le lundi 31 août, nous fûmes appelé à comparaître le premier et seul devant les juges. Les portes furent closes. L'interrogatoire remplit cinq longues séances et ne dura pas moins de quinze heures, heures si exceptionnelles dans notre existence, et dont, jusqu'à notre dernier jour, nous conserverons le plus doux et le plus pieux souvenir. Nous avons pu nous faire une parfaite idée du soin et de la maturité avec lesquels l'Église procède dans la canonisation d'un saint. Et, au nom de tous les membres de la famille du P. Eudes, nous tenons à remercier ici MM. les membres de la commis-

---

(1) Les membres du tribunal sont M. l'abbé Ducellier, vicaire général et doyen du Chapitre, M. l'abbé Dubosq, deuxième vicaire-général, et l'abbé Hugonin. M. l'abbé Laffetay, chanoine de Bayeux, remplit les fonctions de promoteur de la foi et M. l'abbé Briand, secrétaire de l'évêché, celles de notaire.

sion, M. le Promoteur de la foi et le prêtre remplissant les fonctions de notaire, du zèle soutenu qu'ils montrent dans la mission qui tend à mettre notre ancêtre sur nos saints autels.

Nous allons donner l'exposé rapide des événements principaux relatifs à la maison de Caen du 14 août 1790 au 29 juin 1811. Tous les monastères durent subir à peu près les mêmes persécutions.

Le 14 août 1790 se fit le dernier acte capitulaire; ce fut l'élection d'une assistante.

Dès le 22 janvier, MM. du district avaient fait faire une déclaration détaillée du temporel; il n'était plus permis dès lors de toucher les revenus sans permission.

Dans une des visites des agents du gouvernement, ils voulurent prouver aux pénitentes qu'elles étaient renfermées par force et qu'ils venaient briser leurs chaînes. Ces prétendues captives, au nombre de 52, refusèrent obstinément de profiter de la liberté qui leur était offerte.

Le 20 avril, on reçut l'avertissement que les biens de la communauté étaient affichés pour être mis en vente et le 17 décembre les magistrats de la ville ordonnèrent la suppression de la maison; cependant le 4 janvier 1793, elle fut maintenue par un nouvel arrêt rendu en sa faveur comme établissement de Charité. Les mêmes magistrats réunirent toutes les Religieuses dans la salle du chapitre et leur demandèrent de prêter le serment à la Constitution de l'État.

Elles imitèrent l'exemple de leur chapelain M. Godefroy, et s'y refusèrent malgré les offres avantageuses qui leur furent faites.

Un nouveau décret de l'Assemblée constituante ayant ordonné que toutes les Communautés supprimées fussent évacuées pour le 2 octobre, tout culte cessa; la maison fut occupée par des soldats, et leur corps de garde établi dans la sacristie.

Le 16 août, les commissaires du district rassemblèrent de nouveau les Religieuses et leur signifièrent l'arrêt qui les obligeait d'évacuer la maison. Il fallait se soumettre, et le 19, jour anniversaire de la mort du P. Eudes, ces saintes filles quittèrent leur monastère.

Comme la Communauté de l'Hôtel-Dieu subsista quelque temps encore, plusieurs y trouvèrent un asile; d'autres rentrèrent dans leurs familles, ou louèrent des chambres dans des maisons particulières, toutes attendant, pour se réunir, des temps moins orageux.

La supérieure, la mère Marie de Saint-Michel Picard, avait obtenu la permission de se charger des vieilles Religieuses infirmes sans parents ni ressources pécuniaires et de prendre pour l'aider une des jeunes sœurs professes. Elle choisit la sœur Sainte-Marie de Saint-Dosithée Bourdon, la même qui continua à se dévouer entièrement à ses compagnes pendant les années suivantes et parvint enfin à les faire rentrer dans leur chère maison.

La supérieure et les débris de la communauté allèrent se réfugier dans un appartement situé au 3me étage, rue du Puits-ès-Bottes, et, malgré de cruelles souffrances, ces pauvres exilées continuèrent autant que possible à suivre les règles de leur observance.

Ainsi se passa l'année 1793.

Prévenues en 1794 qu'elles avaient été dénoncées au club et seraient prochainement incarcérées, ces pieuses filles acceptèrent l'hospitalité que leur offrit un fermier de Lébisey, hameau situé près de Caen. Il leur avait rendu déjà quelques services et passait pour un bon patriote. Les gros meubles furent mis en dépôt chez quelques amis et un âne transporta successivement ces pauvres infirmes, qui ne trouvèrent que de la paille pour tout ameublement dans le misérable grenier devenu leur dernier asile.

La jeune sœur Dosithée redoubla de soins, d'activité, de zèle et de dévouement pour procurer, par son travail de jour et de nuit, ce qui était nécessaire à la nourriture de ses compagnes ; et c'était à une époque de disette. Comment y parvint-elle ? C'est le secret de Dieu.

Enfin, Robespierre mourut ; on commença à respirer. La petite communauté revint à Caen, et loua à Saint-Gilles, rue des Chanoines, une maison assez vaste pour y recevoir aussi quelques-unes des sœurs qui cherchaient à se réunir au noyau encore existant.

La persécution recommença en 1795 ; mais la communauté fut encore sauvée par la présence d'esprit et le courage de la bonne sœur Marie de Sainte-Dosithée. Non seulement elle parvint à soustraire les prêtres, auxquels ces saintes Religieuses donnèrent quelquefois un asile, à toutes les recherches des agents de l'autorité révolutionnaire, mais encore elle sauva tous les ornements d'église qu'on les soupçonnait de conserver pour le saint sacrifice.

Cette année fut celle où la croix imposée par le Seigneur fut la plus pesante. La mère Prieure fut dénoncée et emprisonnée avec une autre Religieuse ; mais après trois mois de démarches, la sœur Marie de Sainte-Dosithée parvint à faire mettre ses chères prisonnières en liberté. Pour y parvenir, elle prit un moyen extrême. Les vieilles Religieuses la considéraient comme leur bon ange ; aussi elle les décida facilement à monter sur une charrette, et les conduisit droit à la municipalité, ancien séminaire des Eudistes. Elle se présente aux municipaux étonnés :

« Voici, leur dit-elle, nos sœurs infirmes que je vous
« amène ; je ne suis plus en état de les nourrir ; de plus,
« après avoir mis en prison les deux sœurs qui m'aidaient,
« vous m'envoyez des soldats à loger. Maintenant que je
« suis seule, je ne peux plus suffire à les soigner et à
« gagner leur pain. »

« Hé bien, répondirent les municipaux, nous allons les
« mettre en prison. » — « Vous le pouvez, citoyens, du
« moins, là, vous les nourrirez. » Embarrassés par les réponses de la jeune sœur, et peut-être mus par un sentiment involontaire d'admiration et d'estime pour son courage, les municipaux finirent par lui dire : « Reprends
« tes bonnes femmes, citoyenne, nous allons nous occuper
« de ta réclamation. »

En effet, les soldats furent renvoyés, et, bientôt les sœurs incarcérées furent rendues à leurs compagnes.

En 1796, les sœurs obtinrent le paiement des pensions qui leur avaient été promises, et, plusieurs familles désirant faire donner à leurs enfants une éducation chrétienne, les engagèrent à établir un petit pensionnat. Elles louèrent dans ce but et tout près une 2ᵉ maison ; la 1ʳᵉ maison fut nommée *la Grande-Charité*, la 2ᵉ, renfermant le pensionnat, *la Petite-Charité*. Mˡˡᵉˢ de Malherbe de Bayeux, sœurs du général de ce nom, notre condisciple qui fut si brillant au siége de Sébastopol, ont gardé le plus précieux souvenir de cet établissement et de leurs anciennes maîtresses.

Enfin, en 1800, après de cruelles tribulations, les bonnes sœurs virent renaître des jours plus calmes. Le pensionnat, la Petite-Charité, devint florissant, et de bons prêtres revenus de l'exil, voulurent les seconder dans l'œuvre qu'elles avaient entreprise et aider à enseigner leurs élèves. C'est ainsi que, dans une certaine proportion, la seule alors possible, elles remplissaient les obligations de ce quatrième vœu, qui les distinguent si éminemment de tous les Ordres religieux.

En 1802 et à la Grande-Charité, elles eurent le bonheur d'avoir pour chapelain M. Cousin, ancien Eudiste, supérieur de la maison de Lisieux ; un autre prêtre, oncle de la 1ʳᵉ maîtresse du pensionnat, demeurait à la Petite-Charité et leur fut très-utile dans les affaires difficiles qui surgissaient chaque jour. Enfin, cette même année, Mgr Brault fut nommé à l'évêché de Bayeux, vint les visiter et leur promit de les protéger envers et contre tous.

La correspondance, qui, à cause de la dispersion des Religieuses et des malheurs du temps, avait été totalement interrompue entre toutes les maisons de l'Ordre, commença à se renouer, notamment avec les sœurs de Paris, de La Rochelle et de Guingamp.

Le monastère de Paris obtint en 1803 l'approbation du gouvernement. Les sœurs de Caen espérèrent alors rentrer dans la terre promise. Comme Josué, la digne Mère Marie de Saint-Michel Picard ne put que l'entrevoir et mourut après avoir victorieusement traversé la tourmente révolutionnaire.

Mgr de Bayeux trouva à propos qu'on fît alors une nouvelle élection.

La Mère Marie de Saint-Louis de Gonzague Desbouillons était rentrée dans sa famille depuis 1790. Elle en faisait le charme, et usait de sa fortune, non seulement pour aider secrètement ses pauvres compagnes, mais aussi pour venir au secours de toutes les misères qu'avaient aggravées les malheurs des temps. Elle fut nommée Supérieure, et aussitôt que la nouvelle lui en fut parvenue, elle quitta sa demeure opulente pour partager avec ses sœurs et leur pauvreté et les embarras de chaque jour.

La nouvelle Supérieure reçut plusieurs sujets et en forma un noviciat. Elle s'occupa en même temps du rétablissement légal, qui présentait beaucoup de difficultés, le gouvernement voulant imposer des statuts qui pouvaient se trouver en contradiction avec les obligations imposées par le P. Eudes.

La maison conventuelle, rue des Quais, avait été convertie en caserne, où logeaient habituellement de 1500 à 2000 soldats. On conseilla à la Supérieure de chercher à s'établir ailleurs ; elle fut visiter plusieurs anciennes communautés de la ville encore inoccupées ; mais les bonnes mères semblaient ne pouvoir chanter les cantiques de Sion dans une autre patrie.

Elles attendirent.

En 1805 et en 1806, on ne cessa de faire des démarches tendant à obtenir la restitution de l'ancienne maison et l'approbation légale ; chaque jour surgissaient de nouveaux obstacles, malgré le bon vouloir des autorités.

L'année 1807 fut fertile en événements divers. Malgré la défense qui avait été faite en 1805, de laisser prononcer des vœux, la Supérieure et son Conseil ne crurent pas devoir renvoyer leurs novices, et, en janvier de cette même année, il y eut trois professions, les premières depuis 1785.

La sœur Marie de Sainte-Dosithée fut choisie pour aller à Paris y faire de nouvelles tentatives. Elle y arriva avec beaucoup de lettres de recommandation. Le Ministre des Cultes, M. Portalis, lui voua une grande estime ; Mme Mère l'honora de sa haute protection, et la Providence ayant permis qu'une partie des soldats occupant la Communauté devînt malade, le Ministre de la guerre se décida à la faire évacuer. Le 18 septembre 1807, fut signé par l'Empereur Napoléon le décret qui remettait les filles du P. Eudes en possession de toutes les parties non vendues de leur ancien monastère. Elles le trouvèrent dans l'état de délabrement le plus complet ; elles y rentrèrent néanmoins le 29 septembre 1808, au nombre de 29, quinze Religieuses de chœur et quatre sœurs converses. Seize étaient mortes pendant la révolution. Un très petit nombre ne rentra pas.

Mais restait encore une grande question à résoudre, le rétablissement légal.

Le gouvernement songeait à enrégimenter, pour ainsi dire, tous les Ordres religieux de femmes en deux ordres principaux dépendant de *générales*. Des lettres de convocation à un Chapitre général furent adressées le 13 octobre 1807 (1) à toutes les communautés renaissantes, afin qu'elles eussent à s'y faire représenter. Ce fut encore la sœur Marie de Sainte-Dosithée Bourdon, qui fut

---

(1) Napoléon, par un décret du 30 septembre 1807, prescrivit la tenue d'un Chapitre général des établissements de sœurs de charité et autres, consacrés au service des pauvres.

Il ordonna que ce chapitre se tiendrait à Paris, dans le palais de Madame-Mère, qui devait le présider, assistée du grand aumônier de l'empereur, l'abbé de Boulogne, qui remplit les fonctions de secrétaire.

Il décida que chaque établissement enverrait un représentant à ce Chapitre, lequel député devait avoir, au préalable, une connaissance particulière de la situation, des besoins de chaque maison.

Le but principal que se proposait l'empereur était d'arriver au moyen le plus propice d'étendre ces institutions et de les mettre à même de suffire à toutes les nécessités.

Le but caché était d'établir l'unité de direction, unité à laquelle s'opposaient quelques-unes des constitutions de ces maisons.

choisie pour soutenir les droits et les intérêts de la maison de Caen. Cette mission était bien délicate ; elle la remplit, comme elle l'avait fait pour toutes les précédentes, avec une intelligence et une fermeté qui en imposaient même à ses contradicteurs les plus opiniâtres.

Enfin en 1811, le 29 juin, l'Empereur Napoléon signa le décret de rétablissement et autorisa les statuts tels qu'ils avaient été donnés par le vénéré fondateur. Les Religieuses, ainsi que leur dévouée représentante, firent écarter tous les articles qu'on voulait leur imposer et qui étaient contraires aux constitutions primitives de l'Ordre.

C'est ainsi que, malgré l'épouvantable ouragan qui avait renversé l'édifice social tout entier, la première communauté de Notre-Dame de Charité du Refuge continua à vivre, conservant le précieux dépôt qui lui avait été confié par le P. Eudes lui-même, et montra ce que peut faire la persévérance basée sur la foi et la confiance dans le Seigneur.

N'oublions pas de dire que la sœur Sainte-Dosithée Bourdon, l'héroïne de ces temps si critiques, fut supérieure de cette même maison de 1819 à 1821.

Tel est l'esprit de ce monastère en particulier, tel est, au reste, celui de tous les autres, qui, auprès du premier, vont toujours au besoin chercher un appui et un conseil, le considérant comme plus uni au P. Eudes, qui l'institua lui-même. Que de traits remarquables nous trouverions dans leurs *Annales* ! l'espace si circonscrit ne nous permet d'en citer qu'un seul.

Il devint urgent au monastère de Rennes, dit de Saint-Cyr, de construire un nouveau bâtiment. Les fonds nécessaires manquaient; le public en fut prévenu par les curés de la ville. Aussitôt une pauvre femme se présente pour parler à la Très-Révérende Mère Supérieure Mme de Saint-Pierre et lui remet la *somme de dix centimes* pour cette œuvre. Encouragée par cette circonstance si significative, la vénérable Supérieure mande l'architecte et les ouvriers; et, peu de temps après, l'édifice était élevé et toutes les dépenses payées.

L'Institut du vénérable P. Eudes s'est donc conservé immaculé, s'imposant au respect et à l'admiration du monde sous le nom de Notre-Dame de Charité du Refuge.

De ses racines vigoureuses est sorti, cent quatre-vingt-quatorze années plus tard, un rejeton qui compte maintenant une multitude de rameaux, nous voulons parler de l'Ordre de Notre-Dame de Charité du Bon-Pasteur d'Angers, reconnu sous ce titre le 16 janvier 1835 par le Souverain-Pontife Grégoire XVI. Il se compose de 110 monastères dont nous donnerons la nomenclature, et qui sont répandus dans le monde entier.

Il est de ces natures exceptionnelles auxquelles il faut de l'espace ; elles étouffent dans un cercle trop étroit, et quand cette exubérance de forces morales a pour frein la sublime, la grande vertu de charité, c'est alors surtout que, pour la régénération des âmes perdues ou en danger de mort, elle se développe en fruits excellents.

Rose-Virginie Pelletier, en religion Marie de Sainte-Euphrasie, naquit à Noirmoutiers le 31 juillet 1796.

Orpheline de père dès sa plus tendre enfance, elle fut placée par sa vertueuse mère dans une excellente pension de Tours tenue par Mme Choblet et située près du monastère de Notre-Dame de Charité du Refuge, qui avait été fondé dans cette ville en 1714 et rétabli au même lieu après la Révolution française.

Elle se distingua bientôt de ses compagnes par des actes d'une vertu singulière et s'y trouva pendant une année sous la direction d'une des principales maîtresses, Mme de Lignac, devenue depuis Supérieure des Ursulines de Tours. Malgré son grand âge, cette vénérable Religieuse a bien voulu nous honorer d'une longue lettre relative à la première jeunesse de l'élève à laquelle elle a survécu : « Je n'ai pas connu, dit-elle, la petite
« enfance de madame Sainte-Euphrasie ; sa bonne mère,
« Mme Pelletier, la conduisit chez Mme Choblet à l'âge
« de 14 ans ; un ou deux ans plus tard, je fus nom-
« mée maîtresse de la classe où se trouvait Mlle Virginie
« Pelletier, et il me fut facile de remarquer promptement
« que cette élève promettait beaucoup. Elle me fit con-
« naître son désir d'être Religieuse ; je l'engageai à bien
« réfléchir avant d'en parler à son tuteur et à sa sœur ;
« car elle avait perdu sa vertueuse mère ; peu de temps
« après cette ouverture, je fus obligée de quitter cette
« maison préparatoire pour me faire Ursule, et dès que
« je fus partie, la jeune Virginie Pelletier entra chez
« les Dames du Refuge, qui demeuraient alors tout
« près de la maison de Mme Choblet. Je n'ai donc été
« avec cette chère élève qu'un an, étant chargée de sa
« direction ; mais c'était suffisant pour reconnaître que
« son principal attrait était un zèle brûlant, et j'eus
« même l'occasion de lui voir commencer son apostolat.
« Dans un moment où ses compagnes pensionnaires ne

« paraissaient pas très-disposées à se bien préparer pour
« célébrer dignement la grande fête de la Pentecôte, Vir-
« ginie vint me demander si je voulais lui permettre de
« parler pendant les récréations à toutes celles qui pa-
« raissaient les plus dissipées ; elle en choisit deux des
« plus sages, leur confia son secret et toutes trois se
« mirent à faire la mission pendant les récréations. Je
« les admirais en silence, je les encourageais tout bas,
« et, au bout de huit jours, toutes les grandes jeunes
« personnes, beaucoup plus âgées que les trois apôtres,
« étonnèrent toute la maison par leur changement si
« remarquable. Je crois réellement qu'elles reçurent
« le complément de la Confirmation ce jour-là, et ces
« bonnes dispositions durèrent jusqu'à la fin de l'année.
« J'ai compris, dès cette époque, que Mlle Virginie Pel-
« letier pouvait faire des merveilles plus tard ; aussi je
« n'ai pas été surprise, quand j'ai vu le succès de ses
« œuvres, et nous sommes restées intimement liées tant
« qu'elle a vécu. Je fais des vœux bien sincères pour la
« persévérance de ses œuvres si florissantes et si bénies
« de Dieu jusqu'à ce moment....... »

Armé d'un pareil témoignage, nous pouvons donc marcher avec assurance. Mme de Lignac n'est-elle pas cette révérende Religieuse dont les élèves font la joie de leurs familles et deviennent des mères si chrétiennes ?

Elle était convaincue que Virginie Pelletier avait été douée d'un de ces génies qui, voués à Dieu, opèrent toujours de grandes choses.

Le spectacle du combat et du choc des éléments paraissait avoir été, dès sa plus tendre enfance, stéréotypé dans l'imagination de cette jeune fille élevée librement au bord de la mer. Elle comprit de bonne heure que la vie n'est qu'un combat et que pour vaincre, il fallait toujours regarder en avant et jamais en arrière, toujours éviter le découragement, et, après un échec, reprendre son œuvre avec ce calme tenace, qui est, au reste, la qualité des grands fondateurs.

Mme de Lignac vient nous dire que, jeune fille, elle aspira bientôt à la vie du cloître, vie paraissant si peu concorder avec ses désirs et ses tendances. Ces Religieuses blanches, qu'elle apercevait de temps à autre, l'attiraient, et un soir, le 20 octobre 1814, à l'âge de 18 ans, elle s'échappa du pensionnat, alla frapper à la porte du monastère, et demanda à être admise dans la communauté des Religieuses de Notre-Dame de Charité du Refuge. La mère Marie de Saint-Joseph, supérieure, la reçut avec joie, mais le tuteur de la jeune postulante, alors privée de sa mère, n'approuva pas sa détermination, ou voulant lui faire subir une épreuve, ne la laissa libre que le 8 septembre 1815, de prendre l'habit, sous le nom de Sœur Marie de Sainte-Euphrasie. Elle fit profession le 9 septembre 1817, devint maîtresse des pénitentes, et, avant d'avoir l'âge voulu par les constitutions, remplaça, à la faveur d'une dispense instamment sollicitée, la mère Marie de Saint-Hippolyte de Bottemillieau dans sa supériorité. Elle n'avait pas 29 ans, et, déjà, elle avait su réunir tous les suffrages. On la vit bientôt s'appliquer à augmenter le nombre de ses chères pénitentes et fonder dans son monastère l'œuvre des Madeleines, dont les résultats sont à cette heure si précieux et si abondants.

Pendant le temps de sa supériorité au monastère de Tours, quels ne furent pas les rêves et les pensées de cette femme exceptionnelle, qui, si spécialement douée, savait si promptement transfigurer les âmes à l'image de la sienne ?

Evidemment ces rêves et ces pensées la transportaient dans le monde entier et surtout dans les contrées où de nouvelles sectes préconisent une émancipation et une communauté abaissant l'homme, image de son Dieu, au niveau de la bête sans intelligence.

Elle pouvait tout au dedans de ces murs qui l'enserraient dans leur clôture, mais rien au dehors.

Ne serait-ce pas alors qu'elle conçut le plan d'une vaste propagande des miséricordes de Dieu dans un généralat, ignorant, du reste, s'il lui serait jamais donné d'accomplir un pareil projet ?

Parmi les œuvres qui occupèrent surtout les dernières années de Mgr Montault-des-Iles, évêque d'Angers, on remarque notamment celle du Bon-Pasteur.

En 1829, il députa à Tours plusieurs de ses curés vers la Mère Marie de Sainte-Euphrasie, pour la supplier de venir fonder un refuge pour les Pénitentes dans sa ville épiscopale. Elle s'empressa d'accepter cette proposition et, accompagnée de quelques Religieuses, elle se rendit à Angers pour fonder le nouveau monastère.

Mme Innocente-Jeanne-Baptiste de Lentivi, veuve de M. Le Roy de la Potherie de Neuville, était bien connue à Angers pour son inépuisable charité. Elle compatissait à toutes les infortunes, mais nulle ne touchait plus son cœur que celle qui venait inévitablement atteindre ces malheureuses femmes ou filles tombées souvent par faiblesse ou par besoin.

Comme l'avait souvent éprouvé le P. Eudes, elle ne pouvait obtenir que des succès isolés suivis d'irréparables rechutes, et elle finit par vouloir ressusciter l'ancienne maison du Bon-Pasteur qui existait avant la révolution de 1793 à Angers, rue Saint-Nicolas. Dieu cependant l'appela à lui avant qu'elle ait pu mettre à exécution ce pieux dessein, mais elle légua pour cet objet une somme de 30,000 fr. que son fils M. le comte Augustin de Neuville s'empressa de remettre à Mgr Montault À ce don vinrent se joindre quelques cotisations volontaires des curés de la ville, qui voyaient dans cette institution un puissant moyen de moralisation.

On put alors acheter pour le futur établissement une ancienne manufacture, située sur les bords de la Maine non loin de l'église paroissiale de Saint-Jacques. Ce fut là que la Mère Marie de Sainte-Euphrasie installa ses compagnes, après avoir présidé à la première organisation, elle retourna dans son monastère pour finir son second triennat. Les curés d'Angers, qui avaient apprécié son éminente vertu et ses talents si rares pour l'administration, avaient voulu s'opposer à son départ. Trois d'entre eux s'étaient même rendus à Tours, pour obtenir du supérieur de la maison de Notre-Dame de Charité du Refuge que la mère Marie de Sainte-Euphrasie restât à Angers. Mais le vicaire-général leur fit comprendre que la communauté de Tours réclamait avec raison celle qui, étant nommée pour la gouverner, n'avait pas achevé son temps de supériorité.

Avant de quitter le monastère d'Angers, la mère Marie de Sainte-Euphrasie en fit poser la clôture, et la cérémonie eut lieu le 31 juillet 1829, jour anniversaire de sa naissance. La direction de la maison fut confiée à la Mère Marie de Saint-Paul Baudin, qui fut nommée supérieure et continua les travaux commencés, tout en reconnaissant combien lui manquaient et l'activité, et le savoir-faire et surtout l'initiative de la Mère Marie de Sainte-Euphrasie.

Les deux triennaux de la Mère Marie de Sainte-Euphrasie se terminèrent le jour de l'Ascension 1831.

La communauté de Tours élut pour supérieure la Mère Marie de Saint-Paul Baudin, et la Providence voulut que pour la supériorité d'Angers, son choix se portât sur la Mère Marie de Sainte-Euphrasie Pelletier.

En conséquence, Mgr l'Archevêque de Tours chargea son vicaire-général de faire l'obédience de cette supérieure. On sait de source certaine que ce pieux ecclésiastique prédit que cette maison d'Angers, dont la situation était alors si précaire, deviendrait la plus considérable de l'institut. Mgr l'Archevêque de Tours signa cet *excat* sans le lire. Il était donné *pour un temps illimité* et, ainsi formulé, devenait un titre réel de défense ainsi qu'un principe de prospérité (1). Mgr Montault put alors garder cette bonne mère sans léser les prérogatives de Mgr de Tours, qui eut cependant bien de la peine à se convaincre qu'il a. ait *implicitement* et *de fait* abandonné tous ses droits sur elle.

Mais l'heure du départ et de la séparation fut cruelle. La vénérable Mme de Lignac, alors supérieure des Ursulines, fut témoin des angoisses de son ancienne élève, qui allait presque succomber pour retourner auprès de ses chères sœurs, quand, appelée par l'abbé Pasquier, elle reçut de lui un avertissement paraissant venu de Dieu lui-même et qui lui rendit sa force et son courage : « Partez pour Angers, ajouta-il, Dieu veut y faire par « vous de grandes œuvres à sa gloire (2).»

Le lendemain 21 mai 1831, la mère Marie de Sainte-Euphrasie, accompagnée de la mère de Saint-Philippe Mercier, arriva au monastère d'Angers pour ne plus le quitter.

Tout reprit vie dans cette maison sous l'intelligente direction de la supérieure. Les pénitentes affluèrent bientôt en tel nombre que les saintes filles du P. Eudes, qui, comme lui, ne désespéraient jamais, furent obligées de vivre de privations. Un jour même, elles n'auraient pas pu dîner, si un curé de la ville ne leur avait pas envoyé son repas tout préparé.

Ce noble dévouement reçut bientôt sa récompense, et M. le comte de Neuville, n'ayant pas d'héritier direct, résolut de consacrer toute sa fortune pour donner le plus grand développement à cette œuvre maintenant si grandiose.

Une veuve distinguée habitant la ville d'Angers, Mme Cesbron de la Roche, prit l'habit de l'Ordre et son exemple fut bientôt suivi par Mme la comtesse de Couespel. Toutes deux remplirent les charges d'assistantes, en devenant en même temps les bienfaitrices de la maison et les soutiens de la Mère Marie de Sainte-Euphrasie.

Parmi les personnes qui affectionnaient particulièrement le monastère de Tours, on comptait surtout Mme la comtesse d'Andigné-Villequier. Elle y avait certainement distingué

---

(1) Cette obédience se conserve dans les archives de la maison-mère du Bon Pasteur d'Angers.

(2) Notes du monastère général d'Angers.

entre toutes, la Mère M. de Sainte-Euphrasie, et le 21 novembre 1833, elle vint se fixer à Angers près de son amie de cœur. Elle devint plus que jamais l'appui et le conseil de la Communauté,

Pour loger la *Communauté proprement dite, les pénitentes, les madeleines, les enfants de la classe de préservation* et *les petites orphelines,* le comte de Neuville fit élever cinq corps de bâtiments entièrement séparés les uns des autres par des murs de clôture, qui avec des jardins, de vastes enclos et les annexes faites depuis, forment de la maison d'Angers, le plus grand monastère de France.

Pendant que cette maison prenait un si grand accroissement, trois fondations s'étaient faites à Poitiers, à Genoble et à Metz sur la demande des prélats de ces diocèses. La Mère Marie de Sainte-Euphrasie avait consenti à leur envoyer le nombre de Religieuses nécessaires.

Le zèle de cette éminente Religieuse s'enflammait à la lecture des écrits du P. Eudes; elle cherchait à s'inspirer de son esprit créateur, elle l'invoquait avec confiance et on se souvient encore qu'étant à Tours maîtresse des pénitentes, elle entoura son portrait d'une guirlande de capucines le jour même de sa fête. Ces fleurs, si éphémères de leur nature, se conservèrent pendant un mois aussi fraîches que le premier jour. Elle put croire que le vénéré Père l'exhortait à persévérer dans la pensée qui prenait de jour en jour une plus grande place dans son cœur. Mais, comme lui, humble et zélée, elle attendait l'heure fixée par le Seigneur, s'il devait un jour se servir d'elle comme instrument de ses divines miséricordes.

Mais, quand elle vit qu'à Angers l'impulsion était donnée pour ainsi dire de main divine, elle conçut le plan de former le généralat, seul moyen d'user pour la grande gloire de Dieu et le salut des âmes, des progrès du siècle qui permettent de communiquer en peu de jours avec toutes les parties du monde. Elle priait ardemment, ne s'en rapportant pas à ses simples lumières, elle consultait ses amis, ses sœurs, tous ceux enfin qui pouvaient lui donner un conseil.

Les avertissements ne lui manquaient pas. Un jour un Jésuite prêchant dans la chapelle du monastère naissant, s'écria tout-à-coup : « *O toi, petit Bethléem de Juda, de ton « sein sortiront de nombreux rameaux, qui couvriront le « monde entier.* »

Enfin, craignant de résister plus longtemps à la grâce, elle s'en ouvrit à Mgr Montault, qui, entrant de suite dans ses vues, déposa aux pieds de Sa Sainteté Grégoire XVI une supplique tendant à obtenir l'érection du généralat, avec le concours de ses vénérables collègues, NN. SS. les évêques de Poitiers, de Grenoble et de Metz. En même temps, Mgr Cesbron de la Roche, M. le comte de Neuville et Mme la comtesse d'Andigné écrivaient à Rome pour appuyer cette supplique, en s'engageant à soutenir l'œuvre de leurs largesses.

Des cardinaux de la Cour Romaine, des consulteurs de la Sacrée-Congrégation, des Religieux profondément versés dans les choses de Dieu, virent, dans le généralat, le plus grand moyen de sauver du naufrage ces milliers d'âmes qui se perdent partout dans le monde.

Bientôt la Sacrée-Congrégation des Eminentissimes et Révérendissimes cardinaux de la Sainte Église Romaine rendit, sur le rapport du cardinal Sala, un décret favorable à la supplique des prélats français en date du 9 janvier 1835. Ce décret fut, le 3 avril, suivi du bref pontifical signé par le cardinal Grégorio, et dont nous donnons ici l'analyse.

Le premier article de ce bref dit que la maison d'Angers et toutes les autres maisons fondées par elle *observeront les règles établies par le P. Eudes et approuvées par le Saint-Siége.*

Le second article établit une supérieure générale.

Le troisième article règle les attributions de la supérieure générale.

Le quatrième article décide que la supérieure générale sera renommée tous les six ans et pourra être maintenue à chaque élection et indéfiniment dans sa supériorité.

Le cinquième article règle les formes de l'élection.

Le sixième article donne le pouvoir à la supérieure générale, assistée de son conseil, de nommer les supérieures de chaque maison locale.

Le septième article dit que la congrégation d'Angers gardera, comme auparavant, l'habit qui lui est propre, ainsi qu'aux anciens monastères dits du Refuge, mais qu'elle portera, au lieu de la ceinture blanche, un cordon de couleur bleue, et une image du Bon-Pasteur gravée sur le cœur d'argent qu'elle est dans l'usage de porter.

Le huitième et dernier article confirme la Congrégation d'Angers dans sa jouissance de tous les priviléges et de toutes les grâces accordées par le Saint-Siége apostolique aux anciens monastères, dits du Refuge.

Le nouvel ordre fut donc institué sous le nom de Notre-Dame de Charité du Bon-Pasteur d'Angers, ayant pour protecteur le cardinal Odescalchi auquel a succédé le cardinal Patrizzi.

Néanmoins, de son vivant, jamais la Mère Marie de Sainte-Euphrasie ne permit qu'on lui donnât le nom de fondatrice : elle n'avait fait que remplir une mission, disait-elle, celle de développer l'œuvre du vénérable instituteur ; jamais surtout elle ne conçut une pensée de domination sur l'Ordre dont elle était sortie et auquel jusqu'à son dernier soupir elle resta attachée par les sentiments de la plus vive et de la plus pieuse affection. Et, en effet, dans ses entretiens sur la vie religieuse, elle revenait constamment sur les traditions et les origines de l'œuvre de Notre-Dame de Charité du Refuge.....

En l'entendant parler, on sentait que son cœur débordait de respect, d'amour et de vénération pour les bonnes Mères qui l'avaient initiée à cette vie. Et ce sont bien les sentiments qu'elle a transmis aux saintes filles qui la pleurent. Nous avons à ce sujet recueilli des paroles qui nous ont profondément touché et que nous voudrions reproduire ici.....

La maison d'Angers, en comprenant *la communauté proprement dite*, contient huit établissements, *Madeleines, Pénitentes, Préservées, Orphelines, Détenues, Libérées* à la colonie agricole placée à la maison de Nazareth, près d'Angers, et les *Pensionnaires*.

1° *La Communauté* se compose de 300 Religieuses ou novices, françaises, italiennes, belges, allemandes, irlandaises, recevant les secours spirituels, chacune dans sa langue. Au noviciat, chaque nation a sa maîtresse pour les instructions.

2° Quel que soit le degré de vertu auquel puisse arriver une *pénitente*, la règle s'oppose à ce qu'elle puisse jamais prendre rang parmi les Religieuses de l'ordre. Et, cependant, il en était qui aspiraient à passer tout le reste de leur vie, au début si malheureuse et si agitée, dans le calme et le repos du cloître.

Dans ce but, la mère Marie de Sainte-Euphrasie créa, dans l'enceinte du monastère, un autre charmant asile pour les *Madeleines*, c'est-à-dire pour les jeunes personnes qui ayant passé quelque temps avec les pénitentes ou venant d'ailleurs, voulaient se consacrer définitivement à Dieu. Ces Madeleines font les trois vœux de religion, disent le petit office de la Vierge, portent un costume de couleur carmélite, couchent sur une paillasse piquée, sont cloîtrées, travaillent à la couture et vivent en véritables Religieuses.

3° *Les pénitentes* sont dirigées comme celles qui sont

recueillies dans les monastères du Refuge. Nous avons déja dit de quels soins et de quels égards elles sont entourées.

4° *Les préservées* sont les jeunes filles recueillies qui pourraient être exposées à se perdre dans le monde.

5° *Les orphelines* forment deux classes de petites filles, âgées de 4 à 12 ans.

6°, 7° La règle permettant de travailler à la conversion des pénitentes libres et à celle des personnes confiées par l'autorité civile, la digne supérieure obtint l'autorisation d'étendre sa charité aux jeunes filles *détenues*. Pour se conformer aux vues du ministre, elle établit une colonie agricole située près de la ville : là, les jeunes détenues s'adonnent aux travaux des champs, font les travaux de la ferme, soignent la basse-cour, et s'appliquent à tous les autres travaux du ménage. A des heures réglées, elles reçoivent des instructions et des leçons diverses, qui leur sont faites par des Religieuses de chœur.

Mais ces pauvres filles, à l'expiration de leur peine, se trouvaient souvent peu affermies dans le bien, d'autres étaient sans parents ou devaient rentrer dans un centre de famille corrompu. La Mère Marie de Sainte-Euphrasie, qui, dans son inépuisable charité, trouvait remède à tous les maux, donna un asile à ses chères *libérées* dans la belle abbaye des Bénédictins de Saint-Nicolas, que la communauté avait acquise en 1854.

8° Quelques jeunes personnes, admises au titre de *pensionnaires*, reçoivent au monastère une éducation simple mais très-soignée.

Dans ces huit catégories, il n'est aucun membre auquel on n'apprenne à vénérer le P. Eudes ; à lui on rapporte et le bien qui est fait et le bien qu'on reçoit. Le portrait du vénérable instituteur est placé dans toutes les salles du chapitre et de la communauté.

Ajoutons qu'une vingtaine de négresses ont reçu dans la maison le saint baptême et les soins les plus intelligents et les plus tendres ; quelques-unes sont mortes dans les meilleures dispositions ; celles qui restent sont bonnes et laborieuses.

Avant de parler de la sainte mort de Mme Marie de Sainte-Euphrasie, supérieure de l'Ordre de Notre-Dame de la Charité du Bon-Pasteur d'Angers, nous allons donner la nomenclature de toutes les créations auxquelles elle a présidé jusqu'à son dernier souffle.

France.

Angers, 1829. — *Po iers*, 1833. — *Grenoble*, 1833. — *Metz*, 1834. — *Saumu* 1835. — *Nancy*, 1835. — *Amiens*, 1836. — *Lille*, 1836. — *Le Puy*, 1837. — *Strasbourg*, 1837. — *Sens*, 1837. — *Reins*, 1837. — *Arles*, 1837. — *Chambéry*, 1839. — *Perpignan*, 1839. — *Bourges*, 1839 — *Nice*, 1839. — *Avignon*, 1839. — *Paris* (Conflans-Charenton), 1841. — *Toulon*, 1841. — *Lyon*, 1842. — *Dôle*, 1844. — *Loos* (près Lille), 1845. — *Saint-Omer*, 1845. — *Moulins*, 1845. — *Angoulême*, 1846. — *Annonay*, 1850. — *Arras*, 1852. — *Nazareth* (près d'Angers), 1852. — *Cholet*, 1859. — *Orléans*, 1860. — *Bastia*, 1860. — *Ecully* (près Lyon), 1867. — Total, 33 établissements.

Étranger.

Rome (via Lungara), 1838. — *Mons*, 1839. — *Londres* (Hammersmith), 1840. — *Namur*, 1840. — *Munich*, 1840. — *Rome* (alla Lauretana), 1840. — *Alger*, 1843. — *Louisville* (États-Unis, Kentucky), 1843. — *Turin*, 1843. — *Montréal* (Canada), 1844. — *Imola*, 1845. — *Le Caire* (Égypte), 1846. — *Limerick* (Irlande), 1848. — *Aix-la-Chapelle*, 1848. — *Saint-Louis* (États-Unis, Missouri), 1849. — *Philadelphie* (États-Unis, Pensylvanie), 1850. — *Munster*, 1850. — *Glasgow* (Écosse), 1851. — *Miserghin* (Oran), 1851. — *Bristol*, 1851. — *Neudorf*, près *Vienne* (Autriche), 1853. — *Mayence*, 1854. — *Bangalore* (Mysore, Indes-Orientales), 1854. — *Bologne*, 1854. — *Constantine*, 1855. — *San-Felipe d'Aconcagua* (Chili), 1855 — *Baumgartenberg* près Linz (Autriche), 1856. — *Santiago* (Chili), 1857. — *Modène*, 1857. — *Cincinnati* (Ohio), 1857. — *Gênes*, 1857. — *Trèves*, 1857. — *New-York*, 1857. — *Reggio*, 1857. — *Berlin*, 1858. — *Waterford* (Irlande), 1858. — *Liverpool*, 1858. — *Forli* (Italie), 1858. — *Malte*, 1858. — *Gratz* (Autriche), 1858. — *Nouvelle-Orléans* (Louisiana), 1859. — *Chicago* (Illinois), 1859. — *Breslau*, 1859. — *Valparaiso* (Chili), 1860. — *Leyendorp* (Hollande), 1860. — *New-Ross* (Irlande), 1860. — *Capoue*, 1860. — *La Séréna* (Chili), 1861. — *Ettmansdorff* (Bavière), 1861. — *Viterbe*, 1862. — *Cologne*, 1862. — *Faënza*, 1863. — *Cincinnati*, 1863. — *Monza*, 1863. — *Port-Saïd* (Égypte), 1863. — *Melbourne* (Australie), 1863. *Talca* (Chili), 1863. — *Santiago* (Chili, monastère de Sainte-Rose), 1864. — *Baltimore* (Maryland), 1864. — *Louvain*, 1864. — *Columuas* (Ohio), 1865. — *Suez*, 1865. — *Vellore*

(Madras), 1865. — *Rome* (via de Riari), 1865. — *Rangoon* Birmanie, 8 février 1866. — *Cincinnati*, 1ᵉʳ mai 1866. — *Londres*, 12 mai 1866. — *Bruxelles*, 2 octobre 1866. — *Manchester*, 3 février 1867. — *Boston*, (Mussachussett), 1ᵉʳ mai 1866. — *Vienne* (Autriche), 30 mai 1867. — *Belfast*, (Irlande), 31 mai 1867. — *West-Philadelphie* (Pensylvanie), 15 septembre 1867. — *Aden* (Arabie), 22 février 1868. — *Altstetten, Saint-Gall* (Suisse), 16 avril 1868. — *Saint-Paul, Minnesota* (Etats-Unis), 21 mars 1868. — *Brooklin*, Long-Island, (Amérique septentrionale), 8 mai 1868. — Total, 77 établissements étrangers.

Le total général des créations en France et à l'étranger est de cent dix monastères.

C'est avec un pareil précédent que les Religieuses de l'Ordre de Notre-Dame de Charité du Bon-Pasteur, représentées par le Chapitre général convoqué à Angers, pour l'élection d'une seconde Supérieure générale, viennent de présenter au Souverain-Pontife, une supplique pour demander que la Cause du Fondateur, le P. Eudes, soit introduite en Cour de Rome.

Cent dix monastères, dont 32 en France, 10 en Belgique et en Hollande, 14 en Italie dont 9 à Rome, 15 en Allemagne, 10 en Angleterre, en Islande et en Ecosse, 9 en Asie, 8 en Afrique, 29 dans les deux Amériques, sont donc sortis de cette maison-mère d'Angers si humble et si petite à sa naissance et qui compte dans son sein 1,100 personnes et dans la Congrégation 2000 Religieuses environ.

Le jour du repos et de la récompense allait enfin arriver.

Les détails multiples de son immense administration n'avaient pas empêché la Mère Marie Sainte-Euphrasie de faire deux fois le voyage de Rome, où elle eut le bonheur d'être reçue en audience particulière par le Souverain-Pontife Grégoire XVI. Puis, successivement, elle visita tous les monastères d'Europe. Depuis que le Saint-Père a autorisé la division de l'Ordre par Provinces toujours soumises à la maison-mère, les monastères situés dans les autres parties du monde purent être visités par les Provinciales nommées par la supérieure générale.

Depuis trois mois en 1868, on pouvait s'apercevoir que la T. R. Mère souffrait plus que de coutume ; mais trompées par son courage, les Religieuses continuaient à se faire illusion sur son état. Cependant elle s'affaiblissait sensiblement et ne prenait presque plus de nourriture. Le 13 mars, jour de sa fête, elle fit encore un effort et vint au réfectoire se réunir à ses filles. Le lendemain, dans une petite voiture de malade, elle voulut faire encore une fois ses pèlerinages favoris. Ce fut sa dernière sortie : elle était frappée à mort, et de jour en jour on la vit dépérir. En vain on la conjurait de prendre des ménagements, recommandations inutiles; elle voulait mourir debout et donner l'exemple jusqu'au dernier jour. Elle cherchait à être entourée le plus longtemps possible de tous ses enfants dans la salle de communauté : là, elle les exhortait encore, leur parlait du passé, du présent et de l'avenir.

Elle jetait sur toutes de longs regards comme pour leur dire un dernier et solennel adieu.

Bientôt en proie à de cruelles souffrances, elle ne quitta plus sa chambre. Mais son héroïque courage, soutenu par une bénédiction pontificale, ne se démentit pas un seul instant.

Peu d'heures avant que l'agonie ne commençât, sa main bénissait encore une colonie de ses filles qu'elle envoyait à Aden et en même temps elle faisait dire à Mgr Callot, évêque d'Oran : « Un des derniers soupirs de mon cœur « vous envoie une Supérieure pour notre cher monastère « de Miserghin. »

Mgr l'évêque d'Angers vint lui donner une dernière bénédiction, et entourée de ses filles désolées, la supérieure générale expira le 24 avril 1868, à l'âge de près de soixante et douze ans.

Elle fut inhumée dans l'enclos de la communauté. Soixante ecclésiastiques ainsi que des délégués de toutes les communautés de la ville assistèrent aux obsèques, dont la solennité restera longtemps dans le souvenir de ceux qui en furent témoins.

Grande pendant sa vie, elle a été plus grande encore au moment de la mort, et à son arrivée dans la patrie, n'a-t-elle pas pu s'écrier : « *Seigneur, je vous ai glorifié sur la terre; j'ai accompli l'œuvre dont vous m'aviez chargée.* »

Le chapitre général convoqué à Angers pour l'élection d'une Supérieure générale, et composé de quatre-vingt-quinze membres, tant provinciales que supérieures venues des quatre parties du monde, s'est réuni, le jeudi 8 octobre, sous la présidence de Mgr Angebault, évêque d'Angers, et a élu Supérieure générale la *Mère Marie de Saint-Pierre de Coudenhove*, qui remplissait déjà les fonctions de première assistante et possédait toute la confiance de la Mère Marie de Sainte-Euphrasie.

Toutes les Mères prieures, avant de retourner dans leurs monastères, ont témoigné l'ardent désir qu'on resserrât de plus en plus les liens qui les rattachaient à la Maison-Mère, où reposent les restes de celle qui les a toutes formées. Elles ont voulu apporter leur part à l'œuvre que les fils du P. Eudes ont entreprise, et grâce à elles, des prières ardentes, répétées dans toutes les langues et tous les idiômes, vont s'élever au ciel pour en demander le succès. A l'heure où toutes les grandeurs de ce monde sont menacées, où les trônes s'ébranlent, où tout ce qui n'est pas de Dieu ou soutenu directement par lui n'a pas de durée certaine, n'avons-nous pas le droit de nous écrier : « *Deposuit potentes de « sede, et exaltavit humiles.* »

Trop restreint par l'espace, nous n'avons pas pu tout dire ; il nous a fallu choisir parmi les fleurs les plus odorantes et pour le moment en élaguer un trop grand nombre.

Nous espérons, cependant, avoir suffisamment démontré dans ce récit que les œuvres de tous les enfants spirituels du P. Eudes ont exactement le même caractère que les siennes, ce caractère de durée toujours acquis aux institutions qui remplissent les trois conditions déjà développées à la fin de la vie du vénérable instituteur :

1° *La multiplicité dans les œuvres;* 2° *L'unité dans le but;* 3° *La solidité dans la base.* Et comment cette base ne serait-elle pas forte et solide, étant fondée sur ces divins Cœurs auxquels nous avons consacré ce livre, *sur les Cœurs de Jésus et de Marie?*

CONCLUSION

Nous avons terminé.....Le lecteur aura pu juger que nous aimons notre saint, comme Mgr Dupanloup l'exige de l'hagiographe. Mais cet amour n'a pas pu nous entraîner à rien écrire qui blessât la vérité.

Nous avons raconté tous les actes de ce vaillant fils de l'Eglise, et si, dans cette longue et pénible carrière, nous l'avions vu quelquefois fléchir, nous n'aurions pas manqué de le dire.

D'ailleurs, le mensonge se dénonce toujours de lui-même ; le récit s'embarrasse, les faits ne concordent plus, le pinceau vacille dans la main du peintre, la touche manque de hardiesse et l'œuvre devient médiocre par cette unique cause que la nature n'a plus servi de modèle.

La vérité est l'essence de tout ce qui est religieux : «..... La voiler, dit M. de Montalembert,
« la taire, la déserter sous le prétexte de servir la re-
« ligion, qui n'est autre chose que la sublime vérité,
« ce serait, à mes yeux, aggraver le mensonge par
« une sorte de sacrilége.....Le panégyrique men-

CONCLUSION

« songer ou la vérité est sacrifiée par voie de « prétérition, me répugne autant que l'invective « calomnieuse.... » (1)

Notre pensée ne pouvait être mieux rendue, et nous nous arrêtons, en terminant notre œuvre, par une humble et ardente prière, comme vient de le faire le R. P. Le Doré, dans le livre des *Vertus* :

NOS CUM PROLE PIA BENEDICAT VIRGO MARIA.

(1) *Moines d'Occident.*

TABLE DES MATIÈRES.

LIVRE PREMIER (1601-1642).

CHAPITRE Ier (1601-1615). — Honneurs rendus au XIXe siècle en Normandie à la mémoire des trois frères Eudes. — Naissance de Jean Eudes. — Son éducation. — Sa vocation.

CHAPITRE II (1615-1625). — Mouvement religieux. — Jean Eudes Oratorien. — La Congrégation de l'Oratoire. — Il reçoit l'ordre de la prêtrise.

CHAPITRE III (1625-1632). — Mouvement politique. — Richelieu. — Dévouement et premiers travaux du P. Eudes.

CHAPITRE IV (1632-1641). — Succès du P. Eudes Oratorien. — Ses missions.

CHAPITRE V (1641-1642). — Richelieu, l'Oratoire et les séminaires. — Débuts de l'Ordre de Notre-Dame de Charité du Refuge.

LIVRE SECOND (1642-1658).

CHAPITRE Ier (1642-1644). — Le P. Eudes et Richelieu. — Le P. Eudes quitte l'Oratoire, fonde la Congrégation de Jésus et de Marie.

CHAPITRE II (1644-1648). — Le P. Mannoury envoyé à Rome par le P. Eudes. — Assemblée du Clergé de France en 1644, ses résultats. — Nouvelles épreuves. — Missions.

CHAPITRE III (1648-1651). Missions, persécutions. — Hostilité de Mgr Molé, évêque de Bayeux, son approbation de l'Institut de Notre-Dame de Charité du Refuge. — Le P. Eudes écarté de la direction de cette maison.

CHAPITRE IV (1651-1658). — Le P. Eudes et M. Olier. — Mission à Saint-Sulpice. — Missions diverses. — M. Blouet de Camilly.

LIVRE TROISIÈME (1658-1680).

CHAPITRE Ier (1658-1660). — Établissements divers. — Séminaire de Caen. — Missions à Paris.

CHAPITRE II (1660-1666). — Démarche imprudente de l'abbé Boniface envoyé à Rome par le P. Eudes. — Érection en Ordre religieux de l'institut de Notre-Dame de Charité du Refuge.

CHAPITRE III (1666-1677). — Nouveaux établissements. — Institution de la fête du S. Cœur de Jésus; priorité du P Eudes à ce sujet. — Mission du P. Eudes devant Louis XIV. — Suites de la démarche de l'abbé Boniface à Rome. — Le P. Eudes exilé en Normandie.

CHAPITRE IV (1677-1680). — Le P. Eudes rappelé à Versailles par le Roi. — Il revient à Caen et demande un successeur. — Le P. Blouet de Camilly nommé son successeur. — Dernière maladie et mort du P. Eudes. — Hommages rendus à sa mémoire. — Les trois caractères principaux de sa vie.

PREMIER APPENDICE (1680-1792).

Instituts du P. Eudes depuis sa mort jusqu'à la Révolution française.

DEUXIÈME APPENDICE (1792-1869).

Reconstitution de ses instituts; leur marche actuelle et leurs succès.

Rennes, imprimerie T. Hauvespre, — Moteur à vapeur.

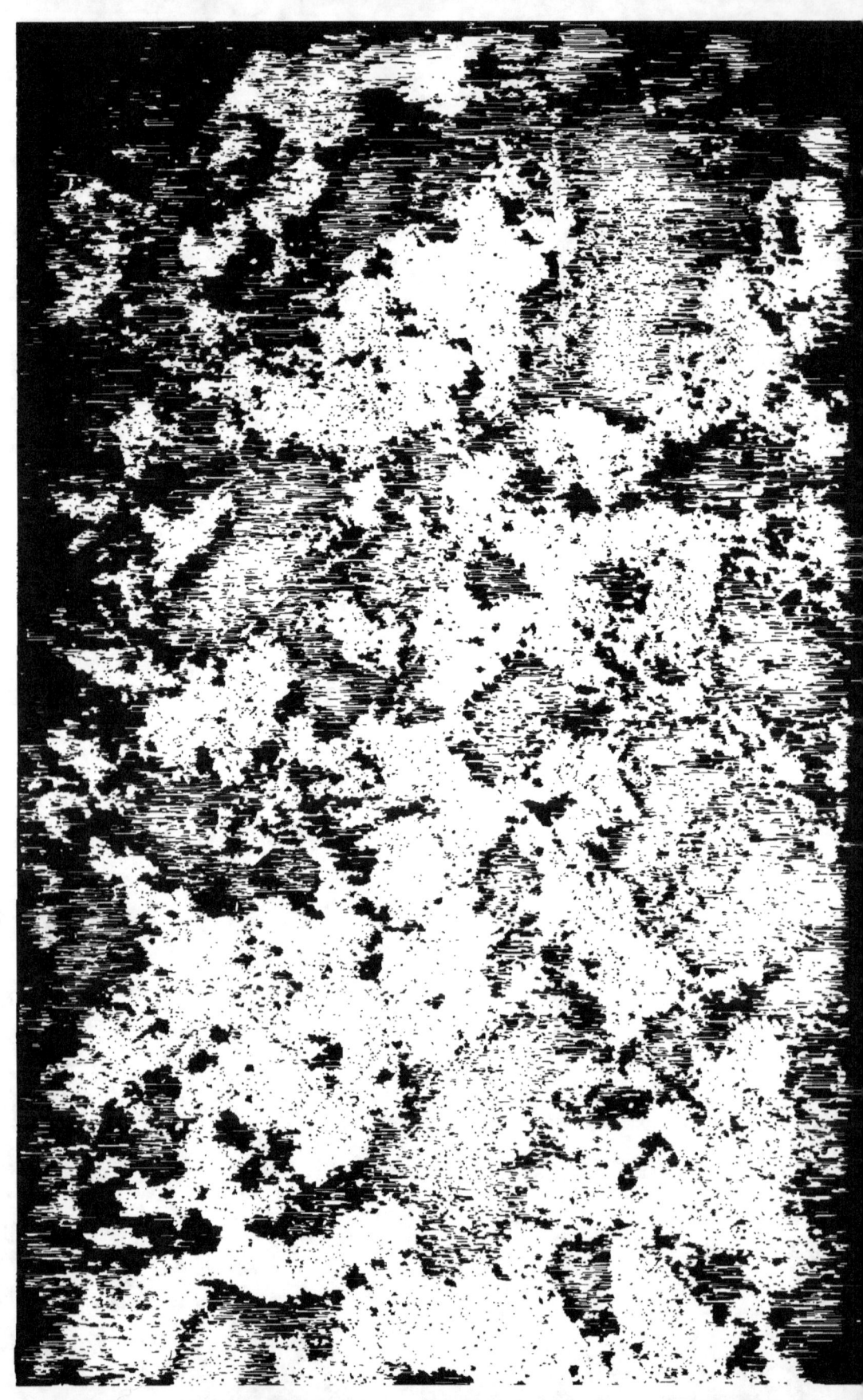

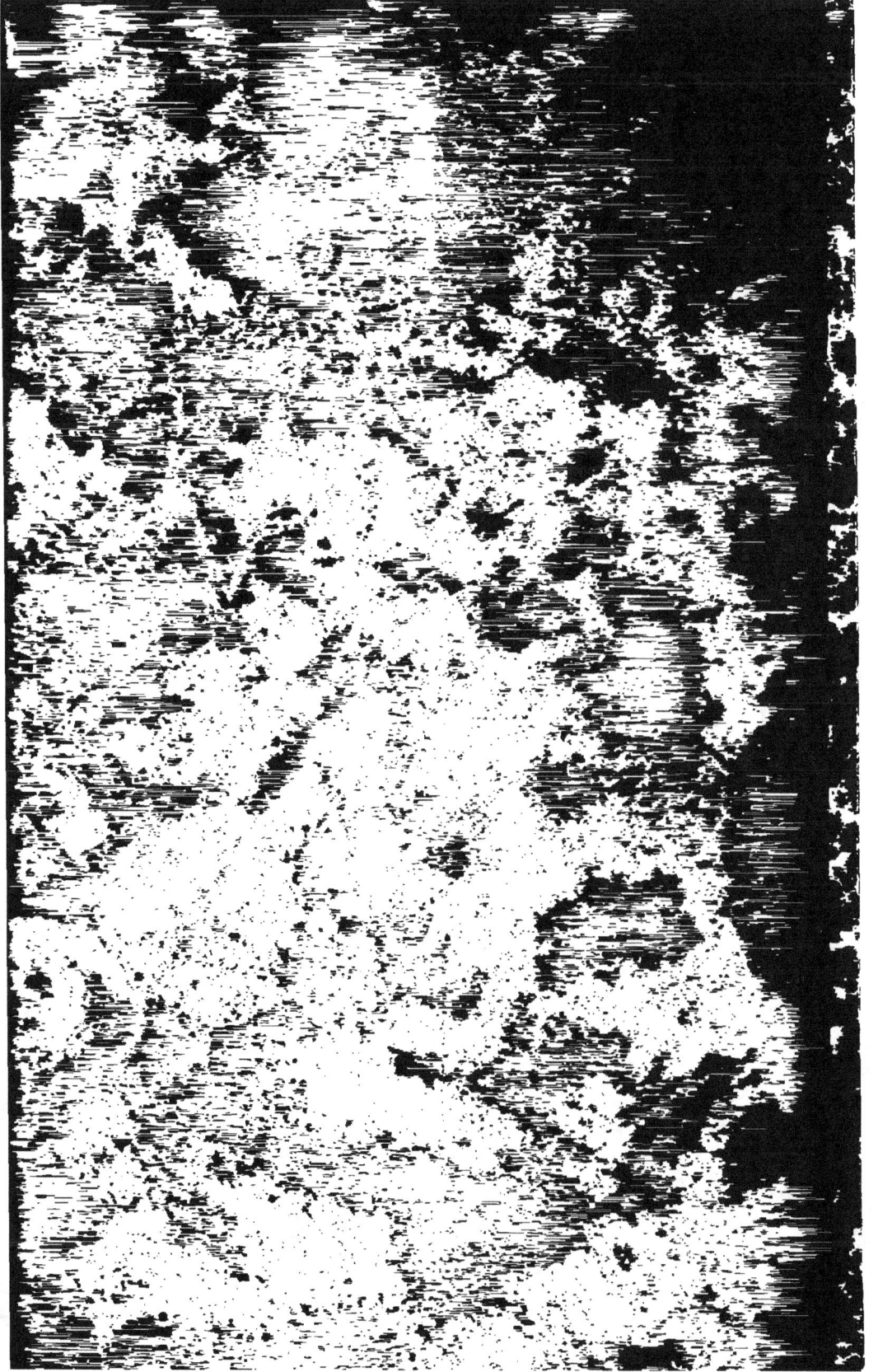

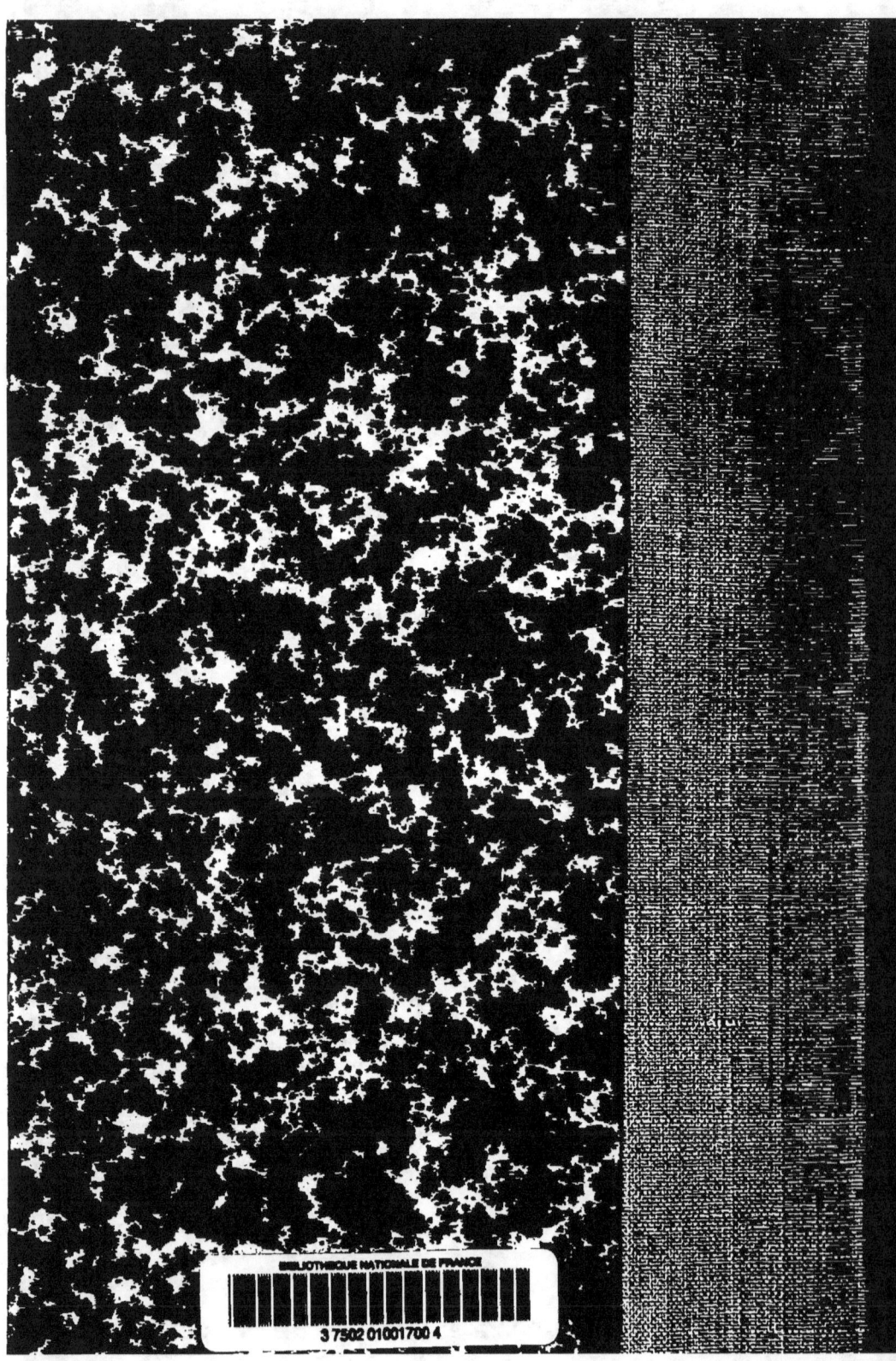

www.ingramcontent.com/pod-product-compliance
Lightning Source LLC
Chambersburg PA
CBHW052137230426
43671CB00009B/1282